KB119992

취업의 정석
나를 마케팅하다

박창욱, 이영우 지음

취업의 정석 나를 마케팅하다

초판 1쇄 발행 2022년 9월 15일

지 은 이	박창욱, 이영우
발 행 인	권선복
편 집	오동희
디 자 인	서보미
전 자 책	권보송
발 행 처	도서출판 행복에너지
출판등록	제315-2011-000035호
주 소	(157-010) 서울특별시 강서구 화곡로 232
전 화	010-3267-6277, 02-2698-0404
팩 스	0303-0799-1560
홈페이지	www.happybook.or.kr
이 메 일	ksbdata@daum.net

값 33,000원

ISBN 979-11-92486-10-9 (13320)

Copyright ⓒ 박창욱, 이영우, 2022

도서출판 행복에너지는 독자 여러분의 아이디어와 원고 투고를 기다립니다. 책으로 만들기를 원하
는 콘텐츠가 있으신 분은 이메일이나 홈페이지를 통해 간단한 기획서와 기획 의도, 연락처 등을 보
내주십시오. 행복에너지의 문은 언제나 활짝 열려 있습니다.

합격·불합격 이유를 말한다
40년간 40만 명의 경험과 과학, 실전으로…

취업의 정석

박창욱, 이영우 지음

나를
마케팅하다

도서
출판 행복에너지

'취업 늦은 것이 오히려 행운이었다'는 역설적 진리

취업과 성공에 접근하는 새로운 지혜를 만나기 때문
전략과 마케팅 사고의 접근법

대한민국 청년들의 일자리와 미래를 걱정하고 고민하는 두 사람이 동지(同志)가 되었다. 기업 현장과 대학 현장에서 평생을 고민했으며 그 대안을 찾아 나섰다. 그 대안을 구체화하여 책으로 엮기를 의기투합하고 그 결실을 맺었다.

. . . .

　코로나19로 혹은 산업의 전환기라서 일자리가 줄어들었다고 난리다. 지난 2년여를 돌이켜 보면 그래도 세상은 앞으로 가고 있었다. 그런데, 승자의 영역이 바뀌었다. 승자가 되는 방식도 바뀌었다. 살아가는 방식도 바뀌고 있었다. 고객과 직원 간 심지어는 가족 간에도 소통하는 방식이 바뀌었다. 기업의 성적표가 남다르게 보인다.

　그런데, 취업과 직업을 보는 관점이나 준비는 30년, 40년 전이나 하나도 다를 바가 없다. 학교 교육은 사회 필요, 기업의 요구에서 훨씬 더 멀어지고 있다. 학교는 같은 방식으로 가고 있었고 사회는 극심하게 변했다. 그 치열한 현장을 40년 동안 뒹굴다 보니 또렷하게 눈에 들어오는 것이 있었다.

　100위권 변방국가였던 대한민국이 10위권 중심국가로 들어섰다. 글로벌 차원에서. 이곳저곳에서 태클과 반칙이 들어오고 있다.

　위대한 업적인 압축, 고속성장의 그늘만 손가락으로 가리키며 공포마케팅을 하고 있는 집단들이 많다. 그들이 3포에서 시작하더니 5포, 7포, 9포라며 나라와 아빠세대를 조롱하고 심지어 손가락을 돌연 취준생 스스로를 향하게 하며 조롱한다.

인터넷, 미디어의 발전과 마케팅의 발달에 편승하여 교묘하게 사람의 욕망만 들쑤셔 놓았다.

다행인지, 불행인지 모르지만, 우리 사회는 스펙만으로 취업이 가능하다고 알고 있었다. 취업된 사람조차도 합격 성공 요인을 스펙으로 생각했다. 그러나 스펙의 영향력은 지난 40년간 알게 모르게 크게 엷어져가고 있었다. 유효기간 이 30년이었던 스펙이 요즘은 채 3년을 넘지 못한다. 그 틀이 깨어진 것을 보는 사람들은 아우성하며 한탄의 소리를 내지른다.

취업 준비, 성공 방정식도 변해야 할 때이다. 외우고, 점수 따고, 등급 따는 스펙은 버리자. 스펙 좋은 사람을 따라하지 말자. 무엇으로 차별화할지 먼저 고민하자. 조금 부족하면 싸게 팔면 된다. 좋으면 비싸게 팔면 된다. 그래서 조금씩 더 낫고, 더 좋은 곳으로 나아가자.

대한민국의 발전사도 한번 보자. 선진국이 만들어 둔 기존의 롤(Rule)대로 했으면 아직도 우리는 후진국일 것이다. 우리는 우리 나름의 방식으로 글로벌 TOP10에 들었다. 취업에 접근하는 나도 기존의 인재 선발 방식을 다르게 해석하여 그 방법과 길을 몇 가지 제시한다.

첫째, 완벽함으로 취업하고 성공하는 것이 아니다.

보다 나은 자가 취업하고 매일 조금씩 보다 잘하는 자만이 성공한다. 실패한 데서 출발하면 더 값지다. 보다 나음을 추구할 건수가 많아질 것이다. 성경을 보는 매력이 있다. 범죄자, 실수투성이의 사람을 신이 선택한 역사책이다. 모세, 다윗, 솔로몬, 삼손 등등이 주인공이다. 모두가 다 아는 부실한 인간이다.

마이크로소프트 제품도 알고 보면 불량품 개선과정을 거치며 수시로 업그레이드하며 세계 최고의 반열에 올랐다. 지금 내 손안에 있는 스마트폰도 매일 뭔가를 다운받으라고 하다. 잘 보면 기술 업데이트와 버그 수정, 이 두 가지이다. 절대 강자는 없다.

둘째, 나만의 전략과 기술로 나를 마케팅하자. 핵심은 차별화이다.

누구도 따라오지 못하게 대한민국 청년 모두가 세계 1등으로 가자. 한국 1등을 꿈꾸면 또 실패할 가능성이 크기 때문이다.

요즘 세계 시장에 나가면 한국인들의 기세가 등등하다. 한때 스포츠에서만 그랬던 것들이 예술, 디자인, 영화, 대중음악, 드라마 등에서 거침이 없다. 그들 모두가 남들과 다른 길을 선택했기에 가능했다. 예체능의 분야들 속성이 그렇다.

직업의 세계도 이제 그런 모습들이 보인다. 필자가 실무를 총괄하는 동남아 취업 10년 과정에서 많은 청년들의 거침없는 모습을 보고 있다. 과거에는 입사 20, 30년 차 정도는 되어야 할 공장장이나 관리자의 자리를 입사 5년, 6년 차가 해내고 있다. 가슴 벅찬 일들을 많이 보고 있다. 국내에서 성공한 많은 창업자들의 경력을 유심히 보자. 최소한 5년, 10년을 부단히 노력한 다음에 성취한 것이다.

셋째, 남다른 방식으로 접근하자.

모베법이다. '보다 더 나은, 더 좋은(More than, Better than 모베)' 것을 찾아가는 것이다. 매일, 매사를 경쟁자보다, 어제보다 모베 시각으로 하나하나 쌓아가자. 그렇게 준비하고 금방 5년 10년이 가면 뭐든지 성공한다고 말할 수 있다.

마지막 네 번째로, 네 개의 발로 뛰어가자.

발길(목표), 발가락(전문성), 발랄(인간관계), 발품(현장)이 그것이다. 그 하나하나를 이 책에 담았다. 각 이슈마다 스토리, 이유와 근거, 생활 속 연습법을 차례로

담아 두었다.

올해로 대학을 졸업한 지 꼭 40년이다.

그동안 한 명은 군인, 중학교 교사, 종합상사 대기업에서 인사와 기획업무, 중소기업의 전문경영, 교육사업을 창업하여 대학에서 기업에서 강의로, 공익법인에서 청년을 키워 해외로 진출시키는 인생을 살았다. 그리고, 두 딸을 취업시키고 결혼시켜 사위도 보고, 손주도 보았다.

다양한 직업과 삶과 인간관계, 그리고 멋진 미래에 대해 이제는 뭐라고 말할 수 있는 확신이 생겼다. 젊은 날에 취업이라는 영역에서의 치열한 고민이 학교 제도권 교육보다 훨씬 값지다는 것을….

거기에는 경쟁이 있었고, 환호와 절망이 있었고, 휘몰아치는 배움과 막연히 버티기만 했던, 요즘말로 '존버'가 있었기에 이 글을 내어 놓는다.

마지막으로 종합하고자 한 문장으로 정리해보았다. 노력이다.

"하늘은 스스로 돕는 자를 돕는다. 단, 전략적으로 그리고 마케팅적 사고로"
"쉽고 노력 없이 갑자기 나에게 온 것은 분명히 '독(毒)'이다."

그리고, 모두에게 감사한다.

2022년 9월

남한산성이 창밖으로 바로 보이는 곳, 문정동에서   **박 창 욱**
청년들의 쉼터, 수성못이 멀리 보이는 범어동에서   **이 영 우**

"유진아!
카페 알바를 응원한다"

part _____ **01**

딸에게 보내는
취업 편지

"유진아! 카페 알바를 응원한다"
- 딸에게 보내는 취업 편지 -

두 딸을 무난히 취업시킨 것을 모티브로 해서 팩션(Faction : Fact + Fiction)으로 정리하여 편지체(서간체)의 글을 올려본다. 취업 미생(未生)이 가장 많은 1990년생 중에서 제일 흔한 이름이 '유진'이라고 하여 같은 이름의 딸에게 보내는 편지다. 딸 둘을 대학 졸업과 동시에 무사히 취업을 성공시켰던 7년 진, 4년 전의 상황을 약간 각색하여 지금 취업에 도전하여 성공하는 길을 은유적으로 정리하였다.

유진아! 밖에 나와 보니 이젠 봄기운이 완연하구나.

이 좋은 날 알바를 위해 카페로 일하러 나가는 너의 모습을 보았다. 경제적인 이유보다 크고 작은 경험을 통해 너의 미래 직업에 대한 모티브를 잡아 보자는 취지로 방학 때마다 해보자고 한 것에 묵묵히 따라주는 모습이 고맙구나.

많은 사람들이 너의 대학 합격을 축하할 때 나는 유별나게 4년 뒤를 보자며 김새는 얘기를 해서 미안했었다. 그러나 취업차원에서 보면 분명히 위기감은 컸었다. 한국에서 예술계 전공이 적합한 일자리에 취업하는 것은 너무 암담해 보였다. 그래서, 약간 길을 달리하는 직장에 취업으로 일단 자리잡고, 이후 예술경영 분야에 관심을 가져보자고 한 말에 잘 따라와 준 것도 고맙다.

대학입시 공부할 때 지켜본 결론으로 유진이 너는 정말 '성실성' 하나는 타고 났었다고 생각했다. 뭘 해도 묵묵히, 꾸준히 그리고 정확하게 해내는 모습은 어디에도 손색이 없어 보였다. 그러나, 예술계 전공으로 일반기업의 문을 두드리면 당연히 불리할 것이라서 아빠의 걱정이 컸었다.

그래서 아빠가 '비서직'을 권유했고 너도 흔쾌히 동의해 주었지. 학교 성적은 평균 이상만 유지하는 것으로 하고 방학기간 동안을 최대한 이용하며 스토리를 만들자고 출발했던 기억이 새롭구나. 한 가지 미안한 것은 해외어학연수도 한 번 보내주지 못한 것이다. 다행히 스스로 틈나는 대로 준비해서 토익점수를 만들어 가는 것이 안쓰럽기도 했었다.

다양한 경험을 해보자는 취지로 패밀리레스토랑에서 홀서빙으로 시작했으나 어느 순간 사장께서 카운터 자리를 맡겼다며 그 많은 메뉴를 짧은 시간에 거뜬히 외우는 모습에도 아빠는 감동받았다.

그리고, 작은 무역회사 사무실에서 손길이 많이 가는 단순작업도 마다하지 않았고, 대형 제약회사에서는 거래처 관련 문서를 입력하고 정리하는 일, 우리 동네 구청에서 진행하는 노인정 봉사활동 등도 늘 잘 챙겨나가는 모습을 보았다.

알바나 봉사활동 하나 마치고 나면 아빠가 어김없이 귀찮게 했구나. '느낀 소감과 나의 변화'라는 꽤 까다로운 주제를 잘 정리해 내더구나. 덕분에 날이 갈수록 생각한 것을 정리하는 힘이 부쩍 좋아지는 모습을 보면서 위로를 삼았다.

지금은 남들은 쉬는 일요일에 카페에서 알바하는 모습을 지켜보고 있단다.

가급적 손님이 조금 뜸한 곳에서 뭔가를 '찾아 할 수 있는 곳'에서 해보라는 아빠의 권유에 따라 그런 일을 찾아서 하고 있는 모습이 대견하다. 대형 카페 같은 곳에서 일하면 손놀림도 숙달되고 알바비도 조금 클지는 모르지만 대개의 일이 매뉴얼대로 될 테니 너의 생각을 가지고 판단해 볼 경우가 없을 것 같았기 때문이다. 작은 가게라도 운영하며 주인이나 직원이 스스로 생각하며 고객의 요구에 맞춰보는 것이 중요하다고 생각한다.

아빠가 가끔 가는 대형카페의 직원들은 손님이 조금만 다른 부탁을 하면 한번 헤아려 보는 시늉도 내질 않고 어김없이 앵무새 같은 답만 하더구나. 주문받고 결제하고 시간 지나면 가져가라고 진동벨 울리고… 내가 잘 몰라서 뭔가 물어보면 영혼 없는 대답들만 돌아오더라.

오늘 카페는 주택가에 있는 데다 일요일이라 조금 한가해 보이더구나. 그래서, 우리 유진이를 지켜보며 아빠가 조언하는 것이다.

언젠가 알바를 나가며 아빠한테 한 말…

"일을 해 보니 '눈치'를 헤아릴 줄 아는 것이 가장 중요하더라"는 한 마디에 아빠가 '와우'라고 했지. 너무 정확한 표현이라 아빠도 너한테 배웠다는 느낌이 들어 "우리 유진이 제법이네."라고 했지.

그래서 눈을 들고 고객들 눈치를 헤아려 보는 습관을 가져야 하고 그러자면 적어도 근무시간에는 개인적인 사정으로 보는 핸드폰에 눈길이 머무는 것은 무조건 피해야 한다고 했는데 잘 하고 있더구나.

오늘 일하는 모습 중에 세 가지를 칭찬해주고 싶다.

하나는 약간 한가할 때 네가 하는 모습이 돋보이더구나. 주문대 주변과 주방을 정리하고 가끔씩은 빠져나와 홀의 테이블과 의자도 살피더구나. 가끔씩은 화장실도 돌아보고… 알바 입장에서 굳이 안 해도 될 일 같았지만 너는 스스럼없더구나.

또 하나는 그 가게의 방침은 셀프형이 되어 커피가 나오면 진동벨로 찾아오게 되어 있었지만 마침 손님이 별로 없는 시간대에는 직접 가져다 드리는 모습을 보았다. "고맙다"라고 말하는 손님에게 밝은 표정으로 "맛있게 드세요"라고 돌아나오는 모습에 내심 쾌재도 불렀다.

마지막으로 따뜻한 햇빛이 드는 한 켠에 앉아 책을 보시는 중년의 손님에게 다가가는 너의 모습. 그는 책을 넘기며 무의식적으로 커피잔에 손이 가나 빈 잔을 확인하고 내려놓는 것을 몇 번 반복하더구나. 마침 네가 찾아가서 "리필해 드

취업의 정석 나를 마케팅하다

릴까요?"라고 하는 모습을 보았다. 그러자 책을 내려놓고 보는 손님의 표정이 너무 좋아 보였다. 정말 대견하구나.

그런데 한 가지는 조금 아쉽더구나.

한쪽에 보니 젊은 가족들이 어린애들을 데리고 나온 것 같더구나. 카페가 예뻐서 그런지 사진을 많이 찍는데 대개가 '셀카'였었다. 너가 어떻게 할지 지켜만 보았다. 가서 '제가 찍어 드릴께요'라고 하면 얼마나 좋을까라고 생각해 보았다. 모두가 밝은 표정이 나오게 "개구리 뒷~다리", "병아리 닐~니리"라고 하면서 찍어주면 또 얼마나 좋아할까! 그리고 다음에 이 카페를 찾아오고 반드시 너를 찾을 것이라는 생각도 해 보았다. 아빠가 너무 많은 것을 바라는 걸까?

아 참! 이번을 계기로 인터넷을 찾아 인물 사진 잘 찍는 방법도 찾아보거라. 스마트폰이지만 일반 카메라같이 조리개 노출과 스피드 기능도 포함해서… 그리고, 앞으로 주문대 앞에 '사진 예쁘게 찍어드립니다'라고 POP도 하나 만들어 두면 어떨까.

내가 주변에 이런 이야기를 하면 "딸내미한테 커피 가게 내어 줄거냐"라고 묻는 친구들이 많다. 후후! 참 우습지. 사람에 대한 정성, 일에 대한 열정 그리고 그런 행동으로 매출이 조금이라도 오르면 얼마나 좋겠니?

그런 마음으로 일을 하는 기본이 되면 어떤 공부나 스펙보다 앞선다고 아빠는 굳게 생각한다. 그리고 아빠도 그런 생각으로 인생을 살아왔다.

여하튼 입사서류나 자기소개서 쓰는 데 구체적으로 잘 정리해 올리면 분명히 좋은 점수를 받을 것이다. 남은 학기 중에 마음에 드는 회사를 찾아 도전하길 바란다. 오늘 알바도 마칠 때면 뭔가 뿌듯한 기분으로 이어지길 바라며 같이 '파이팅'이라고 외치자.

유진이의 알바현장에서 아빠가….

차별화 전략과
실행력

part

02

취업 전략

"취업에 무슨 전략? 일자리가 없는데"
하나만 알고 둘은 모르는 사람들

'취업은 전략이다.'

그래서 '낄끼빠빠' 즉, 낄 데 끼이고, 빠질 때 빠진다, 끼울 것은 끼우고 뺄 것은 뺀다는 생각으로 내용을 정리했다. 마케팅 기반의 사고이자 접근법이다. 최근에 취준생 10명 중에 5, 6명만 취업이 된다고 한다. 그러나, 취업은 입시에서 성적순으로 선택하는 것과는 다르다. 수많은 평가요소를 종합적으로 판단하는 것이다. 전략적으로 접근하면 어디든지 취업할 수 있다. 대개의 사람들은 한결같이 "일자리는 국가경제 전체 차원의 문제이지, 전략적 사고 운운하는 것을 쓸데없는 일이다"라고 평가절하를 한다.

"취업에 무슨 전략이냐? 스펙이 우선 좋아야지. 근본적으로 일자리가 부족한 것 아니냐?"라는 반응이라는 것이다.

일자리가 부족하다?

필자는 단호하게 말한다. "절반은 맞고 절반은 틀렸다"고.

틀렸다고 하는 이유를 세 가지만 들어본다.

첫째, 일자리의 수요와 공급이 어긋나 있다. 졸업할 당시의 일자리의 현실에 맞게 눈높이를 조율해 가며 자리를 잡으면 된다. 무조건 최고의 처우만 바란다. 준비되고 일한 수준 이상으로 바라고 있는 것이다. 그러면서, 한편으로는 스스로 주저앉아 편하고 안정적인 직업이 다가오기를 기다리는 형국이다. 공무원, 공기업, 대기업만 바라보며 일자리가 모자란다는 타령만 하고 있다.

취업의 정석 나를 마케팅하다

둘째, 취업준비생의 취업도전의 방법이 수준 이하이다. 경제 성장이 활발하고 세계적인 견제가 덜 심했던 20-30년 전의 방식으로 취업준비를 하고 있다. 졸업생의 숫자나 한국의 위상으로만 봐도 지금의 공부와 준비는 더 치열해져야 한다. 그래야 스펙 중시의 세상을 허물 수가 있다.

셋째, 취준생 당사자가 더 노력하면 채용시장 자체를 키울 수가 있다. 좋은 신입사원을 뽑으면 회사 성과를 키우기도 한다. 국내 시장뿐 아니라 글로벌 시장도 있지 않은가? 시장은 이미 있는 것들의 성장도 있지만, 완전히 새로운 분야로 진출도 가능하다. 단순히 있는 일자리만 나눠 먹지는 않는다는 것이다. 선발하는 과정에서 취업지원자의 수준이 높다고 판단되면 계획보다 더 채용하는 경우도 많다. 다양한 산업이 서로 엇갈리는 성장곡선을 그리며 경제는 움직이고 있기 때문이다. 대학진학이나 공무원 선발같이 정해진 인원만 뽑는 것은 아니다.

| 조언해 준 친구 아들 취업 성공기

2019년 초에 아들을 하나 둔 친구가 식사 중에 취업문제의 어려움을 토로하였다. 외국어고등학교에서 스페인어를 공부했지만 취업이 너무 어렵다고 푸념을 하는 것이었다. 또 다른 한 친구가 "그냥 조금 놀게 그냥 두지. 중남미에 여행도 한번 갔다 오고 그러면 언젠가는 잘되겠지. 지금 아니면 언제 그런 시간 가지겠어."라며 두둔을 하였다.

나는, "그러지 말자. 스펙은 충분해 보인다. 방법을 달리하고 적극적으로 해보자. 해외로 가는 것은 합격 후에 가도 된다. 어려우면 나한테 보내봐라."라고 하였다.

그러고는 3-4일 후에 아들만 따로 만났고, 간단한 이력(스펙)을 들어보니 별 문제 없었다. 두 번의 만남과 당시 경제 주간지에 연재하고 있던 취업관련 칼럼 100여 편을 3번 정도 통독하도록 주문했다. 1시간여에 걸쳐 지도해 준 내용을 한 장으로 요약하여 메일로 보내라며 돌려보냈다. 3개월 후에 취업에 성공하였다며 연락이 왔다. 가르친 핵심 내용과 감사 인사 메일 내용을 종합하면 다음과 같다.

"박창욱 대표님, 안녕하세요. 그간 연락이 너무 늦어 죄송합니다. 덕분에 취업 준비의 방향성을 잘 설정할 수 있어서 이번에 최종 합격하였습니다. 제 아버지께서 사주신 대표님의 책과 칼럼을 통해 많은 도움을 받았습니다. 요약을 하면,

- 모든 태도는 내가 아닌 상대방 기준이다. 특히 어른에게도 그런 마음으로 대하라.
- 취업난이라는 '선동적인 말'에 휘둘리지 말라. 되는 사람은 다 된다.
- 가급적 '부가가치를 창출하는 분야'에 가서 일하고 남이 흉내내지 못하는 '제조 분야의 전문가'가 되도록 하라.
- 취업준비는 '제품'에 집중하고 구체적으로 하라. 자격증은 보완사항이다.
- 이렇게 해도 취업에 실패하는 경우가 있다. 그것도 의미 있는 헛발질로 만들면 된다.
- 그래서, 저한테 가장 부합한 '**로보틱스(산업용 로봇 등을 다루는 회사)'에 입사하였습니다.

갈 길을 찾지 못했던 저에게 길을 찾아주신 대표님께 항상 감사드립니다."

대견하였다. 통화를 하니 가르쳐 준 대로 했다고 한다. 면접 때 답변도 이런

취지로 하였다고 한다. 그러면서, 인생이 바뀌고 세상을 보는 눈이 바뀌었다며 좋아했다.

| 취준생의 미래와 경쟁자

가르친 내용을 종합한다. 이 책의 종합 방향성이자 내용의 압축이다.

- 나를 뽑는 사람을 인식하라. 입사 후에는 제품과 서비스를 사주는 고객을 인식하라. 그리고, 거기에 맞춰라. 생각과 말과 행동을.

- 언론이나 주변의 말에 휘둘리지 말아라. 나한테 편하고 달콤한 말만 귀에 들어온다. 그게 핑계가 된다. 평균이나 다수의 위치에 서지 말아라. 그러자면 고통스럽게 느껴진다. 그러면 제대로 가는 길이다.

- 취업은 지금뿐만이 아니라 미래 10년, 20년 후도 생각하며 도전해야 한다. 더 어려울 것 같지만 의외로 획기적 발상이 가능하다. 놀고 관광 가는 것은 힘 떨어질 때 하면 된다. 한 살이라도 어릴 때 더 가치 있는 일을 해야 된다. 그 방향으로 움직여야 한다.

- 취업 준비와 도전은 회사 명성이나 급여, 복리후생에 대한 관심을 끊고 찾아라. 제품에 집중하고 그것을 잘 만들고 잘 팔 수 있는 회사를 찾아라. 회사는 망하는 경우가 있어도 제품은 영원하다. 인간의 필요에 의해 만들어진 것이기 때문이다.

- 취업에 실패하고 낙방하면 기뻐하라. 인생에 중요한 것을 배우게 될 것이기 때문이다. 그러나 너무 자주 낙방하면 괜히 소심해진다. 기분 나쁘다. 그러기에 떨어지면 기뻐하면서도 독을 품으며 반성하고 보완하라.

"지여인(지방, 여대생, 인문계)이라서 안 됩니다"
부숴야 할 사회적 통념(通念) 열전(列傳)

'전략', 즉 끼일 때 끼이고 빠질 때 빠진다는 '낄끼빠빠'는 경쟁자와의 불리함을 극복하고 능가하는 방법을 모색하자는 것이다.

모두가 불가능하다는 영역에서 성과를 내는 사람들이 연일 우리 주변을 오르내린다. 그것도 글로벌 영역에서… '방탄소년단', '손흥민 선수', '이강인과 U-20 축구선수들', '수많은 LPGA우승을 일구는 여성 골퍼들'….

사회적 통념(通念)을 뒤엎는 것! 취업은 물론이고 남다른 세상을 꿈꾸는 사람이 가져야 할 기본자세이자 추구해야 할 목표이다.

취업에서도 "스펙 중심의 사회이니 난 안 된다. 난 흙수저라서 안 된다. 난 지방대, 여학생, 인문계(속칭 지. 여. 인)라 안 된다"고 볼멘소리를 하는 사람들이 천지다. 누군지 모를 사람(언론이나 정치인으로 추정)이 지어낸 용어들의 프레임에 갇혀버렸다. 그 직업이 '시험으로, 고시(考試)'로 당락이 결정되는 직업을 염두에 두었기 때문이다. 일반 기업에 일하는 사람, 도전하는 사람은 이런 프레임, 고정관념을 깨는 것을 목표로 해야 한다.

| 사회적 통념과 나의 대응

지금부터는 구체적인 사례를 중심으로 정리해 본다. 사회적 통념이라는 것은

취업의 정석 나를 마케팅하다

기성세대, 꼰대의 말만이 아닌 것도 많으며 오히려 취준생의 세대가 만들며 핑계로 삼는 부분도 적지 않다는 생각을 지울 수가 없는 것들이다.

① 여자 대학교 출신 학생은 모두가 '공주'과(科)라는 통념

기업은 조직이다. 역할 분담을 통해 목표를 달성하는 곳이다. 그러니 다양한 사람이 모여 있는 것이 좋다는 것은 조직의 기본 속성이다. 그래서 사람 사이에 어울리는 역량은 취준생의 성장과정에서 가족, 친구, 군대 생활, 주변의 친인척, 대학시절의 동아리 활동 등을 통해 만들어지는 것이라는 통념이 있다. 실제로 그런 경향이 강하다.

그런데, 한국에는 세계적으로 흔치 않은 여자들만의 대학교라는 제도가 있다. 그러다 보니 그 학교 출신들은 남자를 이해하는 것이 부족하고 자기만 챙기는 경향이 강할 것이라고 생각하기 쉬운 통념이 있다. 실제로 그런 생각을 하는 취준생도 많은 듯하다.

필자가 어느 여자 대학교에서 10여 년 취업과목 겸임교수를 할 때 그들의 활동을 지켜본 적인 많았다. 전혀 달랐다. 문제를 해결하려고 스스로 노력하며 팔을 걷고 덤벼드는 경우도 많았다.

• "교수님! 우리 학교는 남자가 없잖습니까? 뭐든지 여자들끼리 해결해야 합니다. 덕분에 의외로 적극적이며 힘쓰는 일도 마다하지 않는 경향이 있습니다." 라고 학생들이 나를 일깨워 주며 굵어진(?) 팔뚝을 보여준 일도 있었다.

여자 대학교 출신 여대생은 '다양한 사람들과 어울리는 능력'이라는 관점으로 보면 약점이 되지만, '문제해결역량'이라는 관점으로 보면 남녀공학 여학생들보다 강점이 되는 것이다.

② '학점이 너무 낮구먼'이라는 통념

면접장에서 이런 질문을 하지 말라고 한다. 요즘 세대는 압박면접을 싫어하고, 스펙을 따지는 것으로 인해 면접 이후의 회사 이미지가 타격을 입는다고도 한다. 블라인드 채용제도가 주류를 이루는 세태도 한몫을 한다. 그러나, 필자는 이런 종류의 질문을 자주 하는 편이다. 객관적 사실을 어떻게 해석하는지, 역전을 시키는지를 보는 유용한 질문이기 때문이다.

- "전체 학점은 떨어지지만 제가 관심을 가지는 마케팅 관련한 여섯 과목은 모두 최고의 학점입니다. 마케팅이라는 이름이 붙은 과목 외에도 심리학, 커뮤니케이션 과목 등이 그것입니다. 전공하고는 다른 길의 직업을 찾다 보니 전공은 조금 소홀해서 전체 학점이 낮은 것일 뿐입니다."

- "(남학생의 예시) 네! 대학 입학하고 많이 방황했습니다. 반수(半修)를 하기도 하고 너무 많이 놀았습니다. 그런데, 군대 가서 조금 철이 든 것 같습니다. 복학한 3학년 1학기부터는 정신 차리고 했습니다. 군대 가기 전에는 2.0도 겨우 했지만, 복학 후에는 4.0 이상으로 학점을 올렸습니다."

- "(여학생의 예시) 어느 날인가 아르바이트를 하다 보니 정신이 확 들었습니다. 아무것도 모르고 하는 아르바이트와는 달리 학교에서 공부한 내용 중 작은 것 하나라도 접목을 해보니 결과가 달라진다는 것을 알았습니다. 그래서 2학년 2학기부터는 남다른 대학생활을 할 수 있었습니다. 학점이 뒤로 갈수록 눈에 띄게 높아진 것이 그 증거입니다."

③ '부모님이 이혼을 하셨네'라는 통념

앞에서도 언급을 하였지만 흔히 말하는 '결손(缺損)가정'의 불리함이다. 가정이 무난한 사람이 조직생활도 무난하다는 통념이다. 외톨이 성향이 강하고 어른이나 고객을 이해하는 것도 조금 약할 것 같다고 생각하기 때문이다.

- "엄마 혼자서 저를 키웠습니다. 아빠는 가정에 경제적으로나 심리적으로 도움

이 되질 않았습니다. 어느 순간에 보니 엄마가 너무 외롭고 힘들어하시는 모습을 보았습니다. 언제부터인지 모르지만 스스로 철이 들었습니다. 엄마를 잘 모시는 것이 저의 역할이라는 것을요. 그래서 대학생 때 아르바이트도 하나 정도 더 했습니다. 그리고 엄마하고 나누니 너무 좋았습니다. 합격시켜주시면 저희 엄마께 기쁨을 하나 더 드릴 것 같습니다."

④ '음악을 전공한 사람이 우리 회사는 왜?'라며 의심하는 통념

의외의 질문이 될 것이다. 예술계 출신이 일반 전공이 일하는 분야에서 일하면 모자랄 것이라는 통념이다. 실제로 OA기기 조작이라든가 사회생활 이해나 커뮤니케이션이 느릴 경향이 있다고 생각하는 경향이 많다. 그러나, 필자는 악기를 연주한 분이 하는 빵집과 메밀국수집을 찾아 대화를 나누다가 놀라운 모습을 보게 되었다.

- "악기를 연주하다 보면 굉장히 섬세해집니다. 물론 소리지요. 민감함으로 훈련을 하다 보니 뭘 해도 완성도를 높이는 데 주력합니다."
- "그림을 그리고 디자인을 하다 보면 크게 보는 것과 섬세하게 보는 것이 함께 해야 합니다. 일반 전공을 한 친구들을 보면 세상을 너무 좁게 보는 경향이 있습니다. 일반 업무는 그림 그리듯이 배우면 금방 따라갈 수 있습니다."

최근, 해외 취업·창업을 위해 선발되어 베트남에서 공부하는 글로벌청년사업가(GYBM)양성과정 연수생 중에 이런 예술계 전공이 두 명이나 있는데 성적이 좋은 것이 그 근거이다.

이런 식의 통념(通念)들은 헤아릴 수 없이 많다. 영어 점수가 낮다. 지방대 출신이다. 인문계이다. 해외어학연수를 못 갔다. 자격증이 없다 등등. 모두가 반전이 가능한 통념(通念)들이다.

| 사회적 통념 덕분에 성장의 노력

마지막으로 일본에서 경영의 신으로 불리는 파나소닉 마쓰시다 고노스케 회장의 말을 들어보자.

자신이 기업가로 크게 성공한 비결은 하느님이 주신 3가지 은혜 덕분이라고 했다.

"첫째, 몹시 가난했기 때문에 어릴 적부터 구두닦이, 신문팔이 같은 고생을 하면서 많은 경험을 쌓을 수 있었고, 둘째, 태어났을 때부터 몸이 몹시 약했기 때문에 항상 운동에 힘써 왔으며, 셋째, 초등학교도 못 다녔기 때문에 세상의 모든 사람을 다 스승으로 여기고 열심히 배우는 일에 게을리하지 않았다."

가난했음에도 불구하고, 몸이 약했음에도 불구하고, 초등학교도 못 다녔음에도 불구하고라는 생각이 아니다. '~때문'이라고 말하고 있는 것이다.

기업은 이런 마음과 자세를 가진 사람을 찾는다. 스펙, 자격, 집안 등으로 힘들었음에도 불구하고 열심히 했다는 사람보다 "~때문에 극복하기 위해 더 열심히" 노력한 사람이 기업에서 찾는 진정한 인재이다.

나도 대학교에서 사범대 국어교육을 전공했다. 학교 교사로 커왔고 기업에 맞질 않는다고 생각을 한다. 기업에서 살아남으려고 더 열심히 했다. 지금도 도전하고 있다. 나의 통념을 깨려고. 일주일에 세 개의 칼럼을 쓴다. 각각이 4시간 분량이다. 머릿속으로는 준비가 되어 있어도 실제 시간은 그 이상의 시간이 걸린다.

주변에서 그런다. "그 바쁜 와중에 그게 가능합니까?"

"회사가 어려워지면?
학점은 왜 이렇게?"라는 압박
- 불리함을 긍정적 명분과 이유로 반전하는 전략

면접 때 약방에 감초같이 등장하는 질문들이 있다. 두 질문에 답하는 것으로 전략적 노력을 더해 본다.

[면접장 전경 #1]

- "우리 회사에 왜 지원을 했지요?" 막연한 질문이고 다양한 답을 할 수가 있다. 일반적인 대화 상황이라면 전후의 맥락에 따라 답을 해야 할 것이다. 면접 질문은 언제든지 방향타를 바꿔가며 하는 것이라 판단이 쉽지는 않다. 면접관 모두가 뚫어지게 쳐다보며 질문을 하기에 강한 압박감으로 더욱 어렵다.

- "미래 비전이 좋아서…."

- "제가 좋아하는 아이템을 취급하는 회사라서…."

이런 정도의 답은 다음 단계의 질문으로 가도 무던히 답을 해 낸다. 왜냐하면 생각을 제법 해야만 답을 할 수 있다는 생각이 들기 때문이다.

그런데, 조금 분위기가 다른 답이 나온다.

- "이 분야에서 최고의 회사라서…" 혹은 "직원에 대한 배려나 인재육성의 의지가 좋아서…"라는 답변도 심심찮게 나온다. 그러자, 바로 송곳 같은 질문이 이어진다. "그러면, 우리 회사가 사정이 좋아지지 않으면 떠나겠단 것인가요? 어떤 특수 사정으로 인해 실적이나 사정이 좋아지지 않으면 어떻게 하시겠습니까?"

• "왜 학점이 이렇게 형편이 없지요? 4년 평균이 2.9밖에 안되네요."

입사지원서를 보고 날아온 질문이다.

• "뭐라고 할 말이 없습니다. 열심히 하겠습니다."

라는 수준의 답이 나올 뿐이다.

물론, 대체적으로 이 정도의 학점이면 입사서류 심사에서 걸러져 불합격될 경우가 많다. 그러나, 필자가 면접관이라면 이 정도면 반드시 서류전형을 합격시켜서 면접장에서 질문하고 확인을 해본다. 왜냐하면 너무 형편이 없으니까… 2.0정도까지는 더 호기심으로 면접장에 불러보고 싶다. 궁금하기 때문이다. 요즘 대학의 학점이 대단히 후한데도 저 정도면 사연이 있으리라 생각이 든다.

| 하나를 통해 열 가지를 짐작한다

내가 가는 직장이 업계의 최고인 것이 좋은가? 2-3위 정도가 좋은가? 라는 질문이 성립이 가능하다. 같은 질문으로 강의장에서나 직장인들에게 물어볼 때도 있다.

• "지금 본인의 행복을 지수로 표현해 보세요. 1~100까지 자연수로 표기 바랍니다."

이런 질문에 필자는 100점보다는 70-80으로 점수를 매기는 사람을 좋아한다.

모자라기 때문에 뭔가를 추구할 것이 남아있고 집중할 가능성이 있기 때문이다.

취업을 한다는 것은 일을 하기 위한 것이다. 그렇다면 내가 할 역할이 있고 성과가 눈에 드러날 수 있는 분야가 많으면 회사 생활도 재미있을 것이다. 요즘 취준생들이나 청년들 입장에서는 '이게 무슨 꼰대 같은 말이냐'라고 할지도 모르지만 한번 되짚어 볼 부분이다. 특히 면접관들은 직장생활을 적어도 20-30년 이상 하신 분들이기에 이런 식의 추론이 충분히 가능하다.

그런 의미에서 '회사가 어려워지면 어떻게 하겠냐'는 질문에,

"만일에 그런 경우가 생기면 회사의 발전이나 회복을 위해서 온몸으로 열심히 해보겠습니다. 제가 말씀드린 최고라는 뜻은 꼭 1등, 2등이라는 뜻보다는 최고 수준으로 이해를 바랍니다."라는 정도가 좋은 답변이 된다.

이런 정도의 의지를 가지고 사는 것은 현대사회의 기본 중의 기본이다. 왜냐하면 직장생활을 하다 보면 고객, 고객, 거래처, 가족 등과의 관계가 많아지고 환경이 수시로 변하기 때문이다. 제각기 이해관계가 다르니 대응해 가는 것이 보통 일이 아니다. 거기다가 국가 간의 분쟁이나 크고 작은 바이러스 하나가 전 세계를 강타하는 경우도 많다. 불의의 사고, 재앙, 자연재해 등도 내 삶을 통째로 뒤흔들기 때문에 스스로의 생존력을 키우는 것이 무엇보다 중요해진다.

면접자의 생존력을 '학점이나 영어점수' 등에 대한 짧은 답변으로 가늠할 수도 있다.

| '학점이 형편없다'를 뒤집다

입사지원서에 기재한 학점의 불리함을 극복하는 모습을 보는 것이다. 답변을

전략적으로 구성하여 불리함을 극복하고 되레 긍정적인 모습으로 보여주는 것이다.

첫째로 학점의 시간적 경향을 찾아보자.

- "1, 2학년 때는 더 형편없었습니다. 군대에서(혹은 해외여행을 다녀와서, 혹은 봉사활동을 통해, 혹은 알바를 통해) 이렇게 살다가는 안 되겠다는 강력한 동기부여가 있었습니다. 놀다가 망가져 한계상황에 처해있는 선배들이나 어른들도 많이 보았습니다. 학생 때의 본분은 공부라는 것을 새삼스럽게 깨닫고 학교로 돌아와, 3, 4학년 때에는 열심히 해서 4.3 정도의 학점을 받았습니다. 그러다보니 평균 학점이 간신히 2.8 정도밖에 되질 않았습니다."

둘째는 본인이 희망하는 직업이나 직무, 회사에 관한 관심의 전환과 그 근거로 답변을 하는 경우이다.

- "전체 학점은 형편이 없지만 3, 4학년 때의 마케팅 관련 과목 4개는 모두 A+입니다. 솔직히 말씀드리면 제 전공은 대학 진학 때문에 억지로 끼워 맞춘 것입니다. 흥미도 없다 보니 시험도 엉망이 되어버렸습니다. 그런데, 2학년 겨울방학 때 알바를 하다가 우연히 선배 한 분과 같이 일을 하는데 정말 다른 시각으로 재미있게 알바를 하는 모습을 보고 자극을 받았습니다. '마케팅의 힘'이라는 말을 듣고 유튜브도 보고 책도 보다가 3, 4학년 때부터는 아예 학기에 한두 과목을 들었습니다. 정말 재미있었습니다. 그래서, 이번에 취업지원 직무도 마케팅으로 하게 된 것입니다. 그 이후에도 알바나 동아리활동으로 실전 경험을 많이 했습니다. 물론 기초적인 수준으로 보잘 것 없지만…"

| '토익점수가 부족하다'를 극복한다

- "영어점수가 토익 760점? 조금 약하네요."

취업의 정석 나를 마케팅하다

- "예, 점수가 부족한 것으로 생각합니다."
- "왜? 공부를 못했나요? 요즘 누구나 다 하는 게 토익 아닌가요?"
- "네, 대학생의 기본 중에 기본인 것을 압니다. 그런데, 1, 2학년 때 막연했던 것 같습니다. 늦게라도 시작하면 별문제 없이 할 것 같았습니다. 3학년 초에 우연히 모의 토익시험을 봤었는데 450점밖에 되질 않아 충격을 받았습니다. 그때부터 부랴부랴 공부해서 2개월 전에 760점을 받았는데, 지금은 시간이 없어 더 시험을 못 치고 있습니다."
- "그래요? 해외어학연수도 한번 갔다 오고 그러면 빠르잖아요?"
- "네, 저는 생각이 조금 다릅니다. 굳이 해외까지 돈 써가면서 그럴 필요가 있을까하는 생각을 하고 있습니다. 굳이 큰 비용을 들여가면서까지 말입니다. 다행히 제가 하는 알바 가게 근처에 한국에 근로자로 와서 숙식을 하는 인도사람들이 많습니다. 한두 명과 친해서 알바 마치는 시간에 만나 조금씩이나마 실전 영어를 하고 있습니다."
- "영어 점수는 좀 떨어지지만 실제 업무에서는 1등이 되겠습니다."

두 가지 측면에서 박수를 칠 만하다.

하나는 공부를 스스로 하며 비용대비 효과를 보겠다는 기본 마인드이다.

또 하나는 공부를 위해 작은 기회라도 찾아 실전 대화를 나누며 준비를 한다는 것이다.

이런 경우가 되면 점수의 높낮이가 아니라 공부의 효율, 본인의 의지, 필요를 느낄 때 즉각적으로 실행하는 모습이 눈에 들어온다. 어디를 가든 무조건 합격이 된다고 단언한다.

전략! 낄 때 끼고 빠질 때 빠지는 것, 그것으로 불리한 상황을 유리하게 뒤집는 것이다.

'입사(入社)는 입시(入試)가 아니다'라는 것을 명심하자.

"느그 아부지 뭐 하시노?"라는 질문
아버지 직업과 가족 구성이 주는 영향과 전략

"느그 아부지 뭐 하시노?" 2001년의 영화 '친구'에서 나온 대사이다. 교실 앞에 불려나와 직업에 따라 '싸다구'의 수준이 달라진다. 요즘 세상은 상상도 못할 일들이지만 '그' 시대의 이야기로 재미있게 보았던 장면이다.

[33년 전 나의 면접기록]

1985년 뜨거운 여름 7월에 군 전역을 앞둔 시점의 대우그룹 입사면접장.

"아버지 안 계시네?" 입사지원서의 가족칸에 아버지 칸이 비어 있는 것을 보고 질문한 것이다. "예, 15년 전인 국민학교 3학년 때 돌아가셨습니다."

"사범대 출신인데 학교로 안 가고 왜 회사로 취업하려고 하지?"…"군대생활 3년을 하면서 생각해 보니 좀 더 의미 있는 일을 해 볼 수 있을 것 같아서 지원했습니다."

당시 입사면접의 단골 질문이었다. 지금도 50대 이상 정도 되는 경영진은 '아버지 뭐 하시는 분인가?'라는 질문을 반드시 한다.

대한항공 세 모녀 사건

연일 대한항공 세 모녀 사건으로 시끄러운 적이 있었다.

몇 년 전에 언니 되는 조현아 부사장의 사건이 문제되었다가 조금 잠잠해지는 시기에 동생인 조현진 전무의 물컵사건이 알려지기 시작했다. 이제는 엄마가 되는 이명희 이사장의 말솜씨(?)가 급격한 사회적 이슈가 되었다.

막말사건 자체도 문제이지만 이로 인해 회사 이미지 추락이 끝이 없다. 처음에는 이 두 딸이 '뭐가 부족해서 저런 행동을 할까?' 의아했다.

그런데, 엄마의 숨은 이야기가 나오면서 이해가 되었다. 엄마한테 배운 것이다.

| 면접장에서 흔히 보게 되는 일들

최근, 면접을 보는 중에 이력서에 보니 아버지 직업이 '사업'으로 되어 있다. 무슨 사업하시는지 물어본다. "운수업"이라고 했다. 좀 더 구체적으로 답하라고 했더니 '택시'라고 했다. 사업이라는 말 때문에 "몇 대 정도 하시냐"고 하니 그때서야 "개인택시 운전하신다."고 했다. 그래서, 처음부터 그냥 '개인택시'라고 하지 왜 그랬느냐고 물으니 묵묵부답이다.

안타깝다. 깊은 곳에서 아버지의 직업이 부끄럽다는 생각이 있는 듯하다.

그러나, 정작 면접장에 앉아 있는 취준생 또래의 아들딸을 둔 면접관의 기대는 정반대이다. 아버지 직업이 무엇이든 자랑스럽게 내어놓고 고생하는 모습 이야기도 하며, 우리 아빠 도와드리게 "꼭 합격시켜주시면 고맙겠습니다."라고 외치는 지원자를 보고 싶다.

그래서, 질문 중에 "가족 자랑 해 보아라."고 주문하기도 한다. '엄격하신 아버지, 자상하신 어머니'의 상투적인 말이 아니라, 아버지가 하는 일을 구체적으로 설명하며 하나하나 자랑스럽게 이야기해 보라. 점수 듬뿍 받을 것이다.

| 취업준비 영역에서 왜곡된 정보와 오해

대학교에서 취업교과목이나 특강시간에 학생들에게 물어본다.

"주변의 친구 아버지의 직업에 따라 본인들의 살아가는 모습이 다르지 않아요? 아버지가 공무원, 교사, 직장인, 사업가, 작은 가게 장사 등일 경우 차이가 나지요?"

잠시 생각하다가 "연관관계가 많은 것 같습니다." 하고 대답한다. 부모님의 직업에 따라 생각하는 스타일, 말하는 방법, 친구를 사귀고 옷을 입는 모습, 심지어는 말하는 투도 달라진다는 것이다. 그리고, 시간이나 약속을 지키는 모습이나 상대를 배려하는 것도 다르다고 생각된다고 한다.

학생들의 눈에도 그렇게 보이는데, 수많은 직원을 데리고 일해 본 면접관 입장에서 아버지 직업이나 가족 구성이 궁금하지 않겠는가?

아래는 취준생들이 가진 몇 가지 오해이다.

회사 들어가서 일만 잘하면 되지 가족하고 무슨 상관이냐?

부모님의 직업이 대단하고 화려해야 좋아한다. 보잘것없어 보이면 약점이 된다.

아버지가 정부나 기업 등 조직의 고위직이면 무조건 합격이다.

가족구성이라든가 아버지, 어머니 직업 자체에 관심을 가지는 것이 아니다. 취준생이 보고 배운 것이 무엇인가를 점검하는 것이다. 간혹 언론에서 언급하는 '끝발 높은' 아빠의 청탁 등을 통해 취업하는 범죄행위는 아예 잊는 것이 좋다. 그런 일은 사법영역에서 단죄가 될 것이고 나는 나의 길을 가면 된다. '우리 아빠, 엄마 최고이다. 인생에서 중요한 것이 뭔지를 잘 배웠다'만 잘 어필하고 그렇게 배워서 살면 된다.

| 부모님을 통해 좋은 것을 배우고 당당하게 공개하라

국가적으로 블라인드채용을 하자며 가족 칸을 없애는 추세이다. 그러나, 소신 있는 인사담당자라면 절대 없애지 않는다. 취업은 연애나 결혼에 버금가는 평생의 인연을 맺는 면접인데, 최소한의 가족관계도 모르고 맺을 수 있겠는가? 그러나, 지난 2019년부터 법에 의해 부모님 직업을 묻는 것이 범죄가 되어버렸다. 안타깝다.

공기업이나 공무원 조직이라면 이해가 된다. 많은 부분이 법이나 규정에 의하여 일하고 주어진 시간에 일하면 된다. 창의성이 오히려 무리가 되기도 한다. 업무량이 정해져 있는 분야나 정확하게 고객 수에 연동되어 기계적으로 일하는 분야도 이해가 된다. 대형마트의 캐셔, 은행 창구 근무자, 식당의 종업원들, 생산 라인의 근로자를 뽑는 경우라면 가족이나 부모님이 무슨 상관이겠는가? (실제 이 분야도 따져보면 자율성이 많은 분야이지만 양보하고 넘어간다)

그러나, 기업의 일반 경우는 다르다. 일정 수준의 업무영역과 상관의 지시, 기본 방침 정도만 제시되고 70-80%가 본인의 자율성에 따라서 일의 분량이나 질(Quality)이 결정된다. 그러기에, 성장환경에 있어 가장 중요한 가족 구성이나 직업은 반드시 관심을 가지게 된다. 그런데, 여느 가정같이 평범하면 그냥 물어보는 정도이지만, 남다른 상황이나 직업의 경우는 답변에 따라서 결정적인 경우도 많다. 질문한 것만으로 성급하게 짐작하지 않으면 좋겠다.

필자가 면접을 보는 경우에는 위와 같이 부모님 직업을 숨기려는 모습이 보이면 스펙(SPEC)에 상관없이 '불합격'으로 처리했다. 취업한 이후에 '회사'에 대한 자부심도 없을 가능성이 크기 때문이기도 하다.

핵가족 상황에서는 부모님의 행동이나 처신을 그대로 닮아간다. 그래서 대한항공 세 모녀 사건을 보며 우리가 배우는 것이 많아야 한다. 취준생이든 부모님이든….

| 결론은

가족의 긍정적인 면, 즉 성장과정에 형성된 인성이나 태도 중 기업에서 일하는 데 도움이 될 만한 것은 대놓고 자랑하라. 부정적으로 보일 만한 것, 즉 부모님의 이혼, 아버지의 직업이 사회적으로 고달파 보이는 직업, 조직 적응이 미숙할 것으로 추정되어 보이는 외동딸 구성 등이 있으면 더더욱 대놓고 자랑하라. 사회적 통념(通念, 일상적인 생각들)을 뒤엎기 위해 그동안 해 온 남다른 노력을 내세우며 더 좋다. 의지를 가지고 불리함을 극복하는 것이 기업의 기본 속성이기 때문이다.

- "어릴 적부터 이혼한 아빠와 둘이 살며 살림을 챙겨 생활력이 남보다 강해졌습니다."
- "아빠가 연탄 배달을 하였습니다. 새벽에 일어나 일 나가시는 아버지를 자주 돕다 보니 부지런함도 생겼고, 건강에도 크게 도움이 되었습니다."
- "외동딸은 고집이 셀 것 같다고 많이 말하기에, 단점을 극복하려고 매주 일요일에는 교회에서 수많은 언니 동생들과 어울립니다. 때문에 형제가 많을 것 같다는 말을 자주 듣습니다."

스스로 약점이라고 생각되는 것이 있으면 '장점'으로 뒤집는 노력을 하라. 오히려 기회이다. 그런 발상을 전략적 사고라고 한다.

취업의 정석 나를 마케팅하다

"포상금 500만 원을 받았다. 그날 전부 쓴다면?"
- 삶의 희망과 가치관을 엿본다

- "일을 잘했다고 회사에서 포상금으로 현금 500만 원을 받았다고 칩시다. 그날 다 써야 한다면 어떻게 쓰겠습니까? 앉은 순서대로 답을 한번 해 보세요."

면접 시간 중간쯤에 하는 질문 중 하나이다. 면접자들의 당황하는 표정이 역력하다.

- "전액을 우리 회사 주식을 사겠습니다."
- "모두 엄마에게 드리겠습니다."
- "해외여행을 가겠습니다."

주로 나오는 답변들이다. 정답은 없지만 지원자의 머릿속을 짐작할 수 있는 질문이다.

| 질문의 구성

이 질문은 인터넷에서 찾을 수 있는 기업들의 실제 질문들 중 하나이다. 가끔씩은 '황당질문', '괴짜질문'으로 분류되기도 한다.

면접장에서 하는 질문은 면접관들이 감각적으로 만들어내는 것이 많다. 그러다 보면 점검을 놓칠 위험성에 대비하여 표준 질문을 인사부가 생산하여 면접관에게 나눠주기도 한다.

그런데, 이런 포상금과 같은 질문은 상당히 노련한 인사부장이나 인사과장이 면접관이 되어 주로 내놓는 질문이다. 복합적으로 상대의 면모를 읽을 수 있기 때문이다.

다양한 답변이 가능하다. 긍정적 결핍과 균형 사고 그리고 명분과 이유를 보게 된다. 돈을 쓰는 데에 나눠 쓸 수도 있고 집중하여 쓸 수도 있다.

몇 가지 유형의 답변을 보자. 말하는 표정과 얼굴을 보지 못하는 상황에서 평가하기는 쉽질 않지만 나름대로 의미를 줄 수 있다.

- "200만 원은 디지털 디바이스 구입, 100만 원은 자취방 냉장고 구입, 200만 원은 부모님께 용돈으로 드리겠습니다."
- "100만 원은 친구들과 축하파티, 200만 원은 회사 주식 투자, 200만 원은 여름 해외여행 티켓을 구입하겠습니다."
- "1/3은 대학 때 봉사 활동한 기관에 기부하고, 1/3은 여자 친구와 같이 명품 옷과 액세서리를 사고, 1/3은 베스트셀러 책을 구입해 보고 싶습니다."
- "하룻밤 파티를 열겠습니다. 친구들과 직장동료들 함께. 그리고, 일부는 그냥 나누겠습니다."

지원자의 생각과 가치관, 젊은이다움도 보게 된다. 이 답변을 보는 독자도 동의하리라 생각한다.

이 질문이 의도하는 바를 구체적으로 보면,

첫째는 지원자의 긍정적 결핍을 보게 된다. 지금 부족한 것, 미래 준비에 필요하고, 갖고 싶고, 하고 싶은 것이 드러난다.

취업의 정석 나를 마케팅하다

둘째는 오래 다닐 가능성을 점칠 수 있다. 직장을 다니는 이유, 돈을 벌려는 이유가 짐작이 된다. 대체적으로 오래 근무할 가능성이 높다고도 해석이 되는 것이다.

셋째는 가족이나, 친구들 혹은 좋아하고 사랑하는 사람에 대한 감사와 사랑을 표현하는 것을 통해 삶의 가치를 아는 사람으로 추정이 된다.

넷째는 한꺼번에 집중하는 성향 혹은 적절하게 나눠서 사용하는 균형감도 볼 수 있다. 어느 것이 맞고 틀리다는 측면이 아니다.

앞에서 등장한 다양한 답변으로 면접관이 판단할 만한 해석을 달아본다. 정답이 없는 일이지만 눈과 표정을 보며 아래와 같은 해석을 하는 것이다.

디지털, 자취방 냉장고를 구입하려고 한다 - 직장 생활의 경제적 이유가 보인다. 본인이 벌어서 본인이 삶을 꾸린다고 생각도 가능하다. 직장 생활하는 동안 집안의 도움이 없냐고 되묻기도 할 것이다.

책을 사고 싶다 - 어느 분야에 관심 있고 공부하고 싶다는 것이 보인다. 지금 업무의 보완과 미래 발전에 관심이 있고 투자하는 노력이면 더 좋아 보일 것이다. 그러나, 막무가내로 대학원 진학 등의 학업에 대한 관심을 보인다면 위험하다.

파티를 열고자 한다 - 도와준 동료나 취준생 때 도움 준 친구들에 대한 보답 차원의 의도는 좋은 평가를 받을 것이다. 그러나, 그냥 놀고 싶다고 하면 그냥 아웃될 가능성이 크다. 눈치 없이 이런 식으로 답할 사람은 없겠지만…

가족이나 연인에게 뭔가를 사주고 싶고 현금을 드리고 싶다 - 말할 필요가 없을 것이다. 그러나, 전액을 다 드리겠다고 하면 그런 이유를 물을 것이다.

봉사 활동했던 기관에 기부한다 - 좋은 취지이다. 그러나, 그 이유를 물을 것이다.

해외여행을 가고 싶어 티켓팅해 둔다 - 좋은 취지이다. 그런데, 단순 관광 목적이나 남이 가니까 해외를 간다고 하면 감점 가능성이 크다. 특히 그런 발상은 지금 50-60대의 면접관은 젊을 때 하지 못했던 생각이기도 하다.

다니는 회사의 주식을 산다 - 명분이 뚜렷해야 한다. 주식에 상당한 식견이 있고 회사의 미래 발전 가능성을 염두에 두었다면 무난할 것이다. 그리고, 다니는 회사의 주주 입장, 투자자 입장이 되어 취업 후에 더 열심히 일할 명분을 가져보는 것도 그럴싸해 보인다. 그런데, 전액을 다 이런 방식으로 쓴다는 것은 권하질 않는다.

"신뢰는 무슨? 약속 시간도 안 지키면서…"
최악의 자기소개 - '말' 따로, '행동' 따로

| 면접상황 1

    본인이 실무를 총괄하는 글로벌청년사업가(GYBM)양성과정의 연수생 선발 면접 자리의 일이다. 1년간의 해외현지 합숙 연수와 현지기업의 취업, 그리고 동남아라는 특수한 환경적 요인을 감안하는 면접방식을 준비했다. 이름하여 '복합면접'으로, 지원자의 무의식적인 행동과 습관을 관찰, 평가하는 것이다. 그리고 틈만 나면 강하게 압박하며 스트레스를 자극했다.

면접이 시작되면 이런 면접의 불가피성을 미리 양해를 구한다. 50분간 4가지의 과제가 쉴 새 없이 진행되기에 수시로 주어지는 지시에 집중하라고 부탁한다.

그런데, 수시로 면접진행관련 지시가 쏟아지는데 틈이 날 때마다 유난히 머리를 숙여 책상을 물끄러미 보고 있거나, 지시하는 진행자를 보지 않고 앉은 좌석의 정면을 바라보는 마네킹 같은 모습이 눈에 들어오는 지원자가 있었다.

또 다른 단계의 미션을 수행하며 면접자를 강하게 압박하며 질문했다. 다른 지원자가 모두 보는 앞에서 외다리로 홀로 서게 하여 곤혹스러운 환경을 만들어 서있는 것만으로도 쉽질 않게 신경을 집중토록 하여 조작된 답변을 못 하도록 하며 질문을 던졌다.

- "본인의 가장 핵심역량은?"
- "예, 소통능력입니다."
- "아니 오늘도 잠시만 틈이 나면 계속 한눈팔던데 그게 무슨 소통능력입니까? 언어는 말보다 태도나 눈빛이 더 중요하다는 것에 동의합니까?"
- "예."
- "그런데 지원자는 말로만 하는 것이 아닌가요? 이 거짓말을 근거로 불합격시켜도 할 말 없지요?"

몰아붙였다. 질문하는 나도 미안한 마음이지만 안타깝다. 그런데도 묻는 말에는 답도 하지 않고,

- "친구들은 절 보고 커뮤니케이션능력이 뛰어나다고 합니다."
- "그러면, 이 면접관의 말을 인정하지 않는다는 뜻입니까?" "아닙니다!"

더 이상의 말을 이어가지는 않았다. 시간도 시간이고 면접장이 너무 경직되

기도 해서….

| 취준생들의 무의식적인 낭패들

유난히 실행력을 점검하는 면접이 많아지고 있다. 유행과 같이 성행한다. 이름하여 '맥주면접', '등산면접', '요리면접' 등이다. 심지어 금융계에서는 합숙하며 면접을 보기도 한다.

급기야 어느 회사의 경우는 인사담당 임원이 회사 로비에 '수위복'을 입고 시비를 걸며 관찰을 하는 경우까지 나타났다. 면접장으로 향하는 수험생들에게 다양한 형태의 시비를 걸어본다는 것. 대응하는 것을 관찰하여 결과에 반영, 당락을 결정짓는다는 것이다. 말과 행동이 너무 차이가 나는 현상들이다.

좋은 인재를 뽑겠다는 기업의 노력이 눈물겹다. 정책적으로 '블라인드채용'을 종용하지 않아도 기업은 수년 전부터 하고 있었다. 기업은 본능적으로 채용절차를 간단히 하고 싶다. 드는 시간과 비용이 워낙 크기 때문에… 그런데, 실제는 더 까다로워지는 경향이 있다.

핵심은 실행력 즉, 말과 행동의 일치를 확인하는 것이다.

취준생들의 극심한 불일치 현상이 보이는 원인은 크게 세 가지가 있다고 본다.
첫째는 추상적인 단어의 구체적인 행동이 무엇인지 잘 모른다는 것이다.
둘째는 '설마, 이런 것을 알아보겠어?'라며 대수롭지 않게 생각하는 경우다.
셋째는 자기소개서를 쓸 때 인터넷에서 구한 여러 자료를 보며 단순히 좋아 보이는 단어를 나열하고 베끼는 것에 익숙해져 있는 것이다. 대학에서 레포트 작성하고 독후감을 쓰면서 일상화, 습관화되어 버렸기 때문일 것이다.

| 어떻게 준비할까?

구슬에 실을 꿰는 방법과 실에 구슬을 꿰는 방법 2가지이다.

첫째는 먼저 긍정적인 습관을 찾아서 나열하라. 동사로 끝나고 규칙적으로 반복적이며 숫자로 표기 가능한 것이면 더욱 좋다. 그런 것의 비슷한 유형이 3개 이상 모이면 그것을 나타내는 함축적인 단어로 표현하라.

둘째는 그 반대의 경우로 특정 회사나 직무의 핵심역량을 알고 쓰고 싶다면 그런 역량이 상상되는 생활 속의 행동을 찾아 습관화하는 노력을 기울여야 한다.

예를 들어본다.

- 저는 동아리 활동을 할 때 어려운 상황을 만나면 적어도 3개 이상의 아이디어를 제시하였습니다. 그리고, 반드시 한 개 이상은 실행하였습니다. 그 결과 한 학기에 5개 이상을 실제로 적용해 보았습니다.
- 대학 3학년 한 학기 동안 편의점 아르바이트를 할 때, 점포 매출을 올릴 아이디어를 일주일에 한 개 이상 사장님께 건의해 보았습니다. 그러면, 사장님께서 받아주시곤 해서 효과가 있으면 인센티브를 받기도 했습니다.
- 학교로 등교할 때, 정문에서 강의장까지 가는 길이 10분 정도 걸리는 긴 코스입니다. 늘 10분 정도 일찍 등교하며, 매주 다른 코스로 강의장을 걸어가며 주변의 변화를 느끼는 활동을 해 보았습니다.

이 정도가 되면 핵심역량이 '창의성'이라는 단어를 붙이는 데 손색이 없을 것이다. 대학생 정도의 수준에서 이런 노력만으로도 무난하다. 자기소개서 작성은 물론이고 면접관의 질문에 자신 있게 답할 수 있을 것이다. 쉽진 않겠지만 실제 행동으로 하는 것들을 찾아 몸으로 익히기 바란다.

"(   )를 찾아오면 무조건 합격시켜라"는
사장의 엄명
- 기업연구 출발점, 제품에 대한 연구

자동차부품을 생산하는 어느 중견기업 사장의 지혜를 소개한다. 지원하는 사람이 많아도 제대로 된 인재(人材)를 찾기가 어려워 고민하고 있던 터였다. 직접 면접을 보면서 내린 지시사항이다.

"이번에 우리 회사가 참가하는 제품박람회(제품전시회)를 찾아오는 취준생은 무조건 합격이다. 연구개발팀장 직권으로 30명까지 합격시켜라."

5년 정도 전에 있었던 일로 사장의 지혜가 엿보이는 충격적인 지시이다. 그해 가을에 서울 COEX에서 개최된 회사의 산업전시회에서 시도했다고 한다. 그 회사 인사과장의 말이다.

궁금해져 바로 되물었다. "몇 명이나 합격했지요?"

"취준생, 대학생은 눈을 씻고 봐도 없었습니다." 더 충격적인 답이었다.

2일 동안 전시회에 참가하며 부스를 지켰던 연구개발팀장은 목마르게 사람을 기다렸다고 했다.

취준생들은 채용박람회, 취업박람회를 찾아가지만 정작 회사 생존의 기초가 되는 제품에 대해서는 알려고 하지도 않는다.

취업의 정석 나를 마케팅하다

| 취업준비의 핵심 - 목표 기업과 '제품 연구'

취업을 원하는 목표 기업의 기본 정보, 지식의 꼭짓점으로 '제품 연구'를 권한다.

기업에 들어간다는 것(취업), 내 사업을 시작한다는 창업 수준의 발상을 하면 좋겠다. 내가 만든 '제품과 서비스'로 대가를 지불할 '고객'에게 '상응하는 이상의 만족감'을 주어야 한다.

그리고, 일정 기간 동안 실수, 실패하지 않고 확대, 확장이 가능해야 한다.

여기서부터 각 직무는 물론이고 수많은 경영 이슈가 펼쳐진다.

그 기본이 되는 제품과 서비스도 모르는 경우가 태반이다. 취업 목표도 없는 경우는 더 황당한 경우다. 회사가 손님 맞듯이 "어서 옵쇼"라며 기다리는 줄 착각하는 듯한 경우도 비일비재하게 볼 수 있다.

장래 포부나 미래 비전을 이야기할 때도 대개의 취준생들은 본인이 사장(CEO), 혹은 본부장 혹은 팀장으로 지원하는 것 같은 경우가 많다. 정작 세세하고 구체적인 지식을 가지고 덤비는 사람은 찾아보기 어렵다. 물론 짧은 대학생활에서 그 많은 것을 다 할 수가 없지만 목표를 미리 정하여 매일 조금씩만 챙겨나가면 달라질 것이다. 그것도 주력 제품이나 서비스를 중심으로 공부하고 준비하는 것이다.

| 제품 연구란?

제품연구는 지원 직무에 따라 수준이나 깊이가 달라질 것이다. 영업, 마케팅과 기술개발 혹은 생산관리 직무 등을 염두에 두고 준비하면 훨씬 구체적인 준비가 가능하다.

제품에 관한 기본적인 사항들을 정리해 보면

- 제품의 이름과 종류, 가격, 기본기능, 특수기능, 소재, 부품 원가, 제조 장소(지역)
- 가격대별 구성(LINE UP), 고객의 만족도, 가성비(가격대비 성능), 가심비(가격대비 마음, 가치) 등
- 판매·영업담당 직원들의 고객 대응 자부심 혹은 한계와 고충 등
- 경쟁사 제품(국내, 해외)과 가격, 제품의 역사(History) 등

여기에다 조금 더 깊이를 더한다면

- 제품 불량, 기술적 결함 혹은 안전, 사고나 그로 인한 소비자 불만, 법률적 분쟁 상황
- 제품의 발전 방향, 기술적·소재적인 한계의 극복 노력과 연구, 대체 제품 혹은 보완 제품 개발의 추이
- 원천 기술 및 인근 기술의 발전 동향이나 영향 관계 등을 들 수 있다.

앞에서 말한 제품 전시회는 제품의 '미래 혹은 신규 개발 제품'을 보여주는 장소이니까 제품에 대한 강력한 탐구욕을 보여주는 근거가 된다. 그리고, 기업에서 가장 중요하게 생각하는 현장을 찾아가는 것만으로도 지원자의 의지나 노력, 태도를 종합적으로 보여주는 좋은 근거가 된다.

마케팅과 영업, 글로벌 영업, 생산관리, 재무, 인사관리 등의 직무에 대해 희망자는 이러한 제품 이해를 기반으로 사고를 넓혀가는 것도 취업 준비와 지원자의 차별화된 노력을 보여주는 구체적인 방법이 된다.

취업의 정석 나를 마케팅하다

| 제품연구의 구체적 단계

① 일단은 회사의 홈페이지로 들어가라. 앞에 있는 '개요'수준의 연혁, 주가, 위치 등의 내용은 일단 뒤로하라. 많은 취준생들이 여기서 머뭇거리며 외우려고 하다가 발길 돌리는 경우가 많다.

② 홈페이지 메뉴 중 '제품 혹은 사업소개'로 들어가라. 코스피(KOSPI)나 코스닥(KOSDAQ) 상장회사의 경우는 '투자자 정보(IR: Investor Relations)'에 들어가 가장 최근의 '사업보고서'라는 제목의 자료를 찾아보고 활용하라. 회사의 내용을 부분적으로 함축해둔 '감사보고서, 영업보고서, 재무제표'와는 다르다. 사업보고서에 있는 '사업의 내용'에 주력하라.

③ 차근차근 그리고 반드시 소리 내어 읽어보며 생소한 단어를 나열해 보라.

④ 스스로 이해가 안 되고 설명이 안 되는 것을 찾아라. 특히 제품, 사업내용에서 찾아라. 반드시 입으로, 말로 해봐야 한다. 생각으로, 상상으로만 하지 말라. 눈으로만 훑어보면 소용없다. 많은 경우 안다고 착각을 하지만 정작 면접에서 물어보면 입이 막힌다. 입으로 익숙해진 용어들을 자기소개서에서 구사하면 더욱 좋다.

| 학창시절(2, 3학년 때) 전공 교수님께 부탁

대학교 전공과목 수업에서 이런 것을 접하는 기회를 주는 것도 방법이다. 자기 과목에서 배운 지식들의 사회적 쓰임새를 접하는 기회를 만들어 주는 것이다. 장소만 알려주고 다녀오도록 권하거나 작은 과제를 주는 것도 지혜로운 방법이 된다.

본인도 딸내미가 대학 2학년 때 전공의 미래, 취업의 미래를 감안하여 이런 제품박람회에 자주 가보라고 재촉을 했다. 전공이 '식품공학'이라 '식자재 전시회, 박람회'뿐만 아니라 기업인을 대상으로 하는 '세미나'에도 보내 보았다. 진행하시는 분들이 전공하는 대학생이 오니 너무 신기하게 생각하며 맞아주었다고 한다. 맛있는 호텔 식사도 하고 자료도 받고 인사도 나누었다고 한다. 전부 '공짜'로… 우리 사회의 인심이다. 세상을 보고 직업을 보는 전환점이 되었다고 한다.

| 어느 회사의 면접 그리고 판매제품

미국의 통신회사 중에 '모스 부호'로 유명한 회사가 있었다.

모스 부호(Morse code)는 짧은 발신 전류(•)와 긴 발신 전류(−)를 적절히 조합하여 알파벳과 숫자를 표기한 것이다. 한국에서도 자음, 모음, 숫자로 표현하여 우체국, 전신전화국에서 '전보'라고 영업을 했었다. 세월이 제법 지난 일이지만….

그것을 주력 제품으로 하는 회사에서 신입사원을 뽑을 때의 일이다. 면접 대기장에서 오랜 시간을 기다리기만 했다. 그러던 중에 직원으로 보이는 한 명이 나와 벽에다 큰 종이를 붙이고 갔다. 1시간 정도 지난 후에 "2명의 합격자를 발표합니다. 그리고, 오늘 면접은 끝났습니다."라고 했다.

대기자들이 거칠게 항의를 하였다. "언제 우리가 면접을 보았냐. 누굴 놀리는 거냐?"

그랬더니만 그 직원이 벽에 있는 종이를 가리키며 "저기에 써 놓은 것 안 보입니까? 점(•)과 선(−)으로 표현한 글을 읽어보십시오. '면접 오신 분은 방으로

　　　　　　　　　　　　　　취업의 정석 나를 마케팅하다

들어오세요'라고 해두었잖습니까? 단 3명만 들어왔습니다."

아무도 더 이상 말을 못 하고 돌아갔다고 한다.

| 제품 중심으로 준비했는데 탈락의 고배를 마시면?

그 회사 제품을 분해해 보자. 그러면 원자재, 부자재, 포장자재 등 또 다른 대안이 나올 것이다. 새로운 출발을 하면 된다. 앞에서 말한 방법대로 하면 이 단계는 일주일이면 거뜬히 해낼 수 있다. 방법은 비슷하니까… 별도로 다루겠다.

사장님 머리를 때려라!
최고 관심사로
취업 전략을 기업 전략 3C에서 찾아 광폭 행보

대개의 취준생을 '멘붕'상태로 몰고 가는 충격적인 질문들이 있다. "우리 회사의 경쟁회사가 어딘지 아세요?", "매출액 기준으로 우리 회사의 글로벌 위치는?", "유럽 여행을 다녀왔다고 했는데 우리 제품을 현지 매장에서 본 적이 있나요? 어떻게 디스플레이되어 있던가요?" 등의 질문이다.

| 면접관의 염장을 지르는 답변과 질문

반면, 취준생이 이런 식으로 대화를 하면 어떨까? 정말 보기 어려운 일이겠지만….

"조금 전에 제가 우리 회사 제품을 구입해서 써 본 경험을 말씀드렸지만, 최근에 경쟁 회사가 출시한 제품도 써 본 적이 있는데 한번 비교해서 말씀드려도 될지요?"라고 하거나, "지난 겨울방학 때 미국에 갔다가 중고차 매장을 방문해서 전 세계에서 모인 자동차의 중고시세를 통해 우리 회사 자동차의 가치를 알아본 적이 있습니다."라는 말을 끄집어냈다고 하자. 면접관은 어떨까?

아마 초긴장으로 모든 면접관의 시선이 모일 것이다. 기업의 최고 관심사이기 때문이다. 실제로 필자가 면접장에서 겪은 가장 곤혹스러웠던 경우이며 면접관이 되레 면접을 당하는 분위기가 연출되었다.

남다른 발상법으로 취업 준비를 제안한다. 어려운 일이라고 밀어내지 말자.

| 기업 경영전략의 '3C Model' 분석

기업 경영전략에는 수많은 개념들이 존재한다. 경영학 연구를 토대로 나온 시중의 책만 해도 수백 권이다. 필자가 공부한 경험으로 경영전략의 가장 상단에 있으며 핵심 포인트를 꼽으라면 '3C Model' 분석이다. 경영 GURU이자 컨설턴트인 일본의 '오마에 겐이치(Kenichi Ohmae)'가 만든 모델로 '우리 회사(Company), 고객(Customer), 경쟁사(Competitor) 그리고 가치(Value)'로 구성되어 있다.

한 회사만을 놓고 '뛰어난 회사, 좋은 회사, 유망한 회사'를 말하는 것은 의미

취업의 정석 나를 마케팅하다

가 없다. 궁극적으로 고객에게 지속적인 가치 제공에 있어 반드시 경쟁자보다 우위에 있어야 하는 것이다. 절대적으로는 조금 미흡하고 수준이 떨어지더라도 경쟁자보다 잘하는 것이 중요하다.

| 완벽한 제품은 없다

간단한 예를 들어 우리가 쓰고 있는 스마트폰을 보자. 고객이 원하는 기능이나 용량, 품질, 디자인, 가격 우위 등을 내세우며 조금이라도 진화된 제품을 내어 놓으며 전쟁 수준의 경쟁을 벌이고 있다. 그러나 쓰다 보면 여러 곳에서 불량을 보게 된다. 고객은 불량이 전혀 없으면 좋겠지만 크고 작은 불량 요소보다는 전체적으로 쓰이는 효용 가치를 보고 돈을 지불하며 구입하는 것이다.

3C 모델은 기업이 생존과 발전을 연구하고 추구하는 기본 구조이다. 그런 틀을 이용해 취업 준비를 하자.

① 'C(Company)' : 회사 연구

여태까지 해 오던 기본적인 취업 준비이다. 회사의 일반적인 현황, 즉 이름, 역사, 매출액, 이익, 주가, 본·지사 및 공장 위치, 주력 제품, 사업 내용 등이다. 조금 더 나아가면 재무현황, 미래비전, 인재상 등을 공부해서 준비하는 수준이다. 이 내용만으로도 좋은 평가를 받을 수가 있다. 수차례 언급했지만 대다수 취준생들이 구체적인 목표조차도 없는 실정이기에 이것이라도 준비하면 천만다행이다.

그러나, 기업은 상품, 제품, 서비스로 고객과 관계를 맺고 소통을 한다. 이 부분에 착안하면 한 단계 높은 수준으로 준비할 수 있다.

② 'C(Customer)' : 고객 탐색

우리 회사가 만든 제품, 제공하는 서비스를 돈을 지불하고 구입하는 고객은 늘 기업에 민감한 존재이다. 특히 ICT(Information & Communication Technology)의 발달로 인해 고객의 반응은 실시간으로 소통되고 있으며 집단화되기도 하는 위력을 가지고 있다. 고객의 무의식적 행동까지도 집계하는 빅데이터(Big Data)연구도 한층 발달되는 등 우리는 '4차 산업혁명'이라는 이름의 사회 변화를 온몸으로 느끼고 있는 중이다. 거기에 더하여 고객 관리와 관련된 숫자나 정형화하기 어려운 고객 심리 이해는 기업 경영자의 최고 관심사이다.

취준생이 고객의 마음을 직접 느끼고 분석까지도 해 보았다고 하면 보는 면접관의 눈이 달라진다. 그런 의미에서 고객 연구는 취준생이 반드시 머리와 입에 달고 다니는 주제가 되어야 한다.

그런데, 그런 고객에 대한 모든 노력도 경쟁자보다 나아야 한다. 기업의 경영자, 즉, 면접관들은 늘 경쟁 회사의 움직임에 촉각을 세우고 있다. '내가 고객에 관심을 가지고 연구하는 등 준비가 되었습니다'라고 보여주는 도전에 최고의 점수를 줄 가능성이 높다.

③ 'C(Competitor)' : 경쟁자 극복

우리 회사가 고객에게 좋은 제품으로 어필을 해도 경쟁자가 조금 더 나은 제품을 내어 놓으면 순식간에 밀려난다. 당연하고 냉혹한 기업 경쟁의 현실이다.

심지어는 좋은 평판이 있을 것이라는 확신으로 제품을 대량으로 준비해서 시장을 장악하려고 할 때 나타난 '~보다 나은 제품'에 대한 대비가 없으면 순식간에 재고로 처지는 결과를 초래하기도 한다. 짧은 시간의 고객 호평(好評)이 되레 발목을 잡는 저주의 순간이 되는 것이다.

그런 의미에서 지원 회사, 경쟁사, 고객을 묶어서 보는 관점은 직장인 최고의 자세다. 같은 시각으로 취준생도 예외는 아니다. 아직 정식 직원이 아니니 알고 있는 정보나 자료가 일부 잘못되는 경우가 있어도 그런 관점을 가지는 것만으로도 좋은 면접 평가를 받는다.

| 글로벌 경쟁자를 극복하자. 그게 꿈이 되어야 한다

이제 한 단계 도약해 본다. 지원 회사 혹은 제품과 경쟁상대가 되는 글로벌 기업을 찾아보자. 취업을 목표로 한 한국 경쟁회사와 비교하며 공부하듯이, 해외 경쟁기업과도 비교하며 공부하자. 그 이유는 앞에서 말한 경쟁사 연구와 같은 맥락이다.

학교에서 흔히 말하는 글로벌 인재는 대체적으로 외국어를 하며 문화적 차이를 이해하는 수준에 머문다. 진정한 글로벌 인재는 제품이나 서비스의 글로벌 차원 경쟁을 이해하고 발생하는 문제나 한계를 극복하려는 노력을 하는 사람이다. 나아가 글로벌 관점에서 가용한 자원을 조합하여 최적의 해법을 찾아내어야 한다.

예를 들면, 제품을 만드는 제조 현장과 판매되는 국가 간 거래를 보면서 FTA 나 CPTPP 같은 양자 간 혹은 다자간 무역협정도 공부해 두면 좋다. 제품의 가격 등 경쟁력에 큰 영향을 미치기 때문이다.

| 구체적인 제품과 서비스를 탐구하자

이 틀을 이해한다면 취업 준비가 달라져야 한다. 막연히 '나는 이런 사람이니 뽑으시지요'라는 수동적인 수준을 넘어서게 된다. 회사를 연구하고, 고객을 연구하고, 경쟁자를 찾아 비교해 보는 노력은 취업 준비의 핵심이 될 것이다.

이런 방법의 취업 준비는 또 가장 기초적인 전제인 '목표 설정-가급적 제품 중심'이라는 핵심으로 다시 귀결이 된다. 그런데, 목표를 설정해 두었다가 단순히 조사하고 정리하다 보면 재미가 없다. 준비했다는 내용이 별 볼일 없는 수준으로 머무는 것을 많이 본다.

그래서 아래와 같이 워드나 엑셀 시트로 비교표를 만들어 채워가는 것을 권한다. 지루함이 덜할 것이다. 기억도 쉬워진다. 아래로 칸을 채우며 하나하나 늘려나가기 바란다. 비교 가능한 모든 항목의 종합표를 만드는 것이다.

필자는 학교 교과목 수강시간에 이런 서식을 이용하여 가르쳤다. 꾸준히 데이터를 채워 나간 학생들은 거의 모두 졸업 전에 취업을 무난히 하였다.

경영전략 차원의 취업준비 서식

구분		우리회사	국내경쟁사	글로벌경쟁사	글로벌경쟁사
제품	제품명				
	스펙				
	가격				
	…				
회사	회사명				
	창립연도				
	매출액				
	…				
고객	주연령층				
	…				
비교 가능한 항목은 아래로 계속 확장해 나가자					

리더십 훈련과 유효기간 '평생'

part

03

취업 준비

'취업준비'라고 쓰고, '리더십 훈련'이라 말한다
취업과 관계 리더십의 핵심 : 4가지 발(발길, 발가락, 발랄, 발품)

대기업 인사담당으로 15년, 중소기업에서 100여 명 직원을 경영한 5년, 이 경험을 바탕으로 취업과 진로 등에 대해 15년여를 가르쳤다. 쌓아온 경험과 관련된 공부를 기반으로 이 책도 집필하고 칼럼을 쓰는 활동도 하고 있다. 이론적인 내용은 철저하게 배제하고 실제적인 경험과 기업에서 일하는 사람이라는 측면에서 풀어내었다.

한편으로는 걱정도 앞선다. 과잉 정보와 자료들이 오히려 취준생을 위축시키지 않을지. 그리고 너무 많은 정보, TMI(Too Much Information) 때문이다.

┃ 어느 취업 전문가와의 대화 - 유효기간 평생인 리더십 교육이다

잠시 앵글을 바꿔본다. 보름여 전에 한국에서 취업과 사람 간 매칭 관련 IT분야 최고 기업의 대표를 만나 대화를 나눈 적이 있다.

"대학의 취업 교육이라는 것이 필요한가. 제각기 가진 재능과 그 분야에 집중된 노력만으로도 충분하지 않겠는가"라는 것이 그분 의견의 요지였다. 그러면서 본인의 자녀들도 그렇게 키우려고 한다고 했다.

그래서, "충분히 이해는 됩니다. 제 생각으로는 조금 다르게 봐야 한다고 생각합니다. 최근에 한국의 경제규모 성장이나 글로벌 활약은 대단하고 뭘 해도 잘할 것 같습니다. 그러나 하고 싶은 분야나 직업을 찾는 데 있어 어른들은 경험에서 나온 정보와 지혜를 알려주는 것이 중요합니다. 그러면서, 최종 선택은 본인 몫으로 남겨야 한다고 생각합니다.

그리고, 취업교육은 실제로는 '리더십 교육이자 훈련'이라고 생각합니다. 스스로 자립하며 좋은 인간관계를 맺어가는 법을 가르치는 분야입니다. 이런 공부는 초등학교에서 배우는 '바른 생활' 과목이 전부입니다. 그런데, 부모님부터 그렇게 살지 않는 경우가 많으니 자녀들에게 형성되는 인성(人性)에 문제가 생긴다고 봅니다.

인사부문에서 30년 이상 일한 결론은 취업이나 사업이나 직업은 물론이고 심지어는 종교의 영역에서도 인간관계가 좋은 사람을 찾고 취업도 그런 사람을 찾는 과정이라 생각합니다."

| 취업과 리더십의 4대 기둥, '4발' 전략

취업과 리더십 교육의 엑기스(精髓)이자 필살기, 즉 요약이다. 발길과 발가락, 발랄, 발품 4가지이다.

① 발길 - 목표설정
제일 먼저 발끝의 방향을 정해야 한다. 목표 즉, 발길을 정하는 것이다.

직업과 사업 그리고 제품이 흘러넘친다. 20~30년 전같이 사회가 단순할 때, 덜 복잡할 때는 개인 역량만 좋으면 한 분야에서 일하다가 다른 분야로 옮겨도 금방 적응할 수 있었다. 그러나 복잡 사회는 그 분야가 세분화되며 전문성은 극대화되는 방향으로 발전이 된다. 그래서 산업이나 직무에 관련 지식과 정보량이 폭증한다. 한 개인이 다양한 분야를 잘한다는 것이 불가능이다.

새롭게 그 분야에 진입하려면 구체적인 특정 분야에 전문성이 있어야 하며 그러자면 목표를 정해야 한다. 지식과 정보의 속성이 꼬리를 물며 목표 중심으로 전문성이 누적되는 것이다. 단기간에 남보다 월등한 입장에 설 수도 있다. 전혀 다른 두세 개 분야에 걸쳐 잘한다는 것은 거의 불가능한 시대가 되어버린 것이다.

결론적으로는, 목표가 있어야 집중할 수 있고, 그 외의 다른 분야는 포기할 수 있다. 학창시절이나 직장에서도 무작정 바쁜 사람치고 뭐 하나 제대로 이루는 것을 볼 수가 없었다. 그리고, 대학에서 낭만이 사라졌다는 말에 동의가 되지 않는 이유는 제대로 된 목표가 없기 때문이다. 분명히 열심히 하다 보니 낭만이 없을 것이다. 마음이 급하니 온통 찔러보는 방식의 취업준비를 하고 있기 때문이다.

우왕좌왕하는 분주함보다 느긋한 집중이 중요하다. 직업, 취업목표 설정은 구체적인 제품이나 서비스의 종류를 정하는 것이다. 대기업, 중소기업의 이름이 아니다. 일을 정하는 것이다. 한국에서만 찾는 것을 넘어 글로벌 차원에서 목표를 찾자. 거기로 발길을 향하자.

② 발가락 - 공부, 활동, 관심의 연계

둘째는 취업을 희망하는 회사와 제품과 나와의 인연, 필연을 강조하는 것이다. 그러자면 '일상생활과 취업 준비를 전략적으로 연계'하는 것이다. 일과 삶

취업의 정석 나를 마케팅하다

을 나누어 균형 잡자는 워라밸이 아니라 일과 삶이 섞이는 '워라블(Work & Life Blending)'이다. 세상의 모든 제품과 서비스는 사람의 '삶(Life)'에 필요한 것이기 때문이다.

김동인의 1930년대 단편소설 『발가락이 닮았다』에서 모티브를 찾았다. 소설의 내용은 주인공의 부인이 불륜이 의심되는 임신을 하고 출산까지 한 상황이다. 가족 관계 최대의 위기에서 제대로 유지하는 방법은 새로 태어난 아기와 아빠와의 닮은 구석을 찾는 것이다. 머리끝부터 발끝까지 비교하여 찾은 닮은 부분이 가운데 발가락이다. '발가락이 닮았다'며 '이는 내 자식이다'라는 주인공의 절규가 소설 제목이 되었다.

내가 공부한 것 하나하나가 회사, 제품, 관심으로 이어져 있다는 필연을 찾아 연결시키는 것이다. 대학생활의 교내 활동, 대외 활동, 관심 분야 등 가능한 조그마한 것이라도 찾아 최대한 연계하여야 한다. 가급적 다양한 분야, 영역에서 찾는 것이 좋다. 그런 방향으로 대학(大學)이 만들어졌고 발전되어 왔다.

③ 발랄 - 밝고, 긍정적이며 활기 있는 모습

밝고 긍정적이어야 하는 이유는 인간관계 때문이다. 그리고, 어렵고 힘들 때를 극복하는 원천이기 때문이기도 하다. 뿐만 아니라 이 시대의 모든 사람들이 스트레스를 받고 힘들어한다. 그런 만큼 밝은 상대를 좋아한다. 표정이나 걸음걸이에서, 목소리의 톤과 색깔에서, 주고받는 악수와 단정함에서, 보여주는 생각이나 관점에서 무조건 밝아야 한다.

그런데, 말만으로는 안 된다. 억지로 해서도 안 된다. 상대에게 또 다른 스트레스가 되기 때문이다. 처음에는 억지스럽고 불편하며 스트레스 지수가 오르더라도 평소에 훈련하여 몸에 익히면 된다. 반복하고 또 반복하며 내 몸에 익혀야 한다. 빠른 시간에 몸에 체질화할수록 좋다.

④ 발품 - 현장과 경험

　발길, 발가락, 발랄을 모두 묶어 발품을 팔아서 현장에 간다는 것만으로 최고의 차별화된 모습을 만들 수 있다. 제품과 고객의 접점이 '최고의 현장'이다. 기업은 '고객'이라는 단어를 떼어두고서는 존재 의미가 없다. 그런 의미에서 주기적으로 가서 눈여겨보며 메모해 두면 좋다. 소비자들의 발길, 손길과 눈길이 머무는 곳을 찾아보라. 그러자면 목표(발길)가 정해져야 하며 나의 꿈과 연계(발가락)가 되는 요소를 찾아야 하고, 긍정적이고 밝은(발랄) 상대가 눈에 들어온다.

　최고의 취업 준비이다. 입사 이후에도 최고 직원이 되는 길이고 창업을 하게 되어도 반드시 성공하는 지름길이다.

　독일의 철학자 니체가 한 말이다. "모든 생각은 걷는 발뒤꿈치에서 나온다." 살아보니 진리이다. 일본의 자기계발 권위자인 다카하시 마코토는 삶을 이루고 창의성을 발현하는 4가지 요소로 머리로 생각하는 사고(思考), 마음이 끌리는 심고(心考), 손으로 정리하고 다듬는 수고(手考), 발로 뛰며 현장에 가보는 족고(足考)를 창의성의 핵심이라 하고 있다.

　발끝이 향하는 발길에서 발을 딛는 발꿈치가 나의 꿈을 이루는 취업의 핵심이고 사람하고 관계를 맺어 문제해결력을 높이는 리더십의 최고 덕목이다.

| '나는 해결사', 한 방에 끝낸 취업

　이 세상 모든 지혜의 압축은 '세상에 공짜 없다'라며 현자(賢者)들은 한결같이 말한다.

취업과 리더십의 압축은 '해결사의 노력'이다.

취업교과목으로 한 학기 겸임교수를 할 때의 일이다. "교수님! 행정학과라 공무원, 고시준비만 했습니다. 취업에 대해서는 일(1)도 모르겠습니다."라고 고백을 했다. 첫 수업에 과제를 주었다. 기숙사 근처의 가게에 가서 손님으로서 문제점을 찾아보라고 했다. 그랬더니, 근처의 아이스크림 가게에 갔다 왔다며 중국에서 온 유학생들이 가게를 많이 찾는데 알바생이 중국어를 못하더라는 것이다. 그래서, "자네가 사장이라면 어떻게 하겠어? 해결책을 두 가지만 찾아와라"고 했더니,

- '알바생으로 중국에서 온 유학생을 뽑아 쓴다.'
- '판매대에 있는 POP형 안내문과 메뉴판에 중국어를 같이 써 둔다.'

좋은 해결책으로 보였다. 그래서 이 내용을 지원서에 써서 서류 합격하고, 면접 합격으로 이어져 한 방에 입사했다. 학생들이 잘 아는 '베스킨 라빈스'라는 아이스크림을 판매하는 회사였다. 대학생들의 선호도가 높은 회사였다. 알고 보니 당시 이 대학교가 한국 대학교 중에서 중국 유학생이 가장 많은 학교라고 하였다.

그 내용을 바로 그 가게에다 알려줬더니 매출이 30% 이상 늘어났다고 했다. 분명한 것은 '기업은 돈 벌어 줄 사람을 뽑는다'는 사실이다.

"인사부장이 뭘 알어!"
취업준비의 기본과 회사별 인재상

| 캠리에서 기염을 토하다

취업시즌이 되면 회사의 채용 정보 사이트가 난리가 난다. 뿐만 아니라 대학교를 순회하며 진행하는 채용 설명회, 캠리(캠퍼스 리크루트)를 연일 개최한다. 그중에 '인재상'이라는 항목에 집중을 한다. 각 기업의 인사담당자나 대리급 그리고 학교 출신 선배들이 와서 단상에서 "우리 회사의 인재상은…" 하고 외치며 기염을 토한다.

나도 수년을 그런 활동으로 신났던 적이 많았다. 수많은 후배들에 둘러싸여 우쭐하기도 했다. 인사부직원, 인사과장 직함으로 가면 그 기세가 하늘을 찌른다.

신뢰성, 열린 마음, 창조하는 전문인, 독창적 사고, 자기주도성, 건전한 사고, 글로벌 마인드, 인간미, 리더십, 추진력, 강한 실행력, 도덕성, 전략적 사고, 열정, 선택능력, 의사표현 능력, 고객 가치 창출, 유연한 사고, 시너지 창출 능력….

기업에서 내세우는 소위 '인재상'이라고 하는 것들이다. 홈페이지에서 찾은 단어로 끝이 없다. 알 듯 모를 듯한 단어들이다. 개념을 풀어 놓은 문장도 모호하기는 매한가지다.

| 낭패를 만나다

잊지 못할 일이 있다. 입사 이후 15년 동안 일했던 대우를 떠났지만 인사, 채용업무에 관해서는 나름대로의 자부심이 늘 있었다. 모 대학교에서 한 학기 취업교과목을 맡아 매주 수업 진행을 할 때였다. 어느 하루에 불가피한 해외출장으로 특강을 부탁할 분을 찾았다. 나보다 5년여 선배로 인사(HR)업무에 손꼽히는 당시 어느 시중은행 자회사의 부사장께 부탁드렸더니 선약이 있어 어렵다는 것이다.

그래서, "그러면 인사부장 좀 보내주시면 안될까요?"라고 부탁했더니만,

바로 전화기에서 튀어나오는 소리, "인사부장이 뭘 알어!"

갑자기 내 머리를 큰 망치로 맞은 느낌! 그러나 뭔가가 깨어나는 느낌이었다.

| 35년의 인사관리실무와 공부, 지도의 결과

결론적으로 말하자면 "개별 기업의 인재상은 잊어라!"고 권하고 싶다.

회사에서 내세우는 인재상이 의미가 없어서가 아니라 '기본'만으로도 충분하다는 뜻이다. 취준생의 70-80%가 기본이 안 되어 있고, 심지어는 회사 인재상의 정의에 억지로 맞추다가 낭패를 당하는 경우가 많기 때문이다.

나의 경험으로 일반화하기는 어렵지만 인재상의 정의뿐만 아니라 대부분의 선발, 채용에 관한 업무가 학술적 근거가 있다든가 과학적 추론의 결론이 아니다. 회사를 경영하고 성장해 가는 중에 자연스럽게 생겨난 것들이다.

그 근거로, 특별한 필요가 있어 기업의 인사부 출신들의 이력서를 받아보면 잘된 것을 본 것이 거의 없다. 자기 회사 채용기준으로 보아도 100% 탈락일 확률이 높다는 것을 스스로 고백하는 경우가 허다하다.

개별 기업의 인재상은 무시해도 된다. 그러면서도 쉽고 간단한 틀(공식)로 기억하고 준비하기 좋은 것을 기억해 두자. 실제 취업지도 현장에서도 너무 복잡

한 설명은 취준생들을 지레 지치게 만들기도 하여, 탈락의 고배 등 결과가 좋지 않으면 그때마다 패배감이 들기 때문이기도 하다. 그래서, 필자가 실무 경험을 바탕에 더하여 15년여간의 경영, 조직, 커뮤니케이션, 글쓰기, 심리학, 메타인지학 등 광범위한 공부를 통해 얻은 단순 모델을 만들어 적용하고 가르치며 좋은 성과를 내었고 압축한 내용이 이 책이다. 물론 너무 방대하다. 스토리를 두고 설명하다 보니 조금 길어졌다. 그리고 취업 이후의 직장인을 염두에 둔 것도 많다 보니 그런 상황을 이해 바란다.

| 인재에 대한 기초적 정의와 학교의 현실

  사회나 회사는 크고 작은 분업과 역할분담으로 이루어진다. 각 부품이나 서비스, 직무는 연결선상의 또 다른 것들이 순서대로 결합된다. 결합된 완성품은 또 다른 조립 부품이 된다. 회사 내의 일반 업무도 연결선상에서 존재하는 것이다. 그런 의미에서 옆 파트와의 인간관계는 중요한 의미를 가진다. 작은 연결고리 하나의 실수가 회사에 치명적인 영향을 미칠 수도 있다.

  그런 의미에서 인재상은 개인역량인 '전문성(일)'과 조직역량인 '인간관계(사람)'로 나뉜다. 좀 더 나누면 지식, 기술, 태도로 나눌 수 있다. 이는 교육학에서 추구하는 학습의 기본요소이기도 하며 인사고과, 평가 그리고 인재선발의 핵심 3대 요소이기도 하다.

  '태도'는 '인성'으로 표현되며 조직에서 사람 간의 구체적인 행동에 영향을 미치는 요소이다. 지식, 기술 등 특정 분야 전문성은 발전도 하지만 컴퓨터, 로봇이 대신하며 유효기간이 짧다. 그러나 인성, 태도는 인간에게 영구불변이다. 직업을 바꾸면 지식을 통째로 다른 것으로 무장해야 하지만, 태도는 새로운 지식과 기술을 받아들이는 기본이 되며 주위의 도움을 받는 밑천이 된다. 즉, 좋은 태도는 좋은 인간관계를 부르고 이는 좋은 협조, 도움, 정보를 받을 수 있는 힘이 된다.

그런데, 학교(특히, 고등학교, 대학교)는 철저하게 개인 능력에만 관심가지고 평가한다. 태도에 관한 것은 관심도 없고 평가도 없다. 필기시험이나 서류만으로 평가하지 않고 면접을 반드시 보는 이유는 단언컨대 '태도'를 통해 인간관계를 보는 것이 주목적이다.

지식을 물어보고 대답하고 하는 과정이지만 면접관은 눈을 부릅뜨고 얼굴표정, 눈빛, 자세, 목소리 등으로 태도에 많은 비중을 두고 평가하고 있다.

종합표

구분		구체항목	유의사항
개인역량 (일시적)	지식 KNOWLEDGE	제품, 기술, 법규 기본지식, 경영지식(마케팅, 회계, 재무, 경영정보), 경쟁자, 소비자정보, 일반상식, 기타	하나만 잘해도 무난함
	기술·기능 SKILL	외국어, 프레젠테이션, IT기기조작, 협상력, 정보수집분석능력, 문서작성, 대화기법, 대중화법	
조직역량 (영구적)	태도 ATTITUDE	적극성, 책임감, 성실성, 인내력, 윤리의식, 긍정적 태도, 협조성, 유연성, 자신감, 예절, 매너	최소한 골고루, 필수요소

그런데 취준생들은 '인성(人性)'이라고 표현하는 순간 고리타분한 것으로 치부하며 뒷전에 두며 준비하지 않는다.

| 고리타분한 꼰대의 말

그런데, 태도, 인성이라는 것이 의외로 간단하다.

- 시간 지키고, 인사 잘 하고, 표정 밝게 하고, 핸드폰에 한눈팔지 말고, 내가 먼저 손 내밀고, 눈 마주치며 끄덕거리고, 가슴 펴고 걷고, 반듯하게 앉고, 목소리는 씩씩하게, 같은 상황이면 '내가 먼저' 손들어 도전하는 등
- 다른 사람을 기분 좋게 하고 같이 일하고 싶은 모습을 갖추는 것이다. 자연스럽게 누구에게나 호감을 주고받는 사람이 되는 것

결론적으로 기업의 필요와 학교의 교육은 완전히 반대로 가고 있다. 실제 30여 년 전부터 지금까지 산업현장에서 말해 왔던 인재상에서 학교는 더 멀어지고 있으며, 지극히 기본적인 것이 갈수록 부족해지고 있다.

다시 말하지만, 개별 기업의 인재상은 잊어도 된다. 기본에 충실하고 사소해 보이는 것만으로도 충분하다. 그런데 꼭 반복해서 연습을 해야 한다. 자연스럽게 될 때까지….

새벽 1시에 열공 중! "뭣이 중헌디?"
꾸준히 할 일과 몰아서 할 일

필자가 실무적인 업무를 총괄하여 진행하는 '글로벌청년사업가(GYBM)양성과

취업의 정석 나를 마케팅하다

정'은 총 1년간의 연수과정으로 대개의 기간이 현지에 가서 합숙훈련으로 진행된다. 동남아국가 언어와 직무교육 등으로 진행하는데, 첫 2개월은 한국의 용인에 있는 연수원에서 보내게 된다. 밤 10시면 모두 잠자리에 들도록 하고 있으나 개인차에 따라 좀 더 늦게까지 공부하는 경우도 자주 본다. 필자도 같이 합숙하며 지내는 날도 많다. 1개월 정도 지난 시점에 하던 일처리가 늦어져 새벽 1시쯤에 숙소로 가다가 불이 켜진 강의장에서 몇 명의 연수생들이 뭔가 하고 있는 모습을 보았다.

걱정도 되고 해서 들어가 "뭐 하니?" 하고 물어보니, 바로 "네, 자겠습니다."라는 답이 돌아온다. 물어본 내가 당황했다. '그럴 것 같으면 이 늦은 시간까지 뭐하고 있었던 거지?'

"내일 강의시간에 졸겠다? 괜찮겠어?"라고 했더니만 "아닙니다. 괜찮습니다."고 답을 한다. 아침 강의 시간에 아니나 다를까 졸고 있었다.

1년간의 합숙연수를 학생이 시험 치르듯…

이 교육연수과정은 1년간 합숙으로 진행되며 촘촘히 짜인 일정 속에서 강도 높게 이어진다. 매일 아침 5시 40분에 일어나서 30분가량 운동, 8시간을 강의 수강, 밤10시가 되면 잠자리로 들어간다.

그리고 매주 영어나 현지 언어 시험도 친다. 인내력과 집중력을 다 갖추어야 하는 과정이다. 뭐가 중요한지 모르고 학생 때같이 습관대로 공부하고 생활하다가는 지레 지쳐서 헤매게 되어 성과가 나오지 않는 경우가 많다.

이런 과정의 흐름을 안다면 스스로가 철저하게 시간관리, 자기관리를 해야 한다. 인생에 가장 중요한 시기의 1년간은 금쪽같은 시간이다. 분단위로 쪼개어 관리해도 모자랄 상황에 친구들과의 잡담이나 이성(異性)에 대한 호기심 이야기, 급하지 않는 독서, 수시로 다가오는 SNS 주고받기 등으로 시간을 보내고 나니 모자란 공부를 늦은 시간까지 '공부랍시고' 몰아치기를 한다.

그러니 시험 치는 당일은 지쳐서 집중력이 현저하게 떨어진다. 시험 이후의 공부는 엉망이 된다. 그러면서 다음 시험도 놓치며 성적은 바닥을 기게 된다. 악순환의 고리에 들어간다. 스스로 문제가 뭔지도 모르고, 안다고 한들 몸이 기억하는 악습관(惡習慣)을 헤어나지 못한다.

| 뭣이 중헌디 - 일상에서의 판단력 부족

"뭣이 중헌디, 뭣이 중허냐고?"

2016년의 영화 '곡성(哭聲)'에서 나온 대사이다. 절묘한 표현이다. 실제로 인생에서 무엇이 먼저이고 중요한지를 안다는 것은 매사를 잘 처리할 가능성이 높은 역량이다. 시시각각 판단해야 하는 것들은 나이가 들수록 더욱 많아진다. 잠시의 실수로 큰 낭패를 당하기도 한다. 원인은 주로 '욕망' 때문이다. 이 영화의 부제(副題)가 시사하는 것과 같다. '절대 현혹되지 마라'

그런데, 요즘의 대학생들은 판단하고 선택하며 완급을 조절하는 능력이 눈에 띄게 부족하다. 대학 졸업을 코앞에 두고도 스스로 판단하고 선택할 일이 없고 있다고 하더라도 회피하기 때문이다. 거기다가 학창시절에 습관화된 것이 '몰아치기'다. 대학의 중간고사, 기말고사라는 것이 대개가 외운 것을 테스트하다 보니 이런 스타일에 심각하게 익숙해진 것이다. 몇 가지 예를 들면,

- 강의시간과 휴식시간 구분이 안 된다. 휴식시간에 놀다가(?) 정작 강의가 시작 되면 그때야 화장실을 간다고 한다.
- 강의시간에 스마트폰을 켜고 메시지도 주고받으며 한눈을 판다.
- 집안 행사 등 제법 중요한 일에도 싫으면 그냥 가질 않는다. 인생의 중요한 가 족 모임의 의미 등을 한번 헤아려 보거나 전후를 가려보지도 않는다.
- 심지어는 뷔페식당에서는 대충, 그리고 많이 퍼 와서 그냥 쌓아 두고 먹다가 그대로 두고 또 다른 음식을 갖고 온다. 제법 많은 음식을 버려버린다.

| 입사와 일처리의 첫 관문 - 경중판단, 완급판단, 선후판단 등

실제 입사를 하면 닥치는 일들이 많다. 여러 가지 일을 동시에 처리해야 하는 것이 일상이다. 소위 말하는 '멀티태스킹'을 해야 한다. 스스로 판단하여 우선순 위에 따라 하나하나 처리하는 것이 일상이다. 직장은 대학같이 4년만 하고 끝 나는 것이 아니라 평생 이어지는 롱 레이스(Long Race)이다. 수많은 판단의 연속 선에 서게 된다.

필자는 취업준비를 통해 완급(緩急)구분, 강약(強弱)구분, 선후(先後)구분 등의 판단력을 키우고 습관화시킬 것을 권한다. 집안일이나 일상에서부터 이러한 판단력을 갈고닦는 일이 시작되어야 한다. 끼울 것은 끼우고 뺄 것은 빼는 것, '낄끼빠빠'의 훈련이다. 잘 훈련되면 '개념 있는' 사람이라는 긍정적 평가를 받게 되고 간결하면서도 여유 있는 시간관리가 가능해진다.

| 장기 레이스(Race) 활동들

중장기적으로 꾸준한 규칙적인 생활이 최우선이다. 신체적인 것과 정신적인 것을 두루두루 갖추면 좋다.

- 아침 운동을 한다. 체력의 중요성, 꾸준함의 의미 등을 헤아린다.
- 아침 식사를 반드시 한다. 직장인의 아침은 대개가 분주하기에 많은 에너지를 필요로 한다. 하루를 활기차게 보내는 기본이 된다.
- 독서를 주기적으로 한다. 새로운 일과 환경변화에 대한 대비다. 지혜를 배우게 된다. 월 몇 권, 혹은 주당 몇 권 등을 정해서 하면 좋다.
- 취업하고 싶은 회사에 관련된 자료를 스크랩하고, 가족에게 요약해 말해본다. 반드시 주기적으로 하자. 취업준비기간에는 하루에 한 번씩 하길 권한다.
- 적당한 취미를 하나 가진다. 일에 힘들고 지칠 때 회복하는 힘이 된다.

| 단기 레이스(Race) 활동들

때로는 단기간에 몰아서 할 일도 있다. 학창시절에는 저절로 훈련이 되어 잘 하는 편이다. 한편으로는 마무리에 약한 것을 자주 보는 편인데 조심해야 한다.

- 입사지원서, 자기소개서를 쓰는 일이다. 내용의 일관성, 문장의 호응이나 균형을 위해서는 단번에 마무리하여 완성도를 높이는 것이 좋다.
- 집안일을 도우면 좋다. 주방의 일이든, 자기 공간 정리든, 집안 청소든, 엄마를 돕는 일 등이 도움이 된다.

인생에 중요한 필요한 일들은 동시에 몰려오는 경우가 많다. 거기다가 작은 파편형 과제들이 시시각각 섞여서 돌아간다. 이때가 중요하다. 택할 것과 버릴 것, 앞에 둘 것과 뒤에 둘 것, 신속히 해야 할 것과 뒤로 미뤄도 될 일을 판단하고 순서를 정하는 것이다. 학교 상황과 집안 상황, 주변 일상 등을 그리고 취업이라는 이 시대의 절대절명의 과제를 두고 종합적으로 중한 것, 급한 것, 포기할 것을 가리는 판단, 선택의 훈련을 이어가길 바란다.

"눈물 흘려 본 적이 있는가?" 라는 질문과 답변
취업준비의 핵심 : 취업 목표와 간절함

면접관으로 있을 때 면접자 5명에게 던진 질문이다. "눈물 흘려 본 적 있어요? 앉은 순서대로 답해 보세요."

비교적 쉬운 질문이다. 나름대로의 경험을 답한다.

- 1번 : "영화 보다가 울었습니다."
- 2번 : "할머니 돌아가셨을 때 울었습니다."
- 3번 : "집에 강아지가 죽었을 때 울었습니다."

가끔은 한심하다는 생각도 들지만 그냥 고만고만한 답으로 여겨진다.

시추에이션 #1 _ 별다름이 없는 경우

4번, 5번도 이런 답변으로 계속되면 의미를 찾질 못하며 식상해진다. 질문과 답을 통해서 회사가 필요한 인재를 골라낸다든가 적절한 점수 주기가 힘들어진다는 것이다. 요즘의 면접관들이 하는 푸념 중에 '여러 가지의 질문을 준비해 면접에 들어가지만 비슷비슷한 답을 듣는 것'이 일상이 되었다는 것도 유의할 만하다.

신입직원 채용 등 인사업무를 담당하는 면접관조차도 평가가 어려워지는 상황이다. 채용업무를 담당하는 실무자는 가급적 면접자 상하 간의 점수 차이를 크게 해 달라고 독촉을 심하게 하는 편이다. 일반 업무를 담당하는 임원급 간부가 면접관으로 임명되지만 정작 평가가 어려워지는 경우가 허다하게 일어난다. 답변 차이가 없어 변별력이 떨어지는 경우다.

이럴 때는 어떤 기준으로 하는 것이 좋을까? 바로 '스펙'이다. 오랜 세월 동안 사회적으로 통용된 기준이다. 출신학교, 성적, 외국어 점수, 자격증과 등급 등이다. 평가를 하고 개인별 점수를 주는 데 있어 면접관을 무척이나 편안하게 해 주는 기준(INDEX)이다.

시추에이션 #2 _ 답변이 제법 다르게 전개가 된다면?

위의 질문에 이런 답변을 하는 면접자가 있다면 어떻겠는가?

- 4번 : "마음 졸이다가 원하는 것이 되었을 때 너무 좋아서 울었던 경험이 있습니다. 학교 등록금이 모자라 돈을 채우느라 이런저런 아르바이트로 힘들었던 적이 있었습니다. 그런데, 생각지도 못했던 일로 장학금을 받게 되었습니다. 그 직전 학기의 학점이 예상외로 잘 나왔기 때문입니다."
- 5번 : "친구의 배신으로 눈물 흘려 본 적 있습니다. 친구 5명이 휴먼로봇 공모전 준비를 하던 중이었습니다. 마감일자를 앞둔 막바지에 한 명이 말도 없이 포기하는 바람에 결과를 망쳐버렸습니다. 너무 속상해서 울었습니다."

실제 면접에서 드물지만 가끔씩 듣게 되는 답변들이다.

여러분은 어떻게 느껴집니까? 일을 시킬 사람을 선발하는 면접관이라면… 앞에서 언급한 평범한 3명의 대답을 듣는 중에 4번, 5번의 답을 하는 사람이 있다면!

| 어떤 답이 맞다, 틀리다의 문제가 아니다

그 답변이(정확하게는 그런 행동이나 활동이) 기업이라는 속성에 '보다' 의미가 있느냐 하는 것이 합격, 불합격을 나누는 중요한 기준이 된다는 것이다.

아래에 있는 두 답변의 핵심은 '뭔가를 이루고 성취하기 위해 나름대로 목표의식이나 간절함'이 있었다는 것이다. 목표중심의 삶, 성취나 실패의 경험이 소중하게 보인다는 것이다.

왜냐하면 '기업'이라는 것은 무한 경쟁 속에서 단순 생존을 넘어 지속적으로 성장해 나가야 한다는 절대 명제가 있다. 크고 작은 제약을 극복하고 성장하기 위해서는 목표를 설정하고 모든 역량을 집중해야 한다. 그런 중에 성공과 실패, 좌절이 늘 다반사로 일어나는 곳이다. 당연히 그런 경험을 많이 가진 지원자에게 호감을 갖는 것은 당연한 이치이다.

그런데, 우리 대학생들의 현실은 어떤가? 머리로 외워서 주어진 것에만 익숙해져 있다. 흔히 스펙이 화려한 경우는 대개가 외워서 평가받는 목표에 집중한 경험만 있다. 합격·불합격의 단정적인 결과보다 등급이 있는 결과물이 주어진다. 그러니, 기쁨이나 아쉬움의 경험을 거의 해 볼 수가 없다.

| 작은 습관을 바꾸는 것도 좋다

꼭 취업을 하고자 하는 산업이나 직무와 관련이 없어도 좋다. 생활 속에서 일어나는 크고 작은 상황에서 이런 활동을 하길 권한다. 작은 습관을 바꾸는 것도 좋다. 일반적으로 귀찮고 하기 싫은 것들이면 더 좋다. 성과나 변화를 시도하는 것, 그리고 그 과정에서 포기하고 싶은 마음, 좀 더 달콤한 유혹을 극복한 경험을 많이 가지는 것이 좋다. 경우에 따라서는 스포츠 활동 속에서 상대팀을 이기는 목표, 혼자만의 기록을 갱신하려고 노력해 보는 경험도 좋다.

눈물을 흘려보았다는 간절함, 치열함은 가까운 곳에 있다. 합격여부를 결정짓는 것은 어려운 질문에 대한 멋진 답변이 아니라, 평범한 생활 속에서 목표를 두고 남다른 노력을 많이 하는 것이 가장 강력한 정답이 된다.

한 가지만 더 하자. 우리를 미치게 만들고 혼이 팔리도록 집중하게 만드는 것은 어마어마한 것이 아니다. 지금 내가 하고 있는 것의 수준을 높이고 남다른 지식을 쌓아가고 지혜를 익혀가는 곳에 있다.

어릴 적 태권도에서 승급되어 띠의 색깔이 달라질 때, 모바일 게임에서 단계

(stage)가 올라갈 때의 성취감 등을 기억해 보자. 인터넷에서 '몰입(FLOW)'이라는 단어를 찾아보자. 그 속에 비슷한 답이 있다. 미국 하버드대학의 심리학 구루(GURU)인 '미하이 칙센트미하이' 박사의 '몰입(FLOW)'이론이기도 하다.

"신문은 인터넷이 전부입니다"라는 해괴한 답변
사회와 시장을 보는 창(窓), 일간지의 일거양득

신문구독과 관련하여 면접장에서 많이 물어보는 질문들이 있다.

- "혹시 신문 일간지나 경제지 보는 것 있나요?"
- "신문을 펴면 어느 면을 먼저 펴나요?"
- "오늘 아침 신문 1면의 헤드 타이틀이 뭔지 보셨나요?"

놀라울 정도로 많은 취준생들이 '신문을 안 본다, 간혹 도서관에서 본다. 인터넷으로 신문을 본다'고 한다. 특히 인터넷 신문도 먼저 PORTAL을 통해 뉴스거리를 본 다음에 속 내용을 본다는 수준이다.

아연실색이다. 사회생활, 기업생활을 하겠다는 사람이 세상을 보는 창(窓, WINDOWS)이 없다는 것인가? 신문을 보는 원칙이나 법이 있는 것은 아니지만 그 중요성을 알고 적절하게 신문을 접하는 법을 모르니 취업 준비에 결정적 문

81

제가 생긴다.

이러한 종류의 질문에 불쾌한 듯한 표정을 짓는 경우도 자주 본다. 면접장에서는 다소곳이 답을 하지만 학생지도를 위해 모의면접장에서 보는 것이다. 가끔씩은 "꼭 신문을 봐야 됩니까?"라는 질문을 하기도 한다.

| 꼰대 잔소리 1 - 직접 필요

단정적으로 말하면 '신문을 안 보는 것이 잘못된 것은 아니지만, 기업 활동의 전제에는 분명히 문제는 있다'는 평가를 받는다. 탈락에 가까운 점수를 받을 공산이 크다.

매일 신문을 읽어가야 하는 이유를 정리해 본다.

첫째, 기업경영은 환경의 산물(OUTPUT)이기 때문이다. 잠시 눈을 깜박이는 사이에도 세상은 변한다. 신문 기사가 실시간으로 움직일 때 한 순간이라도 먼저 '의미 있는 정보'를 챙기는 사람이 승자(Winner)가 된다.

경영에 영향을 끼치는 다양한 환경요소를 분석하는 것을 'P.E.S.T' 분석법이라고 한다. Political(정치군사), Economic(경제), Social(사회문화), Technological(기술)이라는 요소이다. 시시각각 바뀌는 환경요인을 감안해야만 한다. 최근에는 두 가지 요소로 Legal(법률) Environmental(기후환경)을 더하기도 한다.

기업경영에 영향을 주는 사안이나 사건은 국내, 해외를 망라하여 매일매일 다양하게 일어난다. 최근의 한국 기업도 규모가 커지고 제품력도 높아졌다. 제품을 팔고 원자재나 부품 등을 구입하는 나라나 대상 기업들도 글로벌 차원으

취업의 정석 나를 마케팅하다

로 크게 늘어났다. 기업들은 전 세계의 크고 작은 사건, 사고에 어디선가에서 연결되어 있다. 대개의 취준생들이 대기업을 지원하고 입사를 소망한다. 그렇다면 그에 따른 주의를 기울여야 한다.

특히, 기업 간 경쟁상황이라면 어떤 정보는 단 1초라도 먼저 알게 된 회사와 아닌 회사가 이익을 얻는 데 있어서 결정적 순간(Critical Time)으로 갈릴 수도 있다. 그런 이유로 속도 싸움을 하면서 정보를 취득하려는 것이 아닌가? 이것을 '실력 차이'라고도 한다.

| 꼰대 잔소리 2 - 부수적 효과

둘째는, 직접 영향은 없지만 크고 작은 만남에서 대화의 소재가 된다는 것이다. 상대와의 물꼬를 트는 'Small Talk'나 초면인 사람과의 대화 접점(接點)을 찾을 때에도 신문에서 본 최근 이슈(Current Issues)를 활용하는 것이 좋다. 그러면서 상대와 성향을 파악해 가며 공감하는 대화를 만들어 가는 것이다.

셋째는, 회사의 동료들이나 상사들과 대화를 나누고 생각을 맞추고 방향을 재어 보는 잣대가 된다. 인간은 누구나 살면서 개인적인 호불호가 형성된다. 요즘 같으면 극단의 정치적 성향도 생긴다. 그 성향으로 다투고 척(斥)을 지기도 하는 안타까운 현상을 본다. 기업하는 사람은 정치적 경향으로 일반 업무나 비즈니스에 영향을 주는 말이나 행동은 서로 피해가는 지혜를 나눌 수 있어야 한다.

마지막으로 지면이 할애된 크기만큼 사회적 영향을 파악하는 도움이 된다. 이 비중에 대한 감각을 가진다는 것은 판단력을 높인다는 것과 같은 말이다. 그리고, 최근의 특이한 동향들이나 섹션별로 실린 기획 기사를 통해 사회의 분야별 흐름을 읽어가는 데에도 유용하다. 참고로, 언론의 비유적 표현으로 '개가 사람을 물면 신문에 안 나오지만, 사람이 개를 물면 신문에 나온다.'

| 신문을 읽고 적용하는 법

신문을 통해 나, 우리 가족, 우리 회사(취업지망회사), 우리나라를 비춰보는 습관을 갖춰야 한다. 하루라도 빠를수록 좋다. 늦을수록 본인이 손해다.

신문을 취업준비에 활용하는 순서로는,
목표 회사 설정 ⇒ 용어 습득 ⇒ 신문 1-2개 선택적 정독 ⇒ 스크랩 ⇒ 발표 혹은 대화 속에서 언급하는 방식으로 진행하면 좋다.

맨 먼저 취업목표 설정이 가장 중요한 일이다. 구체적인 회사를 정하라. 지원해도 여의치 않을 경우를 대비하여 1, 2, 3지망까지 정해도 좋다. 구체적인 내용으로는,

- 회사와 관련 용어를 습득
- 경영 일반 암기, 즉 사업 내용, 위치(본사, 국내외 공장 등), 거래회사(국가) 등
- 판매(제조)제품 : 제품명, 주요 원부자재, 판매 실적, 매출, 이익 등
- 경쟁 회사의 이름과 동향

등으로 이어가는 것이다. 더 상세한 내용은 뒷 챕터에서 찾아 공부하기 바란다.

취업의 정석 나를 마케팅하다

그리고, 손으로 잡히는 페이퍼 신문을 선택하라. 가급적 경제지를 선택하는 것이 좋다. 본인이 취업을 원하는 섹션은 유의하여 읽어라. 눈에 띄는 기사가 있으면 메모한다. 메모를 근거로 해당 기사를 인터넷에서 찾아서 스크랩한다. 가장 기본은 전체를 워드로 하는 것이 일반적이다. 한 단계 높은 준비로는 파워포인트 화면으로 프레젠테이션 자료를 만들어 본다. 1일 1-2개를 반드시 해본다. 정리하면 공부가 저절로 된다. 그리고, 주변의 가족이나 친구들에게 1-2차례 설명하는 기회를 가져본다.

| 몇 가지 유의사항

정치적 성향을 감안한다면 일반 일간지를 보아도 좋다. 가급적 사회에서 언급하는 보수신문, 진보신문 각각 한 가지를 선택해서 비교하며 보는 것도 좋다. 그리고 반드시 기업인의 눈과 기준으로 본인 생각을 갖도록 하자.

또한 방송에 지나치게 시간을 뺏기지는 않도록 하자. 방송국은 시청률이라는 데이터가 경영에 많은 영향을 주기 때문에 제한된 시간에 시청자의 눈을 사로잡는 것이 방송과 편집의 기본으로 되어 있다. 이에 가장 쉬운 수단인 청각을 자극하기에 빠른 회전과 자극성이 강하다. 그래서 심도 있는 내용을 접하기 어렵다.

인터넷신문도 비슷한 경향이 있다. 클릭이라는 숫자로 광고가 수주되고 경영을 하는 구조이다 보니 컴퓨터나 모바일에 익숙한 젊은 층 눈에 맞는 기사에 중점을 둔다. 취준생들이 참고하고 공부해야 할 견해는 어른들의 생각이다. 편 가르기를 하는 차원의 말이 아니다. 기사 하나하나를 판단해야 하지만 어른들, 그 중에 기업인들이 판단하는 것을 눈여겨보아야 한다. 또 하나는 기사의 가중치,

무게감을 가늠할 수가 있다. 그러나 인터넷 뉴스는 취급 비중을 반영하지 못한다.

| 강의 직업에서도 가장 소중한 매체는 신문, 일간지

본인의 이야기이다. 여러 매체가 있지만 기업, 산업, 직장인 대상의 강의를 준비하자면 강의의 소재를 신문에서 찾아 발췌를 많이 하는 편이다. 요즘은 일간지들이 심층 취재를 하는 편이고 기업이나 산업, 금융계의 소식이 주로 강의의 소재가 된다.

필자 스스로도 매일 아침 6시에 눈을 뜨면 무조건 30분간 일간지에서 삶의 힌트와 강의 소재를 찾는다.

"군대에서 뭘 했습니까?"
버린 세월이라는 군대 경험을 강점으로

육군본부로부터 초대를 받은 적이 있었다. 전역 예정 장병들의 취업을 위한 세미나라고 한다. 국회의원 몇 분도 얼굴을 보이신다고 한다. 지난 4년간 이런 행사에 참가를 한다. 참석한 김에 의견도 내어보고 했으나 무엇 하나도 바뀐 것이 없다는 생각이 들었다. 차제에 이 부분에 관한 생각을 정리해 본다.

| 면접 질문

"군대생활을 2년 복무하셨네요. 군에서 뭘했습니까?"

- **답변1** "예, 운전병을 했습니다."
- **답변2** "예, 운전병으로 병력과 군수품 등을 안전하게 그리고 빠르게 수송
  하는 일을 했습니다."

한 일본계 기업의 채용담당 임원께서 어느 취업·진로관련 세미나에서 예를
들며 말한 내용이다. 1번은 무조건 불합격시킨다는 것이다. 2번의 답을 원한
것이다. 물론 1번의 답에 이어 더 깊은 질문으로 주고받으면 2번의 답으로 갈
수도 있다.

한국의 청년들은 '무조건 군대를 가는 징병제'이지 않느냐? 면접장에서 이 질
문에 대한 답변만으로도 당락을 결정지을 수 있다는 것이다. '의미 있는 인재
선별법'이라고 생각한다.

좀 더 깊게 보면 일에 대한 목적과 이유를 생각해 본 적이 있냐는 질문이다.
지혜로운 질문으로 생각이 된다.

한국기업에서 이런 질문법은 별로 본 적이 없는 방법이다. 필자도 군대에서
인사장교, 중대장 등으로 근무할 때 일 잘하는 사람과 못하는 사람의 분별은 뚜
렷하며 이를 구분 짓는 중요한 요인이 있다면 '일에 대한 이유와 의미를 스스로
생각하는 능력'이라고 생각했다. 좀 더 확장을 하면 사회조직, 그 구성원인 직
장인들에게도 똑같이 적용이 된다. 업무와 지시사항에 대한 수행뿐 아니라 일
에 대한 의미를 파악하는 능력은 높아지는 고객의 눈높이에 맞추고 글로벌 경

쟁에서 생존하고 성장하는 중요한 요소가 된다. 같이 모의 면접에 참여한 그분 덕분에 많은 생각을 하게 되었다.

| 강의장에서 받은 질문

"군대 생활 한 것을 입사지원서와 자기소개서에 써도 됩니까?"

"맡았던 역할이나 생각 따라 다릅니다. 군에서 배운 좋은 경험이 있다면 기억을 되살리세요. 나쁜 기억만 있지는 않을 것이고, 일반적으로 한국 사회가 군 경험을 좋지 않은 기억으로 두고 있으나 잘 골라 쓰면 큰 강점이 됩니다. 특히 사병으로 보낸 경우와 장교로 보낸 경우는 또 다릅니다. 장교라고 좋은 것만은 아닙니다. 사병이라고 나쁜 것은 아니기도 합니다. 본인 스스로가 가치 판단을 잘 하면 됩니다. 기업이나 사회생활 기준에 맞추어서 쓰세요."

"그런데, 지난번에 어느 강사님은 무조건 쓰지 말라고 하던데요."

기가 찬다.

"왜 그런 말을 했는지 짐작이 갑니다. 아마 그분이 군대를 안 갔다 왔든지, 본인의 기억이 안 좋은 것으로 기억에 남았든지 혹은 상관에게 큰 질책을 받았던 경험을 가진 분일 겁니다."

일반적으로 군대 생활은 본인이 어떤 관점으로 보느냐에 따라 평가가 상당히 달라진다. 의무 복무, 평범한 주특기, 같이 생활하기 싫은 사람과의 내무반 생활 등이 그렇다. 거기다가, 군대 밖 일반 생활보다 나의 욕망을 통제해야 하며, 남들과 보조를 맞춰야 하고, 상관의 지시가 싫은데도 해야 하며, 단순 반복으로 지루할 경우도 많다. 심지어는 일정 시점부터는 부하(후배)들을 지도하고 그들을 설득시켜야 하는 정말 하기 싫은 일도 지겹도록 밀려오기도 한다. 경계 임무의 경우는 '나 하나만 잘못되어도 대한민국 전체가 뚫린다'라는 최고의 긴장도가 이어지기도 한다.

이렇게 하기 싫은 일을 해야 하니 반대로 말하면 이 경험은 '돈 주고'도 못 한다고 하는 것이다.

필자가 약간 오버한다면, '우리 대한민국 청년들을 전 세계 어디에 내어 놓아도 잘한다고 인정받을 수 있는 기본은 바로 이 군대 복무에서부터 시작된다'고 생각한다. 필자의 경험도 있다. 25년여 전에 미국의 펜실베이니아 주립대학교(PSU)에서 2주 동안 전 세계 기업에서 온 인사담당자들과 교육을 받은 적이 있었다. 하루 동안 진행된 OUTDOOR 프로그램에서 난관을 극복하고 동료를 리드하며 문제 해결을 하는 활동에서 단연코 '1등 리더십'의 평가와 칭찬을 받았다. '한국 군대 경험의 1/3 수준'으로만 힘만 써도 되던 경험이다.

좀 더 나가보자. 특별한 주특기나 보직을 맡는 경우는 더 귀하다. 공병, 통신, 수송, 행정, 헌병, 의무, 정보, 경리, 기갑, 정비 등등 이루 헤아릴 수 없는 경우들이다. 남들이 못 한 현장의 실제 경험들이다.

| 군대관련 안타까운 몇 가지들

군전역자들이 많이 하는 말에 "군에 있는 동안은 무뇌(無腦)의 시간이다. 아무 생각도 없이 지내는 시간이다. 그래서 썩는 시간이라고 생각한다." 최근에 전역한 장교출신들이 그 좋은 경험으로도 스스로 취업에서 뒷전으로 밀린다며 패배감에 젖어 있는 경우도 자주 본다. 그래서 우선 전역하자마자 먼저 해외여행을 간다고 한다. 스트레스 좀 풀고 와서 토익공부도 한 다음에 취업준비를 한다는 것이다. 심지어는 전역과 동시에 도전하는 것은 대학을 갓 졸업하고 도전하는 사람보다는 '불리'하기에 별도 공부가 필요하다는 것이다.

군인 취업관련 세미나 등에서 군(軍)수뇌부나 담당자들에게 이런 말을 하면 "지금 병영(兵營)에서 많은 시도를 합니다. 자유 시간에 공부하게 하고, 부대마다 도서실도 만들고, 글쓰기 교육도 합니다."라고 한다.

듣고 있는 나는 정말 '멘붕'에 빠졌다. 이런 답변이 전략과 전술을 다루는 분들의 입에서 나온다는 것이….

심지어는 국방부 산하 어느 기관에 갔더니 장병들의 진로, 취업을 중개 지도해 주는 소위 컨설턴트를 군과 기업을 모르는 젊은 여성들이 진행하고 있었다. 잘될 수는 없다. 그들의 살아온 길을 상상할 수가 없는데 진로, 취업을 상담할 수 있겠는가? 좀 더 유사한 경험을 한 사람에게 그런 일을 맡겨야 사람을 선발하는 기업이 안심하고 뽑아주지 않겠는가?

| 어느 부대에서 본 작은 희망

2019년 2월에 어느 부대를 방문했다. 사단장의 아이디어와 방침으로 '우리는 튜터다'라는 특별 프로그램을 진행 중이었다. 7,000여 병사들의 사회 특기를 가지고 있으니 그들의 이야기를 정리해서 다른 동료장병들에게 만들어 강의 형식으로 설명토록 해주는 것이다. 입대 전의 다양한 특기, 장점, 직업 등을 내세워 희망과목에 따라 사람이 모이면 강의를 해주는 것이다.

이왕 한다면 본인의 희망 직업의 구체성(취업목표)를 생각할 기회를 가지면 좋겠다고도 생각해 보았다. 그러나, 군 본연의 임무를 감안하면 쉽지 않다고 생각한다. 최소한 자기의 특기로 전역 후의 사회생활에 자신감을 심어주는 계기가 되고 있었다.

취업의 정석 나를 마케팅하다

한 가지 미안한 마음이다. 여성 취준생들에게 조금 소홀해진 느낌이다. 그렇다고 여성이 불리한 것은 아닌데….

요즘 웬만한 면접관들은 한결같이 개인 역량은 여성들이 남성보다 월등하다고 한다. 그럼에도 여성보다 남성에게 높은 점수를 주는 대목이 이 부분이다. 공동체 생활, 참을성, 목표 지향적 행동 등이 그것이다.

마침 글을 쓰는 중에 어느 일간지의 기사 제목이 눈에 들어온다.

'軍 스펙, 취업 때 먹히지 말입니다' (2018년10월22일 기사)

이제야 세상이 군(軍)을 알아보는구나! 는 생각이 들었다. 징병제라는 불가피한 상황을 긍정적으로 해석하자는 취지이기도 하다.

"저의 리더십 모델은 「비바! 코피(ViVa CoFi)」입니다."
나만의 리더십 공식 : 돈, 땀, 말, 꿈

"리더십이 뭐라고 생각합니까?"

"경영이 뭐라고 배웠습니까?"

"인문학에 관심이 많다고 했네요. 인문학이 뭔데요?"

"식스 시그마를 공부했다구요? 간단하게 설명 한번 해 볼래요?"

라는 식으로 면접장에서 포괄적 설명이나 사고의 틀을 물어보는 질문을 하는 경우가 많다. 단편적인 지식이나 판단 이상의 사고나 자기개발의 짜임새를 보려는 의도다.

일종의 공식 같은 틀을 이용하면 자기 개발의 방향을 잡기 쉽고, 스스로 피드백하며 점검하는 포인트가 되기도 한다. 다양한 정의와 유형이 가능하지만 본인의 것을 나름대로 가지고 있는 것이 좋다. 필자도 MECE 차원의 MECE(Mutully Exclusive, Collectively Exaustive : 상호 보완적이며 빠짐없이 모아서 정리)법칙에 맞춰 여러 가지 모델을 가지고 있다. 그중 하나를 소개하고자 한다.

"셀프 리더십이 뭐지요? 리더십은 어떤 요소로 구성이 될까요?"라는 질문에 대한 답이다.

| 비바! 코피!

"제가 나름대로 정해 둔 리더십은 4가지 요소로 정해 놓고 챙기고 있습니다. 돈, 땀, 말, 꿈이라는 4대 요소입니다. 꿈(목적, 목표: Vision), 돈(가치, 업: Value), 말(소통, 대화: Communication), 땀(현장: Field)의 첫 두 글자인 Vi, Va, Co, Fi를 조합한 말이 Viva! Cofi입니다."

1. 비전(Vision)

취업의 정석 나를 마케팅하다

목표와 방향성이다. 다음에 언급하는 세 가지 요소도 목표가 없다면 무용지물(無用之物)이 된다. 있다 하더라도 자주 바뀌면 다시 원위치에서 시작하는 것이다.

취업 목표는 대학 2-3학년 때 반드시 설정이 되어야 한다. 그러나, 직업의 속 내용을 잘 모르면서 막무가내로 설정한 목표는 낭패를 부른다. 본인의 경험과 주변을 보면 비전 설정의 전문가라는 분들이 대개가 설정하는 방법이나 스킬에만 집중되어 있다. 직업이나 산업의 속 내용을 잘 모르기 때문에 늘 한계가 있기 마련이다.

비전은 경쟁자보다 잘하는 분야이어야 하며, 걸맞는 능력이 뒷받침이 되어야 한다. 그리고, 시간이 지나면서 미래에도 발전 가능성이 있는 분야여야 한다.

모든 것은 직업을 통해 구체화되어야 하기에 '취업목표'가 기본이며, 입사 10년 후의 '목표'도 있어야 한다. 그리고 그 목표를 이루기 위한 목표관리(MBO : Management by Objectives)도 해야 한다.

2. 가치(Value)

내가 하는 일, 내가 속한 곳, 내가 가고자 하는 곳에 가치를 창출할 수 있어야 한다. 돈이 되고 의미가 있어야 한다. 두 가지의 경우가 있다.

하나는 실제적으로 돈을 만드는 것(BUSINESS)에 대한 관심이다. 다른 하나는 사람과의 만남에서 존재감을 살리는 일이다.

먼저, 매사 '이걸 사업화하면?'이라는 관점으로 보는 노력이 필요하다. 내가 낸 아이디어를 판매가 가능하도록 해야 한다는 뜻이다. 매일매일 새롭게 생겨

나는 비즈니스 모델에 관심을 가져야 한다. 최근에 등장하는 플랫폼사업, 긱스 경제, 4차산업혁명 등으로부터 출발하여 저런 것도 '돈'이 되네! 라는 현상이나 제품들을 눈여겨보는 훈련이 필요하다.

둘째는 상대나 조직 구성원들에게 의미 있는 존재감이 있어야 한다. 그러자 면 남다른 영역을 찾아야 한다. 내가 아니면 안 되는 위치에 있어야 한다. 남들 이 하기 싫어하고 피하는 3D영역에서 솔선수범하면 좋다. 더럽고(Dirty), 어렵 고(Difficult), 위험한(Dangerous)을 찾아서 '내가 먼저' 처리하는 노력을 기울이면 반드시 그 자리에 꼭 필요한 사람이 될 것이다.

3. 소통(Communication)

아무리 좋은 것도 표현하지 못하고 상대를 설득하지 못하면 무용지물이다. 학교는 펜으로 쓴 답안지 점수로 평가를 하지만, 사회와 기업은 글과 말로 설득 해야 내가 원하는 바를 해 낼 수 있다. 그래서 면접을 보는 것이다.

소통은 표현하는 것과 듣는 것, 그리고 기회, 타이밍라는 세 가지 측면으로 나눌 수 있다.

첫째, 어떤 장소나 상황에서도 본인이 생각하는 것을 정확하게 표현할 줄 알 아야 한다. 좋은 생각이나 뛰어난 능력도 상대방에게 글과 말로 내어 놓질 못하 면 소용없다. 그 대화의 도구는 광범위하다. 눈으로 보이는 시각 소통, 소리로 들려주는 청각 소통, 촉각, 후각, 미각으로 느끼게 해주는 체감각 소통 등이 무 두 의미를 가진 메시지이다.

둘째는 잘 듣는 것이다. 즉 경청 능력이다. 상대를 향해 몸을 향하고, 고개를 끄덕거리고, 맞장구를 치며, 중간중간 요약하며 확인하는 것도 좋다. 상대의 생각에 나의 생각을 더해서 질문을 하는 방식도 권한다.

마지막으로 내 말을 끊고 상대에게 말할 기회를 주는 것이 커뮤니케이션 습관의 완결판이다. 한번 기회를 잡은 발언기회는 3분을 넘지 않게 하자. 그리고 다른 사람에게 말할 기회의 배턴을 넘겨주자.

한 가지로 요약하자면 '1, 2, 3의 법칙'이다. 한 번 말하고, 두 번 듣고, 세 번 끄덕인다. 1분 말하고, 2분 듣고, 3분 끄덕이는 것이다.

4. 현장(Field)

반드시 현장 중심의 생활이 몸에 배어야 한다. 현장에 문제가 생겨서 가는 경우든, 단순히 주기적으로 가는 경우든 어떤 경우도 좋다. 적절한 주기는 하는 일, 사업, 직업 그리고 본인의 직책에 따라 다르며 본인 나름대로 주기성을 가지면 된다.

남의 이야기, 조직 구성원의 보고, 말만 듣고 끝나서는 안 된다. 두 가지 이유 때문이다.

인터넷과 정보라는 것으로 담아낼 시간이 없는 경우가 많다.

그리고, 내용을 올리고 보고하는 사람마다 보는 관점이 다르기 때문이다.

인터넷으로 전 세계를 볼 수 있는 것이 많아지고 변화가 심할수록 직접 가보는 것이 좋다. 인터넷으로 보이는 것들은 대중성이 강한 것들만 실시간으로 반영이 된다. 그 수준의 정보로는 평균 수준에 머문다. 즉, 다른 사람이 아는 것을 나도 아는 수준이다. 앞에서 말한 가치 있는 사람으로 자리매김하는 데 최대의 걸림돌이다. 남다른 것을 알아야 존재감이 생긴다.

그리고, 다른 사람이 올려 둔 정보, 지식이 나에게 유용하리라고 장담할 수 없다. 올린 사람의 실력이나 정보의 수준이 문제가 아니라 나와 관심사가 다른 경우가 많기 때문이다. 내 눈으로 보아서 내가 가진 지식과 결합해 내야 한다.

특히 취준생들이 입사서류나 면접에서 좋은 점수를 받는다는 것, 입사 후에 경영진에게 인정받는 것 또한 '현장'형 사람이 되는 것이다. 책상에 앉아 손품을 팔기 전에 먼저 현장에 찾아가는 '발품'을 습관화하기 바란다.

| 마무리

이 네 가지 요소 중에 하나만 없어도 안 된다. 취업준비, 직장생활, 자기개발에 기본 공식, 틀로 활용하기 바란다. 그리고, 공식으로 외우기 바란다.

조금 다르게 이해하기 위해 한 글자씩으로 표현해 본다.

돈 - 가치

땀 - 현장

말 - 소통, 커뮤니케이션

꿈 - 비전, 목적, 목표

취업의 정석 나를 마케팅하다

"꼭 이렇게 아등바등 살아야 합니까"라는
인턴의 절규
취업, 직업을 바라보는 양극단의 시선

"전무님! 꼭 이렇게 아등바등 살아야 됩니까?"

원초적인 질문으로 받고 보니 충격적이었다. 사무실에서 근무하는 인턴사원이 나에게 던진 질문이다.

우리 사무실에는 몇 년째 1~2명의 인턴사원이 근무를 한다. 방학 때만 하다가 이제는 학기 중에도 1명을 쓴다. 제도적으로 소속 대학교에서 지원을 해 주는 것이다. 지난 9월 초부터는 부산대학교 여학생 1명이 근무 중에 있다. 중문과 학생인데 다행히 서울의 고등학교 출신으로 부산에 가서 4년간 다닌 학생이라 숙식에 대한 우리의 부담이 없었다.

짧은 3개월이지만 인턴으로 적절한 업무를 주는 것에 고민을 많이 하는 편이다. 일을 통해 사회를 배우고 취업에도 도움이 되어야 한다는 것이 내 생각이다. 자칫 흔히 말하는 '열정페이'가 되지 않도록 해야 한다. 본인의 발전을 넘어 어디든 가서 환영받고 좋은 인재로 기억되게 노력하는 계기가 되도록 해 주고 싶다.

졸업을 앞둔 4학년이라 '본인 취업'에 대한 주제로 별도 모티브를 주게 된다. 이번에도 입사지원서 서식을 주고 가고 싶은 회사나 직업을 기준으로 작성해 보라고 하였다.

며칠이 지난 때 "어느 정도 작성이 되었느냐? 어려운 점은 없느냐?"를 물어보는데 나오는 첫 마디가 "전무님! 꼭 이렇게 아등바등 살아야 되나요?"라고 질문을 하는 것이었다. 갑자기 내가 당황스러워졌다. '이거 지금 뭐야?'라는 심정으로 어이가 없었다. 그래서, 우선 앞에 앉혀 본인의 생각을 들어 보았다. 이런 생각들이 지금의 대학생들에게 널리 깔려 있는 것도 알았다.

두 가지의 주제다. '산다'는 것과 '아등바등'이라는 주제다.

| '살아야' 되느냐?

되물어 보았다. "살지 않으면? 어떻게 하려고? 죽을 수는 없잖아?"

워낙 철학적이고 원초적인 질문이다. 이런 질문을 던진 생각은 이해를 한다. 많이 지쳐있다는 생각도 들었다. 분명히 거기에는 요즘의 언론보도들이 큰 영향을 끼친 것으로 보였다. 사기(士氣)를 죽이는 '헬조선, 7포세대' 등 헤아릴 수 없는 신조어들….

우리는 이 땅에 태어나는 순간부터 '살아지고, 살아가는 것이다'. 부모님께서 그렇게 나를 태어나게 하셨기에 열심히 살고, 그런 삶을 대물림하고 가야 하는 것이 아닌가? 나름대로 나의 삶을 책임지고 살아가면서 남에게 피해 주지 않고, 일정 단계가 되면 남에게 베풀 수도 있는 단계가 되면 더 좋지 않겠는가? 그리고, 살아가야만 한다면 좀 더 의미 있게 사는 게 좋지 않을까? 라고 생각해 보자.

그러자면 준비가 필요한 것이고, 그 시기가 학생이라는 신분을 가지고 있을 때이다. 취업이라는 목표를 통해 나의 실력을 구축해 나가고 직업이라는 것을 통해 경제문제를 해결하고 또 다른 공부를 시작하는 것이 '살아가는 기본'이더라.

당연한 말이지만 나이가 들어 노후가 될 때도 생각을 해야 한다. 나이나 세월은 가만히 있는 것이 아니니… 좀 힘이 있고 활동력이 있을 때 일정 수준으로 올려 두어야겠지. 그 수단이 '직업, 취업'이라는 것이다. 제일 중요한 경제 문제(돈)를 해결해야 하니까.

심리학자들 이론이기도 하고 실제로 나도 살아보니 '나도 누군가에게 도움을 주고 베풀 때'가 가장 뿌듯했다. 그런데 그것도 내 손에 뭔가가 있어야 되지 않을까?

그런 의미에서 나의 작은 소망이 있었다. 지금부터 15년 후, 75세 정도가 되었을 때의 모습이었다. 지금은 글로벌 인재 키우는 일을 하다 보니 조금 달라졌다.

• '내가 좋아하는 일로 작은 사무실 하나를 꾸리는 것이다. 직원들은 4~5명 정도, 10시 정도 출근을 해도 아침 일찍 나온 부하직원들의 존경과 믿음의 인사를 받는 일상이다. 그리고 제때 월급 주고 그들의 성장을 도와주는 데 지장 없는 수준이 되어야 할 것이다. 출근해서 크고 작은 일들을 처리하고 잠깐 쉬는데, 며칠 전에 와이프를 저세상으로 떠나보낸 친구가 사무실을 찾아왔다. 같이 손잡고 근처의 설렁탕 집에서 소주 한 병을 곁들여 맛있게 먹고 차 한잔한다, 헤어지는데 어깨가 처져 보이는 모습에 30만 원 정도의 용돈을 그 주머니에 쿡 넣어 준다.'

| 아등바등? 유유자적?

이번에도 되물었다. "뭐가 아등바등이던가?"

"입사지원서를 쓰다 보니까, 토익도 해야 하고 자격증도 있어야 되고, 하지도 않은 것을 했다고 하며 거짓말도 해야 되는 것 같아서요."

그런 것들이 아등바등으로 보였다는 것이다. 정말 큰일 나겠다는 생각으로 이야기를 이어갔다.

99

취업하기에 남보다 경쟁력 있는 모습을 만들어야 하니 이것저것 한다고 정신이 없고 돈도 많이 든다고 연일 보도가 되며 힘들다고 외쳐 대는 것이다. 그러다 보니 입사서류나 면접에서 거짓말로 꾸며내도록 사이비 강사, 사이비 선생들이 그렇게 가르치고 있다. 전혀 그렇질 않고 정직하게 해야 하는데도 불구하고….

취업목표만 정해지면 그 분야만 집중해서 준비하고 공부하면 되는 것이다.

취업목표 즉, 뭘 하고 살 것인지를 정하면 그것에 필요한 것만 하면 된다. 한국이라는 상황에서는 일단 대학 나오고, 영어는 국제화시대니까 기본적으로 토익 700~800점만 되면 충분하다. 대개의 대학생들이 목표가 없는 취업준비를 입시공부하듯 이것저것 닥치는 대로 하고 있으니 피곤하고 힘들기만 하여 염세적(厭世的)으로 변하는 것이다.

그리고 더 중요한 것은 회사에 들어가서도 써먹을 취업 목표 중심의 지식과 기술을 준비하는 것이다. 입사하면 남들보다 한 걸음 앞서 나가게 된다. 어느 단계부터는 직장이 신나고 즐거운 곳이 된다. 일하고 봉급 받는 것은 당연하고, 일 잘한다고 칭찬받고, 보너스 받고, 남들보다 앞서서 진급도 하게 된다.

남들보다 뒤서서 가니까 늘 피곤한 것이다. 열심히 한다고 해도 인정 못 받고 결과도 재미가 없으니 다니기 싫어지는 것이다.

그래서 선순환, 악순환이라는 용어도 나온다.

면담을 마무리하면서 예를 하나 들었다. 내가 있는 산에 눈이 많이 왔다고 치자. 평소에 스키 타는 법을 아는 사람은 그 눈길이 기회가 된다. 남들보다 빨리 갈 수 있고 신나게 간다. 그러나 그 준비를 안 한 사람은 그게 장애물이요, 방해요소가 된다.

어느 정도 이해가 되었는지 고개를 끄덕거리고 갔다. 그러나, 상당 시간 동안

취업의 정석 나를 마케팅하다

입사지원서를 채우지 못하고 있었다. 그냥 2주나 되는 시간만 흘러갔다. 대학교 4학년인데…

바로 옆 테이블 위의 어느 일간지에 'SK하이닉스' 관련 칼럼이 눈에 들어온다. 당시 대통령이 방문하여 언론에 자주 언급이 되던 때였다. 20년 전에 망할 기업이었던 회사가 변신한 상징적 이야기라며 한 대당 1,000억원짜리 기계 옆에 붙은 '반도체전쟁 승리용 실천수칙 10가지' 중 하나가 소개되었다.

'정해진 목표는 죽기살기로 달성해 낸다'

이런 게 인생이고 기업이다. 그렇게 아둥바둥해서 한 번만 성공해 보아라, 저런 모습들이 인생의 멋진 묘미를 줄 것이다.

지금 이 세대의 아버지, 어머니는 그렇게 살아왔다. 여러분은 그런 밑에서 커온 것이다. 조금만 눈을 크게 떠보자.

자카르타행 비행기에서 본 승무원과 직업
나이 먹어가며 드는 생각, 부가가치의 확대

신종 코로나 바이러스(코로나19)로 전국이 난리일 때다. 덕분이라고 해야 할지, 때문이라고 해야 할지, 이 시즌 정도면 인천에서 자카르타행 비행기가 빼곡

할 만한데, 많이 비어서 운행을 한다. 비행기를 탄다는 것도 부담스럽다. 자카르타로 가는 7시간의 비행시간을 이용해 글을 써본다. 대한항공에서 서빙하는 직원들을 보면서 드는 생각이다.

| 우수하고 세련된 승무원들의 부가가치의 확장성, 성장성은?

해마다 수백 명의 스튜어디스 신입사원을 뽑는다고 한다. 항공서비스 산업의 증가로 인한 순수 증가분 이상의 인원을 뽑는다. 그만큼 중간에 이 직업을 관두고 떠난다는 것이다. 몇 년 전에 필자가 들었던 내용으로는 통상 3~5년이면 그 자리를 떠나 다른 일을 한다고 한다.

특히, 한국의 젊은 여성, 남성들의 스튜어디스, 스튜어드에 대한 열망은 무척이나 높다. 유럽이나 미주노선, 중남미노선 같은 경우는 서있는 시간이 길어서 업무의 강도가 무척이나 높을 것이다. 업무 중에는 크고 무거운 가방 같은 것을 들어야 할 경우와 만일에 있을 위기상황의 치명적 성격을 감안한 신체조건, 체력 등을 제한을 두고 검증도 한다. 한편으로는 긴 시간 동안 닫혀 있는 공간, 하늘에 떠있는 고객을 감안한 질 높고 세련된 서비스를 필요로 한다.

그런데, 이 일은 정해진 매뉴얼대로 하는 일이다. 창의력이나 남다르게 차별화된 업무처리는 위험을 초래할 가능성도 크다. 이런 이유로 필자는 이 직업을 썩 매력적으로 생각하지는 않는다. 누군가는 해야 할 일이지만 스스로 부가가치를 더해 나가는 직업이 아니다. 나름대로의 가치관, 직업관이 중요하다.

즉, 많은 대학생들이나 직장인들이 취업은 물론이고 시간이 지남에 따라 급여, 지위, 일의 만족도도 높아지길 원한다면 직업을 보는 눈이 달라져야 한다.

| 대학가에서 흔히 보는 광경! 유니폼 입은 학생들은 누구?

대학가에 가면 학생들이 유니폼을 입고 다니는 경우를 본다. R.O.T.C와 항공 승무원 지망생이다. 장교로 임관예정인 R.O.T.C는 3, 4학년 동안 군복 유니폼을 입고 다닌다. 학교에서 군사훈련이 있을 경우에만 입는지 아니면 학기 내내 입고 다니는지 잘 모르지만 개성은 뒤로 두고 정해진 복장을 통해 일체감, 같은 방식의 사고, 행동 등으로 무장시키는 듯하다. 장교가 가져야 할 행동이나 자세, 선후배 간의 위계질서를 필요로 하고 훈련하기 위해서일 것이다.

또 다른 유니폼 하나는 승무원 지망생들의 경우이다. 관련 전공을 하기에 입는 경우도 있지만, 지망생끼리 모여서 복장을 맞춰 입고 미리 행동이나 자세를 몸에 익히며 취업 준비를 하는 듯하다. 불현듯 드는 생각으로 '모든 직업 희망자들이 그런 식으로 미리 준비를 하면 안 될까?'

대학 4학년 정도 되면 직장인답게 양복도 입어보고 헤어스타일도 다듬어보고 구두도 신어보고… 1주일에 한 번씩이라도 입고 다니며 연습하고 몸에 배이게 하면 안 될까? 어색함을 자연스러움으로 바꾸는 행동으로… 그래야 면접장에서 면접관과 주고받는 질의응답에 집중할 수 있을 테니 말이다.

본인은 겸임교수로 취업관련 교과목을 맡아 가르칠 때, 내 수업이 있는 날은 반드시 정장을 입고 수업에 들어오게 했다. 그날은 하루 종일 그 상태로 캠퍼스를 다니게 만들었다. 입고 있는 복장을 보고 조언도 해 주면서.

복장과 말은 그 사람의 행동과 생각을 규정하고 스스로 챙기는 매무새를 만드는 효과도 있다.

| "하늘에 꽃을 심고 싶어 왔습니다"는 말은 헛소리? 똑소리?

이제 세월이 지나 옛 이야기가 된 전설 같은 일이 있었다. 2000년대 초반에 항공사 승무원 면접에서 있었던 실화로 당시 항공사 인사부장에게 들은 이야기이다.

남자 승무원, 스튜어드를 뽑는데 대학 전공이 원예학과인 학생이 지원을 했다고 한다. 면접관이 질문을 했다.

"나무 키우고 꽃 피우는 전공의 학생이 왜 지원을 했지요?"

옆에서 지켜보던 다른 면접관들의 시선도 집중이 되었다.

"예, 하늘에 꽃을 심고 싶어서 지원을 했습니다."라는 답을 하더라는 것이다.

어떤 생각이 드는가? 좋은 답일까? 아니면 선문답으로 비쳐 악영향을 받았을까? 그러나, 당시에 그 자리에 있었던 면접관께서는 모두가 이 답에 감탄을 했다고 한다. 합격되었다고 한다.

말에 대한 가치는 맥락의 산물이다. 이 은유(레토릭)적 표현은 앞뒤의 영향을 받는다. 대개의 경우 면접 뒷 시간에 주어지는 질문이다. 전반부에서 지원동기, 구체적 준비상황 등을 물어보다가 후반부에 나오는 질문이다. 그 과정에서 호감이 가는 중에 나온 답은 아마 상당한 폭발력을 가진 답이 된다. 그러나, 반대로 부정으로 굳혀지는 경우에 이런 답이 나오는 것은 불합격을 확정 짓는 답이 될 공산이 크다.

한때, 자기소개서의 소제목 첫 문장을 은유적 문장으로 써나가는 것이 큰 유행이었다. 첫 만남에서 이런 은유를 구사한다는 것은 상대를 짜증나게 하는 것이다. 은유는 맥락 속에서 빛을 발하는 것이다.

취업의 정석 나를 마케팅하다

| GYBM 지원자를 글로벌 비즈니스 현장에 내보내는 일

　우리 GYBM 베트남반 연수는 한국에서 2개월, 현지에서 9개월 정도 기간으로 이어진다. 미얀마, 인도네시아, 태국반은 국내 4개월, 현지 6개월 정도로 구성된다. 현지로 떠나는 공항에서 만나보면 첫눈에 미래의 성공 가능성에 대한 짐작이 된다. 국내에서 예비 직장인이 되기 위한 교육은 물론이고 해외취업이라는 간단치 않은 인생의 길을 택했기에 공항에 나온 복장, 자세, 표정이 유난히 눈에 들어오는 것으로 판단이 가능하다. 관광이나 휴가로 떠날 때와 비슷한 차림으로 나타난 경우와 정리되고 단정한 차림으로 나온 경우이다.

　이런 말을 하면 요즘 어떤 세상인데 이런 것 가지고 따지냐고 하는 사람도 있다. 모든 직장인이 되는 첫 걸음은 규율이다. 규율은 동료를 예측 가능하게 만들고 방향성을 가져 효율을 높여 생산성을 높이게 한다. 특히 상호 호흡을 맞추는 팀워크가 중요해지는 현대 사회의 경향은 말 그대로 경향(트렌드)가 아니라 생존의 필수 조건이다. 부디 스스로를 잘 챙겨 남다른 반열에 오르는 성공 인생을 꾸리길 기원해 본다.

　잠시 후에 만나는 우리 GYBM연수생들은 어떤 모습일까? 국내에서 4개월, 인도네시아 반둥 현지에서 2개월이 벌써 지난 시점이다.

평생을 관통하는 삶과 관계 훈련

part

04

취업 훈련

'쿵푸(공부)란 무엇인가?' 그리고, 일이란?
취업, 인생을 대하는 기본 태도

"쿵푸(功夫)가 무엇이라 생각하느냐?" 쿵푸! 우리말로는 공부(工夫)다.
최근에 본 미국드라마 'MARCO POLO(마르코폴로)'의 대사 중 하나이다.

이 드라마는 지난 2014년에 넷플릭스에서 방영한 미국 드라마로 13세기 이탈리아의 탐험가 마르코 폴로를 모티브로 삼았다. 징기스칸의 손자인 쿠빌라이칸에게 생포되어 궁에서 생활하며 경험하는 이야기이다. 몽골군이 송나라를 정복하여 '원'왕조를 세우는 이야기와 내부 권력투쟁의 이야기로 구성된 판타지성 드라마다. 총 20개의 에피소드에 약 1,700만 달러가 들어갔다고 하며 투입된 인원이나 장소를 보면 제법 볼거리를 제공하며 대작이라는 생각이 들었다. 그리고, 미국 드라마에 중국계 미국인이 대거 투입되었다고 한다.
다음은 마르코 폴로의 무예스승이자 멘토인 '백안(白眼:One Hundred Eyes)'이 폴로에게 쿵푸를 가르치는 과정에서 나온 대사다.

"한 손은 거짓을, 다른 한 손은 진실(죽음)을 말한다.
언젠가 서방으로 돌아가게 된다면 쿵푸가 무엇이라 설명할 것이냐?
싸움이라고? 아니면 소림승처럼 학과 범의 영혼을 부르는 것이라 하겠느냐?"

"쿵푸란 힘든 단련으로 얻은 극상의 기술이다.
위대한 시인은 쿵푸에 이르는 법,

화가, 서예가 그들도 쿵푸에 도달했다고 할 수 있다.

요리사도 계단을 청소하는 자도 훌륭한 하인도 쿵푸에 이를 수 있다."

"연습, 준비, 끝없는 반복…

정신이 혼미하고 뼈가 욱신대고

땀 흘릴 기력조차 없으며 숨 쉴 힘조차 남지 않는 것

그것만이 유일하게 쿵푸에 이르는 길이다."

판타지성 드라마라 이해하지만 특성상 한마디 한마디가 명언 수준으로 느껴질 정도며 약간은 소름이 돋기도 한다. 본인이 청년들을 지도하고 있기 때문에 더 그럴 것이라는 생각이 들었다. 특히 우리 대한민국의 싸움터는 '글로벌'이기에 더 크게 와닿는다. 한국을 기반으로 하든, 동남아를 기반으로 하든, 중국. 일본, 미국을 기반으로 하든 이런 생각을 가진 자들과 '건곤일척(乾坤一擲)'의 승부를 겨뤄야 하기 때문이다.

특히 요즘 부쩍 필자의 눈에 들어오는 것은 한국의 대학교육, 특히 취업 교육에 우리의 고객인 '글로벌 마켓'과 경쟁자인 '글로벌 수퍼 파워들'에 대한 공부가 빠져 있기 때문이기도 하다. 그들의 교육과 생각, 경쟁 기업의 경영방식과 미래, 그리고 우리에게 적용하고자 하는 게임 방식은 안중에도 없다. 그러니 가르칠 리도 없다.

| '한 손에는 거짓(LIES)을, 한 손에는 진실(TRUTH)을…'

'도광양회(韜光養晦: 빛을 감추고 어둠 속에서 힘을 기른다)에서 대국굴기(大國崛起: 강대국으로 일어선다)'로 가는 섬뜩함이 있다. 칼을 숨기고 몸을 낮추다가 때가 오면 모두 죽이겠다는 뜻이다. 지난 100여 년 전, 중국의 인문학자인 이종오가 간파한 중국 역사의 '후안흑심'에 붙인 후흑학(厚黑學)의 관점을 그대로 보여주는 대사이다. 갖은 점잔을 다 떨지만 속은 뻔뻔하기 그지없는 중국의 역사 말이다. 그리고, 지난 50여 년간 압축적으로 발전한 우리 산업의 성장과정을 몸 낮추어 배워가다가 한 수 위에 서는 순간에 전혀 다른 모습으로 변하는 모양새를 연상할 수도 있다.

| '시인, 화가, 서예가, 요리사 그리고 청소부도 쿵푸에…'

얼마나 기가 막힌 설정인가? 직업에 대한 귀천의식을 묻어버리는 '쿵푸, 공부'의 정의. 이런 생각이 있으니 14억 인구가 일사불란하게 제 역할하며 글로벌 경쟁에서 힘을 받는 것이다. 물론 앞으로 이 체제의 최종 목표는 오랜 역사를 통해 구축된 미국이나 유럽 강국에 맞서 최종 승자가 되는 것이겠지만 말이다.

| '훈련, 연습, 반복을 숨 쉴 힘조차 없고 땀 흘릴 기력이 없을 정도로'

미국에서 만들어진 드라마이지만 이런 생각으로 죽기살기로 하면 뭔들 못 하겠는가? 어떤 분야인들 '최고 고수'의 반열에 오르지 않겠는가? 국가나 사회, 교육계 지도자들이 스스럼없이 국민들에게 이런 자세와 노력을 요구하고 같이 노력하는 분위기가 된다면 어떤 분야인들 '최고'의 반열에 오르게 되지 않을까 하는 생각을 하게 된다.

취업의 정석 나를 마케팅하다

반면에 지금 우리는 무엇을 하고 있으며, 지도자들은 뭐라고 하고 있는가?

'헬조선, 금수저에게 죽창을' 등 구호들이 아르바이트급의 일자리와 공공부문의 일자리로 파고들며 청년들의 성장 아킬레스를 끊은 것도 모자라 가만히 있어도 하늘에서 돈이 떨어지는 상황을 만들어내고 있다.

또한 학교에서는 어떻게 가르치는가? 배우는가? 집에서는?

아무 대책이 없다. 그러면서 쉽고 편한 것만 배우게 만들고 시스템화한다. 이번 학기에도 대학가에는 눈에 보이지 않는 지침이 있다. '강의 시간에 칭찬만 해주고 야단치지 말아라'는 요구가 빗발친다. 어떻게 늘 지각하고, 강의시간 내내 엎드려 잠자고, 핸폰에 혼이 빠져 있고, 틈나는 대로 잡담이나 하는 제자를 보는 것도 모자라 좋은 말만 해주라는 것인가?

| 우리 나라 드라마에서는 지금 뭐라고 하는가?

• "직장에는 왜 들어왔는가? 뭐 하려고 취직했는가?"

열심히 하려고 들어갔다. 이리 치이고 저리 치이고 하면서 괴로워하다가 내부적인 스캔들에 휘말려 어떤 금수저를 돕다가 쇠고랑 차는 구도가 일상화되어 있다. 조금 나은 경우가 있다면 오너인 재벌의 아들딸과 연애하는 정도 수준을 넘질 못하고 있다.

• "대학은 왜 왔는가?"
• "나도 모르겠다. 부모님이 가라니까 왔다. 그러나 분명한 것은 의사가 되어야

한다. 아니면 고시나 공무원에 합격해서 권력자가 되어야겠다."

그러다가, 최근에는 "하마터면 열심히 살 뻔했다. 열심히 산 사람을 보니 전부 진상이고 꼰대더라. 일단은 한 발 빼고 좀 즐겨야겠다. 적당한 때 부모님 세상 떠나면 집과 재산이 저절로 나한테 올 것인데 뭐 하려고 미리 고민하고 고생하냐?"라는 생각이 널리 퍼지는 모습이다.

학생 입장에서는 '공부', 직장인 입장에서는 '업무 처리', 사업가의 입장에서 '기업가 정신', 국민에 봉사하는 공무원의 '봉사 정신'의 태도와 자세에 대입해 본다.

우리 청년들의 부모님, 교수님 세대가 가고, 지금의 지도자들의 방식을 따라가는 것은 '무기력'의 길에 들어가는 것이다. 학생들이여 분연히 털고 일어날 것을 바란다. 그리고, 더 힘들고 땀 흘릴 가치가 있는 곳을 찾아가라.

"좋은 놈, 나쁜 놈, 이상한 놈으로 구분하라"
기업 인재 감별법의 진화

요즘 기업 면접장의 면접관들에게 기이한 현상이 벌어진다고 한다. 면접대상자를 전원 합격시켜 줬으면 하는 고민에 빠진다는 것이다. 모두가 탐이 난다고

취업의 정석 나를 마케팅하다

하는 것이다. 특히 대기업이면 그 정도가 심하다고 한다. 면접에 보통 2배수 정도의 면접대상자를 부르니, 면접장에서 절반 정도는 합격, 절반정도는 불합격시키는 평가를 해야 한다.

그런데, 그 판단이 어렵다는 것이다. 너무나 준비를 많이 해 와서 모두 다 합격시켜주고 싶다는 고민 아닌 고민에 빠지게 된다는 것이다. 특히. 30여 년 전에 취업한 현직 임원들이 취업할 당시의 본인 모습과 대비해 보면 요즘 취준생들은 너무 많은 준비를 해 왔기 때문이다.

그런 사정으로 연초에 한 대기업의 인사부장이 전화로 본인에게 자문을 구해왔다. "형님! 요즘 애들 너무 준비를 시켜서 도저히 당락(當落)을 가를 수가 없습니다. 이만큼 준비의 '창(槍)'을 만들어 주셨으니, 그래도 골라낼 수 있는 '방패'의 비밀도 알려 주시지요."

정말 난감한 질문이다.

지난 15년여간 대기업에서 인사업무 특히 채용업무를 맡아 왔고, 그 이후 20여 년을 대학교에서 취업관련 교과목이나 특강을 하고 있으니 현직에서 같은 업무를 담당하는 인사부장이나 담당 임원급 후배들의 부러움을 받는 편이기도 하다. 그러나, 이번에는 마땅한 답이 떠오르지 않아 상당히 답답했지만 '그런대로 잘 가르쳤다'는 생각이 들어 약간 '으쓱'하며 묘한 기분이 들었다. 그러나, 쉽게 답이 떠오르지 않아 낭패였다.

| 대학으로 한번 가보자

모든 대학교가 다양한 내용과 방법으로 취업 준비를 하는 프로그램을 운영하며 대비하고 있다. 입사지원 서류 작성법과 면접 보는 방법 등을 자세하게 가르치고 경험하게 한다. 주로 그 교육 강사는 기업의 전직 인사담당자들이 맡는다. 인사담당자들의 경험에 더하여 개인이 준비한 외국어, 자격증 등을 더하면 손색이 없는 인재로 보이게 되며 그 차이를 분간하기가 어려워진다는 결론에 다다른다.

후배의 질문에 답을 찾기 위해 고민하던 중에 답을 찾았다며 전화가 왔다. 그 답의 동의를 구하는 것이다. 거기서 혜안(慧眼)을 찾았다. 그 답은 2008년에 개봉되어 인기리에 상영된 영화제목 중 '좋은 놈, 나쁜 놈, 이상한 놈'에서 힌트를 찾은 것이었다.

"형님! 좋은 놈(합격)만 있고 나쁜 놈(불합격)이 구분되질 않아 애를 먹고 질문을 했던 건인데, 나쁜 놈은 없지만, 주의 깊게 보니 나쁜 놈 자리에 '이상한 놈'이 자리 잡고 있어 그놈들을 불합격시켰습니다. 그랬더니 잘 뽑았다고 경영진으로부터 칭찬도 받았습니다."라고 하는 것이었다.

그러면서 거꾸로 질문을 해왔다. "어떤 경우를 '이상한 놈'이라고 했겠습니까? 한번 추정해 보시지요."라며 약을 올렸다.

| 그때 갑자기 스쳐가는 생각! 조작하는 모습

빙고! "잘하는 듯 보이지만 뭔가 어색하며 꾸미고 조작하는 경우!"라고 했다. 그러니 "맞습니다"라고 했다. 면접 인사하고 답변하는 동안의 어색함, 억지로 씩씩하게 보이려고 애쓰는 모습, 면접장을 떠나 대기하는 시간의 행동, 끝나고 주는 교통비를 받아가는 태도 등을 주의 깊게 관찰을 해보며 답을 찾았다는 것이다.

지혜로운 방법을 찾았다. 실제 학교에서 지도하다 보면, 강의 시간 이후 생활 속에서 자연스럽게 묻어나는 행동과 대화가 이어질까? 하는 의문을 늘 가지고 있었다.

그러면서 한편으로는 부끄러웠다. 이 모습이 지금의 교육의 한계이기 때문이다. 지금의 대학생들은 예전같이 인간관계를 만들어갈 기회가 지극히 적다. 특히 불특정의 사람들과는 아예 말을 나눌 이유도 없는데 스마트폰이라고 하는 최고의 친구가 손에 쥐어지면서 더 힘들어진 것이 그 이유이다. 그러니, 자연스럽게 사람을 대하는 것이 형성되지 않은 것은 당연한 결과이다.

4년간 강의시간 내내 말 한마디 하지 않아도 학점 주고 졸업시켜 주는 것이 현실이다. 하물며 면접이라는 것이 주로 어른들, 처음 본 어른들, 나를 노려보며 평가하는 어른과의 대화를 무난히 해 나가는 것을 보고자 하는 시간이다. 그런데, 성장과정에서 그들이 겪어본 어른과의 대화라고는 부모님, 중고등학교 선생님, 교수님 정도의 어른들을 대하는 것이 고작이다. 최근에는 이마저도 모두 바쁘신 분들이다 보니 더 어려워진 것이 현실이다.

그러니, 어른을 대하는 법(예절), 친구를 대하는 법(인간관계)도 어색해질 수밖에 없다. 취업용으로 할 수 없이 배우지만 평소에는 하지 않던 행동을 면접장에서 잘 보이려니 너무 힘이 들고 어려운 것이다.

| 취준생에게 권하는 연습방법

첫째, 교수님을 1주에 한 번 정도 찾아뵙고 대화를 나누며, 도와 달라고 한다. 그러면,

- "너 졸업하면 뭐가 되려고 하니? (나의 취업목표, 미래 포부)"

- "그 회사는 왜 가려고 하니? (지원 동기)"

- "아버지 뭐 하시니? (가족관계와 자부심)"

등의 질문이 쏟아질 것이다. 취업면접장의 단골 질문들이다.

둘째, 부모님께도 부탁드려 본다. "자녀가 가고 싶은 회사에 관련한 뉴스나 소식 들으면 알려 주세요. 제시간에 일어나고 부지런하게 움직이도록 챙겨봐 주세요."

셋째, 친구들과의 만남에서도 "아침에 만나는 친구들에게 내가 먼저 인사한다. 그리고, 강의시간에 앞자리에 앉아 교수님과 눈웃음이라도 교환해 본다."

생활 속에서 이 세 가지 조건으로 행동하며 연습한 사람들은 많은 도움을 받았다고 한다. 생활 속에서 꾸준히 조금이라도 연습을 해야 '이상한 놈'이 되질 않을 것이다.

"미안하다" 그리고, 지·호·락(知好樂)의 법칙
취업 준비, 즐거운 직장 생활의 준비

취준생들에게 미안하다는 생각이 불현듯 들었다. 취준생을 위한 글을 쓰다 보니 너무 양이 많다는 생각 때문이다.

그냥 면접 보면 되는 것 아닌가? 출신학교 좋고 실력만 있으면 되는 것 아닌가? 근본적으로 경제가 좋아지면 일자리는 저절로 좋아지는 것 아닌가라고 생각하면 '뭐가 할 게 이렇게 많아?'라는 생각이 들게 된다.

그러나, 이 책에서 언급하는 내용들은 사회생활, 직장생활, 사업활동을 하는 기본적인 것들이고 현재 한국의 고등학교, 대학 등 제도권 교육에서 가르치지 않고, 가정에서도 가르치지 않아 더욱 심각해지고 있는 현상이라 생각하면 달라질 것이다. 특히 입사 이후에도 힘들어 매일매일 사표를 내고 싶은 마음이 솟구친다면 분명히 우리가 준비하는 사회생활은 크게 문제가 있는 것이다.

특히 부모님들, 어른들 중에는 "우리 학교 다닐 때는 이렇게 하지는 않아도 되었는데"라며 비아냥거리기까지 하는 분도 있다. 까다로운 취업준비를 보고….

그분들의 시각으로 보면 맞다. 물론 안 해도 된다. 이렇게 어렵고 복잡하게 하지 않아도 되는 경우도 많다. 더구나, 열심히 한다고 반드시 되는 것도 아니다.

그러나 세 가지 이유에서 더 열심히 해야 한다는 역설적인 말을 하고 싶다.

1. 경쟁자 때문이다
2. 고객·소비자 때문이다
3. 세상이 변하기 때문이다

이렇게 다양한 주제로 여러 편의 글을 쓰는 이유는 취업 이후의 직장 생활과 연계시켜 보면 단순히 합격, 불합격의 문제가 아니기 때문이다. 직장생활을 조금이라도 즐겁게 할 수 있는 모티브를 찾아 한꺼번에 준비할 수 있을 것이다. 제대로 된 준비로 취업이라는 관문에서 더 좋은 경쟁력을 갖출 수 있기 때문이다.

| 복합적인 직장생활과 선발 과정의 복합화, 나의 준비

취업 준비는 직장 생활의 준비이기도 하다. 그 준비사항들을 한번 종합해 본다.

1. 전문성

대학에서 공부한 전공분야가 일에 대한 전문성으로 이어지는 직장생활이 가장 무난하다. 그러나, 전공이 반드시 직업으로 일치되는 것도 아니며 전혀 다른 분야로 진출하는 경우도 허다하다 보니 직업 차원의 공부, 지식을 대하는 태도나 의욕을 제대로 갖추는 것이 매우 중요하다. 특히, 회사는 시간이 지나며 발전하거나 혹은 위기로 인해 부득이 새로운 분야로 진출하는 경우도 많기 때문에 어떤 상황에서도 빠른 시간 내에 적응하고 제대로 업무 수행을 하는 능력이 중요해진다. 그래서 선발할 때 중요한 점검 포인트가 되는 것이다. 뿐만 아니라 개인적으로도 내 직업이 사회구조(소득과 기호의 변화, 산업의 구조 변화 등)의 변화에 따라 소멸되는 경우라면 필연적으로 다른 직업을 찾아야 하는 것도 감안해야 한다.

2. 학습 열정

최근에는 평균수명이 늘어나는 데 반하여 자녀들의 취업이나 결혼 등의 독립이 늦어지면서 내가 일해야 하는 연령대가 늘어나고 있다. 뿐만 아니라 인터넷과 관련 기기(스마트 폰 등)의 발전으로 인해 선배들의 지식과 경험을 사이버공간에서 찾는 것이 쉬워진 만큼 고연령층의 일자리 수요가 많이 줄어들고 있다. 결과적으로 회사에서 내보내는 시기가 빨라진다는 것이다. 이 원심력과 구심력으로 인해 회사 퇴직 이후에도 또 다른 일이나 직업을 찾는 현상이 사회 곳곳에서 광범위하게 일어나고 있다. 지금의 취준생은 이런 현상에도 대비를 해야 하니 사람을 뽑을 때, 관계를 맺을 때, 새로운 일에 대한 학습 의지, 접근의 태도 등을 유의 깊게 보게 되는 것이다.

3. 커뮤니케이션

그런데, 그 전문성도 상대방에게 설명하지 못한다면 무슨 소용이 있을까? 그래서, 커뮤니케이션이라는 이름으로 인간관계의 대화법에 대한 원리를 이 책 구석구석에 넣어 두고 있다. 커뮤니케이션은 좁은 의미로는 단순히 입으로 말하는 정도의 수준이지만 넓은 의미에서는 표정, 자세, 눈빛과 목소리의 톤, 발음, 사투리 등도 영향을 미친다는 연구 결과가 계속 나오고 있다. 광범위한 심리학 공부가 필요한 이유이다.

4. 심리, 뇌과학

말을 하는 사람도 중요하지만 듣고서 판단하는 사람(면접관)은 전혀 다른 입장이다. 면접관끼리 서로 다른 평가를 내리기도 한다. 본인의 성장과정이나 지식, 경험 등이 후광으로 작용하기 때문이다. 보통 50대 초반의 연령대가 되면 직장생활 20~30년 동안 숱한 우여곡절을 겪으며 같이 일한 선후배에 대한 나름대로의 평가 기준이 만들어진다. 이와 관련한 지식들은 뇌신경학, 뇌과학 등을 통해 알 수 있다. 근거가 되는 과학적 이론에 대한 공부도 필요하다.

5. 조직 이해

회사에서 일어나는 일들과 상황에 대한 이해가 필요하다. 경영학에서 말하는 조직의 원리이다. 일하는 방식이 산업마다 직무마다 다르기 때문에 일어나는 일들이다. 뿐만 아니라 대기업, 중견기업, 중소기업뿐만 아니라 공기업, 공무원, 교수, 교사, 군인 등 제각기 다른 방식으로 일에 접근한다.

6. 환경 변화

　이 외에도 경쟁의 치열함이 가장 큰 이유가 된다. 이는 취업에 도전하는 사람 끼리의 경쟁을 넘어, 내가 취업하는 회사가 글로벌 차원에서 경쟁자의 견제와 도전을 받는 것이다. 글로벌 시장에서 한국이 존재감이 없을 때는 신경도 쓰질 않았다. 그러나, 한국과 기업들이 지난 40~50년 동안 비약적으로 발전했다. 거기다가 우리나라만의 시장이 좁으니 글로벌 시장에서 승부를 걸어야 한다는 대명제에 서 있게 되었다. 그러니, 외국어에 대한 공부는 필수가 되고 경쟁자나 발주자 혹은 주문자를 이해하기 위한 공부가 병행되어야 한다.

　이외에도 더 많은 요소를 찾을 수 있으나, 완벽한 사람을 찾는 것이 아니고 잠재력과 가능성에 더 큰 관심을 두기에 이 정도로 정리한다.

| 지호락의 법칙

　공자의 논어에서 한 구절을 인용한다.

　　'知之者는 不如好之者오. 好之者는 不如樂之者니라.
　　(지지자는 불여호지자요. 호지자는 불여락지자니라)'
　　알기만 하는 사람은 좋아하는 사람만 못하고,
　　좋아하는 사람은 즐기는 사람보다 못하다.

　'즐거운 직장 생활! 억지로 하지 말고 즐기면서 해라. 좋아하는 일을 찾아라' 라고 많은 사람들이 훈수를 둔다. 이는 하나만 알고 둘은 모르는 말이다. 적어도 세 가지 측면에서 그렇다.

- 지금 취미나 오락 정도로 좋아하는 일이 나의 직업이 되어 누군가에게 돈을 받는 입장이 된다면 그 분야가 계속 즐거우며 잘 해낼 수 있을까?
- 그 일이나 활동이 돈을 지불하고 사 가는 사람이 있어 나의 최소한의 돈벌이가 되는가? 내가 사는 동네, 도시, 한국 등의 시장 크기에 맞는 구매력이 있는가? 그리고 같이 종사하는 사람들끼리 나눠도 나의 돈벌이가 되어야 한다.
- 대체적으로 같은 또래들은 동일한 시대의 유행을 쫓는 측면이 있고 쏠림 현상이 심하다. 즉, 순식간에 경쟁자들이 즐비한 세계가 된다. 그 경쟁을 즐길 수 있을까?

즐기는 단계로 가기 위해서는 위에서 언급한 공자님 말씀같이 지 ⇒ 호 ⇒ 락의 단계를 반드시 거쳐야 한다는 것이다. 우선 알아야 하고 다음에 좋아하게 되고, 즐기는 단계로 간다. 최소한의 경제활동(벌이)를 하면서 즐겨야 하는 것이다.

| 많은 노력이 필요하다

작게는 아침에 일찍 일어나는 것부터, 다른 사람과 호흡을 맞추며 일하는 것부터 크게는 고객이 내 마음을 할퀴고 가더라도 조금 지나면 당장의 불쾌함을 뒤로 하고 웃을 수 있어야 하는 이슈들이다.

이 정도가 되어야 고수의 반열에 오른다. 취업은 물론이고 남다른 성공으로 인생을 즐길 수 있다.

"소주 마시며 연습하자. 당구 치며 연습하자"

생활 속 연습의 4대 천왕

작년에 취업교과목을 수강하고 취업에 성공한 학생의 반가운 소식이 카톡으로 왔다.

"교수님 잘 지내시나요? ○○이에요!
그동안 ○○○○에서 일하다가 계속 입사지원했었는데 이번에
○○○항공에 최종 합격하게 되었어요!ㅎ
전에 교수님 교양수업 들었던 게 면접 볼 때 정말 도움이 되었어
요ㅠㅠ 정말 감사합니당. ㅎㅎ
그리울 거예요 교수님~!! 그동안 건강히 지내세요!!"

취업 강의를 하면 반드시 학생들의 뇌리에 박히게 따라 외치게 하는 말들이 있다. 이 학생도 그렇게 훈련하며 성장했던 학생이었다. 너무 쉬운 것들이나 잘 하지 않는 것들이다. 한편으로는 이 책 내용을 행동으로 하는 요약판이기도 하다.

"생활 속에서 연습하자!"는 '연습과 훈련 4대 천왕'이다.

"강의 시간에 연습하자, 강의 끝나고 연습하자, 소주 마시면서 연습하자, 당구 치면서도 연습하자." 주문(呪文) 차원으로 외치고 실행하자. 그러면 취직된다.

직장인, 비즈니스맨들도 한 번 정도 몸에 익혀 습관화하길 바라는 것들이다. 취업준비를 별도로 하는 넌센스를 피하는 효과도 있다.

| 최소한의 기본 조건

- 미리 말해두지만 토익 점수, 최소한의 학점, 남들이 하는 한두 번의 알바, 동아리활동 등은 반드시 있어야 한다.

- 반면에 해외 어학연수, 봉사활동, 해외여행 등은 없어도 된다. 토익점수는 840점 정도가 대기업 합격자 평균이다. 합격자 분포가 690점-990점 사이에 고르게 분포되어 있기 때문이다.

- 학점의 합격자 평균도 3.6 정도이니 2.7-4.4에 고르게 분포되어 있는 것이다.

- 알바는 일반 기업의 업무를 직간접 경험하는 것이기에 반드시 하는 것이 좋다.

- 동아리 활동은 공동체와 조직 활동의 경험이다. 역할을 나누고 자기 맡은 임무, 역할이 조직에서 어떤 가치를 가지는지 아는 것이 중요하기 때문이다.

| 생활 속 연습 1 - "강의 시간에 연습하자"

실제적인 커뮤니케이션의 연습시간이다. 물론 교수님의 일방적인 강의가 진행되어도 강의를 듣는 동안 몇 가지의 작은 노력으로 쌍방향 커뮤니케이션의 기회를 갖는 것이다.

- '인사하기! 교수님께, 친구들끼리' - 커뮤니케이션의 첫 출발이다. 대화의 기선을 잡는다.

- '앞자리 앉기' - 적극성의 표현이다. 집중력이 극대화된다. 졸리는 것도 줄어든다. 교수님과 친해지는 좋은 기회이다.

- '눈 마주치기' - 대화의 기본이다. 첫인상은 얼굴, 그중에서도 눈으로부터 시작된다. 자신감의 표현도 된다.

- '고개 끄덕거리기' - 경청의 흔적이다. 스피드 활동의 출발점이다.

- '메모하기, 필기하기' – 경청의 흔적이다. 빠짐없는 치밀함이다. 상대를 존중하는 배려의 절정이다. 가급적 먼저 메모 후에 노트북이나 스마트폰으로 옮겨 적는 것이 좋다.
- '손 들고 질문하기' – 손을 든다는 것이 용기이자 도전이다. 호기심과 문제의식은 이런 식의 손을 드는 것으로부터 시작된다.
- '질문에 답하기' – 면접 자리에서 돋보이는 기본이다. '누군가 하겠지'라며 수수방관하면 나의 커뮤니케이션 능력은 더 바닥으로 떨어지게 된다.

이 습관들을 통해 면접에 들어가서 어른을 대하는 좋은 습관이 형성되어 자연스럽게 실행될 것이다. 본인의 지식을 점검하기 전 짧은 1–2초 안에 나를 상대방에게 매력적으로 보이게 하며 취업 이후 직장생활, 사회생활에서도 인간관계 형성에 큰 힘이 될 것이다.

| 생활 속 연습 2 – "강의 끝나고 연습하자"

모든 지식은 내 입으로 말을 해보면서 내 것이 된다. 앞의 습관은 지식 이전의 행동을 통해 매력적으로 만드는 훈련이지만 이것은 나의 전문성을 최대로 보여주는 습관이 된다.

- 그날 그 시간에 배운 것을 내 입으로 말해보는 것이다. 같이 강의를 들은 파트너와 하는 것이 효과적이다. 말로 하다 보면 정확한 이해와 개념화가 머리에 자리 잡게 될 것이다.
- 배운 것을 또 다른 누군가에게 말로 전해 보는 것이다. 확실하게 개념화되어 있어야 가능하다. 강의 내용 중 3가지씩만 챙겨 두자. 잠자리 들어가기 전에 말로 전파해 보자.

취업의 정석 나를 마케팅하다

• 강의장의 뒷정리를 책임져 보는 것이다. 강의 시간을 이용해서 작은 것 하나라도 챙겨보는 습관을 가져보라. 조직과 동기들을 위하여. 그리고, 강의장 불 켜기, 쉬는 시간 칠판·보드판 닦기, 마치고 의자 집어넣기, 마지막에 나가며 흘린 물건 챙겨보기 등이다

| 생활 속 연습 3- "소주, 맥주 마시면서 연습하자"

친구들과 긴장 풀고 어울리는 시간에도 연습할 것이 있다. 격의 없이 보내는 시간으로 두 가지 특징이 있다.

• 술자리를 같이하는 친구가 너무 편한 마음에 비아냥거리고 깐죽거릴 때도 있다. 친구가 빈정 상하게 거슬리는 경우도 많다. 이때 화내고 즉각적인 대응을 하는 것보다 "내가 그런가? 이해한다. 조심할게!" 하는 반응을 하는 것이다.

• 긴장을 풀었기에 떠드는 일이 많은 시간이다. 흔히 말하는 헛소리도 하는 시간이다. 이왕이면 내가 가고 싶은 회사와 제품에 관한 이야기를 소재로 삼아보라고 권한다. 그런 중에 '내가 사장이라면'이라고 하며 허세를 부리는 경우도 있을 것이다.

• 말을 하다 보면 좋은 아이디어도 나오는 경우도 있다. 별 볼 일 없는 것도 있을 것이다. 그런 것도 메모해 두는 습관이 길러지면 좋다. 노트에 5~10개만 적혀 있어도 면접 전에 기억을 되짚어 보면 한 마디 할 수 있는 자료가 된다.

이 훈련법은 면접 중의 강한 압박감에 대응력을 기르자는 취지이다. 그리고 회사가 처한 문제 상황이나 제품에 대해 나름대로의 아이디어를 제시하는 효과를 보게 된다. 가끔씩은 '우리 친구'들로부터 내가 지원하는 회사에 대한 비난의 말도 들을 수도 있을 것이다. 그런 내용도 잘 기억하고 메모해 두었다가 면접에서 말할 기회를 잡을 수도 있다.

| 생활 속 연습 4 - "당구장, 피자집, 중국집에서 연습하자"

직장인이 되면 숫자 감각 혹은 마케팅 관점에서 세상을 보는 눈과 관심이 중요해진다. 취준생이 그런 관점을 가지고 있으면 금상첨화이다. 질문과 답을 해나가는 과정에 파악이 된다. 지원한 회사에 대한 것이 아닌 다른 제품이나 영역에 관하여 사물이나 사건, 사람을 눈여겨보는 것을 꾸준히 연습하다 보면 다양한 방면에서 활용할 수 있다.

- "당구장을 분석하라. 왜 이 집은 손님이 많을까?"

– 옆집에 있는 당구장이 한산하던데, 가격도 비싼 이 집은 붐비고 자리가 없을 정도인 이유는 뭘까? 좋은 위치? 사장님 서비스? 당구장 청결도? 당구 장비의 쾌적도? 무엇일까 찾아본다. 그런 의문으로 쉬는 시간에 혹은 마치고 나가면서 사장님께 한 번 물어본다.

- "이 중국집 매출은 한 달에 얼마나 될까? 그리고 얼마나 남길까?"

– 학교 앞의 중국집은 많이 붐비는데, 한 달 매출이 얼마나 될까? 그리고 남기는 이익은 얼마나 될까? 지금은 잘되어 보이는데 방학 때는 어떻게 매출을 올리지? 매일 보던 알바생이 안 보이는데, 혹시 최저임금 영향인지? 다른 사정이 있는 것인지? 많은 질문들이 꼬리를 물고 따라올 것이다.

이 훈련법은 숫자 추정 혹은 세상을 보는 눈을 점검하는 질문 등에 필요하기도 하다.

| 연습 또 연습이다

꼭 이렇게 피곤하게 살아야 되느냐고 푸념을 할지도 모르겠다.

생활 속의 이런 작은 시도와 노력이 취업에 도움이 된다. 대학생 수준의 이런

취업의 정석 나를 마케팅하다

사소한 활동이 훨씬 설득력이 있다. 취업 후 직장인이 되어서도 습관화되면 다 방면에 쓰일 것이다. 자연스럽게 습관화하자.

"당신이라면 5명 중 누굴 뽑겠는가?"
취업, 직장, 삶의 '판단과 선택'

| 당황스러운 면접 질문 #1

"지원자인 당신이 면접관이라면 여태까지의 면접 진행을 감안해서 2명을 뽑는다면 본인을 포함해서 누굴 뽑겠습니까?"

5명의 면접자에게 질문과 답변이 거의 끝날 무렵에 이런 질문을 불쑥 던진다. 그리고 그렇게 생각한 근거를 묻는다. 무엇을 보고자 이런 질문을 하는 것일까?

30여 분 이상 진행된 면접 시간의 숱한 대화를 잘 챙겨 듣는 태도와 나름대로 판단하며 그 근거를 생각하는지를 볼 수 있다.

| 당황스러운 면접 질문 #2

"입사 이후에 상사가 시키는 일이 부당하다고 생각되면 어떻게 하겠습니까?"
"하지 말아야 된다고 생각합니다."라고 답을 하면 "그러면 지시를 거부하겠습니까?"라고 되레 묻는다. "부당한 지시라 거부한 것입니다."라고 답을 한다. 그러자, "부당하다는 본인의 생각한 것이 모두 옳을까요? 그 자체가 틀릴 가능성은 없을까요?"

이 정도 되면 당황하는 모습이 역력하지만 질문은 이어져 나간다.

일을 잘한다는 것은? 그리고, 기출문제의 함정

일을 잘한다는 것은 수많은 공부와 자료, 경험을 바탕으로 최선의 선택과 결정을 하는 것이다. 그 선택을 위한 행위가 '판단(判斷)'이라는 단어이다.

이 책에서 말하는 많은 TIP, 그리고 학교 공부, 경험과 학내외 활동 등 모든 것의 귀결은 '좋은 판단'을 위한 것이다. 앞으로 직장생활이나 기업에서 기본인 경영활동의 성공으로 좀 더 확대해 말하면 가장 중요한 핵심역량은 '판단, 선택, 결정력'이고 이를 면접에서 점검해 보는 것이다.

특히, 기업의 활동은 정답을 찾는 것이 아니라 가능한 여러 대안 중에 하나를 선택하기 위한 '판단'의 연속이다. 심지어는 똑같은 일도 좋은 판단, 선택의 기준이 어제, 오늘 사이에 바뀌는 경우도 있다. 경영의 환경이 바뀌기 때문이다. 그런 의미에서 공무원이나 공기업 등 공공분야의 경우와는 판단의 기준이 크게 다른 경우도 많다.

그렇기 때문에 일반 기업면접에서 '정답이란 것은 없다. 나름대로 판단한 답을 말하면 된다'는 원칙에 따르면 된다. 그것만으로 면접에서 할 일은 충분하다. 너무 두려워하지 말고, 내 나름대로의 판단, 선택과 그 근거를 말하면 된다. 그래서 기출문제(旣出問題)란 것을 가지고 미리 준비하면 오히려 역효과가 나기도 한다. 남의 생각을 말할 가능성이 크기 때문이다.

사족(蛇足)을 달자면 국가에서 만든 'NCS(국가직무표준)'이니 '블라인드 채용' 등의 이름으로 표준화된 지식을 주는 것이 얼마나 무모한 것인가? 이제는 그것도 모자라, '면접'이나 '지원 서류'에 관해서도 지침을 만들어 기업에게 따라오라고 하는 것은 정말 넌센스 정책이다.

| 취업 포털이나 카페 등을 조심해야 하는 이유

차제에 중요한 것을 하나 지적하고자 한다. 위의 상황 첫 번째의 경우에 대한 인터넷 취업포털이나 취업카페의 코멘트는 대개가 '면접장에서는 본인의 질문만이 아닌 면접장 전체에서 일어나는 대화를 잘 귀담아 듣는지를 본다'고 한다. 잘 듣는 것은 판단과 선택을 위한 가장 기본적인 태도인 것이기에 맞는 말이다. 그러나 5명의 면접자들이 주고받는 대화 속에 '내가 사장'이라면 우리 회사에 가장 적합한 인재는 누구인지를 선택하고 판단의 기준을 말하는 것은 수많은 기반지식과 정보를 바탕으로 해야만 답을 할 수 있는 것이다.

그런 의미에서 이 질문은 최고급의 수준이다. 그런데 대개의 경우 답변은 워낙 넌센스 퀴즈를 대하는 수준으로 진행된다. 심지어 선행되었던 질문에 본인이 했던 대답조차 기억을 못 하는 경우를 자주 본다.

생각과 판단을 제대로 주고받는 대화가 어려워질 것 같으면 답변을 중간에 자르고, 다음 질문으로 넘어가는 안타까운 경우도 자주 나온다.

| 좋은 판단을 위한 학습, 준비법

지금부터라도 학교에서, 집에서, 누군가와 대화에서 그리고 물건을 사고파는 시장이나 마트에서도 연습하면 좋다.

첫째, 강의시간에 많은 질문과 답변으로 진행하면 좋다. 가장 손쉬운 방법인데 교수님들께서 주관해주면 효과 만점이다. 그것만으로도 취업준비의 50%선은 넘는다고 생각한다. 단, 반드시 스스로 내린 결론을 글로 써보든가 누군가에게 말로 표현하여야 한다. 그런 후에 질문자인 교수님의 답과 견주어보고, 다른 친구들과 비교도 해보는 방식이다. 정답이라는 관점보다는 어느 답이 '더 나은가'라는 관점으로 진행하면 좋다. 머릿속으로만 내린 판단, 짐작만으로는 전혀 효과가 없다.

둘째, 일상생활에서 '판단'해야 하는 경우를 많이 접하는 것이다. 스스로 답을 내리고 근거를 말하는 방식을 취하는 것이다. 작게는 친구와 지금 먹을 간식을 선택하는 것부터 크게는 TV에 나오는 헤드라인 뉴스도 가치 판단을 해보라. 취업 준비 과정에서 이 글을 읽고 구체적으로 알게 된 지식을 토대로 실행 훈련을 할 대안들을 2, 3개 정도 찾아보고 어느 하나를 선택하고 근거를 나름대로 정리해 보는 것도 의미 있는 훈련이 된다.

가급적 제한된 시간 내에서 선택하고 이유를 설명하여야 한다.

취업의 정석 나를 마케팅하다

| 결정 장애의 문제와 노년의 삶

그런 의미에서, 많은 청년들이 '결정 장애 햄릿증후군' 증상을 앓고 있다는 것은 심각한 문제다. 결정 장애가 있는 사람은 경쟁이 치열한 회사의 취업은 꿈도 꾸지 말아야 한다. 취업이 되어도 매일 닥치는 수많은 선택의 순간이 두렵고 힘겨울 것이기 때문이다. 잘못된 나의 작은 선택 하나가 내가 취업한 회사를 존폐의 귀로에 서게도 하기 때문이다.

개인의 삶은 어떨까? 최근에 있었던 극단적 사건이 생각난다. 지난 2018년 3월에 보이스피싱 한 통에 9억 원을 날린 어느 70대 어르신의 경우이다. 그 이유는 정확하게 모르지만 판단과 선택의 실수가 일으킨 비극이다. 모든 사람이 크고 작은 일을 겪으며 사는 중에 이만큼 중요한 단어가 있겠는가?

'판단, 선택, 결정'

'사느냐, 죽느냐. 그것이 문제로다'는 말이 새삼스럽다. 판단과 선택은 남이 대신할 수 없는 것이기 때문이다.

"전무님! 둘이서 영화 보고 맥주도 한잔해요"
최고의 취업 준비와 매력 - 강의 시간의 눈빛

중소기업에서 일할 때 특별한 경험을 했다. 대학교 모의면접 행사에 면접관으로 참가하면서 겪은 일로 사람, 즉 인재는 어디서나 빛이 나며 숨길 수가 없다는 것이다. 낭중지추(囊中之錐), 주머니 속의 송곳으로 재능이 뛰어난 사람은 숨어 있어도 남의 눈에 띄게 됨을 이르는 말이다.

| 에피소드1 (즉석 채용)

벌써 13년여 시간이 지난 일이다. 전북 전주의 어느 전문대학교에 모의면접 행사에 면접관으로 초대를 받았다. 강당에서 개최된 행사에 200여 명 학생이 관중이었다. 10여 명의 학생이 단상에 올라와 면접을 보는데, 면접관 3명 정도가 기업의 면접장 모습을 그대로 보여 주는 행사였다. 그런데, 지원하는 학생이 없어서 행사 준비가 어려웠다고 했다. 스스로 지원해서 단상에 올라오려면 보통 강심장이 아니면 안 되는 일이니 충분히 이해가 된다. 그래서 모의면접을 한번 하고 나면 학생 신분으로 받은 상당한 수준의 압박면접 경험으로 실제 면접에서 많은 도움이 된다고 한다.

그때나 지금이나 예상되는 압박이 싫어서 지원자를 모으기가 쉽질 않다. 그 학교도 10명의 학생을 겨우 채워 시작하였고 5명씩 단상에 올랐다. 그런데, 한 여학생이 당차게 잘했다. 똑똑하고 자신감이 넘쳤다. 단연코 1등이었다.

그런데, 마침 필자도 당시 중소기업 전문경영인으로 재직 중에 잠시 시간 내어 갔던 터라 행사가 끝나자마자 불러서 우리 회사에 입사 제의를 하였다. 흔쾌히 동의하여 그 까다로운 절차를 모두 생략하고 바로 '합격(合格)'의 기회를 주었다.

3년여를 부하직원으로 데리고 있었다. 일도 잘했고 실적도 좋았다. 당시 회사가 인터넷 판매를 시작하던 터라 기존의 직원들은 모두가 피하는 일을 시켜 보았다. 3년 만에 30배 정도의 매출 성장을 보였다. 워낙 초기의 일이지만 대단한 성과였다. 그런데, 그 당찬 모습과 좋은 실적의 이면에는 판매 물량의 확보 등으로 다른 직원들과 마찰이 자주 있었다. 결국은 그런 일로 회사를 떠나게 되었다. 데리고 온 입장에서 미안한 마음이 앞섰다.

그런데 얼마 있질 않아 우리 회사보다 더 좋은 조건으로 대전에 있는 회사에 취직을 했다는 것이다. '전화위복(轉禍爲福)'이었다. 서울에서 고향 전주로 가는 길목에 자리를 잡은 것이다. 휴일에는 집에 가기도 쉽다는 것이다. 다행이라는 생각이 들었다. 그리고는 가끔 연락하고 안부를 묻고 지내곤 하였다.

| 에피소드2 (그 이후 몇 년이 지난 시점)

필자의 처가가 전주이다. 어느 명절, 전주를 들렀을 때 일이다. 이 직원에게서 전화가 왔다. "전무님 전주 오셨으면 한번 뵈었으면 합니다." 시간이 너무 늦을 것 같다고 했더니 괜찮다고 했다. 둘이 만나서 간단하게 저녁을 먹고 나니,

"전무님, 같이 영화 봐요." 그러고 나니,

"전무님! 둘이 맥주 한잔해요."

영화를 보고 나서 밤 11시가 다 되어 가는 시점에…

"드릴 말씀이 있어요." 점입가경이다. "말해 보라"고 했더니만,

"사실 고민이 많은데 전무님 말고는 의논을 못 할 것 같아요"라며 말을 연다.

다니는 회사의 회장님께서 '며느리'로 삼고 싶다는 것이었다.

그때 취직한 회사가 대전에서 내로라하는 제법 큰 회사로 널리 알려져 있어

서 "잘됐네"하고 축하하며, "그런데 뭐가 고민이지?"라고 물었다.

본인이 결혼을 하면 둘째 며느리가 되며, 그 아들을 후계자로 염두에 둔 경우인데, 둘의 나이 차가 11살이라는 것과 조금 놀기 좋아하는 것이 걱정이라는 것이다. "아이쿠!"라며 답을 하면서 머릿속을 스쳐 지나가는 것이 있었다.

이 직원이 며느리가 되면 실질적인 후계자가 되거나 남편을 도와 경영을 보좌하도록 하고 싶어 한다고 짐작이 되었다. 그런 생각을 말해 주었더니만 그 직원도 "그렇다"는 것이다. 그런데 한국적 정서에 너무 많은 나이 차가 문제였다.

아직 부모님에게 말씀도 안 드린 상황이라고 해서 "빨리 말씀드리고 판단을 하되, 내 생각에는 그 나이 차라는 것은 마음의 문제라고 본다. 서로에게 그리고 각자가 정신적으로 신체적으로 노력하면 큰 문제가 될 것이 없다"라며 조언하고 헤어졌다.

3개월여 후에 결혼한다는 소식, 2년쯤 후에는 아기도 태어났다는 소식으로 이어졌다.

최근에는 궁금하기도 하나 조심스러워 그저 짐작만 하는 편이다.

강단에 서는 전문가로서 가장 소망하는 일

해가 갈수록 강의시간에 눈에 들어오는 학생들의 모습이 가관이다. 눈에 띄게 엉망으로 변해가며 급전직하이다. 집중력은 논할 것도 없을 정도로 엎드려 잠자는 것은 그나마 나은 편, 노트북 컴퓨터를 켜서 필기하는 것같이 하고 있으나 게임이나 다른 일들을 하고 있는 것이 다반사다.

물론 강의를 하는 교수나 강사의 책임도 일부 있을 것이다. 흥미를 유발하지 못한 것이 '죄'라면 나도 죄인이다.

학생들이 이해는 된다. 초중고 이후 대학까지도 외우는 시험만 존재하고, 손에는 전 세계를 실시간으로 연결시켜 주는 인터넷이 있고, 훨씬 더 재미있는 손안의 게임, 손안의 드라마, 손안의 친구 카톡 등 메신저가 내 머리를 헤집고 다니니 집중하는 것이 되레 이상할 것이다.

그러나 분명한 것은 있다. '이대로는 안 된다'는 것.
왜냐하면 강의 시간 동안의 모습은 일상생활의 모습으로 연결된다. 강의 시간에 엉망임에도 취업이 되는 경우도 있으나 그 이후의 직장 생활은 반드시 고통을 수반한다. 그러기에, 당장의 취업은 물론이고, 취업 이후도 그저 그렇게 지낼 가능성이 높아지는 등 회사 업무와 조직생활의 문제가 커진다. 정년이나 명예퇴직 이후의 90세까지 30~40년의 무의미한 장수(長壽) 등이 눈에 선명하게 그려지기 때문이다.

수업시간, 강의시간이 회복되어야 한다. 그러면 취업문제는 절반은 풀릴 수 있다고 확신한다. 나에게는 작은 소망이자 꿈이 있다. 학생들이 좋아할 만한 대기업의 위임을 받아 대학교 특강시간이나 캠프, 팀 활동 등에서 눈에 띄는 학생들을 눈여겨보아 두었다가 추천해 주는 권한이다. 아마 100% 취업에 성공할 것이다. 어느 정도 자리 잡으면 중견기업, 중소기업으로 확장해 나가는 것이다.

장담을 한다. '척 보면 안다'는 인사쟁이 30년 이상의 관록으로 2시간여의 강의 시간에 앉은 모습, 자세, 도전, 집중도, 주변의 평판 등만 체크하면 자신 있게 인재를 골라낼 수 있다. 금방 눈에 들어온다. 뭘 그렇게 어렵게 시간, 돈 들여 채용 절차를 진행하는가?
이게 꿈이기만 할까?

친구가 어느 대학의 교수로 재직 중인데, 식사 중에 했던 말이다.

선배 교수님들께서 정년 이후에 가장 명예롭게 생각하는 직함. '석좌교수!'

몸담았던 학교에 한 학기에 한 과목 혹은 월 1~2차례의 특강으로 명예와 존중을 한 몸으로 받는 자리이다.

이제 그 자리는 기피 1호라는 것이다. 강의 시간에 들어가면 시작도 하기 전에 절반이 엎드려 자는 모습, 정성들여 준비한 강의를 받아들이는 느낌도 전혀 없는 시간이라는 것이다. 극단적으로 '모멸감(侮蔑感)'이 든다고 하셨다.

안타깝다. 과연 누구의 책임인가?

이런 사람을 받아 일을 시켜야 하는 '기업은 어찌 하오리까?'

불편한 진실 :
강의 시간은 '바보' 되기 훈련시간
취업 실패의 무덤을 파는 대형 강의장

| 대학 강의장의 진(珍) 풍경

강의장 질문 1

"얼마 전 서울에서 있었던 일이다. 시내버스에서 술 취한 남자가 여자 한 명을 성추행했다. 같이 탄 많은 사람에게 '도와 달라'고 외쳤지만 모두가 외면했다. 결국 버스를 파출소 앞에 세워서 경찰이 들어와 술 취한 사람을 끌어내리고 끝이 났다고 한다. 왜 아무도 도와주지 않았을까?" 답이 없다가 재촉하면 마지못해 한두 명이 손을 들어 답을 한다.

강의장 질문 2

"50명이 모이면 130이 60으로 바뀐다고 한다. 130, 60은 무슨 의미의 숫자일까 추정해 보자. 미국MIT 대학의 피터 셍게(Peter Senge) 교수가 정의한 말이다. 틀려도 좋다. 손들고 답해 주면 작은 선물도 하나 주겠다."

아무도 답을 하지 않는다. 몇몇을 지정해서 질문을 하면 그나마 '목소리', '친구 숫자', '돈' 등으로 억지 답을 한다.

강의장 질문 3

"솔직하게 답해 주면 고맙겠습니다. 왜 이 수업을 신청했지요? 학점이 쉬워서? 인원이 많아서? 남들이 많이 신청을 하니까? 취업이 간절해서?"

답이 없어서 손을 들게 하여 세어보면 80%가 학점이 쉽고(PASS, FAIL)이고 대단위 강의라서 신청했다고 답을 한다.

4 공통상황

이 세 가지 상황에서 강의장의 또다른 공통 풍경으로 학생 1/3 정도는 이 질문이 오가는데도 스마트폰으로 인터넷 놀음을 하고 있다. 강의의 도입부이든 중반부이든 가리질 않고….

| 인간의 무서운 속성 - '누군가 하겠지'라는 방관자효과

100여 년 전 독일의 사회학자인 링게르만은 단체에서 개인의 역량 발휘는 인원이 많이 모일수록 반대로 줄어든다는 실험결과를 내놓았다. 줄다리기를 하면 1:1 상황에서는 100의 힘을 쏟던 사람이 2:2가 되면 93, 4명이면 85, 8명이 되면 49만의 힘만을 쓰더라는 것이다. '누군가 하겠지!'라는 생각 때문이다. 동서고금을 막론하고 광범위하게 나타나는 소위 '링게르만의 효과'이다.

같은 맥락에서 위 질문 2의 130, 60은 IQ를 말하는 것이다. "IQ 130인 사람도 50명만 모이면 스스로 IQ를 60으로 낮춘다."는 현상이다.

'스스로'라는 말에 유의하여야 한다.

질문1의 상황에 비추어 보면, 자칫 도우다가 범인으로 몰리기도 하고, 자칫 번거로운 일이 생겨서 그렇다고 하는 경우도 있겠지만 인간의 70% 정도는 이 현상을 보인다고 심리학자들은 말한다.

| 사태의 심각성

사회적으로 광범위하게 나타나는 일이다. 더 큰 문제는 강의장에서 이 현상이 쉬지 않고 나타난다는 것이다. "누군가 하겠지!"

다르게 말하면 매일, 매시간 IQ를 낮추는 훈련을 하는 것이다.

지난 시간에 누군가 하고 지나갔다. 다음 시간도 그렇게 지나간다. 1학기, 2학기, 졸업 때가 되어도 그렇게 지나간다. 아무 문제없이 학점도 받는다. 시험만 쳐도 되기 때문이다. 그것도 대개가 외워서 쓴 답이다. 판단하고 말할 필요가 없다.

수강 인원이 많아지면 숨어 지내기도 좋다. 나는 아무 것도 안 해도 누군가 답을 한다. 답답하면 교수님이 답을 준다. 그러는 동안 내가 한 것으로 착각한다. 그럭저럭 학창시절을 지낸다. 그게 대학가의 낭만이라고 하면서….

좀 더 슬프게 이야기하면 절대 교수님은 귀찮게 하지 않을 것이다. 질문에 답하라고 하지 않을 것이다. 왜냐하면 학생들이 싫어하고, 교수님을 평가할 때 좋지 않은 점수를 줄 테니까. 그래서 교수님들이 회피하기도 한다. 학교입장에서는 학생 1명이 얼마나 소중한가. 학교에 1학기 동안 2차례의 시험에 몸을 맡기고 4~5백만 원의 돈을 내고 다닌다. 학교 생존에 영향을 준다. 인구의 감소 때문에… 그렇게 졸업까지 무사히 시켜주니 그것이 옳은 줄 안다.

그런데 취업측면에서 보면 어떤가? 이 상황에 대학 당국이나 교수님들 어느 한 명도 책임의식을 가지고 제자들 취업을 챙기는 분을 보질 못했다. '다 그런 것 아니냐?'라는 정도이다. '우리도 예전에 그랬다. 지금 애들은 더한데 나보고 어떡하라는 것이냐'는 분위기이다.

결론은 학교에 와서 생각하는 힘과 커뮤니케이션 역량이 되레 줄어들었다.
'무능하게 만드는 연습장'에 들어가 있다는 결론이다.

전문성을 키우고 말하는 역량이 취업의 핵심이다. 그런데, 4년간 한 마디도 하지 않고도 졸업을 한다. 심지어는 친구끼리 주고받는 수준의 말, 저속한 말만 하다가 대학을 졸업하는 학생들도 비일비재하다. 이 정도면 취업되는 것이 이상하지 않은가?

승용차를 하나 사서 시내에서 시속 60km 정도로 계속 달리면 엔진 힘이 약해져 나중에는 속도를 낼 수 없다. 그래서 주기적으로 고속도로 등에 나가 '힘껏 밟아 주어야 제 기능을 가지게 된다'고도 하지 않는가? 하물며 사람, 학생,

취업준비생은 어떨까?

| 유일한 해결책 - 교수, 학생 모두의 마인드셋

그나마 이런 현상에 대한 해결책의 핵심은,

"1대1의 관계를 만들어라. 1대1이라고 생각하라. 같은 상황에 10명이 있든, 100명, 1000명이 있더라도 지금 이 자리는 나밖에 없다고 생각하는 존재감을 가져라. 학교 강의뿐만 아니라, 대중이 모인 강연장에서도, 일상생활에서도 그렇게 하라. 만일 교회를 다닌다면 예배시간도 그렇게 하라."

그러면 달라진다. 그런 의미에서 어른에게도 좋은 습관이다.

1대1 관계라는 마인드를 갖고 나서는 시간 지키기, 먼저 인사하기, 약속한 것 지키기, 공공장소 가면 앞자리 앉기, 반응하기 등이 자연스러워졌다. 졸음도 덜 온다. 긴장감 때문이다. 본인도 심리학 전공이 아니라 잘 몰랐던 내용이다. 그러나 강의 때문에 공부하다가 알게 되었다. 대학생 취업현장에서 자기 생각 하나도 말 못 하는 숱한 경우를 보며 어떻게 고칠 것인가를 고민하다가 찾은 그나마 유일한 대응책이다.

실제 본인을 거쳐 간 수많은 학생들이 이 현상과 대응책을 알고 인생을 바꾼 경우가 많다. 오죽하면 필자를 부르는 닉네임이 '누군가 하겠지'라고 하기도 한다. 그만큼 충격이 크고, 고치는 효과도 크더라는 것이다.

특히, 그중에 1회에 10명 내외의 인원을 맡아 다섯 번 정도만 가르치면 어떤 경우이든 취업을 다 시켰다. 본인이 원하는 기업으로 보냈다. 인원이 적었기에 가르침이 고스란히 먹힌 것이다. 본인의 긴장도도 달랐다. 소위 '지여인'(지방대,

여학생, 인문계)도 100%취업이 되었다. 스스로 긴장도가 다르게 취업 준비를 하니 당연한 결과인 것이다.

① 대학생들의 마인드와 행동

교수님과 1대1 관계라고 생각하라. 그리고 상응하는 긴장감을 가져라. 그러면 시간을 지키게 되고, 앞자리에 앉게 되고, 강의시간에 졸지 않게 되고, 내가 먼저 인사하게 되고, 한눈팔지 않게 되고, 질문에 손들게 된다. 그래야 교수님께서 민망하지 않게 될 것이 아닌가? 착한 학생이기 때문이다. 자연스럽게 경쟁력 있는 인재가 되는 길이 열린다.

② 교수님들의 마인드와 노력

교수님은 취업준비생에게 최고의 영향력을 가진 분이다. 학생들과 1:1의 관계라고 생각하고 두루두루 눈 마주치고 질문하고 교감하면 좋겠다. 별도로 취업준비 안 시켜도 좋다. 이것만으로 큰 힘이 된다. 수강인원이 몇 명이 되든 그런 노력을 해주면 좋다.

그렇지 않으면 강의하려고 마이크를 드는 순간, 셋째 줄 이후는 졸음으로, 스마트폰질로 간다. 수강생을 죽음으로 집어넣는 꼴이 된다. 본인 생각은 고사하고 말 한마디도 제대로 못 하는 '제자'를 사회에 배출하기에 취업 도전에서, 면접에서 백전백패(百戰百敗)가 되는 것이다.

취업 준비의 '함정'과 '방학'
나도 모르는 습관과 놓쳐버린 기회

| 강의장 상황1 - 취업교과목 한 학기 48시간(3시간, 16주)을 마감

한 학기 강의를 마치는 종강시간이다. "이제 한 학기를 마감하는 시간입니다. 지난 학기 동안에 이 수업을 통해 많은 경험과 공부를 했습니다. 이제 조금 감(感)이 잡히지요? 그리고, 취업 문제가 그렇게 겁만 낼 일은 아니지요?"

스펙에 대한 두려움을 떨쳐내는 데 중점을 두고 진행한 한 학기 강의였다.

모두가 "예! 교수님. 잘해 보겠습니다."라고 답을 한다.

"그래 그러면, 방학 계획 한번 들어봅시다. 이번 방학은 어떻게 지낼 생각입니까?" "예. 영어 학원 수강증 끊었습니다. 그리고, 컴퓨터MOS 자격증 따겠습니다."

(주 : MOS - Microsoft Office Specialist 마이크로소프트사(社)의 워드, 엑셀, 파워포인트 등을 다루는 민간자격증의 이름으로 사무능력 중 컴퓨터 조작 능력의 기초 자격증이다. 한 번 응시에 몇 만 원의 비용이 든다. 요즘 대학생들에게는 워낙 일반화된 능력으로 자격증이 없다고 해도 당연히 잘할 것으로 추정하는 것이다. 예전엔 귀했던 운전면허증이 요즘에 와서는 많이 대중화가 되며 남다른 자격증이 아닌 것과 유사하다.)

"그리고는?" "네? 그것만도 바쁠 것 같은데요!"

"두 달 반이나 되는 시간을 그렇게 보내요? 아르바이트 같은 것은 안 해 보고?"

"네? ……" 묵묵부답이다.

지난 15년여간 대학 강단에서 한 학기 분량으로 취업준비를 가르친 결과의 반복이자 실패가 계속되는 부분이다. 실무 경험과 학생지도 경험, 이론적 공부 등을 바탕으로 취업준비의 전반을 16주간 집중적으로 교육했음에도 나타나는 이런 현상은 나의 자괴감으로도 이어진다. 이 책을 읽고 공부하고 준비하며 나름대로의 자신감이 섰다고 하면서도 또 자격증 타령하는 상황과 유사하다.

그나마 일부 수강생이라도 세상을 보는 눈이 바뀌었다고 확신 서는 것이 그나마 다행으로 생각될 정도로 간신히 위로로 삼는 대목이다.

| 강의장 상황2 - 명백한 답을 배신하는 오류

직장인 40여 명을 교육하는 강의 중 휴식시간에 3~4명을 제외한 모두에게 아래 그림을 보여주며 "X와 같은 크기는 몇 번?"이라고 질문하면 '1번'이라고 답하라며 조작(操作)을 약속한다. 그리고 강의 시간에 질문과 답을 하면 제외되었던 3~4명은 다른 90%의 사람들이 답하는 것을 보고 상당한 혼란에 빠진다. 유사하게 몇 번 진행을 하면 너무나 명쾌한 답인 '2번'을 주변의 압박에 틀린 답인 줄 알고도 포기하며 다른 사람과 같이 '1번'을 답하게 된다.

소위 말하는 '동조효과' 혹은 '남 따라 장에 가는 현상'이다. 유사한 현상을 '애쉬효과'라고 하기도 한다. 인터넷에 올라있는 동영상을 두 이름으로 찾아보면 많은 사례들이 나와있다.

이 사례를 통해 가지게 되는 교육자로서의 회의감(懷疑感). '과연 교육은 사람을 변화시킬 수 있을까?' 강의장을 나가서 교육받은 대로 변화된 행동을 보이면 모두가 '이상한 동물' 보듯 쳐다본다는 것이다. 그런 눈총을 한 번이라도 받으면 순식간에 예전의 모습으로, 습관적인 행동으로 돌아가게 된다.

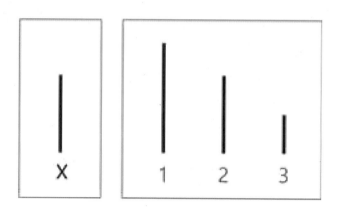

| 대학교의 방학을 왜 그렇게 길게 할까?

'취업준비'는 개인역량(전문성 : 지식, 기술)과 조직역량(인간관계 : 태도, 인성)이 적절하게 조합이 되어야 한다. 그러나, 조직역량은 대학교육에서 평가를 하지 않아 무시하는 경향이 있는데, 반드시 지속적으로 관심을 두고 중점적으로 준비해야 하는 부분이다. 기업이 채용 절차에서 수집하는 다양한 스펙(데이터)을 보고도 군이 면접에 중점을 주는 이유, 굳이 자기소개서를 쓰라고 하는 이유는 '인간관계역량'을 중점적으로 체크해 보겠다는 뜻과 같은 것이다. 그러기에 이 두 영역의 균형 잡힌 역량을 점검하고 보완하는 데 있어 방학은 중요한 시기이다.

그런 관점에서 대학의 한 학기 6개월은 3개월 강의, 3개월 방학으로 구성되어 있는 것이다. 학기 중에는 전문성을 키우기 위한 지식과 기술에 집중을 하고, 방학 동안은 전문성의 현장을 찾아 체험에 집중해야 한다. 그리고, 더 넓은

취업의 정석 나를 마케팅하다

세상과 사람을 만나는 여행과 독서, 봉사활동, 기업형 체험인 아르바이트, 인턴 등을 해보아야 한다. 그런 의미에서 대학의 방학은 취업과 성장을 위해 무척이나 중요한 시기다.

필자는 이런 원리를 가지고 취업준비 교과목을 지난 15년여 동안 가르치며 발전시켜 왔다. 그리고 사회생활 성공에 영향을 주기에 가끔씩 '생존학', '성공학'이라는 별칭을 붙여 강의를 진행해 왔었다.

| 대학의 취업교육의 가장 큰 함정

대학생의 방학기간 활용에 대한 주제를 던지며, "왜 이런 현상이 반복될까?" 하는 것에 대한 생각을 잠시 해 본다.

첫째는 한국사회에서 대학교육이 '태도, 인간관계' 부분을 강조하고 가르치는 것이 거의 없다. 연구와 지식 전수가 본업이라는 전통이 이어지고 있는 듯하다. '그렇다면 그 넓은 캠퍼스는 왜 가지고 있지?'

둘째는 '교수'라는 직업 자체가 그런 지식역량으로 성장하고 선발된 것이다. 직업의 인기로 보면 학창시절 성적이 최상위권인 사람들이 자리할 가능성이 높은 직업이기에 여타 학생들의 삶을 이해하지 못하는 것이다. 기업의 속성이 나름대로 적합한 역량을 가진 분업의 결합체라는 것도 이해하지 못한다고 볼 수 있다. 그러기에 교수사회에 취업을 강조하면 '우리가 취업기관이냐'로 볼멘소리를 하는 것이다. 안타까운 현실이다.

셋째는 학생들 자신이 입사(入社)와 입시(入試)를 동일시한다는 것이다. 초중고대를 거치며 늘 그런 시스템 속에 살아왔던 것이다. 학생들 입장에서 당연하다고 생각할지 모르지만 한 걸음만 나가보면 너무나 세상을 모른다 할 것이다. 동아리활동을 하고 아르바이트를 하면서 한 번만 생각하면 알게 될 일인데 말이다.

마지막 네 번째는 가장 중요하게 생각하는 것이다. 위에 보여준 동조효과로 인한 한계이다. 예를 들면, 강의 중에 인사의 중요성을 알려주고 연습과 체험 목적으로 집이나 다른 강의장 등에서 '인사 한번 제대로 해보라'고 한다. 그리고 다음 강의시간에 소감을 물어보면 "인사를 받은 분들 대개가 의아한 표정을 지으며 '왜 그래?', '어디 아파?', 장난치냐?' 등의 반응을 보입니다"라고 한다. 그 대상이 교수님이든, 부모님이든, 친구들이든… 기업이 원하는 긍정적 태도로의 변화와 연습 노력이 그렇게 뭉개어진다.

한 학년 3000여 명의 학생 틈에서 30~40여 명의 수강생이 다른 방식으로 취업준비를 하고 방학 보내기를 한다고 할 때 생기는 압박감은 또다시 예전의 습관으로 시간을 보내게 하여 궁극적으로 실패의 길에 들어서게 된다.
그리고, 여전히 스펙만 남아있다. 취업준비의 시작과 끝이라고….

그래서, 결론적으로 방학은…
대학생들에게 꼭 편의점이나 마트 등의 판매 아르바이트를 권한다. 어학공부, 컴퓨터공부는 매일 일정시간을 규칙적으로 병행하면서…
아르바이트는 취업대상인 기업에 가장 가까운 환경이자 조건이다. 사람을 상대해야 하고, 판매 대상인 상품과 관련 시스템을 이해해야 하고, '돈'의 소중함을 알게 되며, 내가 맡은 시간에는 어느 정도의 매출액을 올려보겠다는 목표설

취업의 정석 나를 마케팅하다

정도 필요한 곳이기 때문이다. 가능하면 목표달성을 위한 다양한 아이디어도 제시해 보는 활동이 공식적으로 가능한 곳이기 때문이다. 그러면서 '돈'도 벌 수 있는 '황금 기회'인 것이다.

그리고, 그 경험을 하루에 한 장 정도의 기록으로 남기면 더 좋다. 문제점을 찾고 해법을 찾는 노력이면 더욱 좋다. 30일 정도만 해도 다른 세상을 볼 수 있을 것이다. 입사지원서, 자기소개서 쓰는 것은 어렵지 않다. 면접장에 가지고 가서 보여줘도 관심을 가질 것이다.

부디 이 책의 구석구석에 숨겨진 비법을 활용하기 바란다.

꼰대의 말 : "인사만 잘해도 취업 성공한다"
취업의 승패를 가르는 작은 TIP

요즘 청년들 취업지도를 하면서 해가 갈수록 마음이 무거워 머리를 붙잡고 있는 것이 있다. '인사(人事)'라는 단어다. 다양한 뜻을 담고 있는 단어이다. 특히 명절을 맞아 가족들 만남에서부터 시작하면 좋다.

| 인사와 취업

실제1

"교수님, 서류합격 했습니다. 면접에 TIP 좀 주시면 좋겠습니다.", "잘되었네. 어떤 회사인데?" "'가나다(가칭)'라는 회사의 'HR(인사·교육)'업무로 합격이 되었습니다."

3년 전에 지방 중소도시의 대학교에서 매주 1회씩 가서 10여 명을 지도했을 때 일이다. 비교적 밝고 활기찼던 학생의 질문이었다.

"인사 연습만 해라. 면접 당일 한 번이라도 만난 분을 잘 기억해라. 혹시 하루에 여러 차례 만나면 그 인사의 방법을 달리해라. 특히, 합격 당락 결정권을 가진 분으로 짐작이 되고 다양한 상황에서 자주 만날 경우에는 더욱 활발하게 인사해라."라고 일러주었다. 며칠 후 답이 왔다. "교수님! 고맙습니다. 합격했습니다. 말씀하신 상황이 자주 있었고 큰 힘이 되었습니다."

#실제2

2년 전에 모 중견기업 사장님을 만났다. 무슨 대화 중에 자연스럽게 요즘 대학교에서 가르치는 것에 어떤 것들이 있냐는 질문에 'NCS(국가직무표준)'이라는 것을 가르치고 있다고 했다. 그랬더니만 대뜸 던지는 한 마디. "인사라도 잘하게 해 주세요. 출퇴근 때나 상사한테나, 심지어는 회사 손님에게도 인사할 줄을 모르니 민망한 때가 많습니다."

명색이 가르친다고 하는 내가 '민망'해져 몸 둘 바를 몰랐던 기억이다.

#실제3

분주한 강의 직전의 상황에 뒤편에 있는 문을 통해 들어가면 많은 학생과 마주친다. 중년의 남자, 넥타이만으로도 누구인지는 금방 알 수 있음에도 불구하고 마주치는 학생 중에 눈인사라도 하는 경우가 없다. 상대가 누구인지는 아랑곳하지 않는다. 요즘 대학가의 일반적인 현상이다. 그나마 흔히 말하는 '지방'대학교는 그래도 조금 나은 편이다.

#실제4

지난달 우리 대우세계경영연구회가 주관하는 '글로벌청년사업가(GYBM)양성과정'을 진행할 때 일이다. 합숙하며 교육받는 장소가 건물의 같은 층에 있다보니, 복도를 오가면서 많은 연수생들을 만나고 스쳐 지나가게 되며 상당히 많은 사람을 여러 번 만나고 지나치기도 한다. 인사하는 모습이 너무 무질서하고 의미도 없고 격(格)도 없으며 스스로의 자존감을 죽이는 스타일도 많았다. 인사를 하긴 하나 건성으로 보이는 경우, 언제 배웠는지 소위 '배꼽인사'가 몸에 배인 경우, 아예 적당하게 눈을 피해버리는 경우들도 자주 보게 된다.

| 인사를 잘하는 5대 방법

사람의 5감각에 지적감각을 종합하여 정리해 본다. 시각(視覺), 청각(聽覺), 체감각(體感覺 :후각, 미각, 촉각의 종합) 그리고 지각(知覺)으로 나눌 수 있다. 그리고, 핵심은 정성과 존중, 존경이 묻어 나와야 한다는 것이다. 그 기준은 내가 아니라 인사를 받는 분이 기준이 되어야 한다. 그렇다면 상대와의 관계, 연령층, 성별, 상황, 직업에 따라 많이 달라질 것이다.

그리고, 인사는 인간관계의 종합판이자 알파(시작)와 오메가(끝)이다. 특히 어떤 능력이나 번지르르한 답을 하더라도 첫 인사 한 번으로 90% 이상이 결정된다. 구체적인 '행동(行動)이고 실천'이기 때문이다.

[시각] 당당함과 밝은 표정으로 눈을 마주친 다음에 인사해야 한다.

역설적이지만 당당함이 묻어나야 한다. 특히 면접 인사는 더 그래야 한다. 회사와 나의 만남으로 서로 도움이 되기 위해 노력한다는 전제를 갖고 있기 때문이다. 자칫 정중함이 지나친 인사는 심리적으로 나를 위축되게 한다. '배꼽인사'나 머리를 숙이고 2-3초 머물렀다가 드는 방식의 인사가 대표적인 경우이다. 정중한 인사라고 가르치고 배워서 낭패를 보는 경우가 허다하다.

단체 인사인 경우나 극상의 서비스산업인 비행기 탑승 시, 백화점 개점 때 하는 인사법이 대학가로 들어왔다. 소위 항공사 승무원 등에서 종사한 분들이 대학 취업강사로 전업을 하며 'CS(고객만족)'강의의 연장선상에서 가르쳐 일어난 일이다. 면접자와 면접관의 사이를 일방적인 고객의 관계로 보기 때문이다. 절대 그래서는 안 된다.

[청각] 밝고 씩씩하며 밝은 목소리가 동시에 나와야 한다.

눈 마주침과 머리 숙임만의 인사는 어색할 뿐만 아니라 뭔가 큰 알맹이가 빠진 느낌을 주게 된다. 인사의 반은 시각적 요소, 반은 청각적 요소로 채워야 한다.

인사 때 하는 말로 면접장의 공식적인 자리에서는 "반갑습니다. 안녕하십니까"로 '다, 까'로 끝나는 것이 좋다. 정리되고 정중해 보인다. 그러나 오다가다 만난다든가 개인적인 자리인 경우에는 "안녕하세요. 안녕하셨죠?" 등 '요조체'도 무난하다.

더 중요한 것은 목소리이다. 목소리에서는 상대에 대한 호감도, 친근감, 반가움, 호기심 등이 묻어나게 되어있다. 뿐만 아니라 당일의 컨디션, 건강도 실려 나온다는 것을 명심해야 한다.

[체감각] 악수를 청해 받으며 인사하는 경우이다.

단독면접이나 수시 채용 등에서 자주 나오는 경우이다. 면접관과 악수를 하는 경우이다. 대개가 면접관이 악수를 청하며 인사하게 된다. 면접을 마치면서 등을 두드리며 격려해 주는 경우도 있다. 그때 잡는 손의 힘, 악력(握力)이 적당해야 하며 겸손하면서도 힘이 있는 청년의 기운이 느껴져야 한다.

[지각] 상대를 알아보며 인사해야 한다.

면접(대기)장 복도나 화장실 등에서 마주친 경우에 약간은 막연하게 인사할 수 있는 경우를 조심해야 한다. 복장이나 표정만으로도 상대를 알아채고 무조건 가벼운 인사, 즉 '목례'라도 해야 한다. 대기업에서는 면접장이나 대기장 등 독립적인 공간을 가지고 있지만 중견기업이나 중소기업은 그렇질 못해 자주 일어나는 경우다. 특히 면접관이나 간부 직원인 상대가 질문하며 말을 걸어오고 본인이 응대했던 이후에 만나는 경우라면 필히 알아보는 눈빛과 그 느낌을 가볍게 전하면 훨씬 좋다.

[훈련] 반복하며 연습해야 한다.

이런 내용을 모르고 하는 인사가 낭패를 부르기도 하지만, 생각만 하고 있으면 정말 무용지물이다. 무조건 자연스럽게 인사가 몸에 익어야 한다.

그러자면 오로지 반복적인 훈련이 중요하다. 과거 대가족 상황에서는 자연스럽게 연습이 되었다. 그러나 요즘의 상황은 다르다. 대학생 레벨에서 인사법을 가르쳐 주는 곳도 없고, 배웠다고 하더라도 그 자체로 끝나 버린다. 유사한 상황에서 실제 해보고, 연습하고, 훈련해야만 한다.

타이밍을 놓쳐 지나치고 나면 다음번에는 더 어색해지는 경우도 많다.

그런 의미에서 명절이나 집안행사 등에 자주 참가하고 인사 잘하면 그 자체가 연습이 된다.

이 글을 쓰며 걱정도 앞선다. 대학 강단에서 학생들에게나 사무실의 젊은 직원들에게 설명하고 나면 바로 '꼰대'라고 불려질 것이기 때문이다.

발길 1 -
목표설정과 RIGHT PEOPLE

part

05

취업과
평생 성공

그냥 잘하는 것이 아닌 '보다' 잘하는 것으로
직업·진로 선택의 기본 발상 : 핵심역량

"자녀들은 어떻게 되나요? 취직은?"

"딸이 지금 4학년으로 취직 준비 중입니다. 자기가 원하는 것으로 하라고 합니다. 그리고, 특히 요즘 취직이 어렵다고 하니 고민됩니다. 저도 잘 모르겠습니다." 하며 약간은 얼버무린다.

동남아지역에서 진행 중인 글로벌청년사업가(GYBM) 양성과정의 베트남 연수원 업무와 강의를 마치고 인도네시아 자카르타로 가는 길에 호치민 공항에서 우연히 만난 대우 후배와 나눈 대화다. 회사 퇴직 후 개인 사업으로 해외 출장 중이라고 했다.

비행기 탑승시간까지는 조금 여유가 있어 이런 저런 대화를 나누었고, 자연스럽게 가족 근황을 물었다. 그리고 앞으로의 직업 준비에 대해 질문을 건네 보았다. 그런데, 평소와 같지 않게 답이 시원스럽지가 못하다.

① 자녀의 진로, 취업 문제에 어려움

기업에서 일하는 분 중에도 의외로 자녀들의 '학교 교육'은 그나마 잘 알더라도 '진로와 취업'이라는 이슈를 접하면 깜깜이가 되는 분들이 많다. 언론을 통해 보고 듣는 것이 전부라고 한다. 요즘 얼마나 자극적으로 취업의 어려움을 보도하는가? 더 문제는 일이 꼬이다 보면 답답하지만 누구에게 내어 놓고 말하기도 체면을 상하는 일이라 어렵다는 것이다. 학교에서 '어떻게 해 주겠지'하며 지낸다고 한다.

필자 또한 35년여간 다양한 분야와 6개의 직업, 모든 제품을 취급하는 종합상사 근무를 통해 대부분의 산업을 직간접적으로 경험했다. 그럼에도 불구하고, 실제 교육현장에서 진로와 직업선택은 제일 어려운 부분이다.

② 막무가내로 돌진하는 취업 목표

말이 나온 김에 구체적인 상황과 의도를 질문해 나갔다.

"서울에 있는 대학에서 졸업을 앞둔 상황입니다. 한 학기가 남았는데, 전공은 식품영양학입니다. 주로 영양사나 식품관련 기업으로 간다고 하는데, 취업이 여의치 않다고 하네요. 본인은 스튜어디스나 해외비즈니스 일에도 관심이 있다고 합니다."

"최종 도전 목표는? 딸과는 이런 주제로 가끔 대화는 나누나요?"

"아닙니다. 저도 잘 몰라서 대화가 잘 되질 않고 해서, 그냥 좋아하는 것으로 해보라고 하는 편입니다."

대개의 부모님으로부터 듣는 자녀의 진로문제와 관련한 지식과 태도의 전부이다. 답답한 실정이다. 이 책을 읽는 부모님이 있다면 모두가 공감할 것이다. 자녀의 기대에 맞출 수도 없다. 심지어는 학교 교수나 취업관련 업무 담당자조차도 비슷한 수준이다.

그러나, 오랜 기간의 교육과 컨설팅, 그리고 내 딸의 진로에 대해 고민을 깊게 하면서 만들어진 나름대로의 소신과 원칙을 말해주었다. 힘든 여행길에서 쉬고 싶지만 그냥 갈 수가 없었다.

③ 직업, 직장, 직무 선택의 원리

첫째. 세월이 가면서(정확하게는 나이를 먹고 살아가는 돈이 더 필요해지는) 내 이름이 부가가치를 키워 더 많은 '돈'을 받을 수 있는 곳으로 가라. 스튜어디스 분야가 대표적으로 이 원칙에 맞지 않는 속성을 가지고 있다. 업무가 워낙 표준화되어 있는 데다 부가가치를 더할 만한 것을 찾기 어렵다고 보인다.

둘째. 전공분야도 관심이 없으면 과감하게 버려라. 굳이 취업 재수나 편입으로 시간 보내지 말고 완전히 새로운 분야로의 도전도 괜찮다. 그래도 원래의 전공 교과목에 최소한의 학점만 유지하라. 목표로 선택한 직업과 관련된 과목을 찾아 들어라.

셋째. 단순히 잘하고 좋아하는 것을 하면 큰일이 날 공산이 크다. '보다' 잘하는 것을 선택하라. 직업, 취업 전문가들도 생각지 못하여 실수를 많이 하는 부분이다.

④ 보다 잘하는 것

내가 좋아하고 잘하는 분야가 세 가지라고 가정을 하자. 전체가 100%일 때, 핸드폰분야 70% + 스포츠용품분야 20% + 제빵분야 10%라는 전제이다. 기존의 판단대로라면 제일 높은 수치로 70%인 핸드폰 분야를 직업으로 선택하고 도전해야 한다.

그런데, 그렇게 단순하지가 않다. 내 주위에 또래(잠재적 경쟁자)와 비교하여 따져 보아야 한다. 다음의 표를 참고하기 바란다.

관심,숙련도	계	핸드폰	스포츠용품	제빵	패션의류	액세서리	결론(선택)
나(박창욱)	100	70	20	10			제빵
친구1(경쟁)	100	75		5	15	5	핸드폰
친구2(경쟁)	100		40	7	10	43	악세서리

주) 산업분야 – 흥미, 능력, 숙련도 등을 포괄적으로 단순화한 개념이다.

이런 상황이라면 어느 직업을 가져야 하나? 즉 친구1이 핸드폰에 나보다 5만큼의 역량을 더 가지고 있다. 스포츠용품에 가고 싶어도 친구2가 나보다 20만큼이나 잘한다. 그렇다면 나는 제빵분야를 선택하면 내 기준으로는 다른 분야보다 잘하지는 못하나 비교차원에서 '가장 잘하는' 영역이 되어 안정적인 직업생활을 할 수 있을 것이다.

나의 내재적 능력으로는 가장 부족한 부분이지만 직업 세계가 냉혹한 경쟁의 구조에서 치열하게 다투는 상황에서는 달라진다는 것이다.

직업과 취업의 영역에서 능력을 말할 때 '역량(Competency)'이라는 단어를 사용한다. 경쟁하다(Compete)의 명사형 단어로 절대적 능력의 개념이 아닌 '보다' 잘하면 되는 상대적 개념의 단어를 사용하는 것이다.

그런 의미로 그 후배에게 딸과 대화를 해 보라고 권했다. 시간이 지난 후 전화가 왔다. 스튜어디스를 제일 선호하고 모자란 것이 없어 보였지만 미래 성장성과 본인보다 뛰어난 사람이 많은 분야라 포기하고, 전공인 식품영양도 주변과 비교를 해보니 식품산업, 영양사 등에 잘하는 사람들이 많아 포기하였다고 한다.

그러나 해외비즈니스분야를 보니 부모님과 같이 한 오랜 기간 해외생활 경험과 비즈니스가 활발한 전공 분야를 감안하니 주변에 나만큼 준비된 사람이 없었다고 한다. 그래서 이제 앞뒤 안 가리고 이 분야로 진로를 정하고 취업 도전 중이라는 것이었다.

이런 방식으로 필자의 두 딸도 졸업 전에 취직을 했고 지금도 남다르게 재미있는 직장생활을 하고 있다. 굳이 학교성적이나 영어 등의 스펙은 묻지 않아도 된다.

이 원칙은 창업에서도 적용이 된다는 것에 유념하자.

'감동란'과 '선박건조량'의 INSIGHT
취업 목표 설정의 제1지침 : 글로벌 구매력

| 직업을 보는 담대한 시각

그 말 많던 '4차산업혁명'이란 것과 연관되어 수년 내 지금의 직업 50%가 사라질 것이라던 직업의 소멸관련 이슈 논의가 최근에는 주춤한 듯한 느낌이다. 정확하게는 언론, 정치권에서 이슈의 뒷전으로 가는 듯하다. 그러나, 우리 주변에는 끊임없는 혁신이 줄을 잇는다. 해당 분야에 종사하면 처음에는 낯설지만 조금만 지나면 하나의 산업, 직업의 틀을 갖추는 것을 보게 된다. 작아 보이는 혁신도 조금만 지나면 하나의 산업계를 이루어 당당히 영역이 되는 모습이다.

우리가 알고 있는 직업의 세계 변화도 더욱 커질 것이다. 그래서, 창업보다 한 수 위의 창직(創職), 즉 직업을 만든다는 개념이 탄생하고 있는 것이다.

그래서 우리의 직업 보는 눈을 보다 담대하게 하는 관점의 전환이 필요하다. 특히 여러 가지 측면에서 우리나라가 이런 변화의 중심에 설 가능성이 크기 때문이다. 다양한 방법이 있겠지만 작은 모티브를 통해서 보고자 한다. 직업을 선택하는 데 있어 보다 큰 시야를 갖고 작은 사례로부터 출발하는 것이다.

| 감동란을 물어본다

"혹시 여러분 '감동란'이라고 들어 보셨습니까? 먹어 보셨는지요? 가격은 얼마인지 아세요?"

일반 기업교육이나 대학교육 강의장에서 실물을 보여주며 질문한다. 독특하게 삶은 유사한 상품이 있지만 브랜드도 특이하고 잘 팔리는 달걀의 원조(元祖)라 자주 설명용으로 이용한다. 그러면, 대체적으로 40대 중반 이후의 세대들은 잘 모른다. 그러니 먹어 본 적도 없다. 그러나 30대나 대학생들에게 물어 보면 대체적으로 알고 있으며 먹어 보기도 했다고 한다.

"혹시 가성비나 그 이유를 헤아려 본 적 있습니까? 일반 날계란 한 판 30개가 5, 6천 원이니 구입하여 집에서 삶아 먹으면 개당 300원 정도면 충분하고 실제 학교 매점이나 일반 가게에서 그렇게 팔리고 있습니다. 그런데, 저는 오늘 이것을 개당 1,050원, 두개 한 팩으로 2,100원에 구입을 했습니다. 400원과 1,050원, 무려 3배에 가깝습니다. 혹시 그 이유를 생각해 본 적이 없습니까?" (물가의 고공행진으로 계란 값이 많이 올라 이 책을 보는 시기와는 다르지만 전하고자 하는 내용을 감안하여 이해 바란다.)

묵묵부답이다. 그냥 먹어만 본 것이고 맛있었다는 기억만 있다고 한다. 본인이 생각한 나름대로의 설명을 이어간다.

"삶은 달걀의 가장 큰 불편함은 노른자 때문에 퍽퍽해서 소금을 찍어 먹어야 하고 그러자면 가지고 다녀야 하는데 이것을 해결한 제품입니다. 삶은 달걀 전체가 약간의 소금간이 되도록 했고 노른자가 약간 반숙형태로 유지되게 했는데, 모두가 동일한 수준의 품질관리를 하고 있습니다. 편의점에 유사한 상품들이 많이 있지만 유독 이 상품만 인기가 좋다고 합니다."

| 시장 그리고 GLOBAL 시장 - 수송, 가격, 결제

삶은 계란이 비싸다, 싸다의 문제가 아니다. 관점을 바꿔야 한다. 이런 제품이 팔리고 있다는 것에 주목해야 한다. 일본에서 이미 나왔던 제품을 한국에서도 만들어 판매하기 시작한 감동란은 제법 큰 규모로 판매가 된다고 한다. 한 편의점에서 매일 20개 정도 팔리며 제조회사 전체 규모로는 한 달에 100만 개 정도가 팔린다고 한다. (인터넷 검색 근거) 지금은 일반화되어 만드는 법이 인터넷에 널리 알려져 있다.

지금의 소득 수준(약 3만 불)이 이런 식품이 등장하게 된 동기가 된 것이다. 소득이 적을 때는 엄두도 못 내던 것들이다. 그러다가 구매 가능 인원이 일정수준을 넘어서는 순간에 단순히 가내(家內)의 기호 식품 수준이던 것이 하나의 산업으로 출현하게 되는 것이다.

즉 '시장'의 크기이다. 구매력의 확장이다. 수송의 장벽(거리, 보존, 안전 등)과 관세 장벽 그리고 대금 결제의 한계가 타파되며 산업으로 발전된 것이다.

불과 30여 년 전에는 '집에서 모이를 먹여 닭을 키워서 계란을 낳게 만들고 일정 수량이 되면 5일장에서 팔아야 겨우 돈이 되던' 소득 2~3천 달러 시절이었다. 그냥 돈 많은 집에서만 먹을 수 있는 기호 식품이 이제 당당한 산업이 되었다. 소득이 커가는 동안, 종계, 산란계, 삶은 달걀, 판매 대행(유통점), 각 단계별 이동(물류) 등의 5~6단계 산업으로 나누어져 제각기 돈을 벌게 되었다.

구입 가망인원과 소득수준으로 반영되는 시장 규모(구매력)의 또 다른 대표적인 사례로는 중국의 '고구마 세탁기'사례가 있다. '하이얼전자'의 장루이 회장이 일반 세탁기 A/S현장에서 고객의 푸념("고구마 씻어주는 세탁기 만들어 주면 안 돼요?")을 듣고서 한번 만들어 보았더니 날개 돋친 듯 팔리기 시작하였다. 대한민국 땅 크기만 한 지역이 고구마 집산지였기 때문이다. 중국이 이렇게 인구수를 기반하여 막대하게 큰 시장이라는 것을 인지하는 계기가 된 사건이다. 누구 하나 상상하지 못했던 제품이었다.

이런 종류의 이야기는 우리 주변에 비일비재하게 많다.

| 세계 선박 건조량의 지난 110년간 추이

7년여 전에 조선업계 종사하시는 분들에게 강의를 갔다가 우연히 앞 시간에 진행한 다른 강의시간 자료의 그래프가 눈에 들어왔다. '지난 110년간 전 세계 선박 건조량의 추이'를 보여주는 자료다. 파도만큼이나 극단의 부침(浮沈)을 겪으며 꾸준히 성장을 계속해 왔다. 한국의 산업화가 본 궤도를 올라갈 즈음인 1972년과 2011년을 비교해 보면 무려 4배나 커진 선박건조 물량이다. 그만큼 사람이나 물동량의 이동이 있었다는 것이다.

거기에 유례가 없는 대한민국의 급속한 성장은 사회전반의 변화와 역동성을 키워왔다. 그나마 기업은 이 엄청난 위기와 기회가 교차하는 데 생존하기 위한 노력을 경주하고 있다. 덕분에 세계 10위권의 경제 위상을 가지고 있다.

그런 만큼 치열한 경쟁에 노출이 되니 새로운 산업, 회사, 직무, 기술, 제품들로 세분화되고 전문화되는 것은 자명한 이치이다. 거기에 경쟁에서 생존하기 위해 남다르게 차별화된 기술과 제품의 중요성이 더 커지고 있는 상황인 것이다.

취업의 정석 나를 마케팅하다

| 직업적 관점에서의 시각

소득 1,000달러시대의 직업 탐색과 소득 30,000만 달러 시대의 직업 탐색, 그리고 준비!

직업을 찾고, 발전을 전망하며, 생성과 소멸을 보는 눈, 해당 직업에 진입하는 취업 준비도 달라야 한다. 직업은 학업과 달라서 대학같이 4년만 달랑 하고 끝나는 일이 아니다. 평생을 살아가는 관점으로 해당 직업의 미래를 찾고 설계하고 발전시킬 의지를 가져야 한다.

글로벌과 국내, 공공부문과 민간부문, 라이선스직업과 일반직업과 프리랜서형 직업, 취업과 창업, 민간부문이면 어떤 제품과 어떤 서비스업인지 등에서 살펴볼 수 있다.

직업의 부침이나 변화가 극심할수록, 기존의 틀이 깨어지며 계속 틈새가 생기니까 우리에게는 큰 기회일 수가 있다. 기회는 많아질 것이다. 그런데 우리는 선진국의 모델과 그들이 만든 이론으로 직업을 공부하고 준비한다. 일반 교과목의 대학교 공부는 그렇다 치더라도 직업관련 공부조차도 기존의 이론으로 설명하려고 덤벼든다. 실제 취업준비의 논리들과 직업의 인재상이 30년, 40년 전과 크게 다르지가 않은 것이 그 방증(傍證)이다.

앞으로는 직업과 취업의 '목표'에 대한 생각과 접근방법 등이 달라야 한다. 그래야 '길목을 지키는 취업준비'를 할 수 있기 때문이다.

구체적인 '제품이나 서비스'에서 길을 찾아라

취업 목표 설정의 제2지침 : 손에 잡히는 것

'카카오톡'이란 SNS를 통해 많은 글과 생각들이 오가는 것이 일상이 되었다.

최근에 받은 글을 소개한다. '빵' 터졌다. 유머이지만 많은 시사점이 있었다.

'관심이 없으면 정의가 없고, 정의가 없으면 평화가 없으며, 평화가 없으면 미래가 없다'는 글을 인쇄한 봉투에 편지를 넣어 보냈다. 너무 멋진 글, 명언名言 수준이다. 그런데 그 편지가 되돌아왔다. 그 명언이 인쇄된 문구 아래 이런 글과 함께…

'주소가 없으면 배달이 없다.'

주소 없는 편지, 방향이 없는 편지, 말만 무성한 편지, 현실을 무시하고 좋은 단어만 나열한 편지… 취업을 준비하는 요즘에 흔히 볼 수 있는 모습이다. 이제 그 알맹이를 찾아보자.

| 직업 선택, 취업 목표 설정의 몇 가지 대전제

시간이 흐름에 따라 좀 더 나은, 좀 더 큰 부가가치add value를 만들어야 한다. 더 많은 대가(돈, 급여)를 바라기 때문에 성과도 반드시 많아져야 한다. 뿐만 아니라 어느 시점부터는 쇠퇴하는 것이 자연의 법칙이기 때문에 인생 100세 시대도 염두에 두어야 한다. 실력이나 기여가 늘지 않는데 '돈'만 더 받기를 기대하면 안 된다. 나이가 들고 직급이 오를수록 어려워지는 업무를 감당할 수 있는 수준까지 각오하고 직업을 찾아야 한다. 그렇지 않으면 무덤을 파는 격이다.

직업이나 취업목표 선택이 어렵고 힘든 것이 정상이다. 본인도 가르치는 측면에서나 내 자녀의 진로 탐색이 제일 어려웠다. 일반 전공(인문계, 이공계, 자연계 등)이 직업 선택 측면에서는 의대생보다 더 힘들다. 의대생은 목표가 단순하기 때문이다. 그런 의미에서 '박지성'이나 '손흥민' 같은 스포츠선수보다도 어려운 것이 일반 전공자들의 직업 선택이다. 축구 선수는 오로지 하나의 '공'만 보고 뛰기 때문이다. 평범한 사람의 일반 직업 목표를 선택하는 것이 힘든 것은 너무나 당연하다. 어느 공을 보고 뛸 것인가를 정하지 못했기 때문이다. 그래서 누구나 겪는 문제이다. 많은 고민과 노력이 필요하다.

그러나 숱한 고민 끝에 일단 합격하고 나면 스펙만 좋아 취직한 사람보다 더 많은 준비를 해왔기에 앞설 수 있는 가능성도 있다. 도전하며 맞닥뜨려야 한다.

그리고, 한번 정하면 '일정 기간 동안' 다른 곳으로 기웃거리지 말아야 한다. 그리고 가급적 면접까지 한두 번 경험하도록 입사서류 합격에 최선을 다하라. 일단 면접까지만 갔다 오면 취업준비에 상당히 높은 수준의 눈을 뜨게 된다. 그런 경험을 한 후에 다른 직업, 다른 회사로 목표를 옮겨가도 좋다. 특히, 한 분야를 꾸준히 준비하고 우왕좌왕하지 않으려면 '근무 조건(급여, 복리후생, 휴가 등)'은 일단 잊어버려야 한다.

| '상품이나 제품'을 정하는 것이 출발점이다

다음은 취업관련 지원서나 면접에서 가장 많이 나오는 질문들이다.

"우리 회사를 지원하게 된 동기가 무엇입니까? 우리 회사에 대해 아는 대로 설명해 보세요. 최근에 나온 광고 중 기억에 남는 것과 본인의 생각은? 우리 회사 제품을 써 본 적이 있는지요? 본인의 미래 포부는 무엇입니까? 최근의 국제 정세 이슈 중에 우리 회사와 관련이 될 만한 건이 있는지? 있다면 무엇이고 본인 생각은?"

회사 입장에서는 생존과 미래 발전의 기본은 '제품력'이다. 좋은 물건 잘 만들고 잘 팔려야 한다. 그 어떤 미사여구보다 우선이다. 사회봉사나 인류 평화 등의 거창한 회사 비전이나 꿈도 이 전제가 없으면 모두가 물거품이다.

뿐만 아니라 기업에 대해 잘 모르는 취준생들 입장에서 그 회사의 '제품'을 가지고 준비하는 것이 회사에 대한 열정을 보여주기 가장 쉽고 구체적일 수가 있다. 그리고, 제품을 통한 모티브를 한번 잡으면 그 생각을 확장해 가는 것이 비교적 쉬워지며 재미도 있을 것이다.

면접이나 자기소개 항목을 한번 나열해 본다. 그리고, 답변을 제품 중심으로 달아 본다. 실제 사례를 대기업인 '농심'과 그 회사의 제품인 '신라면'을 가지고 대응해 보겠다.

① 우리 회사에 왜 지원했지요?

"제품에 대한 관심입니다. 그리고 시장의 확장성을 보니 많은 발전이 예상되고 할 일이 많아 보였습니다." [예] "인도에 배낭여행 갔다가 '신라면'이 팔리는 것을 보았습니다. 그리고 바로 통계를 찾아보니 최근 3년간 판매수량의 확대가 대단해 보였습니다. 그 여세를 몰아 해외에도 진출해 보고 싶고 국가나 문화에 따라 변화가능성이 저에게는 큰 도전이 되어 보였습니다."

② 우리 회사에 대해 아는 것은?

"저는 오로지 제품에만 관심을 가졌습니다. 생존의 기본이자 발전의 기반이기 때문입니다. 나머지는 다음에 생각해도 늦지 않을 것이고, 최근에 베트남에 공장을 짓는다는 것을 신문을 보고 알았습니다." [예] "신라면에 관심을 갖고 난 이후에 한국에 나오는 라면의 종류와 브랜드를 전부 조사해 보았습니다. 미래에는 우리 회사의 경쟁자가 될 가능성이 크기에 한 걸음 앞서도록 노력하는 것이 저의 일이 될 것으로 생각합니다."

③ 본인의 장점은?

"저는 물건을 보면 꼭 분해해 보는 버릇이 있고 꼼꼼한 편입니다. 그래서 생산관리를 지원했습니다." [예] "꼼꼼한 편입니다. 한번은 '신라면' 제조의 소재인 식자재, 부자재, 포장자재 등을 알고 싶어 '라면 한 봉지'를 사서 봉지에 글로 새겨진 재료만 보아도 어지러울 정도로 많은 것을 보았습니다. 일을 잘하려면 좀 더 꼼꼼해야 한다는 것도 알게 되었습니다."

이 외에도 미래의 포부는? 성장과정은? 등이 있을 수 있다.

| 제품을 정하고 해야 할 일들

다음은 제품 중심의 관심을 실행하는 구체적인 방법 몇 가지만 소개한다.

첫째, 지원회사의 제품을 내 책상 앞에, 내 가방 안에 넣어 두고 다니며 보고 또 보며 신념화해 본다. 눈에 보여야 한 번 더 관심을 가지고 준비할 수 있다. 건설, 조선, 중장비, 자동차 등의 경우는 '미니어처(miniature)'도 좋다. 하나 구해 보아라. 실제 보면서 집중해 보아라.

둘째, '취업, 채용박람회'보다는 '제품박람회, 제품세미나, 제품학술대회' 등을 찾아가 보아라. 제품의 경쟁자를 찾아보아라. 미래를 상상해 보아라. '일자리'

를 찾지 말고 '일'을 찾는 방법이다.

셋째, 한번 사용해 보아라. 직접 구입해서 사용해 보면 더 좋다. 그러면서 '내 돈' 생각을 하면 제품이 기대 이상인지 기대 이하인지를 통해 회사나 제품의 문제점을 찾아내고 '나의 대안'도 제시해 보아라. 단순하고 말이 안 되더라도 그 노력이 가상하다는 평가를 받는다.

| 한 걸음 더 나간다

원하는 곳에 취업이 안 되었을 경우 대안을 모색하기가 쉬워진다. 대개의 제품은 한 단계 앞선 회사 부품들의 '조립'이다. 결정적인 핵심 부품을 만드는 회사를 찾아 취업할 수도 있다. 의외로 숨어 있는 알짜배기 회사를 찾을 수 있는 계기가 된다. 장기적으로는 독립하여 창업에 가장 강력한 기회를 잡을 수도 있는 것도 '제품' 중심 취업 준비의 장점이다.

제품을 분해하라.
'부품전문회사'가 보인다
취업 목표 설정의 제3지침 : 꼬리를 문다

| "지금 뭐하는데 이렇게 사람이 없어요?"

지방의 어느 국립대학을 업무차 찾은 적이 있다. 지나치는 강의장에서 제법

이름을 들어본 중견 외국계 자동차부품 회사가 행사를 하는 모양이다. 홍보물을 옆에 두고 넥타이를 맨 직원이 안타까운 표정을 짓고 있었다.

"오늘 뭐 합니까?"라고 물었더니 "캠리(캠퍼스 리크루팅)입니다." "그런데 왜 이렇게 사람이 없어요? 좋은 회사잖아요?" "글쎄 말입니다. 시작 시간인데 겨우 2명 와있습니다. 괜찮은 학생 10여 명은 뽑아 가려고 왔는데….."라며 말을 잇지 못했다.

| 취업에 목매면서 정작 알고 있는 회사는 몇 개나 될까?

강의 시간에 백지를 주며 "알고 있는 회사 이름을 한번 나열해 보세요."라며 써 보라고 한다. 학생들은 물론이고 어른들도 100개 이상을 쓰지 못한다.

"우리나라의 회사 개수가 몇 개나 되겠는가?"라고 질문도 해 본다. 몇 천 개? 몇 만 개? 통계를 보면 국세청의 '사업자등록'숫자 기준으로 약 350만 개에 이른다. 국가에 세금을 내는 단위 회사의 숫자이다. 소점포, 개인 사업자, 작은 구멍가게까지 포함한 숫자라 취업을 말할 수 있는 기준이 되려면 좀 더 따져보아야 한다.

회사의 규모로 나눠보면 대기업 약 3천 개, 중기업 10만 개, 소기업 38만 개, 소상공인 300만 개 수준이다. 한다. 취업을 말할 만한 종사 인원 규모 기준인 300여 명 이상이 되는 대기업, 중견기업까지만 해도 약 4만 개에 이른다. 종사 인원 50명 정도 선을 감안하면 7만개 정도가 된다.

그런데 정작 회사 이름을 알고 무슨 내용의 사업을 하는지 아는 회사는 광고나 언론 등에 오르내리는 회사 정도이고 그 선에서 취업을 말하는 것이 현실이다.

| 재차 강조하는 기본 인식 몇 가지

"시장(구매력)의 확대는 산업의 세분화, 전문화로 이어진다. 그 촉매제가 정보 (INFORMATION)이며, 글로벌 차원에서 정보의 힘으로 나타나는 직업, 기업의 변화를 감안하여 직업을 정하고 회사를 정하여 취업에 도전하는 것이 좋다."
특정 회사보다는 '제품'을 중심으로 직업, 취업을 그려 나가자고 했다.

이번에는 제품 중심의 사고에서 한 단계 더 들어가 '부품'산업을 보자.
취준생이 많이 몰리는 회사는 대규모의 '종합조립업체'인 경우가 많다. 익히 알려지고 언론에도 자주 등장한다. 시중에 회사 이름이나 제품이 많이 알려져 있다 보니 취업 지원자가 많아지고 경쟁률도 높아진다. 준비가 조금만 소홀해도 실패의 쓴 맛을 보게 될 경우가 많아진다. 이때 조금만 시야를 돌려 그 회사의 제품을 분해해해 보면 수많은 '부품회사'가 눈에 들어오게 된다. 그러면 선택의 폭이 넓어지며 취업에서 따지던 좋은 조건이 한눈에 들어오는 회사를 만나게 된다. 간혹 처음 회사의 '핵심 부품회사'를 찾아 도전해 취업하면 낙방의 한 (恨)을 풀 기회가 생기기도 한다.

여러 차례 언급했지만 취업의 전제 3가지를 다시 강조해 보면,

- 직업은 안주하기 위한 것이 아니라, 일의 가치를 확장(시간과 공간)하려는 사명감(CALLING)이 중요하다.

- 취업목표 설정은 속성상 누구에게나 어려운 것이고 피할 수 없는 것이다. 고민하고 찾아보는 노력만큼 앞서 나가는 것이다. 합격하면 그 연장선상에서 일하게 되기 때문이다. 정면 돌파하며 찾아보자.
- 한 번 정한 목표에 꾸준하고 차별화된 준비를 해 나가는 것이 중요하다.

| 제품을 분해하며 취업에 도전하는 사례

예를 들어 자동차부품 산업지도, 스마트폰부품 산업지도 등으로만 검색해도 정보가 흘러넘친다. 그 부품 회사를 찾아가는 것이다.

간혹 언론에 보도되는 '중소기업의 설움, 대기업의 횡포'라는 말에 무조건 중소기업에는 눈길도 주지 않고, 취업에 관심도 가지지 않는다. 이러한 현상이 오히려 이 글을 읽는 사람에게는 기회가 될 것이다.

그 회사의 거래처, 납품처 전체를 살펴보자. '완성차조립회사'가 한두 군데인 경우는 대기업에 휘둘리거나 반대의 입장일 공산이 크지만 다양한 회사에 납품을 하는 경우는 대개가 '큰소리' 치며 산업의 '핵심'이 되어 있는 경우도 많다. 가고 싶었으나 실패했던 완성조립회사에 납품하며 그 회사의 생명줄을 쥐고 있는 회사도 있다. 글로벌 기업인 경우는 더 힘이 있다.

예를 들어 '스마트폰' 관련 부품을 인터넷에서 검색하면 'TSP, 사출케이스, 무선충전+NFC, 카메라모듈, 카메라렌즈, 광학필터, AFA+OIS 등이라는 부품 용어와 관련 회사 이름이 줄줄이 뜬다. 매출액만 해도 백억 원대부터 천억 원대에 이른다.

자동차와 자동차부품 회사, 건설회사와 건설자재나 특수분야 시공회사, 식품회사와 식자재회사, 패션의류 회사와 의류 원자재, 부자재 회사, 반도체 회사와 주변 장비 회사 등이 그런 예이다.

자동차의 경우는 부품수만 해도 3만 개에 이른다. 어마어마한 회사들을 찾아낼 수 있다. 보물섬 같은 존재들이 될 것이다. 그중에 하나만 나와 맞으면 되는 것이 아닌가? 꼼꼼히 찾아서 보자.

그리고, 부품들은 대개가 표준화된 경우가 많아 연결된 국가 폭이 넓은 경우가 많다. 경제나 경기에 따른 회사의 생존에 대한 불안감도 월등히 적어진다. 급여후생 등의 근무조건은 말할 것도 없다. 경우에 따라서는 근무처를 GLOBAL로 나가는 경우(다국적기업의 국내 투자 자회사인 경우)나 직접 현지에 가서 거래처를 관리(현지 지사나 연락사무소)하는 등의 해외 근무 기회도 자연스럽게 다가오게 된다.

기술이 중심이 되다 보니 이공계만 찾을 것이라는 오해도 버리기 바란다. 인문계 전공인 경우도 도전이 가능하다. 일반 관리, 마케팅, 재무 등의 업무에 필요한 인력이 많기 때문이다.

인터넷에서 보면 단편적일 수 있으니 서점에 둘러보자. '산업지도, 업계지도, 인더스트리 맵' 등의 책제목으로 찾으면 된다.

| 중견급 회사들이 갖는 또 다른 매력 포인트

평생의 직업이라는 관점에서 '취업에 이어지는 창업'의 기회라는 관점에서 큰 매력 포인트가 있다. 이는 다른 챕터에서 다루겠다.

정작 어려운 것이 있다. 기업 브랜드와 대기업 중심의 사고에 젖어 있는 부모님이나 어른들의 시각이 문제다. 늘 자주 접하는 소식이나 주변의 친구, 친인척들에게서 중소기업의 설움을 듣다 보니 그런 심정을 이해는 하지만, 많이 좋아진 것이 현실이다. 그리고, 지금의 취준생들은 부모님보다 더 길게(70세, 80세) 경제생활을 해야 한다는 것도 알아야 한다. 70세, 80세, 건강하면 100세까지도….

만일 다른 직무에서 일하라면?
직무역량 중심의 취업 준비와 우회 전략

"혹시 합격이 되어 지원직무와 다른 직무에 배치를 해도 괜찮겠습니까?"

면접장에서 당황스럽게 이런 질문을 받는 경우가 있다. 질문에 대한 대응능력을 보는 경우도 있지만 면접관이 보았을 때 다른 직무가 더 적합하겠다고 판단하는 경우와 딱 맞는 직무(자리)에는 지금 자리가 없고 오히려 두 번째 직무역량에 맞는 부서에 앉히려는 의도에서 하는 질문이다.

'우리 회사는 직무역량을 중심으로 면접을 봅니다.'

채용시즌이 되면 대기업 임원들의 인터뷰 기사나 캠리(캠퍼스 리크루트)에서 인사팀 직원들이 회사의 채용정책을 설명할 때 약방의 감초같이 등장하는 용어가 '직무역량'이다. 직무 능력이 아닌 '직무역량'을 말한다.

그러나 취업준비생들이 이 '역량' 그중에서도 '직무역량'을 잘 이해하지 못하는 경향이 있다. '본인이 하고 싶은 업무와 역량을 연계해서 설명해 보세요'하고 질문을 하면 본인이 하고 싶은 업무와 직무 중심이 아닌 '일상적'인 능력 중심으로 설명을 하고 만다.

| 직무역량의 의미와 회사별 차이

대개의 취준생들이 구체적인 산업이나 회사는 무시하고 '직무'만을 강조하는 경우가 많다. 즉, "영업을 잘하기 위해서는 활달한 성격이며 남을 설득시키고 이해시키는 것을 잘 하는 편이다"라는 방식이다. 예전에는 그런 방식도 무난했다. 그러나 이제는 정확한 산업, 구체적인 '희망 회사'의 '희망 직무'를 말하는 것을 원한다. '회사(제품) + 직무'를 잘 이해해야 보다 전략적인 준비를 했다고 판단하기 때문이다.

같은 직무라도 제품이나 산업, 심지어는 영업 방법에 따라 직무 역량이 달라진다.

지원 회사의 제품이,

- B2B(Business to Business, 회사 간 거래 – 자재, 부품영업, 도매영업),
- B2C(Business to Consumer, 소비자 직접거래 – 소비재, 서비스영업),
- B2G(Business to Government, 정부 상대 거래 – 관공서 대상 영업, 정부 조

달 영업)

에 따라서 직무 내용과 필요한 역량이 완전히 달라진다.

직접 소비자 영업이 아닌 회사 간 거래나 공공기관 거래는 활달함보다는 오히려 과묵함을 갖춘 영업사원이 더 맞는 경우도 많다. 지원 회사에 대한 분석(특히 제품, 거래처 등)이 없는 상태에서 단순히 직무만 정하고 준비해서는 부족하다.

| 직무 역량의 구분

기업의 직무는 대분류, 중분류, 소분류로 세분화할 수 있다. 견해에 따라 부분적으로 다를 수 있고, 회사의 사업성격 면에서도 차이가 나지만 일반적으로 5대 직무로 분류가 가능하다.

개발, 생산, 영업, 관리, 기획으로 나누어 세분화하면 아래 표와 같다.

직무 대분류	직무 중분류
개발(R&D)	제품개발, 기술개발, 시스템엔지니어링, 디자인
생산	생산관리, 생산기술, 품질관리
영업, 판매	국내영업, 해외영업, 마케팅, 영업지원, 상품기획
관리	총무, 인사, 회계, 자금, 홍보, 법무
기획	경영기획, 사업기획, 경영관리, 경영혁신

대기업의 경우에는 모집을 할 때 대분류 수준으로 모집을 한다. 서류전형이

나 면접 대상자나 합격 대상자를 나누어 그루핑grouping하는 기준이 되기도 한다. 그러나, 취준생은 중분류 단위로 세분화된 수준의 준비가 필요하다. 적당한 수준의 구체적인 준비가 가능하기 때문이다.

| 회사에서 활용하는 차원의 역량 의미

사람을 뽑는 회사와 근무하고자 하는 직원이 가장 잘하고 원하는 직무가 100% 정확하게 일치하는 것이 가장 좋은 경우이다. 그러나 그렇질 못한 경우가 일반적이다.

- 희망직무가 '유행'같이 쏠림 현상이 생겨 본인 희망을 조정하는 경우
- 지원자가 마음에 드는데 희망직무에 이미 다른 사람이 일을 하고 있는 경우
- 본인이 원하는 직무가 있으나 이해가 부족하고, 다른 직무가 더 적절하다고 판단되는 경우

이런 경우에 사람을 먼저 뽑아두고서 부서 배치를 하기 전에 본인과 상의하여 다른 직무로 조정하는 경우가 많다. 그러나, 해당 직무의 최고책임자(임원급)가 면접관으로 들어와 있는 경우는 면접 중에 직접 질문을 하기도 한다. 면접관의 판단으로 뽑고 싶으니 '지원직무'를 감안하여 직무 전환 가능성에 대한 의향을 확인하는 것이다.

그 이유를 직접 말해주는 경우도 있지만, 오해를 살 수도 있기 때문에 일반적인 질문형태를 띄게 된다.

"만일 희망직무와 다른 부서로 배치가 된다면 어떻게 할 생각인가?"

취업의 정석 나를 마케팅하다

그 회사의 직무 특성이 뚜렷하여 전환되었을 경우 상당한 혼란이 예상되면 신중한 답변을 해야 한다. 직무에 따라 근무지역 등이 달라지며 다른 변수에 영향을 줄 수 있기 때문에 반드시 면접관에게 의미 있는 답변을 하여야 한다. 당장 합격하고 싶은 급한 마음에 '좋은 게 좋다'는 답은 위험하다.

| 역량과 직무의 연계

직무역량을 설명하려고 하면 직무의 특성을 알아야 한다. 특성은 단순한 직무내용뿐 아니라 자신이 가진 역량과의 상관관계를 이해해야 한다.

한때 대학 강단에서 짧은 시간에 설명하고자 역량의 의미를 신체와 연계시켜 설명하고자 필자의 캐리커쳐와 어플리케이션(APPLICATION)을 만들었다.

기본	개발	생산	영업	관리	기획
업무속성	아이디어 창의성	치밀함, 숙련 제품 제작	설득,설명 고객 이해	부지런함 기본 살림	경청, 배분, 조율
중요 신체부위	머리	손	입	발	귀

위와 같은 그림을 이해한다면, 취업을 준비하는 단계에서

이미 본인이 가지고 있는 '경쟁자 보다 잘하는 직무역량'을 찾아 준비하고 지

원할 것이고, 본인이 가진 역량에 맞지 않는 경우는 맞는 직무를 찾아서 지원해야 할 것이다.

모든 활동은 '직무역량'과 연계시킬 수 있다
사소한 일들의 전략적 활용, 연계와 설득

• 질문 : "어려운 상황에서 성공을 이룬 경험이 있으면 소개하세요."
　　　(성장과정 혹은 지원동기 등 적용)

자기소개서의 지문(指問)이나 면접관이 묻는 질문(質問)으로 많이 나오는 사례다.

대학 때 흔히 있을 만한 사례로 아래와 같은 활동이 있다고 가정한다. 평범한 활동으로 생각하여 별것 아닌 것으로 치부해 활용을 못하는 경우가 태반이다. 그러나, 잘 따져 숨겨져 있는 측면을 추출하여 '직무역량'으로 연계시킨다면 남다른 핵심역량을 보여줄 수 있다.

대학생활의 모든 활동 소재가 보는 관점에 따라 핵심 이슈로 연결고리를 만들 수 있다는 것이기도 하다. 기본 역량 외에 아래 사항을 염두에 두고 만들어 본 것이다.

- 단순한 취업준비를 넘어 일에 대한 '방향성, 개념'을 알고 있다는 측면
- '돈'을 벌기 위한 준비와 노력을 시도해 봤다는 측면
- 목표를 설정하고 성과를 따져보며 수치로 표현한 측면

| 기본사건(경험)

"대학 동아리에서 축제 때 푸드트럭을 빌려 맥주집을 열어 3일간 장사를 했다. 돈을 제법 많이 남겨 이웃돕기에 쓰고도 기분이 좋았던 경험이 있다."

| 활동 내용의 추정 - [괄호%]는 해당 기간에 투입한 노력 추정치이다

- 동아리 친구끼리 아이디어 내고[10%]
- 안주메뉴 정하고[10%] · 관련 식자재 구입하고[10%]
- 주방에도 들어가고[20%] · 트럭 앞에서 호객도 하고[20%]
- 손님들 눈치도 살피고[20%] · 끝난 다음에 정산[10%] 등을 했다.

각 직무별로 직무역량을 강조하는 방식으로 전개한다. 상대에게 필요한 것만 전략적으로 활용하는 것이다.

①지원분야 : 개발(R&D) - 아이디어, 새로운 생각, 창의력 등

- **[공통]** 대학 동아리 활동에서 금전지원으로 불우이웃돕기를 성공적으로 마쳤던 경험이 있습니다. 실질적인 이웃돕기가 되려면 금전으로 직접 지원하여 원하는 것을 살 수 있도록 하는 것이 중요하다고 의견을 모았습니다.
- **[직무역량 차별화]** 예산 한계가 있는 학교 동아리에서 가능한 방법을 찾던 중 기획부장인 저의 아이디어로 돈을 벌어 도울 수 있었습니다.

대학 3학년 때 '고전 연구회'동아리 기획부장을 맡았을 때의 일입니다. 고전 인문학의 기본은 '더불어 사는 지혜'와 '구체적인 행동'이라는 결론에 도달했습니다. 노인정 5곳에 총 100만 원을 기부하기로 하고 대책을 세웠습니다. 결국 저의 아이디어로 축제 때 푸드트럭을 빌려 3일간 '맥주' 장사를 해서 100만 원 이상을 남겼습니다. '돈을 만들어서 원하는 것을 해 본다'는 짜릿한 경험이 되었습니다. 그 이후 고전인문학 공부도 좀 더 맛있게 하는 계기가 되었습니다.

② 지원분야 : 생산- 공정관리, 제조생산성 향상, 품질관리, 불량률 하락 등

- **[공통]** 대학 동아리 활동에서 금전지원으로 불우이웃돕기를 성공적으로 마쳤던 경험이 있습니다. 실질적인 이웃돕기가 되려면 금전으로 직접 지원하여 원하는 것을 살 수 있도록 하는 것이 중요하다고 의견을 모았습니다.

- **[직무역량 차별화]** 예산 한계가 있는 학교 동아리에서 축제 때 '맥주집 장사'를 하기로 하며 모든 일은 순서를 정하고 효율을 올리는 것의 중요성을 알게 되었습니다. 작업순서 설계가 큰 힘이 되어 친구들의 환호성을 들을 수 있었습니다. 3학년 때 '고전 연구회' 동아리 활동 중의 일입니다. 고전 인문학의 기본은 '더불어 사는 지혜'라는 것과 각자 맡은 바 역할에서 '구체적인 행동'을 하는 것이 중요하다는 것을 알게 되었습니다. 학교축제 때 푸드트럭을 빌려 '맥주장사'를 해서 노인정 5곳에 총 100만 원을 기부하기로 목표를 정했습니다. 저는 주방 일을 맡아 식자재 구매와 주문, 안주, 배식의 효율적인 동선을 그리는 것을 맡았습니다. 처음에는 학우들이 몰려 조금 엉키었지만 무난히 극복했으며 100만 원 이상을 남기고 '돈을 벌어 원하는 것을 해 본다'는 짜릿한 경험이 되었습니다.

취업의 정석 나를 마케팅하다

③ 지원분야 : 영업- 고객의 니즈 파악, 설득력, 제품 지식과 설명 등

- **[공통]** 대학 동아리 활동에서 금전지원으로 불우이웃돕기를 성공적으로 마쳤던 경험이 있습니다. 실질적인 이웃돕기가 되려면 금전으로 직접 지원하여 원하는 것을 살 수 있도록 하는 것이 중요하다고 의견을 모았습니다.

- **[직무역량 차별화]** 학교 동아리는 예산한계가 있어 축제 때 '맥주집 장사'로 돈을 만들기로 하였으나 아무리 좋은 아이디어와 준비도 판매와 영업이 안 되면 의미가 없다는 것을 알았습니다. 회사의 꽃을 피우는 것은 '영업'직무였습니다.

  대학 3학년 때 '고전 연구회'동아리에서 축제 때 맥주집 장사를 하기로 하고 저는 영업과 판매를 맡았습니다. 학우들의 시선을 끄는 POP 장치와 재미있는 분위기를 조성하였습니다. 무엇보다 안주류에 대한 고객의 의견을 캐치해서 주방으로 피드백을 함으로써 나날이 판매액이 늘어나는 재미도 있었습니다. 100만 원을 초과하는 이익을 남겨 불우이웃 돕기를 할 수 있었습니다. '돈을 벌어서 원하는 것을 해 본다'는 짜릿한 경험과 영업의 중요성을 깨닫는 계기가 되었습니다.

④ 지원분야 : HR- 인원 배치, 서비스 태도 교육, 제품 이해력 증대 등

- **[공통]** 대학 동아리 활동에서 금전지원으로 불우이웃돕기를 성공적으로 마쳤던 경험이 있습니다. 실질적인 이웃돕기가 되려면 금전으로 직접 지원하여 원하는 것을 살 수 있도록 하는 것이 중요하다고 의견을 모았습니다.

- **[직무역량 차별화]** 학교 동아리는 예산한계가 있어 축제 때 '맥주집 장사'로 돈을 만들기로 하였습니다. 동아리 활동 때 학우들의 능력에 맞는 적재적소 배치의 중요성을 실감하며 인사업무의 작은 입맛을 보았습니다. 대학 3학년 때 '고전 연구회'동아리에서 축제 때 맥주집 장사를 하기로 하고 동아리의 '총

무'인 저는 우선 20여 명 학우의 특기를 파악했습니다. 근무시간과 수업시간을 잘 파악해서 '당번'을 정했습니다. 그리고, 각 근무파트별로 판매준비 담당, 주문접수담당, 주방요리담당, 배식 및 고객 반응 담당, 금전정리 및 정산 담당으로 나누어 직책을 정했습니다. 덕분에 모두가 웃으며 즐겁게 일을 했고, 100만 원이 넘는 이익을 남겼습니다. '일하는 곳의 행복은 각자에게 맞는 자리'에서 일하도록 하는 '사람'을 보는 일의 중요성을 크게 느낀 계기가 되었습니다.

위와 같은 사례 외에 회계, 마케팅, 홍보 등에도 맞춰서 써 나갈 수가 있다.

중요한 것은 취준생 당사자가 본인의 모든 경험(동아리, 학회, 알바, 여행, 봉사활동 등)이 의미가 있도록 '만들어'가는 것이 중요하다고 인식하는 것이다. 큰 노력이 필요하나 일정 수준만 넘어가면 쉽게 만들어지는 '마케팅 마인드'이기도 하다.

사회적 협박과 위로, 고슴도치 컨셉
최악의 취업난 시대를 대하는 지혜

"사상 최악의 취업대란! '좁은 문'통과하기"(이코노믹리뷰 2001년 9월호)

"캠퍼스 우울한 11월! 어차피 안 열릴 취업문, 두드릴 힘조차 없어요"(매경이코노미 2004년 11월호)

우연히 집에 보관되고 있던 20년이 다 된 경제 주간지의 표지 헤드라인 COPY이다.

실제적인 통계는 별도로 치자. 이코노믹리뷰의 제목은 그나마 당시가 IMF관리체제 중이라 정황상으로 이해가 된다. 그러나, 매경이코노미의 COPY는 국내경제가 회복의 단계로 접어들며 회복이 되던 시기였다. 당시 취준생들은 이런 기사를 보고 어떻게 지냈을까? 예전에는 일자리가 많았다고 하는데 그것도 아닌 것 같다.

| 요즘의 유행 - 위로와 협박

취업이 어려운 현실과 그 통계치를 가지고 언론에서는 '사상 최악의 취업대란', '일자리 참사'라고 연일 보도한다. 또 다른 한편에서는 다른 통계를 들이대며 '그나마 선방했다'라고 말하고 있다. 대체적으로 정치적인 목적의 헤드라인이라는 생각이 든다. 문제는 이런 말을 보고 듣는 취준생은 갈래를 잡을 수 없다는 것이다.

그러다 보면, '아! 모두가 그렇구나. 서두른다고 되는 문제가 아니구나. 그냥 자격증 준비, 어학 공부하면서 천천히 가자'는 심리가 생기는 것이다.

그러나, 취업은 때가 있다. 졸업 이후 늦어지면 질수록 몸값은 낮아진다. 입사서류와 면접장에서의 긴장도가 다르고 눈빛이 다르다. 합격이 되어도 입사동기끼리 나이층이 달라진다. 한국적 조직 질서인 '나이'로 인해 조직적응에도 문제가 생긴다.

가급적 서둘러야 한다. 그런데, 졸업은 했다. 이제 어떻게 해야 하나?

| 어떤 마음으로 취업준비를 해야 하나?

어떤 경우이든 긍정적 포인트를 찾아 도전해야 한다.

금년 초에 어느 취업포털의 통계를 인용해 신문에 보도되는 헤드라인은

'올 대학생 졸업반, 10명중 1명만 정규직 취업.

취업포털 졸업예정자 974명 설문. 비정규직 취업도 10% 그쳐'

즉, 10명 중 2명만 취업을 하고 취업 못 한 사람이 79%라는 기사이다. 이 기사를 보면 은근히 '위로'가 된다. 그러나, 조금 다르게 생각해 보자. '졸업생 50만 명 중에 10만 명은 취업이 되었네. 10만 명이나!' '그런데 이거 하나 못 해?'라는 '10만 명'이라는 거대한 숫자에 관심을 가져보자.

조금 더 생각해서, 50만 명 졸업생 중 일부는 군대, 일부는 대학원, 일부는 집안일로 제외하고, 반면에 재수생을 추가하면 약 40만 명! 그런데 주변에 보니 걱정만 하고 자격증만 준비하며 제대로 준비(이 책을 읽는 사람의 경우)하는 사람은 10명 중 1~2명뿐이다. 학교에서 교과목 강의를 하며 인사지원서, 자기소개서 과제를 주면 최소한의 칸이라도 다 채운 사람이 1/4 수준밖에 되질 않는다. 그중에 절반은 다른 글을 베껴 쓴 것이 확연히 눈에 들어온다. 이런 취준생은 경쟁자도 아니다.

그러면 제대로 준비라는 기준으로는 보면 2명 중 1명! '20만 명 중 10만 명 속에 내가 못 들어가랴?'라고 생각하자.

이런 마음이라도 안 가지면 더 암울해지는 것이 이 분야이다.

취업의 정석 나를 마케팅하다

| 졸업과 당장의 생존

그러면, 졸업한 후에 취업준비는 뭐가 좋을까? 부모님께서 뭐라고 하든 본인의 권유대로 3개월만 해 보자.

첫째, 작은 알바 자리라도 구해서 일하는 것을 권한다. 뭐든지 좋으니 일을 하는 것이다. 기업에 취업하고 싶다면 학교 도서관 같은 곳에 눌러 앉지 말아라. 외국어 점수, 자격증 취득이 정히 급하다고 생각하면 알바하면서 틈틈이 공부하라. 이런 모습이 직장인들의 기본 모습이기도 하다. 일하면서 틈틈이 해나가는 자기개발이다.

둘째, 힘들고 피곤하더라도 긍정적 마음으로 소감이나 관찰한 것을 작은 노트에 기록하라. 하루에 한 페이지 분량으로 목표를 정하고 노력하라. 그리고, 가고 싶은 회사의 자기소개서 입사지원서를 수시로 다시 읽어보고 조금이라도 수정해 나가라. 하루의 시간을 의미 있게 보내면 자기소개서를 고칠 부분이 나올 것이다. 혹시 면접날이 정해져도 일하다가 면접 보러 가라. 그러면 일하는 눈빛이 된다. 면접관은 알아본다. 긴장해서 열심히 하는 모습이 눈에 들어온다.

셋째, 그렇게 살아가는 것이 나만의 스토리를 만들어 가는 것이다.

| 고슴도치 컨셉과 성공한 사람들

왜 작은 것이라도 시작해야 하는가? 생존의 방법을 배우기 때문이다. 작은 것에서 성취와 실패 사이의 다양한 경험을 한다. 그런 것이 누적되고 지식과 결합되며 실력으로 쌓여가는 것으로 취업을 하고, 창업을 하고, 사업을 하게 된다. 경우에 따라서는 돈 주고 하지 못하는 경험을 하게 된다. 혹시 모양이 구겨지는 것에 두려워하지 말자. 그것은 '도전'이라는 한 줄의 결정적 자기소개, 한 마디의 자기 경험이 된다.

잘 아는 미국의 에어비앤비(air B&B)의 사례이다. 숙박 공유라는 엄청난 아이디어로 시작했다. 그러나, 투자받기 쉽지 않았다. 그러다 보니 창업을 하겠다는 모두가 실직자, 신용 불량자 수준이었던 때가 있었다. 자금난 탈피를 위해 주력 창업 분야와는 무관한 '시리얼'을 만들어 팔기 시작했다. "변화의 아침식사! 모든 그릇에 희망을!"이라는 구호를 넣으며 고민도 많이 했다. 민주당 전당대회에 출마한 버락 오바마를 패러디한 시리얼을 팔아 당시 2만 불 이상을 벌었다. 이것을 지켜본 실리콘밸리의 원조 액셀러레이트가 투자를 결정했다. 죽지 않겠다고 전혀 관련 없는 시리얼까지 팔고 나선 '생존력'을 본 것이다.

'고슴도치컨셉'이다. 이솝우화의 '여우와 고슴도치' 이야기에 나오는 우화다. 꾀 많은 여우보다 단순화하여 생존에 주력하는 고슴도치의 지혜를 말한 우화이다.

지난 2000년에 나온 책인 짐 콜린스(Jim Collins)의 『굿투그레잇(Good to GREAT)』이라는 책에도 언급이 된다. 미국에서 '위대한 회사'의 반열에 오른 회사는 모두가 이런 DNA가 있더라는 것이다.

지금 당장 졸업과 동시에 일을 해야 한다. 미루지 말았으면 좋겠다. 한창 두뇌로, 육체로, 일을 배울 시기이다. 한 순간이라도 일을 대하라. 다양한 형태의 맷집을 기르는 효과도 있다.

뽑아 줄 사장님,
면접관이 제일 싫어하는 말
'아프니까 청춘이다' '하마터면 열심히 일할 뻔 했다'

취준생들도 잘 알고 있을 책 제목이다. 이런 책이 베스트셀러가 되는 것이 현실이다. 어느 회사에서 자기계발 책을 사오라고 했더니만 전부가 '하마터면…', '90년생이 온다'라는 책이었다고 한다. '열심히 일해도 이것밖에 안되었으니 차라리 놀자'는 궤변이다. 그러면서 선배, 어른, 부모님 세대의 치열한 삶을 조롱까지 하고 있다. '당신도 그렇게 열심히 살아서 그것밖에 안 되었느냐?'는 투이다. 본인이 너무 오버라는지 모르지만…

지금의 대한민국은 지금의 꼰대들이 일군 기적 같은 나라다. 암울했지만 이만큼 왔다는 사실에 주목하자.

이런 '위기감'을 가져 보자.

주변의 취준생같이 '타령'만 하고 적당하게 즐기자. 그러면 반드시 평균수준 이하로 살고 있을 것이다. 지금도 여전히 성공한 사람들은 글로벌 차원에서 선진국, 신흥국 심지어는 후진국에서도 '죽기 살기로 일하는 사람'들의 것이다. 만일 그렇게 하기 싫으면 욕심을 내려놓으면 된다. 앞으로 적어도 40년 혹은 60

년간의 긴 인생에서 맞닥뜨리게 되는 세상이다. 자동으로 다가올 것이다.

언론 보도나 제대로 정리되지 않은 보도, 통계나 설문조사 등에 휘둘리지 말고 고슴도치의 생존법을 배워라.

취업 준비의 망령,
외국어 점수와 나의 원죄(原罪)
토익 750점 합격, 870점 불합격 그리고 Right People

30여 년 전인 1990년대 초반에 필자가 지은 원죄(原罪)이야기로 이번 장을 시작한다. 저녁 9시 TV뉴스에서 필자가 인터뷰한 내용 때문에 원죄라고 한다.

"세계경영을 기치로 내걸고 국제화, 세계화에 가장 앞장선 대우그룹! 박창욱 인사과장을 만나 보았습니다. 회사에 입사하려면 토익 점수는 어느 정도입니까?"

"700점 정도입니다."

| 짧은 TV뉴스 인터뷰

그러나 속 내용은 좀 복잡하다. 회사 홍보팀에서 공중파 방송의 뉴스 인터뷰

취업의 정석 나를 마케팅하다

를 권했다. KBS, MBC 같은 회사의 저녁 9시 메인 뉴스라고 한다.

"우와! 나에게 이런 기회가?" 왜 안 하겠는가?

기자가 왔다. 이어지는 인터뷰 내용이다.

"대우는 어떤 사람을 뽑나요?"

"정신이 똑바른 사람을 찾습니다."

"어떤 사람이지요?"

"자신감을 가지고 똑바른 태도를 가진 사람입니다. 그리고, 글로벌 사업을 하는 회사이니 넓은 포용력과 다른 문화 수용성도 중요합니다."

"그러자면 영어를 잘해야 하겠네요."

"물론이지요. 인성을 기반으로 한 영어능력이면 됩니다."

"그러면, 영어 점수는요?"

"영어 점수요? 보통이상이면 되지요."

"혹시 토익으로 하면 몇 점 정도 하면 됩니까?"

"너무 점수로 말하지 마시지요."

"그래도, 점수로 표현하면 쉽잖습니까?"

"그래요. 토익으로 한 700점 정도 수준이면 됩니다."

기자가 돌아가는 뒷모습을 보고 "너무 편집하지 마세요"라고 하니,

"네. 잘 나올 것입니다!" 하고 갔다.

그날 저녁에 전 가족이 TV 앞에 앉았다. 가문의 영광이기에. 어린 나이에 9시 뉴스에 나온다. 그런데, 정작 "토익점수는 어느 정도?" "700점 정도 수준입니다"가 전부이다. 아뿔싸.

점수로만 표현된 것이 돌이킬 수 없는 일이 되었다. 항의를 하니 "오늘 뉴스가 넘쳐서 많이 잘렸다"고 한다.

'태도와 포용력'에 중점을 준 대화가 '토익 700점'에 방점이 찍힌 것이다.

그때만 해도 생소했던 토익(TOEIC)이라는 질문에 "700점 정도는 되어야 합니다"라고 답을 한 것이다. 대한민국이 스펙 망령으로 휘감기는 계기를 준 원죄이다.

그 이후 뚜렷하게 영어자격시험이 일반화되기 시작했다.

급기야 여러 가지 자격증이 확산되어 소위 말하는 '스펙(SPEC)'의 큰 자리를 차지하게 되었다. 기업에서는 토익점수를 요구하고 대학가에서는 토익시험이 당락을 결정짓는다는 분위기로 급격히 변해가는 것이 느껴졌다.

| 영어, 자격증의 최소한의 통과 수준

인재를 고른다는 엄정한 자리가 영어 성적만 가지고 당락을 결정짓는 것은 아니다. 최소한의 점수를 설정하고 그 이상은 합격선에 두고 판단을 한다. 오히려 스펙이 과도한 사람은 부정적으로 보는 경우가 더 많다. 대학 생활동안 인간관계를 넓히고 여러가지 경험으로 세상을 대하는 요령 등을 익히기 보다는 학원, 도서관 등을 오가며 오로지 책상머리에서 외우기에만 시간을 보낸 사람일 개연성이 높다고 본다. 누구에게나 주어진 시간은 똑 같고 대학에서 그 긴 방학이라는 시간을 주는 이유도 궁극적으로는 넓은 세상을 보고 사람들 관계를 맺어 폭을 넓히라는 의미일 것인데...

실제로 뽑아보니 학점, 토익 등의 점수가 높은 사람들이 관계 능력이 지극히 떨어진다는 실제적인 피드백 결과도 가지고 있었다.

취업의 정석 나를 마케팅하다

| 토익 점수가 인사부의 당락심사에서 적용되는 실제

면접후에 채용 담당부서에서 실무적으로 당락을 심사하는 과정을 좀 더 살펴보면,

최저선을 넘은 사람 중에 기본 태도가 마음에 안 들어 일부 인원을 탈락시키고, 합격계획인원에 모자라면 50점, 100점 단위로 최저선을 하향 조정해 추가로 합격선에 넣는다. 그리고 오로지 면접 평가만 가지고 최종 합격을 정한다. 그 단계에서 영어 점수는 보이질 않는다.

심지어는 면접관에게 학교, 학점, 토익 등은 기본을 통과한 사람들이니 무시하고 사람만 보라고 신신당부를 하기도 한다.

영어 공부를 하지 말자는 말로 오해가 없기를 바란다. 모든 대학 생활에 최우선으로 두고 토익 공부로 세월 보내지 말라는 것이다 취업 목표(산업,직무), 주변과의 인간관계, 관련되는 경험을 균형되게 준비하라는 것이다. 외국어, 학점, 자격증 등은 최소한의 선으로 유지하면 된다. 주기적으로 습관화하여 숨쉬고, 밥먹고, 물먹는 정도의 수준으로 유지하라는 것이다

| 영어 점수의 구체적인 망령과 탈피

영어점수와 관련한 몇 가지를 사실을 추가한다

① 점수 자체에 대한 미신(迷信)

지난 10여년간 대기업의 평균토익점수가 790-800점정도이다. 이 점수를 통

계학 기본지식으로 보면

- 800점 이상이 절반, 800점 미만이 절반이라는 뜻이다.
- 만점을 990점으로 보면 합격된 인원의 범위가 610점에서 790점대이다.

그렇다면 600점대, 700점대는 어떻게 합격을 하였을까? 이전의 본 칼럼에서 언급한 것처럼 태도와 자세가 좋았고 지원회사에 대한 집중 연구와 현장 방문 등으로 남다른 면모를 보여 좋은 평가를 받은 것이다.

② 상대적으로 강점과 약점을 보는 측면

토익 650점 정도이면 강점인가? 약점인가? 라고 질문을 하면 무조건 약점이라고 대학생들은 대답한다. 그러나, 그 회사가 국내사업만 주로 해왔고 해외 사업 경험이 없어 재직 인원의 평균점수가 550점 수준이고 지원자의 대부분도 600점 전후라고 하면 어떨까? 650점은 강점이다.

토익 900점이라면? 강점이라고 한다. 그런데, 그 회사 지금 직원들의 평균점수가 920점대라면 어떤가? 실제 그런 회사가 있다. 재(再)보험 회사인 '코리안 리'라고 하는 회사의 경우이다. 국제 업무가 전부이다시피하는 회사이다. 이 경우 900점을 강점이라고 할 수 있겠는가?

③ 점수를 받는 과정의 노력과 연계 판단

혼자서 틈틈이 공부해서 750점, 10개월 어학연수 갔다 와서 830점. 누굴 뽑겠는가? 대개의 면접관은 750점의 손을 든다. 절대 점수가 아니다. 모든 스펙은 질적 요소를 보기 위해 면접이라는 과정이 있다.

'입사는 입시가 아니다'는 말에 유의해야 한다.

25년 전의 TV인터뷰를 한 다음 날 아침에 누군지도 모르는 전화가 왔었다.

"어제 인터뷰 잘 들었습니다. 기념으로 사진 액자를 준비했습니다. 받으실래요?" 나도 모르게 준비를 해서 영업을 하는 것이다. "얼마인데요?" "3만 원입니다." 일반상황이면 만 원 수준의 액자와 사진이다.

"헐! 이렇게도 털리는구나."

"교수님! 한 학기 연장이 취업에서 불리합니까?"
취업 괴담(怪談)과 허송세월

"이제 마지막 시간인데, 궁금한 것은?"

졸업을 앞둔 4학년 2학기에 16주 한 학기 동안 진행한 취업관련 교과목 강의의 마지막 시간에 학생들에게 질문을 던졌다. 10여 개의 질문 중 가장 많이 나온 질문이,

"졸업을 유보하고 한 학기 연장하는 것이 불리합니까?"이다.

하반기 공채가 끝난 연말이니 다음 시즌인 3~4월을 감안한 질문이었다.

'아차!' 하는 생각이 들었다. 취업을 주제로 한 학기 동안, 매주 3시간씩을 강의하며 짚어주지 못한 것이다. 실질적으로 등록금의 금전적인 부담이 있고 부모님조차도 잘 헤아리지 못하다 보니 자녀가 원하는 대로 해줄 수밖에 없는 상황에 대한 질문이다.

"일단 졸업생 신분으로 취업 지원을 하는 것과, 한 학기 연장하여 재학생 신분으로 지원하는 것 중 어느 것이 취업시장에서 조금이라도 유리합니까?"

지금 이 시대 대학생들의 최대의 고민이자 저울질하는 주제이다.

| 매사를 단편적으로 판단하고자 하는 최악의 질문법

이런 질문을 하는 취준생들에게 문제가 많다고 보는 이유는 매사를 단편적으로 생각하기 때문이다. 단답형으로 문제를 푸는 방식에 익숙해진 것이 원인이라고 생각해 본다.

취업 준비하는 사람의 신분(재학생, 졸업생)만으로 유·불리를 따질 수 없다. 어떤 경우든 취업 준비의 내용과 시간 배분을 어떻게 하는가를 종합적으로 판단한다는 것이다.

즉, 신분(졸업생, 재학생)측면과 그 기간 동안 준비(알바, 현장 체험)측면을 동시에 보아야 한다. 물론, 기본적인 외국어 공부나 취업 분야의 정보, 지식을 중심으로 하는 전문성 쌓기, 시사적인 이슈에 대한 관심 등은 꾸준히 해 나간다는 것을 전제로 한다.

그런 전제로 보면 4가지 유형의 취업준비가 있을 것이다.

[1유형] 재학생 신분으로 학교와 도서관, 학원만 오가며 스펙에 집중하는 경우

[2유형] 재학생 신분으로 (1과목 정도 수강) 알바를 하며 돈도 버는 경우

[3유형] 졸업생 신분으로 학교 도서관과 학원을 오가며 스펙에만 집중하는 경우

[4유형] 졸업생 신분이지만 잠시라도 알바를 하며 돈을 버는 경우

취업의 정석 나를 마케팅하다

여러분이라면 어떤 사람에게 좋은 평가를 내리겠는가?

회사가 선호하는 사람은 자기의 미래를 위해 본인의 의지와 노력을 쏟는 사람이다. 가급적 기업실무와 가까운 경험을 하되 목표의식을 가지면 더욱 좋다. 돈을 벌어 조금이라도 부모님을 가볍게 해드리겠다는 마음이라면 더더욱 좋은 점수를 주게 되어있다. 그리고, 알바근무를 위해 규칙적인 생활을 하며 시간을 지키고 몸가짐을 단정하게 하면 더더더욱 점수를 줄 수 있다.

이런 사람이 회사에 들어오면 매사를 능동적으로 찾아서 일을 하고, 집중력도 높으며 오래 다닐 가능성이 높기 때문이다.

한 학기를 연장한다는 것은 취업에 유리, 불리를 따지는 전략적 행동이라고 생각할지 모르지만, 보는 사람은 전혀 그렇게 보질 않는다.

반대급부로 해석해 보자. "취업에 대한 자신감이 부족하다. 학교라는 울타리에 보호받고 싶은 마음이다. 젊은 날의 아까운 시간을 긴장감이 덜한 맥 풀린 상태로 지내고 있었을 것이다. 좀 더 힘든 상황이 오면 '회피'의 가능성이 크다"로 생각된다.

난 그런 이유로 연장하는 것이 아니라고 항변할 기회도 없다. 평가자가 머릿속으로 일방적으로 평가하고 당락을 결정짓는다.

결론은, 취업준비에는 반드시 나의 의지와 노력이 들어간 것이 최고다.

| 토익 점수와 본인의 노력

차제에, 쉽게 놓쳐버리는 유사한 사례를 들어 본다. 토익점수를 가지고 판단하는 부분이다. 나타난 점수만이 아닌 노력의 종류를 알고 싶어 한다.

- 토익점수가 800점이다. 학교 다닐 때 알바도 하면서 틈틈이 혼자서 공부했다.
- 토익점수가 900점이다. 미국 해외어학연수를 10개월을 다녀왔으며 학교는 휴학을 하고서….

학교 입시라면 그 결과만을 볼 것이다. 즉 900점이 더 좋다.

그러나, 회사에서 일할 사람을 뽑는 자리이고 상당 부분이 본인의 의지나 태도에 따라 일의 수준이 달라지는 상황에서 내가 면접관이라면? 사장이라면? 누가 더 일 잘할 것 같은가?

학원 강사를 선발하는 자리, 시험점수가 중요한 공기업이라면 앞뒤 없이 높은 점수가 좋을지는 모르겠다. 그러나, 대기업 합격자의 평균점수가 800점 수준인 현실에서 이런 경우라면 달라질 것이다. 두 사람을 비교하자면,

- 돈이 덜 들었다. 10개월 시간도 돈이다(돈을 절약한 경제측면)
- 혼자서 스스로 해냈다(인원을 절감한 원가측면)
- 알바로 돈도 벌면서 해냈다(동시에 여러 일을 해내는 MULTI-TASK형 측면)

등이 있을 것이다.

게다가, 10개월 해외연수를 갔다 온 사람이 이런 기록을 해 두었다면 최고의 매력적인 인재로 평가될 것이다.

"매주 일요일에는 인근의 대형마트를 찾아 매장의 모습과 배치, 판매되는 상품의 종류, 진행되는 판촉 활동, 직원들의 움직임 등을 관찰하고 그 기록을 가지고 있으며 포트폴리오 사진도 많이 가지고 왔다"라고 적혀 있다.

오늘 면접을 보는 회사가 꿈에서도 취업을 원했던 '백화점'이기 때문이다.

취업의 정석 나를 마케팅하다

발길 2 -
중소기업과 창업 연계

취업과
평생 직업

젊은 날의 어려움은
돈이자 자산이다
중소기업을 보는 양극단의 시각과 미래

현대사회는 어느 직업에 들어가든 진입을 하면 평생 동안 가는 것이 일반적이다. 전문성이 더욱 중요해지기 때문이다. 그런 의미에서 직업에 대해 지도하는 사람 중에 다양한 경험을 한 사람이 드물다. 경험하지 못한 직업을 말하는 것이 어렵고 다른 직업과 비교 관점에서 말하는 전문적인 진단을 듣기는 더 어렵다.

특히 대기업이냐 중소기업이냐의 문제는 대개가 양극단의 시각만 난무한다. 여러 차례 걸쳐 글을 쓴 것같이 많은 논의가 가능하겠지만 '우리는 반드시 어딘가에 취업을 하여야 한다'는 사실에는 변함이 없다.

분명한 것은 단순히 이 두 조건에 귀결이 된다.

- '대기업'– 정말 가고 싶다. 급여 많이 주고, 하는 일이 폼 나고 사회적으로 알아주며, 안정적이다. 그러나, 모집 인원 대비 지원자가 너무 많다.
- '중소기업' – 정말 피하고 싶다. 정반대의 조건들뿐이라서….

| 중소기업을 보는 새로운 관점

그런데, 이제 새로운 관점이 필요하다. '제2의 인생인 70세, 80세까지 일이 필요'한 시기가 왔기 때문이다. 즉 예전에는 들어보지 못한(전대미문:前代未聞) 직업관을 대입한다면, 30대 후반~40대 초반에 창업해서 회사를 키워가는 삶이 가장 무난하고 부럽더라는 것이다.

이 관점이 들어가면 대기업, 중소기업을 보는 눈이 정반대로 바뀌게 된다. 특히 창업해서 '큰돈'을 버는 대기업으로 키우고 싶다면 반드시 '중소기업'을 경유해야 하는 것이 운명임을 마음에 새겨야 한다.

그런 의미에서 대기업, 중소기업을 보는 시각을 전환해 보려고 한다. 필자가 직접 경험한 세상이다. 이번에는 몇 가지 실제적 목소리를 소개한다. 필자가 잘 아는 사람들의 목소리이다. 부정적인 시각은 경계하되 마음에 두지는 말라고 권한다. 특히 중소기업 근무를 해보지도 않은 사람이 부정적 시각을 전제로 작성한 편집식 언론 기사인 경우는 더 위험하다. 세 개의 글을 본다.

- 중소기업에 대해 극단적으로 부정적인 시각의 언론기사
- 해외 중소기업에서 활약 중인 어느 여성 직장인의 생각
- 국내 중소기업에서 미래를 꿈꾸는 2년제 대학 졸업생의 삶의 태도와 꿈

| 지난 2018년 2월 어느 신문에 올라 있는 글

'2030 시선으로 본 중소기업 – 인턴기자 리포터'(한국경제신문)
기사의 중간 소제목만 따 왔다.

- 회사 비전 공유?…사장님 말씀이 '법', 자기 계발?…전문성 없는 잡탕 근무만
- 가족 같은 분위기 기대했는데… 막말에 인신공격 '스트레스'

- 모래시계 같은 회사 인적구조, 중간급 없어 신입은 '맨땅 헤딩'
- 연차·육아휴직…그게 뭐죠? 출산 1주일 만에 복귀하기도

전체 내용을 보면 중소기업의 사정이나 분위기가 반 범죄조직같이 보이기도 한다. 인턴 기자가 쓴 기사다. 당사자의 말만 듣고 모은 것으로 보인다. 워낙 수많은 기업이 있기에 일부는 맞는 말일 것이다. 그러나 몇몇 회사의 일로 전체를 가늠하거나 반대 측면을 가진 멋진 기업도 많을 것인데 아예 보고 싶지도 않게 만드는 것은 큰 문제이다.

혹독해 보이는 이 상황을 관점을 바꾸어 보면 다르게 해석이 가능하다. 어려운 난관을 미래 창업을 위한 훈련의 기회로 보면 달라질 수 있다는 것이다.

| INDONESIA의 한국중소기업에 근무 중인 여성 취업자의 글

대우그룹 출신들이 '대우세계경영연구회'란 이름으로 진행하는 글로벌청년사업가(YBM)양성과정의 인도네시아 반을 거쳐 현지의 한국기업에 취업하고 4개월여 된 시점인 지난 10월에 여성 연수생이 페이스북에 올린 글이다.

"한국에서 사원 3년 차라면 감히 할 수 없었을 경험을 하는 중입니다.

저는 한국의 첫 직장인 몰드업체 연구소에서 2년을 3D소프트웨어를 교육하고 제품 설계하는 일을 주 업무로 했습니다.

1년 전 Global YBM을 통해 인도네시아에 오면서도 이 일을 계속하고 싶었지만 주변에서 인도네시아는 제조업 중심이라 소프트웨어 산업과는 거리가 멀어 저의 예전 직무는 찾기 힘들 것이라는 얘기를 들었습니다.

저 또한 인도네시아를 알아가면서 어느 정도 그 이야기에 동의를 했지요.

그런 중에 가방업계의 중소기업에 해외영업 매니저로 입사했습니다. 중소기업은 한 사람 한 사람이 멀티플레이어가 되어야 하고 회사 전체 이익에 대해서도 항상 생각해야 하죠. 대기업과는 달리 오더 한 건 한 건이 매우 중요합니다. 특히 제 직무는 영업이기에 납기가 굉장히 중요하고 여러 문제점을 불러오기도 합니다. 그래서 어떻게 하면 개발 단계를 줄여서 납기를 당길 수 있을까 고민했고, 결국 그 문제점은 저의 예전 경험과 맞닿은 3D 설계프로그램으로 풀 수 있겠다는 생각이 들었습니다.

곧장 기본적인 기안서를 준비하였습니다. 자료를 찾다 보니, 동종업계의 대기업에서는 이미 이 시스템을 도입해 쓰고 있다는 정보를 수집할 수 있었습니다. 이사님께 제 생각을 말씀드리니 바로 '견적을 받아보자'고 답하시는 것으로 같은 문제를 고민하고 계셨다는 사실을 알게 되었습니다. 다행히도, 그런 종류의 프로그램은 제가 이전에 많이 다뤄봤던 프로그램이기에 최소한의 시간과 비용으로 가능했습니다. 물론 제가 시작한 일이니 제가 책임진다는 각오였습니다.

일이 많아졌지만 즐겁습니다. 아직 무엇을 도입하진 않았고 지속적인 야근이 예상되지만요…ㅎㅎ

이러한 경험이 한국에서 대기업을 다니는 3년 차에게 주어질 수 있을까요? 오늘도 감사한 하루입니다!"

| 현재 한국의 어느 중소기업을 다니며 더 큰 꿈을 꾸는 청년의 글

이 글을 쓴 청년은 23살의 2년제 대학교 출신이다. 본인과 알고 지낸 지는 약 6년이며, 3번 정도의 실제 만남이 있었다. 본인 아버지께서 필자가 다녔던 가

족 회사인 '대우조선해양'에 재직하셨다는 것으로 인연이 되었다. 대학교를 졸업하고 지금은 병역특례로 중소제조업체에 근무하고 있다.

특례를 마친 후에 4년제 공부를 마치고 '글로벌청년사업가(GYBM)양성과정'에 연수를 들어와 베트남으로 진출하여 제조업에서 커보겠다는 당찬 꿈을 가지고 있다. 다양한 여행과 독서 등은 부러울 정도이며 세상을 보는 눈과 실천력이 남다르다.

아래 글은 지난 11월에 본인과 주고받는 페이스북에 올린 글을 본인 양해로 약간의 문맥만 고쳐 소개한다.

"새로운 한 주를 시작하는 월요일입니다. 새벽에 일어나 독서를 먼저 하고 출근합니다. 아침 6시 30분에 시작했습니다. 자발적으로 출근시간 1시간 전에 기숙사에서 먼저 출근했습니다. 주 5일 근무여서 토, 일요일에 공정을 가동하지 않기에 월요일인 오늘 새벽은 아무도 없습니다.

샤워실에서 샤워를 하고 업무 준비합니다.

저희 회사는 PVC Compound를 제작하는 회사입니다. 설비를 가동하기 전에 그 원재료인 PVC와 부수 재료를 준비하는 것이 매우 중요합니다.

설비 전체를 혼자서 가동할 수 없기에 제가 담당했던 일들만 하려고 합니다.

사소한 것이지만 일의 효율에 큰 영향을 미치기 때문에 오늘 일정 중에 해야 될 재료 준비를 우선 하려고 합니다. 오늘은 PVC 사일로(Silo) 탱크에 각 성질에 맞는 PVC 재료를 투입하려고 합니다.

그러면 월요일 아침에 출근한 동료, 선배들이 설비 가동에 필요한 재료 준비에 오랜 시간을 소비하지 않아도 되기에 바로 작업을 진행할 수 있습니다. 누가 시켜서 하는 것보다 자발적으로 하니 더 신중해지고 경건한 마음가짐을 가지게 됩니다.

취업의 정석 나를 마케팅하다

그래서 그 첫 시작을 샤워를 통해 근무에 매진하고자 합니다."

쉽지 않아 보이는 제조업체에서 일하면서 별다른 가치판단은 접어두고 자기 일에만 매진하며 또 다른 꿈을 키워가면 된다는 소중한 태도를 보여주는 경우이다.

30대 후반, 40대 초반의 창업을 전제로 중소기업을 보는 관점을 바꾸고, 회사의 규모가 아닌 '일'에 대한 가치와 평생학습, 다양한 경험을 전제로 지금은 조금 부족해 보이지만 '중소기업'도 마다않고 찾아가 실질적인 미래를 그려 나가기 바란다.

취업을 생애설계 관점으로 확대하는 발상의 전환
'재수 없으면 80까지 산다'는 기막힌 독백

며칠 전 맞닥뜨린 두 상황으로 마음이 심란하다.

상황 #1.

지난주 토요일의 결혼식장. 10여 명이 같이 앉은 좌석 중 50대 중반쯤으로 보이는 6~7명. 아는 후배가 있어 누구냐고 물었더니, 대학 동기들이라고 한다. 서울대 경영학과 동기들이라고… 옆자리에 앉다 보니 대화를 귀동냥하게 되었다. '절반이 벌써 일자리가 없는 백수'인 것 같았다. 집도 돈도 제법 있으나 언제 어떨지 모르니 쓸 수도 없고, 오늘 축하차 왔지만 내 아들딸의 결혼은 아직 시작도 못했다고. 초중고 때 천재라고 소리 들었던 이들이 50대 중반에 회사를 떠나 옆에서 주고받는 말이 왠지 나에게는 절규(絶叫)로 들렸다.

상황 #2.

2개월 전인 추석이었다. 전북 전주에 계신 집안 어른을 뵈러 노인정을 찾아 들어가다가 엿듣게 된 어느 할머니의 통화 내용. "재수 없으면 80(세)까지 산다."

기가 막히고 멍해지는 순간. 잠시 더 들으니 아들이 40대 후반인데 벌써 백수, 며느리와 매일 싸운다고. 손주도 이번에 졸업인데 일자리는커녕 하루가 멀다고 집안 돈을 가져간다고 한다. 그랬더니만 옆에 계신 한 분은 자기 집안에 83세의 친척이 있는데 나이 55살 먹은 아들이 와서 자기 아들(손주)이 결혼하니 '돈' 좀 달라고 강압하는 수준이라고 한다.

요즘 종편에서 유행하는 슬픈 세태의 실화 드라마를 보는 기분이다.

| '장수(長壽)가 축복인가? 저주인가?'

둘 다 공통점이 있다면 내가 이렇게 오래 살 줄 몰랐다는 것. 태어날 당시쯤에는 평균수명 50~55세 수준이었으니. 내 자식의 모습은 내가 죽은 이후 일이니 상관이 없었다. 그러나 이제는 다르다. 80세를 넘어 100세, 120세를 감안해야 한다.

지금 청년들은 본인의 직업 설계, 취업을 100세까지 살 것이라는 가정에서 출발하며 발상을 바꾸자. 그러면 많은 일자리와 기회가 눈에 들어온다.

청년 취업난의 상당부분은 공무원, 공기업, 대기업으로의 쏠림으로 일자리가

취업의 정석 나를 마케팅하다

모자란다고 아우성이다. 쏠린 곳으로 간 사람도 문제고, 취업이 늦어지는 사람도 문제다.

내가 제안하는 것은 내 사업, 즉 창업(創業)을 염두에 두고 취업하자는 것이다. 10년 정도는 취업하여 일을 배우고 30대 후반에 창업하자. 취업을 통해 일을 배워야 한다. 물론 돈도 벌면서… 배우는 일 속에 수많은 창업거리가 있다.

| 취업과 창업으로 이어지는 고리 : 중소기업

그러자면, 그 10년의 경험은 중소기업에서 해보라고 적극 권하고 싶다. 그것도 기회가 많은 해외의 중소기업이면 더 좋다. 대단히 역설적인 제안이다. 이 제안은 내가 15년 동안 '대우'라는 대기업에서 일하다가 나이 40살에 중소기업으로 자리를 옮겨 5년 동안 일하며 봐왔던 경험과 20여 년간 대학생, 직장인, 사장님들을 강의라는 기회로 만났던 결과에서 나온 것이다. 대기업, 중소기업 출신들이 직장을 떠나 허허벌판에서 내 것을 시작한 경우들을 눈여겨보며 어떤 종류의 직업이나 기업 활동을 한 사람이 생존율이 높고 성공하는지 지켜본 결과이기도 하다.

이 제안의 근거는 다음과 같다. 중소기업은 규모가 작으니 크고 작은 성공과 실패의 의사결정을 실시간으로 코앞에서 보게 된다. 내가 맡은 업무 외의 영역도 한눈에 들어온다. 임원이나 오너 사장님과 만남의 기회도 많다. 동료, 선후배, 심지어는 거래처 사장님으로부터도 배우게 된다. 정말 돈 주고도 못 배우는 살아 있는 실상을 간접 경험하는 거대한 학습의 장(場)에 서게 된다. 물론 폼은 덜 나고 불안하기도 하다. 급여도 일반적으로 적다. 그러나 이 중소기업은 아직도 사람이 없다고 아우성이다.

10여 년 동안 열심히 일해서 한 분야의 전문가가 되자. 전문가가 되면 사업거리가 보일 것이다. 팀장이 되어 사람을 다루는 경험도 하게 된다. 경영의 다양한 측면을 보게 되는 시야를 가지고 창업을 해야 성공의 가능성이 높아진다.

지금 대학가에서 취업 대신 권하는 '창업'은 절대 피하라고 하고 싶다. 돈만 가지고, 사업거리나 기술만 가지고, 인맥만 가지고 창업하게 되면 필히 망한다.

| 해외에서 찾게 되는 취업과 창업

차제에 조금 더 확대해서 해외에서 취업, 창업의 연계 기회를 찾아보자.

좋은 기회가 있다. 글로벌 비즈니스의 GURU이신 김우중 전 대우그룹 회장님의 제안으로 대한민국 청년들을 성장시켜 주는 교육·취업 프로그램을 펼치고 있다. 이름하여 'GYBM'으로 '글로벌청년사업가양성과정'이다. 글로벌 활동이 가장 많았던 대우그룹 출신들이 이 과정을 위해 혼신의 힘을 다하고 있다. 매년 200여 명의 대학 졸업생을 선발하여 베트남, 미얀마, 인도네시아, 태국의 동남아 현지로 가서 1년 동안 합숙하며 현지어를 마스터한다. 기업의 직무교육도 받고, 영어도 더욱 업그레이드하는 교육을 받는다. 그리고, 현지에 진출한 한국기업에 전원 취업을 하면 평균 3만5천 불 정도의 급여를 받는다.

그 이후 10년 정도 일하면서 세계 최고의 제품 생산 공정에서 기획, 마케팅, 생산, 품질, 재무 등의 업무를 맡아 일하면서 배워 현지 창업을 준비한다. 동남

취업의 정석 나를 마케팅하다

아는 중국에 이어 전 세계 생필품, 특히 글로벌 브랜드 제품을 O.E.M(주문자 상표 제작)으로 제작하는 방식의 거대한 생산 공장 역할을 하기 때문이다. 동남아 현지에서 싸게 만들어 선진국에서 비싸게 파는 방식의 창업을 하게 된다. 이런 과정을 통하여 진정한 글로벌 비즈니스맨이 탄생하게 되는 것이다. 1년간의 교육과정에 들어가는 경비 2천만 원이 모두 무상이다.

대한민국 청년들의 가능성은 무한하다. 국내에서 인정 못 받던 청년들도 해외로 가면 날아다닌다. 지난 10년여에 1,300명이 배출되었고 지금 동남아 지역을 누비고 다닌다. 잘한다고 칭찬이 자자하다. 앞으로 5년, 10년 후 3천 명, 5천 명이 새로운 동문이 될 것이다.

그래서 유태인 네트워크, 화교 네트워크에 버금가는 대한민국 한상(韓商)네트워크의 주역(主役)으로 자리 잡는 기회가 생긴다.

재수 없으면 80까지 사는 것이 아니라, 100살까지 후배들이나 후손들에게 자랑스러운 길로 가보자. 아직 가능성은 무한하다!

중소, 중견기업과 대기업 차이를 보는 시각
급여 차이 : 직급별 비교를 넘어 진급 연한과 연령대별 비교

| 질문 1

요즘 취준생들의 생각은 어떨까? 단순화시켜 질문해 본다.

'어려운 줄 알지만 대기업에 도전하며 많은 시간(1~2년)을 보내는 것'과

'훨씬 쉽고 도전만 하면 금방(당장) 합격될 중소기업에 도전하는 것'

중 어느 것을 선택할까?

뚜렷이 집중되는 답, 선택은 앞의 것이다. 대기업 지원서 낸 것만으로도 마음이 편한 것 같다. 떨어졌다는 결과로 느끼는 고통은 금방 지나간다. 오히려 위로의 말이 들려오고 술 한잔할 명분도 생긴다. 식구들도 잘해 준다. 시니컬(cynical)한 현실이다.

| 질문 2

"전무님! 솔직히 저희끼리 얼마나 버틸까 내기한 적이 있습니다."

"그래 얼마나 버티리라고 봤어요?"

"제일 길게 본 사람이 1년 정도로 봤습니다. 실제 그전에도 대기업 다니다 오신 분이 여러 분이 우리 회사에 계셨는데, 7~8개월이 전부였습니다."

벌써 15년여 전의 일이지만 필자가 전직한 중소기업을 다닌 지 3년이 되는 시점에 직원들이 나에게 해 준 말이다. IMF외환위기로 다니던 대기업인 대우를 2000년에 떠나며 바로 중소기업에 입사했다. 10여 년간 알고 지냈던 사장님의 부탁 아닌 권유와 중소기업을 돕는다는 명목으로 전직(轉職)을 했었다.

5년 넘게 버티며(대기업에서 이직해 중소기업서 일하는 분들이 약간 부정적 의미에서 쓰는 용어) 많은 일을 했다. 대기업 경험을 바탕으로 시스템을 정비하고, 새로운 마케팅 방법도 개발하는 등의 노력과 주변의 도움 덕분에 회사가 4배 이상 성장하

취업의 정석 나를 마케팅하다

는 데 많은 기여를 했다.

그러나, 주변의 동료들이나 친구들은 무척이나 안쓰럽게 쳐다보았다. 워낙 약해 보이는 중소기업으로 규모나 업무 등으로는 대우와 비교조차 할 수 없는 회사였기 때문이다. 그러나, 당사자인 나로서는 지금 돌아보니 대기업 15년하고는 비교가 안 될 정도로 다양한 업무를 경험하고 배웠다. 덕분에 지금은 웬만한 업무를 맞닥뜨려도 무난히 해낼 수 있는 큰 계기가 되었다.

재직기간 동안 주의 깊게 중소기업, 대기업을 비교해 보았던 경험을 토대로 정리해 본다. 이론이 아닌 실제적인 관점으로….

| 중소기업을 보는 관점의 대전환

중소기업을 기피하는 이유로 많이 언급되는 것이 '안정성'과 '급여와 복리후생 조건'이다. 필자는 한두 가지 이유를 더하고 싶다. 한국인 특유의 폼 잡기 좋아하는 것(브랜드)이다. 결혼 문제도 여기에 연결되고 부모님에 대한 효도에도 연관이 된다.

약간의 다른 관점을 두고 싶다. 좀 더 먼 미래인 30년, 40년 정도 이후에 대한 준비 즉, 창업에 대한 문제이다. 평균수명 연장으로 이제는 반드시 고려해야 할 요소이다. 우리 사회의 아킬레스건이자 제일 약한 부분이다. 부모님도 이제야 처음으로 마주치는 세상이고 어느 책에도 알려주는 것이 없기 때문이다. 그러니 지금의 취준생은 상상도 하지 못하는 것이 당연하다.

정년이후 60대에 경험이나 사전 지식도 없이 밀려서 시작하는 소자본 창업(가게, 점포) 등으로 고통당하지 말고, 좀 더 일찍 눈을 떠 40대 정도에 기술창업 등 내 것으로 창업하고 그 덕분에 70대 정도에도 비교적 여유 있는 삶을 누리게 된다면 어떨까?

　일단 중소기업의 급여 이슈만 다루기로 한다.

| 급여와 복리의 이슈

　크게 2가지로 나눠 볼 수가 있다.

　첫째, 급여의 절대 금액이 적다는 문제이다. 중소기업이 적다는 것이 절대적인 수준일까? 예외적인 경우의 가능성과 직급 간 승진 연한을 감안한다면 어떨지도 한번 보자.

　둘째, 실제 근무시간 대비 시간당 급여와 근무 스트레스의 강도를 감안한다면 어떨까? 필자의 경험으로는 일부 특수한 장치산업이나 독과점지위에 있는 산업, 국가의 허가 산업(금융, 통신, 정유, 항공 등)인 경우는 예외적이겠지만 대체적으로 치열한 경쟁과 고임금의 인건비를 위해 주어지는 업무 스트레스는 반드시 더 높다. 일이 쉬운데 급여를 많이 주는 회사의 앞날은 순탄치 못하다. 뿐만 아니라 시간이 흐르면 일이 쉬운 만큼 개인의 능력은 뒷걸음칠 가능성이 높다.

| 단순 평균급여에서 보는 함정

　평균의 함정에 빠지지 말아야 한다. 작으면서도 강한 기업(강소기업)도 많다. 평균이 '얼마'라는 것은 절반 이상은 그 수준 이상이라는 것! 그림에 파란 화살표 영역에 속하는 기업이 있다는 것을 이해하기 바란다.

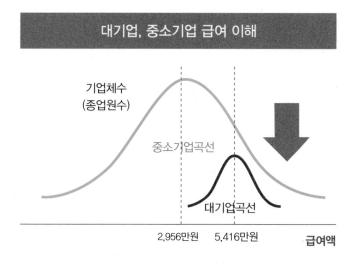

대기업, 중소기업 급여 이해

기업체수
(종업원수)

중소기업곡선

대기업곡선

2,956만원   5,416만원

급여액

| 급여 절대 금액의 함정과 승진 연한을 감안한 연차별 급여

일반적으로 대기업과 중소기업은 급여 차이가 크고 직급이 높아지면서 차이가 커진다고 한다. 언뜻 보기에는 맞는 말이다. 크게 간과(看過)한 것은 직급별 승진에 걸리는 연한이 다르다는 측면이다.

예를 들면 과장에서 차장으로 승진하는 데 대기업은 4년 차가 승진 기준이지만 실제는 5, 6년이 걸리는 반면 중소기업은 3년이면 승진을 한다. 이는 대기업은 동기생이 많은데 중소기업은 동기생 인원이 적어 그렇다. 사회 전반이 어려워지면 대기업은 더 오래 견디려고 하고 중소기업은 되레 빨리 나가 뭔가를 도모하려 하니 더 가속화된다.

다음에 보는 표 3개의 출처는 직급별 절대금액은 중소기업연구원의 2017년 9월 자료 '기업규모별 임금격차 국제비교 및 시사점'에서 500인 이상(대기업),

[표1] 2016년 기준 직급별 급여

(단위:만원)

직급	대기업	중소기업	급여차
부장	7,851	6,360	1,491
차장	6,619	5,373	1,245
과장	5,613	4,546	1,067
대리	4,633	3,803	831
주임	4,113	3,295	818
사원	3,667	2,956	711

[표2] 직급별 승진연한

진급단계	대기업	중소기업
부장←차장	4년	3년
차장←과장	4년	3년
과장←대리	4년	3년
대리←주임	3년	2년
주임←사원	2년	2년

[표3] 2016년 연차별 급여비교

(단위:만원)

연차	대기업		중소기업		급여차
	직급	급여	직급	급여	
18년차	부장	7,815			
17년차		7,543			
16년차		7,235	이사	7,632	-397
15년차		6,927		6,996	- 69
14년차	차장	6,619	부장	6,360	259
13년차		6,367		6,031	336
12년차		6,116		5,702	414
11년차		5,864	차장	5,373	491
10년차	과장	5,613		5,097	515
9년차		5,368		4,822	546
8년차		5,123	과장	4,546	577
7년차		4,878		4,298	580
6년차	대리	4,633		4,050	583
5년차		4,460	대리	3,803	657
4년차		4,286		3,549	737
3년차	주임	4,113	주임	3,295	818
2년차		3,890		3,126	764
1년차	사원	3,667	사원	2,956	711

취업의 정석 나를 마케팅하다

10~99인(중소기업)을 인용했다. 직급별 승진연한은 필자가 인사업무를 하며 알게 된 업무 지식이다. 직급별 급여는 연봉정보 사이트인 페이오픈이 2007년에 정리한 표를 가지고 2016년의 규모별 급여 차를 비례로 적용하여 산정하였다. 연차별 급여는 직급별 연한구간별 동일한 간격으로 상승한다는 전제로 산정한 것이다.

(실제 구하기가 거의 불가능한 자료라 필자의 업무 경험으로 만들었고, 정교함은 떨어지나 추세는 정확하다고 보면 된다)

표3을 보면 '단순 직급별'로는 차이가 더 크지만 '승진을 감안한 연차별 급여'는 해가 갈수록 오히려 줄어드는 것을 볼 수 있다.

14, 15년 차에 가면 같아진다. 그런데, 그 시점에 업무의 전문성(Specialist)과 일반성(Generalist) 관점과 더 먼 미래를 위한 '창업'의 관점에서 '사업을 보고 기회를 포착하는 능력, 수많은 경영요소의 경험과 간접 학습 기회 그리고 인근 사업에 대한 유연성, 타인과의 관계 능력' 등을 바라본다면 중소기업에 대한 편견이 사뭇 달라진다.

부디 중소기업을 보는 편견을 깨트리는 기회가 되길 바란다.

언젠가는 '창업'해야 할 숙명이라면?

창업 경쟁력 : 중소중견기업 출신과 대기업 출신

'은퇴 이후에 사기꾼의 먹잇감이 될 가능성이 높은 직업은?'이라고 물었더니, '별 달았던 군인과 교장선생님 출신'이라고 누군가 답한다.

이는 직장 생활하는 동안 사회 물정 몰랐던 가능성이 높은 직업들이다.

그러면, 물정을 알면 문제가 없을까? 대형 시중은행 출신의 은퇴 이후 성적을 시사하는 신문기사 하나를 소개한다.

지난 1999년 IMF 외환위기 때 사라진 은행 중에 '동화은행'이라고 있었다. 은행권 최고의 연봉을 받는 것으로 유명했다. 한꺼번에 직장을 잃은 1,500여 명 중 28세 이상의 남성 229여 명에 대해 추적 조사한 결과다. 동아일보가 조사한 내용을 그대로 인용해 본다.

"취재팀이 조사한 229명은 소득을 기준으로 6년 전에 비해 △경제적 지위가 상승한 사람이 32명(14.0%) △현상 유지 47명(20.5%) △하락 150명(65.5%)이었다.

특히 소득이 줄어든 150명 가운데 45명(20.5%)이 빈곤층으로 추락했다."

충격적인 결과다. 대기업 중의 대기업에서 근무했고 세상 물정에 가장 근접한 사람들의 성적이기 때문이다. 고유 업무가 개인과 기업을 평가하여 대출하고 조언하는 일을 하기에 일상과 경제에 전문가 집단이라 할 만하기 때문에 더욱 그렇다는 생각이 든다. 강제로 퇴직된 상황이지만 본인 삶은 잘 꾸리지 않겠냐고 추정되었기 때문에 충격적이라는 것이다. 물론 IMF 상황으로 사회 전반이 녹록치는 않았겠지만…

| 창업이라는 숙명이 우리 앞에 성큼

이제는 취업할 때는 창업도 동시에 고려해야 한다. 10년, 20년 전이라면 돈 벌어야 하는 시기가 55세 정도까지였지만 최근에는 70세 정도까지로 봐야 한다. 은퇴 나이에도 건강하고 장수하기 때문이다. 그리고 사회 안전망도 불안하기 때문이다. 사망 전에 병으로 고생하는 기간이 한국인의 경우는 10년 정도 된다고 하니 할 수 있는 데까지 일을 가진다는 것이 중요하다. 최근 65세 이상의 취업이 많아지는 현상이 추세를 말해주고 있다.

'창업'이라는 것이 이젠 변수가 아니라 '필수'이다. 기술 창업(기업형)이냐, 소자본 창업(단독, 프랜차이즈), SOHO(small office home office)창업 혹은 프리랜서형이냐의 차이일 뿐이다. 재취업도 당연히 감안하면서….

창업 시기는 직장생활 10년 정도일 때 시점으로 권하고 싶다.

그런 의미에서 신입 취업은 일단 회사의 규모보다는 제품 중심으로 선택하여 취업하기를 권한다. 그리고, 10년 동안 그 분야에 집중하면 세계 최고가 될 수 있다. 제품 중심으로 사업거리를 찾아 일정 수준 본인 자본을 축적한 다음에 창업하는 것이 가장 현명한 방법이다.

| 창업을 전제로 보는 대기업, 중소기업 재직 경험의 상대성

기업의 유형이나 업무 여건 등을 감안하면 공기업, 대기업, 중견기업, 중소기업 그리고 외국계(투자)기업 등으로 분류가 가능하다. 크게 대기업, 중소기업으로 묶어서 정리해 본다. 실제 필자가 적어도 각각 5년 이상 경험하고 지켜본 것에 기반하여 작성했다.

① 창업의 기본과 발전추진 방향

회사 업무 모든 분야에 대한 폭넓은 식견이 필요하다. 그리고, 차별화가 가능한 한 분야가 있거나 그런 방향으로 나아가야 성공의 확률이 높다. 10년 정도 혹은 일정 기간 이후에 시도한다고 할 때 대기업과 중소기업 중 어느 쪽이 좀 더 유리하겠느냐는 관점으로 이해해야 한다.

미리 말하자면, 대기업으로 취업을 한 경우도 입사 이후에 부단히 노력해야 한다. 무조건 꾸준히 노력해야지 안주하면 안 된다. 순식간에 패망(敗亡)의 시간이 다가온다.

② 직접, 간접 업무 경험

대기업은 한 업무에 많은 인원이 일하고 있다. 예를 들면 '㈜○○자동차 유럽 수출팀'이라는 조직이 있다고 하자. 작게는 30여 명 많게는 100여 명의 인원이 있을 것이다. 대개의 업무가 유사하기에 언제든지 대체가 가능하고 치열하게 승진 경쟁을 하기도 하는 조직이다. 이익이 커지지 않는 상태에서 급격한 급여 인상이나 위기 요인이 발생하면 퇴직이다, 인사이동이다 하며 몇 명 정도 자리가 비는 것은 충원하지 않는 경우가 다반사다. 그 업무는 남은 사람의 업무가 되며 물려받은 사람은 그만큼 퇴근 시간이 늦어진다.

반면 중소기업은 한 사람이 대기업 기준의 3~4가지 업무를 담당하는 경우가 허다하다. 100개의 업무에 50명만 있기 때문이다.

예를 들면, 중소기업은 인사, 총무, 대외업무 모두를 '관리부' 소속으로 한 사람이 책임지는데, 이는 대기업의 경우 그 업무 중 인사관리업무에 3명, 급여후생 3명, 일반관리 3명 등의 담당으로 나눠서 업무를 하게 되는 경우와 같다.

대 · 중소기업 재직 경험의 [창업]연계성 - 상대적 관점

구 분		대기업	중소기업
■ 창업 기본 조건과 이후 업무 예상 흐름			
창업(Owner 경영) 기본		회사의 모든 업무 반드시 알아야 하고, 특정 분야는 전문가	
창업이후 업무발전 경과		전문(차별미흡) -> 경영요소전반	일반성(직간접경험) -> 차별화
■ 창업 이전 직장생활 동안 예상되는 업무 진행 현상			
업무	담당 업무	좁고 깊게(SPECIAL형)	넓고 얕게(GENERALIST형)
		유사단위 업무 종사자 - 30명 3,000명 규모 / 100개 업무	1인 담당업무 - 1/2개(1인 2개) 50명 규모 / 100개 업무
		대.중소기업의 업무영역은 동일하다는 가정 (예, 100개의 업무 가정)	
	타 업무 관여	거의 없음	자주 있음 - 자발적, 비자발적(지시,억지) -
사무실	동일 공간	동일 직무	다양한 직무
의사 결정 학습	의사결정 단계	사원-과장-부장-본부장-사장 (부분적으로 추가 중간단계 존재)	사원-팀장-임원-사장
	CEO,경영층 접촉	과장급(9~10년 소요)이후	신입 때 부터 접촉
새로운 시도 가능성		어려움	비교적 활발

※ 새로운 시도 가능 여부(아이디어 수용) - 최고경영층과의 접촉(가능성)빈도, 의사결정단계 등 감안

③ 사무공간으로 인한 직간접 경험

대기업은 부서별, 팀별 혹은 본부별 사무실로 구성이 된다. 늘 유사한 생각과 언어, 관점을 가진 사람이 모여 있고 평생 같이 갈 확률이 높다.

중소기업은 회사의 모든 업무를 담당하는 사람이 한 사무실에 다 모여 있다. 전혀 관련 없는 업무에 있는 동료들의 환호와 어려움을 볼 수 있다. 상사에게 꾸지람(깨지는)받는 경우도 비일비재하게 본다. 간혹 사장'님'께 혼나는 모습도 보게 된다. 사장실이 바로 곁에 있기에 부장급 이상의 상관도 혼나는 경우를 보고 듣게 된다.

덕분에 퇴근 후 소주 한 잔으로 회포를 푸는 시간에는 엄청난 업무 경험을 듣는다. 실패와 성공의 사례가 더미로 날아든다는 것이다.

가장 중요 - 의사결정 단계와 창업자 대면 기회

대기업의 창업자나 최고경영자(CEO)를 입사 10년 차 정도에 만날 기회가 얼마나 될까? 필자도 대기업 재직 15년 동안 직접 만나 말을 나눠 본 적은 고사하고 말이라도 들어 본 적이 없었다.

그러나 중소기업은 다르다. 최근에 창업한 분이 '우리 회사' 사장님이다. 내가 자료를 준비하고 보고하는 내용이 팀장, 본부장, 사장님을 오가며 신속하게 보고가 된다. 그리고 그 뒷이야기도 들을 기회가 많다.

간혹 늦은 시간까지 일하다 보면 창업자이자 사장님이 저녁 식사와 맥주 한 잔을 사 주는 경우도 있다. 그러다 보면 창업자들의 고민과 관심, 업계의 동향 등을 생생하게 듣게 된다. 어디에서도, 돈 주고서도 들을 수 없는 생생한 경험이다.

때로는 나의 아이디어를 말했다가 바로 채택이 되기도 한다. 중간 과장님, 부장님, 상무님의 단계를 제치고….

바로 작은 '사내창업' 수준의 기회가 입사 2, 3년 만에 오기도 한다.

열심히 해서 성공하지 못한 경우도 있겠지만 내 돈이 아닌 회사 돈으로 연습하는 것이다. 제대로 된 오너라면 오히려 칭찬하고 장려한다. 실패해도 되는 기회와 경험을 중소기업에서는 많이 해 볼 수가 있다.

그러나, 사족(蛇足)을 달자면 실제 중소기업 근무자의 대부분은 그런 도전을 잘 하질 않는다. 오로지 대기업 못 간 것에 대한 아쉬움과 불만으로 지내며 틈만 나면 떠날 생각만 하기 때문이다. 안타깝다.

대기업 재직자도 새로운 도전을 하지 않는 경향이 많다. 분명한 것은 어린 직원이 도전하면 중소기업은 최고 결정권자와 금방 접할 수 있지만, 대기업은 낮은 단계에서 커트될 확률이 높다. 너무 조심스럽기 때문이다.

역량과 활동의 연결 :
'발가락이 닮았다'

part

07

차별화와 실행 1

'발가락이 닮았다'는 소설과 마케팅
생활과 취업 준비의 전략적 연계

| 소설 「발가락이 닮았다」

'발가락이 닮았다'는 1930년대 소설가인 김동인의 단편소설 제목이다.
간단하게 요약해 본다.

여성 편력이 심한 남자 주인공이 '성병'에 걸리게 된다. 다행히 친구 중에 의사가 있어 그 도움으로 치료는 한다. 그러나, '아기'를 가지지 못하는 생식불능이 된다. 처지를 망각하고 결혼을 하였는데 부인이 임신한 것을 알게 되었다. 분명히 문제가 있지만 본인의 상황을 말할 입장도 못되어 어영부영하는 사이에 부인은 출산하게 된다.

첫눈에 본인의 애가 아닌 것을 알지만 '판'을 깨게 되면 갓 출산한 아기를 포함하여 3자가 모두 불행해지는 것은 불을 보듯 뻔한 상황이었다. 그래서 주인공은 그때부터 아기와 자기의 닮은 부분을 찾아 나가기 시작한다. 머리끝부터 발끝까지….

아무리 봐도 닮은 구석이 없었는데, 마지막으로 발을 보았더니 가운데 발가락이 길고 닮았던 것이 눈에 띄었다.

'발가락이 닮았다'고 외치며, 둘이 핏줄이라는 일체성을 강조하는 것으로 이야기는 끝난다.

| 회사와 나는 천생연분

취업에 중요한 포인트는 그 회사와 나와의 인연을 엮어 말하는 것이다.

하늘이 주어진 인연(천생연분), 태생적으로 해당 분야(산업, 직무)를 좋아하게 되는 경우(적성), 나도 모르게 눈에 끌리는 분야, 막연했지만 특별한 이유로 관심이 집중되는 현상 등의 연계성을 보여주는 방법이다. 약간 억지스러운 측면이 있더라도….

대학 생활 동안 다양한 활동을 했는데 지원하는 회사의 산업이나 직무, 업무 수행 경험이면 더 좋다. 지원하는 회사가 독특한 사업 분야인 경우는 더 유리할 것이다. 대화가 수월하고 일을 배우는 것이 빨라진다.

취업준비 과정에서 미리 이런 분야를 찾아 나의 경력을 만들어 가는 경우도 있겠지만, 뒤늦게라도 해당 분야에 연계시켜 강조하라는 것이다.

| 좀 더 구체적인 사례를 보자.

대학생들이 많이 하는 아르바이트인 '편의점 알바' 경우를 보자. 눈으로 보기에는 고객이 물건을 고르고 단순히 POS를 찍는 업무라고 넘어간다. 그러나,

[산업측면]
- 특정 제품에 관심 : 식품, 과자류, 음료류, 화장품류, 신제품 개발 등
- 특정 서비스에 관심 : 물류(배달 직원), 판매통계(IT), 점포시설(인테리어) 등
- 거시적 측면 : 점포 위치(인구, 유동성), 고매출 매장(제품 구성), 날씨, 기후 등

[직무측면]

- 경쟁제품 선택 질문과 답변 : 점포입장 수익(MARGIN) 고려 추천(회계, 영업)

- 제품 DISPLAY : 계절, 날씨 감안 위치조정, 성별. 신장 연계 높낮이(산업디자인)

- 점포 청결 : 점포 앞 빗자루질, 점포 유리 청소 (총무, 관리)

[특수한 경우]

- 제2외국어 활용 : 외국인 출입이 잦은 점포 의도적 근무(공항, 행사장 등)

- 담배 구매자의 제품별 특징 관찰로 담배회사 영업사원 지원

- 중국 유학생이 많은 대학가 점포의 '중국어판' 안내 POP, 메뉴판 제작

집안이 농사(논, 밭, 과수 등)를 짓고 있어, 방학 때마다 보낸 시간도

- 농사짓는 도구의 개선에 관심과 시도 : 도전 정신, 창의성

- 수확물의 수익성 계산 및 개선 : 회계, 효율성

- 업무 집중 시기의 임시 고용 인원 연구 : 일을 잘 시키는 방법 모색

- 수확 이후 유통수매 조직 관계 : 단위 조직, 금융(농협, 수협 등)

  연구로 연결도 가능해질 것이다.

3년 전에 제조업의 품질관리 지원의 여학생을 지도했던 사례이다.

제목 : '힘들게 했던 실패경험과 교훈을 구체적으로 제시하라'

대학교 2학년 겨울 방학 때 아버지를 도와 연탄배달을 함께 했습니다. 이른 새벽부터 시작된 일이라 학생인 저에게는 피곤한 일이었습니다.

취업의 정석 나를 마케팅하다

배달을 하는 과정에서 아버지가 저에게 화물칸 고리를 채우라고 말씀하셨는데 피곤한 나머지 제대로 하질 않았습니다. 배달 도중 코너를 도는 순간 연탄이 200장 정도 쏟아졌습니다. 다행이 사람이나 차량이 있지 않아 피해는 없었습니다.

저는 아버님께 사실대로 말씀드렸습니다. 아버지는 그래도 아무도 다치지 않아 다행이라고 하셨습니다. 떨어진 연탄과 연탄 가루를 깨끗이 쓸어 차에 모두 실었습니다. 하지만 시간이 너무 지체되어 오후면 끝날 일이 저녁 늦게까지 하게 됐으며 원래 배달해주기로 했던 곳에는 200장이 부족한 양으로 배달을 해줄 수밖에 없었습니다.

이때의 일로 저는 피곤하고 귀찮더라도 게을리하지 않고 맡은 일은 최선을 다하고 있습니다. 그날의 사건이 아니었다면 지금도 지치거나 피곤할 때 가끔은 맡은 일을 소홀히 했을지도 모릅니다. 기억에 남는 실수이지만 저에게는 큰 공부를 할 수 있었던 좋은 기회였다고도 생각합니다.

중견기업에 단 한 번 만에 합격을 했다. 다른 회사도 웬만하면 관심을 가질 만한 경우다. (전체적으로 문장은 거칠고 맞춤법도 어설프다. 그러나 내용이 압도한다)

나를 세일즈하는 마케팅의 핵심. **"닮은 구석을 찾아 인연을 강조하라"**

간호사 취업에
봉제인형 눈알이 웬 말?
직업 역량과 경험의 연계

대학 생활의 다양한 경험을 활용하여 좀 더 경쟁력 있는 입사지원서를 만드는 방법에 관한 주제이다. 이는 결국 면접장에서도 그대로 적용이 가능하다.

| 우연한 만남과 이력서 작성 검토 부탁

5년 전 기억으로 거슬러 간다.

아는 분의 소개로 입사지원서를 쓰는 학생이 엄마와 같이 와 도움을 청해 왔다.

이름이 알려지지 않은 대학교의 간호학과 1기 졸업생이라고 한다. 학교 역사도 짧고 지역적으로 워낙 외진 곳에 있는 학교라고 한다. 의료계의 대기업인 연세세브란스병원에 취직하고 싶다고 한다. 일반적 기준으로는 어려워 보였다.

나름대로 써가지고 온 입사지원서에는 뭐 하나 변변한 것이 없었다.

"그동안 특별히 준비한 자격증 같은 것은 없나요? 동아리 활동은요?"

"예, 하나도 없습니다."

"아니? 대학 4년 동안 뭐 하고 지냈어요. 외부 활동도 없네요. 지역이 외진 곳이라 이해는 하지만 정말 없어요?"

"딱 하나 있습니다. 한자자격증 2급입니다."

"그건 왜 땄어요?"

"엄마가 하라고 시켜서요." 점차 가관이다.

"그러면, 실습이나 아르바이트 같은 것은 경험이 없어요? 방학 때는 뭐했나요?"

"학교가 있는 곳이 외진 곳이라 그런 기회가 쉽질 않았습니다. 방학 때 그냥 용돈이라도 벌려고 인형 만드는 아르바이트를 잠시 했습니다." "그게 뭔데요?"

"인형에 눈알 붙이는 작업입니다."

"좀 더 구체적으로 말해주면 좋겠네요."

"봉제(헝겊)인형에 눈알을 바느질로 붙이는 작업을 알바로 했습니다. 조금이라도 경제적 도움이 될까 해서요."

이 정도이면 어떻게 해야 할까?

간호사의 인력수급의 상황을 감안하여 그냥 작은 중소병원에 취직하면 무난할 것 같은데 지원자가 극도로 몰리는 대형 병원 취업을 도전하니 문제가 되는 것이다.

| 입사 지원서류 작성 방법의 핵심

대개의 취업 준비생들이 무엇을 쓸까, 어떻게 쓸까를 고민하다 여기에서 숨이 턱 막히며 방향을 잃어버린다. 그러다가, 취업전문 카페(취뽀, 독취사 등)에 들러 성공했다는 사례를 찾으면 '다른 사람은 안 보겠지?' 하는 생각으로 일부를 베껴 쓰기 시작한다. 그렇게 베끼기를 시작하면 다음 문장도 막히고 또 다른 사례에서 베끼기를 한다. 순식간에 전체가 베껴 쓰기의 편집으로 마감을 한다.

그러면서 스스로 위안으로 삼는 두 가지 생각!

설마 구석구석 읽어 보겠는가? 내가 베낀 것을 모르겠지?

그런데, 지원자 서류 전체를 받아 든 인사담당자는 나름의 방식으로 예리하게 읽어 나간다. 그러면 금방 비슷한 것들이 눈에 들어온다. 문장 단위로, 단락 단위로, 문맥으로….

이런 답답함을 겪는 가장 큰 이유는 본인이 해 온 활동(동아리, 학과, 봉사, 아르바이트, 인턴, 해외여행, 독서, 취미 등)에서 있었던 수많은 경험과 EPISODE들에서 취업 지원 시에 필요한 역량과 연계시키는 법을 모르기 때문이다. 회사가 무슨 일을 하는지도 잘 모르고 본인이 한 과거 활동에서 의미를 헤아리는 것이 약하다.

| 직무역량과 나의 EPISODE

이때 등장하는 개념이 '직무역량'이라고 하는 것이다. 그 일을 잘하려면 어떤 역량('능력'이 아니다)을 갖추었는가? 하는 것이다. 특히 지원하는 분야, 회사나 직무에 딱 맞는 유니크한 역량이 중요하다.

이 사례에서 '간호사'란 일을 잘하려면 어떤 역량을 갖추어야 할까? 사람의 신체, 처방, 처치 등에 관련된 의료관련 지식(knowledge)과 손끝으로 주사, 의료 보조 등을 해내는 기술이나 기능(skill) 그리고 병든 사람에 대한 연민, 사랑(attitude) 등이 될 것이다.

간호사의 경우는 대학 과정 자체가 전문화된 데에다 국가자격증의 통과만으로 웬만한 것은 다 갖춘다고 할 수 있을 것이다. 그런데, 다른 사람보다는 좀 더 좋은 병원(소위 대기업형)으로 취업하고 싶다면 남다르게 어떤 역량을 보여주면 좋을까?

미리 생각해서 대학 생활 동안 유사한 활동을 준비해 나가면 좋겠지만, 이 학생의 경우는 워낙 외진 도시에 소재한 학교라 그런 경험을 만들기가 쉽지 않았을 것으로 생각이 된다.

그러자면, 진작에 경험한 본인의 다양한 활동에 알맞은 명분과 이유를 달아 보는 것이다.

| 한자자격증과 봉제인형 눈알 바느질 경험의 명분과 이유

"한자자격증을 딴 것은 미래의 고객이 될 것으로 보이는 중국 사람과의 커뮤니케이션 역량을 미리 준비한 것입니다. 본격적으로 중국어 공부하기가 여의칠 않아 우선 한자라도 해두면 필담(筆談)을 나누거나 메일이나 글자로도 소통이 가능할 것이라 생각했습니다. 또는 언젠가는 병원이 중국으로 진출할 수도 있으니 그때를 대비해 중국어를 미리 배워두면 빠를 것이라 생각해서 한자 자격증이라도 따 두었습니다."

"봉제인형 바느질은 주사를 놓는 것과 비슷합니다. 눈알을 꿰매면서 환자의 핏줄을 찾아 주사를 놓고 있는 경우를 상상했습니다. 정확하게 그리고 빠르게… 그러다 보니 그 일도 덜 지루하고 재미도 있었습니다. 남들보다 실적이 좋아 아르바이트비도 조금 더 받을 수 있었습니다."

라고 연결해 보자고 했었다.

무릎을 치면서 돌아갔다. 그리고는 몇 달 지나서 궁금해졌다. 어떻게 되었는지?
연세세브란스병원은 떨어졌다고 한다. 그러나, 얼마 후 백병원에 합격했다고 들었다. 그 학교 출신으로 유일하게 대형 병원을 취업한 사례가 되었다고 한다.

두 가지 사례를 말하지만, 다행히 엄마나 본인이 이러한 지도 내용의 의미를 알고 갔다고 생각한다. 그러면 응용이 가능하니…

"사장님! 어디 가세요?" 고깃집 알바로 은행원 합격
알바는 대학생이 직장 생활을 경험하는 거대한 훈련장

"특이하게 고깃집 아르바이트 경험이 있네요." 입사지원서를 보고 면접관이 던진 질문이다. "네! 두 달 정도 한 경험이 있습니다." 면접자의 대답이다.

되묻는다. "학생 아르바이트 중에 험한 일이라고 아는데, 배운 것이 좀 있나요?"

모 은행 임원 면접의 질문과 대답이다. 면접대상자는 중문과를 졸업했으나 은행에 늘 취업을 하고 싶었던 경우이다.

"일은 험했지만 은행원으로 꿈을 키워가는 공부를 하는 데 도움이 많이 되었습니다. 고깃집 사장님께서 매일 가는 은행을 따라가서 많은 이야기를 들을 수 있었습니다. 그래서 은행 상품의 종류, 금리, 대출, 은행원의 고충 등을 많이 들었고 그때마다 금융관련 책도 보고 공부도 하다 보니 2개월 정도에도 많은 지식도 쌓였습니다. 가면 늘 만나는 지점장님께도 많은 도움을 받았습니다."라고 답을 한다.

"그래요?" 면접관들 모두가 의미 있게 들으며 고개를 끄덕거린다.

그래서 합격이 되었다고 한다. 실제 시중은행의 면접관으로 참여한 임원 출신에게 들었던 이야기를 재구성하였다.

취업의 정석 나를 마케팅하다

| 고깃집에서 금융이란 직업을 본다

이 취업 준비생의 이야기를 조금 더 정리해 본다.

방학 때 등록금을 벌기 위해 아르바이트를 찾았는데 조금 늦게 시작해서 적당한 것을 찾을 수 없었다. 그나마 남은 알바자리가 어느 숯불 고깃집 서빙 일이었다. 술과 음식 서빙, 숯불 교체는 물론이고 집게와 가위를 들고 고기를 잘라주는 일까지 하게 되었다. 오후 3시부터 했으나 점심시간에도 마침 손이 필요하다고 해서 거의 하루 종일 일을 했다. 그러나, 걱정이 앞섰다. 졸업을 한 학기를 남겨 둔 터라 비전공자로서 금융 관련 공부할 시간이 부족한 상황이었으나 별 도리가 없었다.

그러던 중에 고깃집 사장님께서 매일 점심시간 때쯤 출근하면 바로 작은 가방을 들고 은행으로 가는 것을 보게 되었다. 전날 영업한 입출금 내역을 정리하러 가는 것이었다. 그래서 동행을 부탁드려 허락을 받았다. 찾아가면 지점장실에 앉아 사장님과 은행 지점장이 주고받는 대화를 들을 수 있었고, 자연스럽게 궁금한 것은 질문도 하게 되었다. 창구의 많은 금융 상품 전단지도 가져가서 보고, 텔러와 가끔 주고받은 이야기도 나름대로 메모를 해 두었다고 한다.

고깃집이 은행의 큰 거래처이다 보니 들리기만 하면 환대를 받는 경우가 많아 틈만 나면 자주 들르며 결과적으로 다양한 은행 고객 현장의 실전적 공부를 하게 되었다는 것이다.

면접관 모두가 높은 점수를 주어 좋은 성적으로 입행을 하여 지금은 제법 큰 역할을 맡아 일을 잘하고 있다고 한다. 실제 은행과 무관한 일반인이 보아도 대견하지 않은가?

실제 이 사례를 학교 강의 시간에 이야기를 해주면 학생들도 *끄덕거린다*. 본인도 아르바이트를 하며 후배들을 접하는 경우가 많으며 내가 사장이라도 저런 사람은 꼭 잡고 싶다는 경우 중 하나라는 것이다.

조금 더 정리해 보면, 은행 입장에서는 가급적 다양한 경험이 있는 지원자를 원한다고 한다. 그런 사람들이 입사하면 거래처를 늘리고 고객의 마음을 잘 헤아린다는 것이다. 책상머리의 금융지식이나 자격증에만 집중했던 지원자보다 이런 자세를 가진 인재가 최고라는 것이다.

실제 현장에서 필요한 실무지식은 신입행원 연수 때 상세하게 가르쳐주며 그렇게 어려운 것도 별로 없다는 말도 잊질 않았다.

| 단순한 알바에서도 수많은 기회를 찾는다

많은 가르침이 있는 사례이다. 모든 대학생들이 취업 준비를 입시(入試) 준비하듯 한다. 시험을 중심으로 하는 지식평가가 전부라고 착각한다. 학점, 자격증, 토익, 관련 전공 등 소위 SPEC이라고 하는 망령의 덫에 걸려 있다.

희망 회사 취업에 대한 관심과 노력을 보여주기에는 생활 현장, 특히 기업 환경과 유사한 인턴이나 아르바이트 경험은 무척이나 유용하다. 특히 접하기 쉬운 편의점, 판매점, 음식점 등 서비스 업종의 경우는 더욱 그렇다.

고깃집의 경우만으로도 좀 더 예를 들면,

- 이렇게 잘 팔리는데 1년에 소비하는 소고기 양은 얼마나 될까?
- 우리 가게의 하루 매출은 어느 정도일까?

- 후식은 어떤 것을 주니 고객들이 좋아할까?
- 따라와서 저렇게 뛰노는 애들을 통해 매출을 올리는 방법은 없을까?
- 소고기의 값이나 품질, 가격을 결정하는 결정적 요인은 뭘까?

등등 본인이 희망하는 직업이나 산업과 관련된 질문을 가지고 인터넷을 데이터도 찾아보고, 국가 통계정보도 찾아보는 활동을 해보는 것이다.

방학을 맞아 아르바이트 등으로 내몰리는 것이 안타깝다. 따뜻하고 돈 많은 부모님의 환경에서 지내는 것이 복이고 선물일 수도 있다. 그러나, 돈이 없고 학벌도 변변치 않고 기회도 없을 것 같은 이런 상황이 전화위복이 되어 남다른 취업 역량이 된다면 뭘 그렇게 비관적으로만 볼 일이겠는가? 이런 말들이 요즘의 청년들에게 '꼰대'로 비칠지 모르겠다. 돈이 오가고, 제품이나 상품이 돌아다니며, 그것을 쳐다보고 관심가지는 사람들의 눈빛이나 말들이 오가는 곳! 그곳에 취업과 창업, 미래의 인재(人材)가 되는 지름길이 있다.

그래서, 입사지원서에는 꼭 아르바이트 경험을 물어보는 칸이 있는 것이다.

"축구 잘한다고 합격(合格)? 다른 스펙 제치고?"

전혀 다른 경험이 취업에 크게 쓰이는 이치

러시아월드컵이 한창이던 2018년 10월의 일이다. 여러 가지 정치적 이슈로 어수선했지만 예선에서 한 게임 정도 이기기만 해도 금방 용광로가 되어 들끓었다. 축구 이야기에서 취업의 지혜를 알아보자.

| 청년들의 이야기를 귀동냥하다

그해 7월, 여름휴가가 막 시작될 즈음이었다. 어느 토요일에 서울의 청계산을 찾았다. 정상에서 많은 사람이 오가는 중에 옆에 30대 초반 정도로 보이는 남자 3명이 주고받는 대화가 귀에 들어왔다. 그중 한 명이 경남 창원공단에서 근무를 하는 모양이다.

그들의 대화 내용을 기억을 더듬어 재정리해 본다.

"우리 회사에 이번에 축구 잘하는 신입사원 한 명 뽑았다. 걔는 축구로 취직했어!"

"축구 잘한다고 우선적으로 취직이 돼?"

"응, 우리 회사 지난 주 면접에서 그렇게 뽑았다고 인사부 직원한테서 들었어. 지금 이 시즌에 우리 공단에 있는 50개 정도 회사가 참가해 매주 토요일마다 축구대회 예선전을 하거든. 9월쯤에 최종 우승자를 가리는데 상금도 제법 큰돈이래. 우리 회사도 1등 하려고 많은 노력 중이야."

축구단, 축구용품이나 스포츠마케팅관련 회사도 아닌데 무슨 뚱딴지같은 소리인가? 추정컨대 취업 지원자의 일반 업무능력 측면의 역량이 비슷하고 고만고만하다면 지금 회사의 관심사 측면에서 축구 잘하는 신입사원을 더 낫다고 볼 수 있을 것이다. 실제 스포츠 좋아하는 사람들이 일도 잘하더라는 말도 있다는 것도 유의할 측면이다.

| 특기나 취미가 주는 숨은 기회

취업의 당락에 영향을 주는 요소는 의외의 곳에서 많이 있다. 기업을 경영하며 조직 운영을 하고 대외적인 활동을 하다 보면 생각지도 못한 재주(TALENT)가 결정적인 기여를 하는 것이다. 예를 들면 축구를 잘하고 좋아하는 경우이다. 주로 POSITIVE한 방식으로 영향을 미친다. 못한다고 탈락을 시키지는 않지만 잘하고 다른 것들이 비슷하다면 그 지원자를 선택하는 것을 말한다.

운동(축구, 골프, 야구, 농구 등), 취미(뮤지컬, 영화 등), 특별한 관심사(특이한 PET선호)나 관광(역사, 문화재), 대형 스포츠 이벤트 등의 지식과 경험이 그런 것들이다. 거래처나 방문한 바이어와 함께 하는 특별한 기회에 상대의 '마음'을 사는 경우들이다. 저녁 식사시간에 피아노를 곁들인 노래 한 곡으로 큰 금액이 걸린 거래처와 가까워지는 계기가 되고 하는 것은 드라마나 영화 속의 이야기가 아니다.

취업 준비도 힘들고 돈도 많이 드는데 또 무엇을 하라는 뜻이 아니다. 본인이 가진 재주는 입사지원, 면접 과정에서 충분히 보여주라는 것이다. '입사지원서에 이런 걸 왜 물어봐?'라고 하지 말라는 것이다. 별 용도가 없으면 그냥 그 정도로 끝나지만, 회사에 도움이 된다면 단계별로 면접을 거쳐 가는 과정에 과장 혹은 부장 혹은 본부장, 사장의 머리에서 번개같이 지나가는 장점이 되는 것이다. 회사에 쓸모 있을지 여부는 취준생 당사자가 알 길이 없다. 인사담당자도 모르는 경우가 많다.

| 추가사례 1

축구를 통해 취업 준비에 도움이 될 이야기를 하나 소개한다.

"경력사원을 뽑을 때 스포츠를 좋아하는지 보겠다. 그 종목은 '축구'이다."

수년 전에 LG그룹 모 임원의 강연에서 들은 내용이다. 지금은 승진하여 부회장으로 활동 중인 분이다. 당시, 연구개발(R&D)을 관장하는 입장에서 본인의 판단으로 뽑게 되는 경력사원 채용에 대한 소감을 말한 자리였다. 연구개발부문은 영업, 생산부문 등에 비해 비교적 개별화가 되어 있는 영역임에도 불구하고 직원을 선발할 때 꼭 스포츠를 좋아하냐고 묻는다고 하며 '무슨 종목일 것 같냐'고 청중들에게 되물었다.

결론은 '축구'라는 것이다. 어느 종목보다 팀의 인원이 많고 포지션이 정해져 있으면서 큰 전략은 감독이 제시해 주지만 일단 그라운드에 들어가면 감독의 지시나 포지션에 구애받지 않고 뛰는 종목이라는 것이다. 스스로 창의적인 위치 선정, 팀원과의 조화, 패스의 타이밍, 전략적 후방 패스도 하는 등의 순간 판단력 등이 가장 필요한 종목이라는 것이다. 기업에서 일하는 것과 가장 유사한 종목이기에 비슷한 조건이라면 축구 좋아하는 사람을 우선 채용하겠다는 것이었다.

그런 예가 아니어도 스포츠를 좋아하는 사람은 무조건 좋게 볼 확률이 높다. 개인 한계의 극복, 경쟁과 승부 근성, 쉴 새 없는 판단과 선택 그리고 무엇보다 팀워크를 바탕으로 조화를 이루면서 골을 향해 집중하는 것이니 당연하다 하겠다.

| 추가사례 2

이번에는 홍명보 축구협회 전무의 고백을 한번 소개한다.

취업의 정석 나를 마케팅하다

축구 국대 출신 중에 여러 모로 국민들이나 축구계에 신망이 두터운 분이라 생각한다. 그가 어린이 축구교실에선가 말했던 고백 중에 우리 취준생들이 귀담아 들을 TIP이 하나 있다.

"중학교 3학년 때 키가 크질 않아서 축구를 포기하라고 감독이나 주변의 권유가 있었다. 특히 덩치가 큰 상대가 나오면 어쩔 수 없는 경우가 많았기 때문이었다. 그때 나는 동료들에게 패스해 주고 뒤를 돌아 들어가는 방식으로 돌파를 하였다. 그런데 패스를 할 때든 뒤돌아 침투할 때든 평소 관계가 좋아야 다음으로 연결이 된다는 판단으로 늘 선후배, 동료들과 인간관계에서 최선을 다했다. 그런 방식으로 어린 시절의 신체적 핸디캡을 극복하였다."

그 결과 수차례의 월드컵 출전에서 가장 눈에 띄는 것은 리베로로 후방 수비의 마지막을 책임지던 활약이었다. 최전방으로 한 방에 보내는 대단한 패싱 능력은 지금도 기억에 생생하다. 어린 시절에 형성된 그런 인성과 태도 덕분에 축구계에서 누구보다 인정받으며 지금도 큰 활약을 하는 기반이 된 것이다.

내가 모자란 것을 동료의 협조를 통해 위대한 힘을 발휘하는 지혜! 이 정도면 내가 좀 모자란다는 것이 무슨 흉이 되겠는가? 오히려 장점으로 승화하여 극복하는 멋진 모습일 것이다.

| 결론은 두 가지이다

첫째는 모든 정보를 제시하라는 것이다. 뽑는 사람은 모든 항목에 눈길을 보낸다. 취준생 개인정보의 가치는 내가 판단할 일이 아니다. 의외의 선택이 있을 수도 있다.

둘째는 특수한 경우를 제외하고는 신입사원의 능력은 별로 중요하지 않다는 것이다. 어차피 입사하면 새롭게 가르쳐야 하기 때문이다. 학점이나 스펙 등에 기죽을 이유가 없다는 것이다.

베트남에 취업 중인 한국 청년도 축구를 잘하면 현지 직원들과 훨씬 가깝게 지낼 계기가 된다고 한다. 박항서 감독이 국가적 영웅으로 자리매김을 하니 더 신난다고도 하는 말을 들었다.

"존경하는 사람 있나요? 어떤 측면에서?"
사람에 대한 질문과 닮을 가능성

| 직업, 창업에서 제일 힘든 것은?

"멘토님은 사업을 하시면서 제일 힘든 것이 무엇입니까? 특히 해외사업을 하면서 말입니다."

지난 2019년 5월, '글로벌청년사업가(GYBM)양성사업' 연수생 모집설명회(pre MEET UP)에서 20여 명의 참가자 중 한 명이 던진 질문이다. 1시간의 과정 설명에 대우무역 출신 사장님 한 분을 모셔서 글로벌 사업에 대해 듣는 시간이었다. 50대 중반의 나이로 청년시절에 대우에서 해외수출 업무를 하다가 창업을 한 분이다. 중장비를 중국, 일본, 동남아, 서남아 지역으로 거래하며 활약하고 있고, 우리 연수 과정의 멘토이기에 학생들에게 도움이 되리라는 취지였다.

주제를 조금 벗어난 의외의 질문이었다. 그 배경이 무엇인지도 궁금하지만 나온 답도 의외였다.

"예. 사람이었습니다. 직장인이든 사업가이든 모든 비즈니스는 '사람'을 통해 일어납니다. 할수록 어렵다는 생각이 듭니다. 상사맨으로, 그리고 사장으로 글로벌 차원에서 많은 사람을 만나고 거래하기에 '사람'의 문제가 제일 어려웠습니다. 그중에도 특히 어렵고 부담스러운 것은 '부하 직원'입니다."

| 쉬운 질문과 멍청한 답 - '현문우답'

"혹시 존경하는 인물이 있나요?" 혹은 "닮고 싶은 인물이 있습니까?"

신입사원을 뽑는 면접장에서 자주 등장하며 질문이며 이유도 동시에 물어본다.

안타깝게도 정말 다양한 '멍청한 답'이 나온다. 답이 맞고 틀리고의 차원이나 그 자체를 낮추어 보는 말이 아니니 오해는 없길 바란다.

- "방탄소년단입니다. 세계적인 명성을 얻는 한국인이기 때문입니다."
- "세종대왕입니다. 한글을 만들고 백성을 편안하게 하였기 때문입니다."
- "정주영 회장님입니다. 대한민국에 성공한 기업인이기 때문입니다."

라는 방식이다.

더 깊은 질문이 들어간다. "존경하고 좋아하는 분들을 보고 본인은 무슨 노력을 하고 있습니까?"

바로 어물쩍거리는 것이 태반이다. 좀 더 깊은 질문을 하려다가 민망해서 다른 질문으로 넘어간다. 별 생각이 없고 깊이가 없으며 초등학교 학생 수준의 답변이 주를 이룬다. 결국, 대개가 위와 같은 답변 수준이라 변별력이 떨어져 하나 마나 한 경우도 많다.

왜 이런 질문을 할까를 생각해야 한다. 그래야 남다른 답을 할 수 있고 합격선에 훨씬 가까워진다.

| 왜 이런 질문을 할까? - 무엇을 배웠느냐가 관건이다

'존경하고 닮고 싶은 이유'와 '본인의 노력'이 관건이고 질문의 취지이다. 이런 질문의 핵심은 가진 생각이나 노력이 우리 회사에 와서 일할 때 어떤 유익한 기여를 할 수 있겠는가를 보는 것이다. 결국 우리는 '뽑은 사람'을 활용하여 '회사의 활용 가능성'을 보기 위해 단서(端緒)를 본인이 닮고 싶은 '사람'에서 점검을 하는 것이다.

지원하는 회사의 창업자 혹은 회사가 닮고자 하는 인물, 기업이나 경제와 관련하여 업적이 많은 위인을 찾길 권한다. 그래야 할 이야기가 많고 취업과 연결할 말이 많아진다. 그분들의 업적에 대해 아는 것을 넘어 노력한 과정을 찾아내가 닮으려고 하는 구체적인 노력을 보여주는 것이 가장 중요하다.

위에 언급한 '방탄소년단'을 답한 경우를 가지고 발전적 답변을 만들어 보자.

"방탄소년단의 결과는 피나는 노력의 힘이라는 것을 배웠습니다. 특히 글로벌 감각을 가지고 SNS를 활용하며 고객과 소통하며 엄청난 양의 연습을 소화하고 있다는 것을 알았습니다.

그래서 저도 취업 준비를 하며 작년 말부터 대중 앞에 서는 연습을 하기 위해 매주 1회씩 5분 분량의 프레젠테이션 연습을 하고 있습니다. 실제 연습에 들어가는 시간은 주당 약 2시간 정도입니다. 입찰이나 경쟁 발표, 리더십에 많은 도움이 되리라 생각합니다."

이 정도면 단순하고 가벼워 보이는 나의 모습을 순식간에 바꾸어 높은 점수를 받을 수 있는 계기가 될 것이다.

| 사람과 면접

면접은 '사람'을 만나는 것이다. 인간관계를 풀어가는 기본을 보는 것이다. 그런 모티브를 정리하여 본다.

- 학교의 집단 활동(학과, 동아리, 봉사 등) – 이해관계의 대립이나 경쟁 관계에서 느끼게 되는 사람
- 사회생활 경험(아르바이트, 인턴, 여행 등) – 조직 책임자나 점포 사장, 종업원은 물론이고 고객이나 거래처의 접점에서 만나게 되는 다양한 사람
- 친구나 선후배 – 아무 이해관계 없고 좋을 것만 같았던 사람과의 경험
- 가상 세계(드라마, 영화, 전기, 역사, 위인전 등) – 사람에 대한 간접 이해
- 통제된 사회(군대, 의무근무제도 경험자 등) – 사람이 가진 저변 심리 이해

이런 다양한 분야에서 혹은 위치에 있는 사람에 대한 경험을 많이 하고 경험을 쌓으며 자기 나름의 '사람을 보는 눈'이 생긴다. 그러면, 직장 생활과 내 사업에서도 '거래 대상자'나 '내부 직원'을 선택, 선발하는 데 큰 힘이 된다.

특히 우선할 것은 '어른'에 대한 경험과 이해의 능력이다. 요즘 청년들은 '꼰대'라는 말 속에 숨어 어른을 무조건 피하는 현상을 많이 본다.

| 어른을 대하는 본인의 태도

본인이 어른으로부터 좋은 가르침과 조언을 받는 데 있어 가장 중요한 것은 '좋은 태도'라는 것을 명심하기 바란다. 그리고, 작은 것부터 실천해 보자. 그러면 어른을 만나는 면접에 대한 두려움도 사라질 것이다.

'어른은 꼰대'라고 하며 피하기만 하면 본인만 손해다.

- '인사 반듯이 하고 자세 바르게 앉자.'
- '약속시간 지키는 것은 물론이고, 가급적 10분 먼저 간다.'
- '씩씩하게 인사하고, 대화는 늘 결론부터 말한다.'
- '말씀 나눌 때 메모하고, 마치고 헤어지면 문자나 메신저로 고맙다며, 들었던 잔소리에 감사를 표한다.'

"무슨 말이지?
&%%# &%%@ ☎ ▽"
전문성 : 말귀와 단어 구사가 최우선

주인공1 : "이 사이트 쉐입을 고려해서 플랜을 아주 플렉스블하게 디자인해 본 거야. 집안에 중정 스페이스를 아주 보이드하게 둠으로써 오히려 스페이스가 다이내믹해지는 효과를 기대할 수가 있지. 이 스킵 플로워를 둬서 레벨을 더욱 풍성하게 할 수가 있고 이 박시한 쉐입에 리듬감을 부여해서 이게… 주변의 렌드스케

입을 끌어들일 수 있는 거지. 무슨 말인지 알겠지?

결국은 내 생각에 이게 솔루션인 것 같은데 스페이스를 디바이드해서…"

주인공2 : "그런데, 왜 죄다 영어야? 무슨 영어마을 짓니?"

영화 속 한 장면의 대사를 그대로 옮겨 적어 보았다.

2012년 개봉해서 많은 관객을 모은 '건축학개론'이다. 전혀 다른 전공(음대, 건축학과)의 주인공 둘은 대학 시절에 건축학개론을 들으며 수업시간에 풋내기 사랑을 하다가 헤어졌다. 15년여가 지난 시점에 여자 주인공(음대 출신)이 이혼하면서 친정아버지와 같이 살려는 마음으로 제주도에 있는 집을 리노베이션하기로 한다. 그리고 건축과를 다녔던 남자 친구가 건축사무소를 운영하는 것을 알고 찾아가 그 일을 부탁한다.

위 대사는 리노베이션 계획을 브리핑하는 광경이다. 그냥 듣다가는 알기 어려운 말들이다. 반 전문용어, 반 콩글리쉬이다. 필자도 여러 번 들으면서 위와 같이 글로 올려 두었다.

실제 강의 시간 이 장면을 보여주면 일반 전공이나 경영계열 전공자들은 거의 알아듣질 못하고, 건축학과 학생들도 1/3 정도는 못 알아듣겠다고 한다. 유튜브에 올려 두었으니 한번 보는 것도 재미있을 것이다.

만일 취업 준비생, 특히 일반 인문계열이나 상경계열 전공자들이 이런 용어들을 알아듣는다면 어떻게 될까? 이런 용어들을 자기소개서에서 사용하고 있다면 어떻게 보일까?

| 전문용어를 구사한다는 것

　내가 가고 싶고, 하고 싶고, 원하는 분야의 전문성이 날로 깊어지고 있다. 산업의 세분화와 새로운 개념의 도입, 새로운 소재나 제품의 개발 등이 날로 늘어나는 것이 그 이유다. 내가 일하고 싶은 분야의 말귀를 잘 알아듣기 위해서는 해당 분야의 용어에 익숙해지는 것이 먼저다.

　용어의 뜻을 이해하고 설명할 수 있으며 적절한 타이밍에 사용할 수 있는 능력을 기본으로 준비하자. 전문성을 가늠하는 가장 핵심이며 취업준비의 기초라 할 수 있다.

　지원하는 회사의 일반경영분야와 상품, 제품, 원재료, 가공방법, 제조 방법 등과 관련되는 단어를 찾아 공부하면 도움이 된다. 그러면, 신문이나 방송 등의 매스 미디어가 눈에 들어오고 귀가 열리게 된다. 알아들으면 남다른 관심이 가고 찾아보게 되며 지식이 쌓여가게 된다.

　그러면 자연스럽게 남보다 월등한 지식과 전문성을 보여주게 되는 것이다. 면접장에서 주고받는 대화의 수준이 달라진다. 지식은 꼬리에 꼬리는 무는 것이 그 특징이다. 처음 접하는 단어를 빠른 시간 내에 내 것으로 만들어라.

　너무 유난스러운가? 물론, 이렇게 유난스럽지 않게 해도 취업이 되는 경우도 있다. 그러나, 일단 입사한 후에는 입사한 회사의 용어를 공부해 취업한 사람의 성장이 빠를 수밖에 없을 것이다. 선배들이나 상관의 대화나 지시를 알아듣는 속도가 빠르고 일 처리도 잘하게 될 것이다. 그러면 자연스럽게 상사나 주변의 인정을 받게 되는 것은 당연한 이치이다.

| 한 단계 높은 또 다른 면접 질문

- "4차산업혁명으로 인해 일자리가 대폭 감소할 것이라는 전망에 대해 어떻게 생각합니까?"
- "증강현실의 개념을 설명하고 앞으로의 소비 행태의 변화를 전망해 보세요."
- "심리학의 '메타인지'에 대해 설명하고, 우리 회사 마케팅에 반영할 아이디어 하나만 제시해 보세요."
- "샌드오일에 대해 설명해 보고, 앞으로 한국의 조선해양산업에 미치는 영향을 말해 보세요."

실제 면접에서 던져지는 질문들이다. 물론 모두가 해당 분야의 전문성을 바탕으로 한 단계 수준 높은 회사나 산업과 관한 본인의 생각을 물어보는 질문들이다.

| 전문 용어 공부 방법

비전공자는 말할 것도 없고, 유사한 전공을 공부했더라도 기업이나 산업 분야에 들어가면 훨씬 더 전문화된 용어를 구사하게 된다. 별도로 준비하는 것이 필수다.

- 지원회사의 홈페이지에 올라와 있는 단어나 용어가 최우선이다.
- 상장법인인 경우 홈페이지의 '투자자정보 혹은 IR(Investor Relations)'라는 코너에서 '사업보고서, 영업보고서'등을 찾아보아라. 회사 경영 전반과 재무제표, 영업, 생산, 개발상황 등은 물론이고 환경적 요소와 경쟁상황까지 두루두루 정리된 보고서가 PDF파일로 올라가 있다.

- 회사의 제품이 팔리는 곳, 즉 판매 현장이나 산업 집적 Cluster 현장(공구상가, 전자제품상가 등)을 찾아가 사고파는 옆에서 주고받는 대화를 들어 보아라.
- 정부가 구축한 '국가직무능력표준' 즉, NCS가 있다. 홈페이지를 찾으면 24개 대분류에 약 900개로 세분화된 산업, 직무역량 자료가 있다. 그 자료를 찾아 모르는 단어를 추려보아라.
- 회사 제품을 기반으로 하는 전문 잡지(월간지), 협회 발간물 등을 구입해 보거나 도서관에서 찾아보아라.
- 신제품이나 새로운 서비스가 전시되는 박람회, 전시회장 등을 찾아가 보라. 채용박람회보다 훨씬 유용한 기회가 될 것이다.

제법 많은 방법이 있는데 대학가에서 쉽게 알기 어려운 영역들이다. 쉽게 외워지지 않을 것이다. 학교 공부는 시험 한 번만 치고 잊어버리는 습관 때문이다. 그러나, 지원 회사의 전문용어를 공부해 두면 평생을 써먹는 밑천이 되는 것이니 꼭 도전해 보기 바란다.

| 이 공부는 내 입으로 직접 말하는 것, 머리에만 두지 말고

더 중요한 것은 이런 단어를 머리에만 두면 안 된다. 반드시 내 입으로 말해야 한다. 공부할 때마다 부모님에게, 동생에게, 친구에게 설명할 기회를 찾아라. 몇 번 하다 보면 갈수록 쉽게 설명이 되는 재미도 있다. 말하고 쓰다 보면 면접과 지원 서류에도 구사하게 된다. 옆에서 지켜보는 사람이 신기하게 쳐다볼 것이다.

그러나, 취업 목표가 아직 정해지지 않은 사람은 꿈꿀 수도 없는 방법이다.

인간관계의 핵심 :
'발랄하자. 무조건'

840명 중에 나만 뽑힌 비밀

'잔소리'와 태도, 인간관계 : 조직역량의 핵심

'성신여자대학교'에서 겸임교수라는 자격으로 취업 교과목을 한 학기 16주 과정으로 가르칠 때의 일이다. 보통 70여 명이 수업을 들었다. 그것도 '매주 월요일 0교시' 수업이니 일반 교과목보다 1시간 먼저 시작했다. 대개의 면접이 아침 이른 시간에 시작되기에 취준생이면 한 학기 정도 이른 아침 활동을 연습할 필요가 있어 진행했다. 요즘 같으면 악랄한 수업이라고 지탄받을 만한데, 당시에는 매 학기 수강 신청 시간 10분만 지나면 마감될 정도로 인기 과목이었다. 벌써 10년 전의 일이다.

4학년 2학기의 4주쯤 지났을 때 한 학생이 찾아와 반가운 소식을 전했다.

"교수님! 이번에 취업이 되었습니다. 다음 주부터 수업이 불가능합니다."

순식간에 귀가 트였다. "그래요? 합격했어요? 축하합니다. 그런데, 4주밖에 지나지 않아 아쉽네요. 좀 더 배우고 가면 좋을 것인데 당장 출근해야 한다니….."

나머지 학생들에게 참고가 되겠다는 생각에 몇 가지 추가 질문을 했다. "어느 회사예요?"

"독일 주방기기 전문회사인 '휘슬러'입니다." 다른 학생들의 눈빛이 둥그레졌다. 예나 지금이나 선호도가 높은 외국계 기업이다.

"몇 명을 면접 보고, 몇 명을 뽑았어요?"

"10여 명 면접 보았습니다. 저 한 명만 되었습니다."

"구체적으로 말해 줄래요?"

"840여 명이 지원을 했다고 합니다. 필기시험으로 20명 정도 고르고, 면접에 10여 명 참석하여 그중 한 명 뽑힌 것이 접니다."

놀랄 만하다. 내로라하는 스펙의 취준생들이 도전했을 것 같았다.

"필기시험은요?"라고 질문을 하니,

"기업이란 무엇인가?'라는 서술식 문제 하나였습니다."

"그래 뭐라고 썼어요?"라고 물으니,

"교수님께서 가르쳐 주신 '기업은 역할분담이다'로 쓰고 그 전제로 써 나갔습니다. 그리고 수업 때 배운 대로 '결론부터 답을 한다'는 원칙으로 면접에 답하니 저한테 눈길이 많이 오는 것을 확실히 느꼈습니다."

강의 시간마다 강조한 두 가지의 원칙!

- '기업은 역할분담이다. 개인 전문성과 관계 연결성이 핵심이다.'
- '결론부터 답한다.'

이 말은 취준생뿐 아니라 직장인이 반드시 명심해야 할 학교와 기업, 사회와의 차별화 포인트의 핵심이자 모든 발상, 답변 요령의 꼭짓점이다.

그런데, 한국 대학교 교육에서 통째로 빠져 있다. 덕분에 4주간 매주 3시간의 짧은 배움을 실천한 것만으로 이런 놀라운 성과가 있었다.

필자는 모든 강의의 출발점을 이 부분으로 삼는다. 경영, 취업, 리더십, 인문학 강의 등등 가리지 않고….

'분업과 결합. 태도. 인성, 경쟁의 필연성'으로 이어지는 구조화이다.

| 역할 분담(분업)

350년 전에 영국 아담 스미스의 '국부론(The Wealth of Nations)'에서 시작된 이론, 그 내용을 그대로 인용해 본다.

"나는 열 명의 사람들이 일하는 이런 작은 공장을 본 적이 있다… 그 열 명의 사람들이 열심히 일하면, 하루에 약 48,000개 이상의 핀을 만들 수 있었다. 그러므로 각 사람은… 하루에 4,800개의 핀을 만든다고 할 수 있다. 하지만 그들이 개별적, 독립적으로 일했다면… 그들은 각자 하루에 20개도, 어쩌면 1개도 만들기 어려웠을 것이다."

분업의 힘으로 240배 생산성의 증대가 있었던 것이다.

이 분업의 효과는 '인간의 욕구와 교환 필요 시장의 존재, 보이지 않는 손에 의한 수요와 공급, 시장가격'으로 이어진다. 우선 기업의 존재를 그대로 설명해 주며, 이 인간의 욕구는 다음 단계로 '혁신과 기업가정신'으로 연결된다.

그런데, 여기서 끝나면 그냥 '경제이론'이다.

| 분업과 조립- 개인 전문성, 연결 관계성 그리고 K.S.A

이 역할 분담은 취준생이 가져야 할 기본 인식구조의 단초(端初)가 된다.

현대사회에서의 분업은 '조립, 결합'을 전제로 한다. 조립이 되어야 온전한 제품이 되고 고객에게 팔린다. 조립의 상당부분 부품(자동차의 경우 부품만 약 3만 개)은 다른 회사에서 만들어져 완성차업체에 납품이 되어 제 때 조립, 결합되어야 한다. 조립선상에 일하는 모든 사람은 제각기 다른 일을 한다. 이것을 우리는 '직무'라고 부른다.

그 조립, 결합은 '순서'가 있다. 하나의 부품, 하나의 단계만 멈춰(혹은 지연, 과속) 있어도 전체가 멈춘다. 본인이 앞단계와 뒷단계를 어떻게 연결하느냐가 회사 전체의 운명을 좌우하는 결정적(CRITICAL)인 변수가 되는 것이다.

각 개인의 신체적, 심리적, 스타일의 차이를 넘는 앞단계와 연결된 두 사람, 뒷단계와 연결된 두 사람의 관계는 기계적인 수준을 넘어 '보다 더 나은(more than, better than)' 연결고리가 되어 생산성과 효율성 향상의 기반이 되어야 한다. 작은 차이가 경쟁자와의 승패를 가늠한다.

그래서 결국 한 회사에서 모두가 다른 일을 한다는 것과 회사의 인원이 3명이든 천 명이든 만 명이든 개인의 전문성과 조직의 연결성이 핵심주제가 된다는 것이 남는다. '일과 사람'이다.

(1) 일 - 개인의 전문성이다. '직무역량'이고 '취업목표'이다. 전공과는 다르다.
(2) 사람 - 연결되는 관계성이다. 인간관계의 '태도, 인성'이다. '리더십'이라고도 한다.

둘 다 무조건 좋아야 한다. 그래서, 학교 교육의 목표뿐 아니라 기업의 인사고과에서도 K(knowledge), S(skill), A(attitude)의 3가지로 구성이 된다. 개인 전문성을 위한 K, S와 조직 연결성을 위한 A로 구성되는 것이다.

| 태도 - '잔소리' 그리고, 진정한 어른

Attitude를 번역하면 '태도, 인성'도 되겠지만 필자는 '잔소리'로 번역을 한다.

세상을 일정 기간 이상 살아온 사람에게는 중요성이 더 구구절절해진다. 취업하고 성공하고 출세하려면 남다른 분야의 전문성과 '좋은 관계'가 중요하다는 것이다.

그러기에 자식들이 그렇게 싫어해도 진정한 어른들은 쉬지 않고 '잔소리'를 하는 것이다.

이 원리를 강의 시간에 알려주고 신념화를 위해 틈나는 대로 목소리 높여 따라 하게 한다.

- (박창욱)"왜 시간 지켜야 하나요?" (학생) "같이 일하니까"

  → 혼자 늦으면 다른 사람 기다리고, 생산량 못 맞추고, 고객을 기다리게 하니까

- (박창욱)"왜 인사 잘해야지요?" (학생)"같이 일하니까"

- (박창욱)"왜 웃어야 하지요?" (학생)"같이 일하니까"

- (박창욱)"왜 깔끔하게 하고 다녀야 하지요?" (학생)"같이 일하니까"

- (박창욱)"왜 씩씩한 목소리의 사람이 좋지요?" (학생)"같이 일하니까"

- (박창욱)"왜 눈 마주쳐야 하지요?" (학생)"같이 일하니까"

- (박창욱)"왜 경청해야지요?" (학생)"같이 일하니까"

→ "정확하게는 같이 일해서 좋은 성과 내어 같이 나누어 행복하자는 것입니다."

초등학생 수업하듯이 묻고 답하는 것을 반복해 본다. 매 수업 시간마다. 그 원리를 게임으로도 하며 강하게 각인(刻印)시켜 주려고 노력해 본다. 그런데, 고쳐지지 않는다. 여전히 지각하고, 기어들어가는 소리하고, 스마트폰에 눈길이 먼저 간다.

학교 강의 시간은 다른 사람과 이어지는 연결고리가 없으니까. 가정에서도 매일반이다.

제조업의 메카격인 독일! 그 회사의 면접관들은 한국의 학생이 '기업이란?'이
라는 질문에 대답한 '역할분담, 분업'이라고 정의 내리는 것이 신기했을 것이다.

입사한 지 4개월 만에 독일 본사에 업무차 출장도 갔다 왔다고 했다. 인정을
받은 모양이었다. 같이 오래 일할 만한 사람으로 인식했다는 뜻이기 때문이다.

"화장실에 휴지가 없다. 어떻게 하겠느냐?"
회사마다 직무마다 다른 역량이 필요

면접관이 좀 고약한 질문을 한다.

"화장실에서 큰일을 보았는데 휴지가 없다는 것을 뒤늦게 알았다. 어떻게 하
겠느냐? 먼저 답해 볼 사람?"

다섯 명의 면접대상자를 두고 면접관 3명 중 질문 전담인 인사부장이 던진
질문이다. 면접자들 모두가 당황하는 기색이 역력하다. 옆에서 질문을 듣고 있
던 면접관도 당황한다.

통상적으로 면접관끼리 역할 분담은 하지만 구체적인 질문까지는 미리 맞춰
보지는 못하며, 상황대처 역량을 점검하는 이런 고약한 질문은 주로 실무자급
면접관이 도맡는다.

회사 일은 워낙 다양한 상황에 접하는 경우가 많다. 예상치도 못한 질문을 대

하는 태도와 나름대로 답을 구성하는 것을 보고 평가한다. 정답이 있겠는가?

황당한 질문에 황당한 답변들

- "양말로 처리를 하겠습니다."
- "손수건으로 처리를 하겠습니다."
- "저는 준비를 철저히 해서 그런 일이 없을 것입니다." (말귀를 못 알아듣네!)
- "핸드폰으로 문자나 전화를 해서 도와 달라고 하겠습니다."
  "일단 물을 내리고 나면 나오는 깨끗한 물로 처리하겠습니다." (그럴싸하네! 창의적이네!)
- "옆방에 노크해서 휴지를 넘겨 달라고 하겠습니다."
  면접관, "칸이 하나만 있는 화장실이라고 하면?",
  "그러면, 밖에 소리치겠습니다.",
  면접관 "좀 외진 곳에 있어서 2, 3일에 한 명이 올까말까 한 곳이라면?" 그랬더니,
  "그래도 기다리겠습니다.",
  "3일이라도 기다리겠다고?"
  "예!"

괄호 안의 글은 면접관의 마음속에서 지나갈 가능성이 있는 생각들이다.

마지막의 답변자같이 약간 무대뽀인 경우는 어떤가? 뽑아야 할까? 아니면 약간 이상하니 뽑지 말아야 할까?

"여러분이라면 어떻게 하겠습니까?"

실제 있었던 질문이지만, 다른 회사 임직원 강의 시간에 이런 상황을 두고 질문을 해 보면, 사장이나 오너들은 "반드시 뽑겠다. 보배(인재)다."라고 한다. 반면 일반 임직원은 손사래를 친다. 대개의 회사에서 비슷한 결과가 나온다.

| 기업은 다양한 인재가 필요

이유는 기업의 인재는 업무(직무)에 따라 제각기 다른 역량이 필요하기 때문이다. 그런데 학생들은 '신속하고 남보다 한발 먼저 움직이는 태도와 자세'가 필요하다는 인재상을 주로 듣고 있다. 모두가 그렇게 쏠리며 그래야만 취업이 되는 줄 아는 것이 문제다.

회사 일은 워낙 다양해서 신속함보다는 진득함, 끈기, 참을성이 중요한 업무도 많다. 예를 들면, 시장조사, 품질관리, 외상매출 수금 업무 등은 전통적으로 끈기가 필요하며, 기계화나 자동화만으로 해결되지 않고 현장에서 지켜보며 유의점을 찾아내는 업무이다. 그래서, 다양한 기질과 스타일을 가진 직원을 뽑는 것이다.

축구나 야구 운동을 상상해 보라. 포지션별로 역량이나 기질이 달라야 한다. 일정 시간에 승부를 결정짓는 운동보다 더 다양한 업무들과 대외 환경을 감안해야 하는 기업은 오죽하겠는가?

몇 년 전에 모 방송사의 오디션프로그램 중에 '신입사원'이라는 프로그램이 있었다. 방송국 신입 아나운서를 선발하는 토요일 저녁의 인기프로그램이었다. 면접관으로 앉은 고참 아나운서들이 하는 한결같은 질문은 이것이다. "기본은 알겠고 혹시 본인만의 차별화된 능력은 없어요?" 일반인이 보기에는 크게 차이가 없어 보이는 아나운서라는 직업도 속을 보면 이렇게 남다른 역량을 가지고 있는지 챙기고 있었다.

| 취업 준비의 첫 함정 - 획일화

우리 취준생들의 준비는 대체적으로 획일적이다. 외국어, 자격증, 생각 없이 진행되는 인턴, 동아리 활동, 가난을 원망하며 하기 싫은 아르바이트 등.

그러니, 면접을 보아도 변별력이 없다. 요즘 관심을 가지는 블라인드 채용을 해 봐도 예전방식과 그 결과는 큰 차이가 없다. 필자도 30년 전부터 수없이 해 봤던 일이다. 모두가 비슷한 모습으로 나타나면 누구를 뽑겠는가? 결국은 학력이 기준점이 되고, 그렇게도 싫어하는 스펙(SPEC)이라는 기준이 작동된다.

수많은 채용 관련 가이드북이나 관계자 인터뷰 자료, 언론 보도 등에 너무 민감하게 심취하지 말라고 권하고 싶다. 특히 기질적인 문제 즉, 내성적과 외향적인 기질, 신속함과 약간의 굼뜸 등의 본연의 모습을 기반으로 취업 준비를 해야한다.

그리고, 취업목표를 세우고 지원서를 낼 때는 직무 단위까지의 목표를 정하고 본인의 기질과 대비해 보아야 한다. 경쟁이 치열한 대기업이나 공기업일수록 더욱 그래야 한다. 반면 중견, 중소기업의 경우는 너무 세분화되지 않아도 좋다.

결론은 회사, 산업과 직무 등을 단순하게 보지 말고 다양성 관점에서 준비해야 한다.

별 볼 일 없었던 곳을 자랑하라고?
학교, 가족, 군대 자랑 시리즈와 우리 회사

"출신 대학교 자랑 한번 해보세요."

"군대 다녀왔지요? 본인이 근무한 부대 자랑 한번 해보세요."

"3대가 한집에 사네요. 집안 자랑 한번 해 볼래요?"

면접 중에 나오는 질문들이다.

'군대 자랑? 죽기보다 싫었는데… 자랑해 보라고?' 이런 이상한 질문이 있냐고 속으로 반문하면서 눈치껏 답을 만들어 본다.

- 좀 힘들었던 시기라 특별하게 자랑할 것이 없었습니다.
- 서울 가까운 곳에 부대가 있어서 덜 외로운 군대 생활을 해서 좋았습니다.
- 힘은 들었지만 인내력을 배울 수 있었고, 선배, 후배들의 인간관계를 배울 수 있었습니다.
- 작전 업무를 하는 곳에서 사병으로 복무를 한 덕분에 적의 약점을 찾아 공격포인트를 찾고 적의 강점을 찾아 무력화시키는 관점을 고급 장교들을 통해 배울 수 있었습니다.

'학교 자랑이라고?' 특별한 기억도 없고 대학은 늘 고만고만하다고 생각을 했기에 나오는 답들은 이런 것들이다.

- 특별한 것이 없습니다.
- 캠퍼스가 아름답습니다.
- 등록금이 싸서 좋았습니다.
- 교수님들이 좋은 학교 출신이자 사회적으로 유명하신 분들이라 좋았습니다.
- 남들은 지방대라고 많이 비하해서 말하지만 교수님께서 기업체에서 근무하다가 오신 분이 많아 일반 회사의 사례를 들어가며 공부한 것이 좋았습니다.

자랑시리즈 질문을 왜 할까?

기업의 면접에서 왜 이런 소위 '자랑'시리즈 질문을 할까?

기업 자체 관점, 고객의 관점으로 나눠서 볼 수 있을 것이다.

기업의 속성이 가진 것의 자랑거리를 팔아서 존재하는 것이기 때문이다. 기업의 일이나 제품, 서비스가 세상 최고의 것은 아니다. 완벽한 것은 더더구나 아니다. 똑같은 제품도 결함의 정도나 수준만큼 차이가 나고 가격도 차이가 난다. 자랑거리도 있고 모자라는 결함도 당연히 있다. 자랑거리를 가지고 적합한 고객을 찾아 세일즈하며 부족한 부분은 적절한 설명으로 이해를 구하며 경쟁사와 가격 경쟁을 한다.

또 한편으로는 고객에 따라 보는 관점이 다를 수도 있다는 점도 염두에 둔다. 나의 관점만이 옳은 것이 아닐 수 있다는 취지로 상대의 관점을 찾아보는 노력과 훈련이 되어 있는지를 보는 것이다.

고객에게 좋은 것은 좋은 것대로 자부심을 가지고 판매를 하는 것이 당연하다. 그 좋은 것이라는 홍보 포인트를 회사가 제공하는 경우도 있지만 스스로 찾아서 설명하는 능력도 중요하다. 자칫 취준생 중에는 이를 아부나 저자세로 해석하는 경우를 많이 보았다. 심지어는 없는 답을 만들어 거짓말을 하라는 것으로 오해하기도 한다. 무조건 노력해야 한다. 조직에 대한 자부심이다. 이것이 싫으면 그 회사 절대로 지원하지 말아야 한다.

그런데, 학생 신분에서는 무조건 1등을 추구하고 100점짜리 완벽을 추구한다. 완벽하지 않으면 왠지 모르게 힘이 빠지고 꺼려지는 것이 우리의 교육 구조이다. 그러다 보니 결점을 찾는 데에는 익숙하지만 자랑거리를 찾는 데에는 무척이나 어색해한다. 반드시 극복해야 할 사항이다.

취업의 정석 나를 마케팅하다

그런 의미에서 그룹 토의 면접에서도 어떤 주제에 대해 본인이 찬성, 반대를 선택하도록 하지 않고 강제로 나누어서 토의하도록 하며 지켜보고 평가한다. 강제로 주어진 찬성 혹은 반대의 입장이 본인과 반대인 경우에도 문제를 해석하고 그중에서도 긍정적 측면을 찾아가는 접근법을 보는 것이다.

어떻게 답하는 것이 좋을까?

그러면 어떻게 답을 하는 것이 좋을까? 어떤 발상법으로 본인 스스로나, 속한 조직이나, 회사의 판매제품이나 서비스를 보는 것이 좋을까?

기업에 일하는 사람의 기본은 무조건 긍정적이어야 한다. 최소한의 조건이다. 그래서,

첫째, 긍정적 마인드를 기초로

둘째, 해당 기업의 산업이나 직무에 초점을 맞추고

셋째, 다른 조직과의 차별적 관점에서 특징을 찾아서 설명할 수 있으면

최고의 답이 되는 것이다. 수많은 요소 중에 질문을 한 상대에 맞는 것을 찾아서 제시하는 것, 전략적 사고이자 답변인 것이다.

답변의 예시들

'가족 자랑'으로는

- "부모님께서 작은 슈퍼를 운영하며 살아가시는 것을 자랑스럽게 생각합니다. 두 분의 화목하심과 역할분담 그리고 서비스 마인드로 일하시는 모습을 보고 커 왔습니다. 수시로 가게의 상품 위치를 조정하고 계절에 따라 상품 구성을 변화시키고 좀 더 좋은 조건(가격)을 찾아 거래처를 찾는 모습 등을 많이 배웠습니다."

- "저희를 대해 주시는 모습과 방법이 남다른 것을 자랑스럽게 생각합니다. 친구들의 말을 들어보면 저희 부모님같이 자녀들 말을 잘 들어주는 경우를 못 보았습니다. 그래서 무난히 커 온 것 같습니다. 앞으로 입사하면 이런 아버지 리더

십, 형님 리더십으로 일해보고 싶습니다."

- "아빠가 '시간과 약속 지키는' 모습을 보고 커 온 것이 자랑입니다. 늘 우리에게 신뢰의 기본으로 '시간은 생명이다.'라고 가르쳐 준 것입니다. 대학에서 아르바이트를 하면서 왜 그러시는지도 절실히 이해가 되었습니다. 입사하게 되면 같은 수준의 마인드로 일하면 인정받겠다는 확신도 가지게 되었습니다."

- "아빠께서 평생 택시 운전을 하시며 건강 관리하시는 것을 본 것이 자랑입니다. 2교대로 12시간 단위로 일을 하면서도 마치고 들어오시면 반드시 1시간 정도 걷는 운동을 하고 주무시며 건강관리 하는 모습을 보아왔습니다. 아빠의 친구분들은 건강이 좋지 않은 편인데 저희 아빠는 그렇지 않은 것을 본 것도 큰 교훈이 되었습니다."

같은 방식으로 학교 자랑도 취업 이후에 직장인으로 '보다 더' 필요한 요소로 이어지는 것을 자랑하도록 차별화하도록 노력하면 좋다.

- 실험. 실습의 기회가 많은 것, 기업체 경험을 하게 해주는 것, 리더십과 인간관계 중요성을 배우는 기회가 많은 것과 교수님의 노력, 학교의 정책을 펼쳐주는 것
- 학교 캠퍼스나 활동들이 다양한 팀활동하기에 적합해서 친구나 선후배가 어울리게 대화하고 연구하는 여건을 만들어 주는 것
- 동문 선배님들의 활동에 재학생의 참여 기회를 만들어 주고, 네트워크와 사회의 간접 경험의 여건을 만들어 주는 것

완벽한 조직은 없다. 나름의 존재 의미만 있다.
그런 의미에서

- 가족이 통념적으로 보잘것없어 보일수록 자랑하면서 나를 더 크게 보이게 하고,
- 내가 다닌 학교가 통념적으로 보잘것없어 보일수록 자랑하면서 나의 노력이 더 가상하게 보이게 하며,

- 내가 복무했던 군대가 통념적으로 고통스럽게 보일수록 자랑하면서 잘 견디고 노력한 나의 모습을 더 돋보이게 하는 것이 가능한 질문이 되는 것이다.

평소에 훈련을 통해 준비해 두면 취업만이 아니라 인생 전체를 관통하는 훌륭한 사고법이자 불리함을 뒤집어 역전시키는 전략이 된다. 많은 훈련이 필요하다. 하루라도 빨리 해나가자.

낯선 노래 '소양강 처녀', 면접 합격의 숨은 필살기
애절한 트로트 한 곡과 감성 역량

"지원서에 특기란을 보니 '노래부르기'라고 되어 있네요. 노래를 잘하는 모양인데 한 곡 불러 볼래요?"

"예!"

"♫ 해 저문~~ ♪♩ 소양강에 ♭노을이 지면 ♫ …"

'소양강 처녀'라는 노래다. 1970년 나와 50년이 지난 노래로 요즘 청년들은 잘 모르는 곡이다.

모의 면접 경진대회를 하는 어느 전문대학교에서 있었던 일이다. 갓 20살을 넘긴 여학생들이 모의 면접장 단상에 올라왔다. 면접관은 나를 포함한 4명. 나를 제외한 모두가 최근까지 대기업에서 인사과장, 인사부장급으로 근무한 분이었다.

　모의 면접 참가자의 전공은 '네일아트(NAIL ART)'이며 몇 개월 후면 졸업을 앞두고 있었다. 노래 가락과 부르는 분위기가 너무 구성지고 슬퍼서 물어보았다.

　"랩이나 팝송이 어울릴 것 같은 어린 여학생이 너무 안 어울리는 트로트를 애절하게도 부르네요. 무슨 이유라도 있나요?"

| 낯선 노래를 부르게 된 사연

　"할머니가 좋아하셔서 부르게 되었습니다. 제가 노래를 부르면 같이 박수쳐 주시며 제일 좋아하는 노래입니다." "아니 할머니는 왜?" 면접관 전원이 궁금해 집중적으로 물어봤다.

　어릴 적에 엄마, 아빠가 이혼하며 엄마와 살기로 되어 있었는데, 엄마도 돈 벌러 집을 나가 몇 년 동안 외할머니와 같이 살고 있다는 것이다. 중학교 때부터인가 힘들어하는 할머니를 보고 위로를 해드리려고 매일 한 번 어깨 안마를 해드리며 제일 좋아하시는 이 곡을 불러드리다 보니 지금의 가락과 분위기의 음악이 나오게 되었다는 것이다.

　그러고 보니 예사롭지 않은 가락이었다.

　면접관 모두가 서로 쳐다보며 약속이나 한 듯이 머리를 끄덕이며 합격 범주로 점수를 주었다. 나의 눈에도 작은 이슬도 맺혔다. 하도 노래만큼이나 사연이 애절해서… 이 글을 쓰며 면접 당시를 기억하는 지금도 눈물이 날 지경이다. 여학생은 그날 경진대회에서 1등을 했다. 시상하는 자리에서 학생이나 교직원도 예외 없이 축하해 주었다. 같은 또래들끼리도 충분히 공감한다는 것이 의외였다. 어른 세대와 큰 차이가 나지 않는다는 것.

예민한 중고등학교 성장기를 부모 없이, 그것도 부모의 이혼이라는 이유로 할머니 슬하에서 성장했다는 최악의 상황에서 감각적으로 극복해 낸 감동스토리이기 때문이었다.

| 일 잘하는 사람 : 이성과 감성

기업에서 일을 잘하기 위한 취업 준비에는 크게 두 가지 역량이 필요하다. 냉철한 분석과 논리의 이성적 역량으로 갖추는 전문성과 따뜻한 인성을 바탕으로 하는 인간에 대한 배려의 감성적 역량이다. 직업과 산업에 따라 다르게 배합된다.

준비한 전문성이라고 하는 것의 수준 차이는 다양하다. 나름대로 잘한다고 해도 대학생 수준이다. 입사하면 도긴개긴이다. 선후배와도 경쟁하고 한국 전체나 글로벌 차원에서 경쟁이 이루어지기 때문이다. 그래서, 입사 후에 꾸준히 연마하면 그 차이를 메꾸거나 간격을 벌리며 수준 차가 나기 시작한다. 그래서 뽑을 때는 크게 관심을 두지 않는다. 뽑아 놓고 가르치면 되기 때문이다.

그래서 꾸준히 하겠다는 의지, 모르고 부족한 것은 동료나 선배를 찾아가서 협조를 이끌어 내는 모습에 훨씬 많은 관심을 가진다. 이때 필요한 역량이 삶에 대한 태도이며, 다른 사람의 마음을 끌어내 같이 교류하고 싶고 도와주고 싶게 만드는 역량이 중요해진다.

본인의 직업이 바뀌거나 다른 산업 영역으로 전직(轉職)을 할 때도 생각해 보자. 창업을 했다고 가정도 해 보자. 심지어는 새로운 세상, 예컨대 4차산업혁명의 시대가 도래한다고 생각해 보자. 누가 빠르게 상황에 적응해 가겠는가?

또 다른 측면에서 구체적인 기업 현장도 들어가 보자. 마케팅이라고 하는 고객의 마음을 사서 회사의 제품을 팔기 위해 경쟁 회사와 전쟁을 치르며 구사하는 마케팅. 최고의 제품을 싸게 만드는 분석적이고 이성적인 전문적 역량도 있어야 하지만 뭔지 모를 매력으로 고객의 마음을 흔들어 놓을 수 있는 감성역량도 중요하다. 이 둘의 적절한 조합이 취업준비의 핵심이 되는 것이다.

그런데, 요즘 취준생들은 인간관계의 감성역량 개발은 뒷전에 두고 있다고 생각이 된다. 비슷한 또래한테는 잘하는지 모르지만 연령대 차이가 나거나 남녀 성별이 다른 경우에는 교감하는 능력이 떨어지는 것을 자주 본다.

그래서, 요즘 청년들을 대상으로 "태도, 태도", "인성, 인성"하고 찾는 것이다. 그래야 나에게 새롭게 닥치는 미래, 기술 발달로 마주치는 미래, 나와는 다르게 반응하고 생각하는 고객의 마음을 훔칠 수 있기 때문이다.

| 할머니 마음을 훔친 손주

이 학생은 그 감성역량을 가진 것이다. 부모님이 없는, 할머니 슬하의 성장여건이라는 역경 속에서도 할머니의 마음을 사는 방법을 키워왔기 때문이다. 요즘 이 시대의 취업준비생에게서는 거의 찾아보기 어려운 모습이기도 하다.

여러분도 이제 노래 몇 곡 혹은 드라마, 영화, 좋은 여행지, 좋은 맛집, 맛있는 음식 등에 지식이나 정보를 갖추는 비장의 무기를 가지길 권한다. 취미, 특기의 영역에서 제법 다양한 질문이 나온다. 그런데 가급적이면 어른들이 관심가질 만한 것을 가져라. 아빠의 것으로…, 엄마의 것으로….

여러분 또래의 취미는 별도 노력을 하지 않아도 자동적으로 관심을 가지지 않는가? 부모님의 취향을 아는 데는 노력이 필요하다. 관심을 가지고 숙지를 하고 있으라. 그러면, 그분들의 마음을 흔들 것이다. 그분들이 여러분에게 일자리 기회를 줄 것이고, 일을 가르쳐 줄 것(본인들이 평생 몸으로 터득한 남들보다 일 잘하는 법을 포함해서)이며, 오래 버티는 법을 가르쳐 줄 것이다. 그리고, 입사 후 회식장소에서도 최고의 인기맨이 될 것이다.

오늘 밤 아빠를 모시고 노래방에 가서 좋아하는 노래 두 곡만 여쭤보고서, 외우고 공부해 보아라. 위로를 위해 한번 불러드려도 좋을 것이다.

그러면 이런 노래를 잘 부르는 것은 흔히 말하는 직무역량일까? 아닐까?

이런 노래 부르는 특기 역량이 직무역량이 되고 안 되고는 그것을 활용하는 본인의 손에 달린 것이다.

"누나 있어?"라는 질문의 군대 전입 신고식
신입사원의 꼼꼼함이라는 역량과 고객 만족

요즘에는 상상도 못 할 일이겠지만 취업, 마케팅 사고의 일환으로 이해를 바란다.

군대에서 신병훈련을 마치고 새롭게 부대 배치가 된 후 이루어지는 '전입신고식'에는 일반 면접이나 사람과의 첫 만남에서 활용할 수 있는 시사점이 많다.

오랜 세월동안 이어져 오는 군대의 관습이 재미있는 에피소드가 될 수 있다.

새 식구를 맞이하는 데 약간 짓궂은 측면도 있어 듣기에 따라 거북하겠지만, 10여 년 전에는 쉽게 볼 수 있는 장면이고, 질문과 답을 하는 요령을 이해하기 위한 측면으로 뜻을 헤아려 주길 바란다.

| 첫 만남과 신상털기

신병이 전입해 왔다는 반가운 소식에 소대원이 내무반에 집결한다. 40여 명 전원이 계급순으로 내무반에 한 줄로 걸터앉아 신고식을 시작한다. 군기 잡기부터 시작하여 신상정보를 파악하는 일종의 '통과의례'이자 '반가움'의 표시이기도 하다. 앞으로 2년 여간 같은 내무반에서 생활할 사람이기에 충분한 상호 이해를 위해 시작하는 것으로 짐작이 된다.

- "열중 쉿! 차리엇! 좌향좌! 뒤로 돌아!"
- "어? 동작 봐라! 앞으로 취침! 뒤로 취침!"

최고의 긴장상태에서 혼쭐을 뺀다. 어느 정도 시간이 지나면 본격적인 질문이 날아온다. 약 1시간 가까이 신상 100%를 캐묻는 신상털기가 시작된다. 그중에 처음과 끝이 의미 있는 압권이다.

35년 전 소대장, 중대장으로 복무할 때 자주 보아온 이 시간은 순수 병사들끼리 이루어지는 통과의례로서 나는 늘 옆에서 지켜보았고 활동의 취지와 이유를 곰곰이 생각해 왔다.

- "집이 어디야?" 혹은 "어디서 왔어?"
- "천안입니다."

  바로 질문(일종의 '시비')이 이어진다.
- "천안이 다 너 집이야?"
- "아닙니다!" ... "그러면?" … "충남 천안시 동남구입니다."
- "어, 참! 동남구가 다 너 집이냐고?" ...
- "아닙니다!" ...
- "그러면?"...

  그때야 정신이 번쩍 든다.
- "충남 천안시 동남구 신부동 753번지입니다."
- "알았다"고 한다.

그제야 첫 질문이 끝난다. 그리고, 1시간여 동안 숱한 질문들이 오간다. 신병의 곤혹스러움은 말도 못한다.

이젠 마지막 질문이다. 반드시 마지막에 한다. 그 답변에 따라 행사가 끝나기 때문이다.

- "누나 있어?" … "있습니다." …

  전원이 호기심에 귀가 쫑긋한다. 최고참의 질문이 이어진다.
- "몇 살인데?" …
- "31살입니다." …
- "에이!"

  모두가 실망한다. 참석자 모두에게 의미가 없다는 것이다. 일부는,

- "야, 너 고참 놀리냐?"···
- "아닙니다."

그러면서 마무리가 된다.

이젠 일상적인 군대 생활이 시작이 되는 것이다. 신병은 있는 그대로 대답했을 뿐이다.

본인 나이 21살, 누나 나이 31살··· 집안에서 늦둥이로 태어난 것뿐이다. 좀 더 요령 있게 대답을 한다면,

- "예! 누나 있습니다. 나이는 31살, 결혼했습니다."

라고 한숨에 이어서 답을 했으면 어떨까? 고참들의 쓸데없는 상상이 필요 없었을 테니까.

| 두 질문이 가진 중요한 시사점

신병 길들이기는 앞으로 이어지는 '공동체'라는 군대 생활에 기초가 된다. 30여 명의 소대원끼리 촘촘한 역할 분담으로 내무반생활이 이어지기 때문이다. 내무반 청소, 화장실 청소, 식기 씻기, 군화 닦기, 훈련 준비 등등을 포함한 쉴 틈 없이 이어지는 공동체 생활. 물론 요즘은 개인화되고 많이 바뀌었다고 하지만 상당부분은 공동생활의 역할 분담으로 이루어진다는 것이 중요하다. 그런 의미에서 '기업이라는 조직'의 기본인 역할 분담(분업)으로 성과를 내는 것과 정

확하게 일치가 된다고 할 수 있다.

첫 번째는 '구체성'에 관한 것이다. 본인에게 분담된 일을 꼼꼼하게 처리하는 것은 공동체생활 습관의 제1계명이다. 비록 신병의 일이지만 한 부분만 소홀해도 전체가 문제가 되기 때문이다. 그런데, 21, 22살의 어린 나이로 대개가 단체 생활의 경험이 없어 본인 눈높이로 일을 처리하고 나면 엉성한 경우가 태반이다. 그런 문제를 예방하고자 신병 때 '구체성'을 주제로 한 선배들의 집중적인 교육이 이어지는 것이다.

두 번째는 '상대방 헤아리기'에 관한 것이다. 고참들이 왜 '누나'를 묻겠는가? 조만간 전역을 앞둔 상황에서 동생뻘 되는 신병과의 연고로 여자 친구 만들고자 하는 의도다. 그런 마음을 헤아리는 것과 그냥 답을 하는 것과는 어떨까?

즉, 취준생을 떠나 기업에서 일하는 직장인으로서 반드시 가져야 할 기본이다.

- 조직 구성원 사이의 역할분담이 전제가 된 각 개인의 '꼼꼼함과 책임감'
- 조직 내부 혹은 외부 관계자의 마음을 헤아리는 '고객 만족 태도'

한 걸음 더 나가는 답변
말이 나온 김에 한 단계 높은 수준으로 차별화시켜 보자.

첫 번째 질문의 답변에서 한 걸음 더 나가보자.

- "네, 집은 충남 천안시 동남구 신부동 753번지, 천안시외버스터미널

근처에 있습니다."

라고 답했으면 어떨까?

군대 내무반 인원이 전국에서 모인 것이 짐작된다면 집 근처의 중요한 건물이나 공공장소를 빗대어 설명하자는 것이다. 순간적으로 이해를 빠르게 하며, 설령 천안을 모른다고 해도 더 이상의 질문이 필요 없어질 것이다.

두 번째 질문에 이런 답변을 하였다면 어땠을까.

- "네, 누나가 있는데 31살이고 결혼했습니다. 그런데, 옆집에 누나 있습니다."

얼마나 절묘한 답인가? 상대의 희망사항을 헤아린다는 뜻이다.

그러면 당장 다음 질문이 나온다. "혹시 사진 있나?"…"예, 있습니다."

당장 최고참 옆자리를 비운다. 그리고, 옆자리에 앉으라고 하며 어깨동무하고 사진을 보자며 전입 신고식이 마무리되고, 자리를 뜰 차례이다. 전화번호가 필요한 것이다. 옆에 있는 다른 고참들이 들으면 전역이 2달 남은 본인보다 먼저 휴가 나간 사람이 전화를 걸어 중간에 채가기 때문이다. 신병에게 좀 더 잘 보이기 위해 둘만의 장소인 PX를 들러 콜라와 치킨을 사준다. 그것도 최고참이… 부대원 중 최고의 상전(上典)으로 등극하는 순간이다.

취업의 정석 나를 마케팅하다

"신혼여행을 미뤘습니다. 오더가 밀려서"

워라밸과 나의 존재감

상황 1 : 결혼식과 뒤로 미룬 신혼여행

신랑신부의 결혼식 입장 직전에 같이 사진을 찍으면서 신랑에게 "신혼여행은 어디로 가세요?"라고 물었다.

"이번에 못 갑니다. 일이 많아 다음으로 미루었습니다."

"아이쿠, 그랬어요? (…) 여하튼 축하합니다. 결혼과 일 많은 회사에 다니는 것을."

그리고 악수를 건네고 둘의 신랑신부 입장을 보고 나왔다.

필자가 일하는 대우세계경영연구회가 주관하여 양성하는 글로벌청년사업가 (GYBM)양성 미얀마과정을 2017년 6월에 마치고 2019년 4월 어느 토요일에 현지에 취업한 동기생끼리 서울에서 결혼식이 있었던 자리의 일이다. 신랑은 양곤의 한국 봉제기업(봉제: 섬유 산업 마지막 단계로 재봉틀이나 바느질이 필요한 분야)에서 근무 중이며 신부는 현지의 한국 금융 회사에 근무 중이었다. 연수 과정에서 1년여를 같이 보고 지냈던 터라 결혼식을 찾아가 축하해 준 것이다.

당시 미얀마는 그해 하반기에 팔리는 가을겨울 옷을 집중적으로 생산하던 때라 잠시도 여유가 없었다. 그래서 이 바쁜 시기를 넘기고 신혼여행을 떠나겠다고 하는 것이다. 회사 업무의 집중도를 따져 결혼날짜를 잡으면 문제가 없겠지만 부득이한 경우도 생기는 법, 그럴 때 어떤 선택을 내릴 것인가?

조직인으로, 직장인으로 성장한다는 것은 이런 상황대처 능력도 포함이 되는 것인데 요즘 한국의 현실은 어떨까? 이런 경우에 몇 번 부닥치며 본인의 생활이 불편해지면 '너무한다'고 하며 회사를 떠난다. 곤란한 상황이 오더라도 부단히 업무 파악을 하고 주변과 소통하며 의사를 결정해 가다 보면 어느덧 그 분야에 '일가견'이 있는 전문가가 될 것이다. 오히려 무난한 일만 하다 보면 무기력해지는 것이 세상의 이치인데….

그런 의미에서 신랑신부가 밝은 표정으로 이런 답을 한다는 것이 너무 자랑스럽다. 그만큼 컸다는 것으로 해석이 되기 때문이다.

상황 2 : 면접장에서 선택 강요형 질문

"결혼을 약속한 애인과 주말여행을 떠나려는 금요일 퇴근 시간에 부장님이 불러서 일을 시킨다. 어떻게 하겠느냐? 일이냐 여행이냐?"

면접장에서 받은 당황스러운 질문이다. 잠시 생각 끝에 답을 한다.

"일하겠습니다." 그러면, "그 소중한 여행은 어떻게 하고?" 면접자는 "다음에 가면 됩니다."로 답을 이어간다.

"여행가겠습니다." 그러면, "일은 어떻게 하고?" 면접자는 묵묵부답할 수밖에 없는 지경이 된다.

이러면 저렇게 시비 걸고, 저러면 이렇게 시비를 걸며 대처하는 모습을 본다.

이 질문은 단순하게 판단과 선택능력을 보는 것일 수도 있다. 그러나, 회사일이 중요하니 약속을 버린다고 좋은 점수를 받는 것도 아니며, 정해진 약속이 더 중요하다고 해서 그냥 여행을 떠나겠다고 하는 태도는 더 낭패이다.

기업이 바라는 것은 일과 휴식의 균형감을 가진 사람이다. 흔히 말하는 '워라밸(WORK & LIFE BALANCE)'인 것이다. 일과 여유, 회사와 가족, 업무와 취미활동의 균형감을 가진 사람을 좋아한다는 것이다. 삶을 행복하게 하는 두 가지 축이기 때문이다.

그런데, 심각한 것은 많은 취준생이 이런 종류의 질문을 일(회사)에 대한 충성도나 소신을 지키는 질문으로 해석하는 것이다. 특히, 일하겠다고 답을 하면 스스로 '면접을 잘 보았다'고 착각하는 것이다.

이번에는 전혀 다르게 문제에 접근해 보자.

"우선 상황 파악을 하겠습니다."라고 하자. 주변 여건들이 다양할 수 있으니 많은 답변이 가능하다. 앞의 답에 이어서 "결과물을 월요일 아침에 보고 싶다고 하면, 일단 여행지로 가지고 가서 처리하도록 하겠습니다. 마침 돌아오는 시간이 이르다면 도착 즉시 사무실로 와서 처리도 할 수 있습니다."

좀 더 나가보자. "사장님께서 자료를 기다리고 계시며 빠른 시간 내에 보고해야 하는 경우라면, (사실 굳이 이런 상황설정을 면접자가 직접 할 이유는 없다. 바보같이··) 대신해 줄 사람을 찾아 부탁해 두고 여행을 떠나겠습니다. 물론 부장님의 양해가 있어야 할 것입니다. 그리고, 공항으로 이동하며 통화로 보완할 수도 있을 것입니다." 그 외 다양한 상황 설정도 가능하다.

결론적으로 정말 쉬운 질문이라는 것이다. 낭패를 보는 이유는 머리로 풀려고 하거나 취사선택형 질문에 하나를 덥석 쥐는 습관 때문이다. 제3의 답, '상황파악'이 우선이라는 말로 반전하면 내가 주도권을 쥐는 것이다.

어차피 질문이 가정에서 출발했다. 답도 가정에서 출발하면 된다. 둘 중에 하나를 고르는 함정에 빠지지 말라는 것이다.

| 일을 대하는 태도와 경험, 연습

이런 종류의 질문에 잘 대처하려면 많은 경험을 쌓는 것이 중요하다.

대학교의 동아리, 봉사, 심지어는 단체 종교활동 등은 많은 행사를 통해 기획, 준비, 활동, 피드백을 연습하게 한다. 그 과정에서 일이나 사람에 대해 유연하게 대처하는 법을 배우게 된다. 단순하게 하나를 선택하게 만드는 경우는 거의 없다.

살아가는 인생의 두 축! '일과 삶', 정말 중요하다. 매시간, 매일, 매주 스스로 균형감을 가지고 저울질하며 하나하나 처리해 나간다. 그런 과정에 주변의 도움도 받아야 한다. 위의 답변에도 정히 방법이 없으면 주변 사람에게 부탁할 수도 있다고 하지 않았는가? 그러자면 또다시 평소의 좋은 인간관계가 중요해진다.

유사한 경험을 많이 한 사람은 면접장에서 거침없는 자신감이 있는 모습을 보인다. 학교생활(공부 외 다양한 교내, 교외 활동)에서 팀활동을 하면서 약간의 까다로운 목표를 설정해 두고 추진하는 경험은 더 좋다. 목표를 향해 가는 과정에 부딪히는 다양한 일들을 해결하면서 배우고 성장하는 것이다.

다시 한번 부탁한다. '팀활동을 많이 하되 약간 힘든 목표를 설정하라.' 팀활동을 통한 태도를 연습하며 문제를 해결하고 극복하며 자연스럽게 자신감도 키워지는 것이다.

하나 더 짚어 두자. 필자나 어른들이 신혼여행을 미루는 경우를 좋아할 것이라 무작정 치부하며 '꼰대'라고 하지 말라. 그럴 수밖에 없는 상황이라면 유연성으로 극복하며 긍정적으로 생각하는 사람이 좋다는 뜻이다.

취업의 정석 나를 마케팅하다

고객 현장의 매력 :
'발품을 팔자'

차별화와 실행 3

오너, CEO를 죽이는 필살기(必殺技)
: 고객의 현장
취준생이 회사의 존재 이유를 헤아린다

"어떻게 그렇게 말을 잘하세요? 준비를 많이 하고 오신 것 같습니다."

약 10여 년 전 필자가 나이 45세에 어느 대기업 임원 공채에 지원, 면접을 마치면서 면접관이 나에게 남긴 말이다. 대우에서 15년, 중소기업의 경영총괄 임원으로 5년 정도 지난 시점이었다. 아쉽게도 최종 합격은 되지 않았지만… 마침 그 회사 인사부에 후배가 있어 들은 낙방(落榜)의 이유는 '점수도 좋았지만 나이가 너무 어려 불합격시켰다'고 했다. 보수적인 회사라 50대에도 임원 되기가 어렵다는 말을 들은 바가 있어 이해를 했다. 그 이후에도 공기업이나 중견기업에 임원급으로 지원해 면접을 본 일이 몇 번 더 있었다.

대개가 "참 말을 잘한다.", "어떻게 그렇게 거침없이 답을 하느냐?"는 말을 듣는 편이었다.

| 눈에 들어오는 신문 기사

신문기사 하나를 소개한다.

'구직자 울리는 중복합격자들'이라는 제목의 2015년 3월 기사이다(인터넷에서 직접 찾아보자). 여러 군데 합격하고도 결국은 한 군데만 입사를 하니 포기되어진(?) 회사는 인원을 못 채워서 낭패를 당하고 차순위자로 낙방한 사람의 기회 박탈에 대한 문제점을 보여주는 기사였다.

그런데, 제목을 올리지는 않았지만 내용 중에 눈에 띄는 대목이 있었다.

스펙은 별게 없는데 총 4군데의 회사에 지원을 해서 전부 합격을 한 사람에 대한 이야기이다.

『(중략)

롯데마트와 동화기업, 하이마트에 최종 합격했지만 현대자동차 계열사에 입사한 B씨(25)는 중앙대 경영학부 출신이다. 스펙은 특별할 게 없지만 그의 '필살기'는 어느 회사에서든 통했다. 그는 면접 전에 해당 기업의 영업소를 방문했다. 특정 시간 동안 얼마나 많은 고객이 찾아와 실제 구매하는지를 체크하고 판매를 늘리기 위한 나름의 해결책을 딱 한 페이지로 정리해 면접장에 들고 갔다.

(후략) 』

본인의 스펙과 상관없이 무조건 합격했다는 말이다. 그냥 흘려보내기는 너무나 짜릿한 정보가 숨어 있었다.

| 숨은 필살기 - 문제와 해답이 있는 '현장'

이 기사를 토대로 한 필자의 취업도전과 관련한 경험의 핵심은,
'회사의 문제는 현장에 있고, 해답도 현장에 있다'는 인식이었다.

사람을 뽑는다는 것은 그 회사의 허약한 부분을 보완할 수 있는 사람을 찾는 것이다. 그러자면 약점이 무엇인지 알아야 한다. 그리고, 그 문제의 해답이 있는 곳이 바로 현장이다. 이 명제는 필자에게 '맹신(盲信:무조건)에 가까울 정도의 확신'이다.

기업의 CEO가 가진 고민을 알고 있고, 나름대로 조사하고 연구해서 해답을

내어 놓는데 그 답이 의미 있으면 더 좋고, 전혀 틀린 답이라도 좋다. 기업이 원하는 인재의 핵심요소인 '그 현장을 찾는 것'만으로도 의미가 있다는 것이다.

| 현장을 찾는 것 - 모든 직급에 최고의 인재상

위에 언급한 나의 경험을 정리해 본다. 임원급의 경력직 채용이지만 신입사원 취업준비에도 맞아떨어지기 때문이다.

취업지원을 하게 되면 '그 회사를 조사하되 반드시 현장을 직접 방문했다. 제품이 판매되는 고객 접점을 살펴보는 것이 제일 좋았다. 그 회사의 고민이 짐작되며 인재를 찾는 이유도 헤아릴 수 있었다. 주위의 전문가들이나 다른 검색자료 등을 통해 나름대로의 대안도 마련해서 이력서와 경력기술서, 자기소개서를 작성하며 면접을 준비한다.'

이런 확신과 행동 규범은 어릴 적에 크고 작은 장사를 해 본 경험과 군대 복무시절 지휘관으로 근무하던 경험, 대우무역 15년여 간 STAFF부서(인사부, 경영기획부)에서 일했음에도 불구하고 틈만 나면 매일 영업부서를 두루두루 찾았던 경험이 토대가 되어 자리 잡았다.

특히, 40대 초반에 중소기업에서 전문 경영인의 역할을 할 때도 영업 현장인 백화점, 마트, 전통시장이나 생산 현장인 협력사를 직접 다녔다. 정말 소중했던 경험이다.

취업 교육이나 지도, 컨설팅을 할 때 반드시 강조하는 부분이다. 내 자녀 두 명의 졸업 전 취업비결이기도 하다.

그런 의미에서 요즘 취업 준비생들의 취약한 부분이 있다면

- 순수 스펙만 키워서 취업하겠다고 덤비는 현상
- 고등학교에서 대학 들어가는 입시 준비하듯 하는 현상
- 나름대로 회사를 조사한다고 하더라도 인터넷 자료 등에만 의존하는 현상
- 이런 준비 정도 수준으로 '외우기'로 준비하는 현상이다.

반면, '현장을 찾아 준비한 사람'에게는 남다르게 생각되는 면모가 있으며, 이를 경쟁력의 3대요소인 KNOWLEDGE, SKILL, ATTITUDE로 연결시켜 본다.

- 목표를 설정하고 집중한다. - BASIC
- 어느 정도 알아들을 수 있는 사전 준비와 전문성이 있다. - KNOWLEDGE
- 현장의 문제를 찾아내는 '눈'과 해결의 '의지'가 있다. - SKILL, ATTITUDE
- 취업 준비생의 최고 덕목이자 기업 인재상이 모두 함축되어 있다. - ATTITUDE
- 적극성, 성실함, 부지런함, 도전정신, 오래 다닐 가능성 등을 포함해 무엇보다 중요한 '자신감'이 있어 보인다. 직접적으로 눈에, 귀에, 가슴에 새겼다. - ATTITUDE

그런 의미에서 대학시절의 방학이라는 기간이 소중하다. 가급적 취업 목표나 나의 미래를 먼저 설정하고 그 주변을 다녀보는 기회를 가져보길 권한다. 관련 분야의 아르바이트나 인턴 근무 등을 하게 되면 더욱 생생하게 현장 경험을 하게 될 것이다. 돈이 연결된 기업 경험이다.

해외 취업도 그런 방향으로 준비를 해야 한다. 적지 않은 비용을 들여 해외여

행을 다녀오면서 맛있는 음식을 찾아 사진도 찍고 SNS에 글을 올리는 것도 좋다. 그러나, 그 나라가 가진 산업 측면의 애로점을 눈으로 보고 귀로 듣는 노력을 더하면 어떨까? 우리 대한민국의 발전 역사와 비교하며 준비하면 더 좋을 것이다.

그런 다음에 취업하고자 하는 국가도 선정하고 산업도 보아야 한다. 현장에서 보고 들으며 '문제와 해결'이라는 생각을 해 보는 것이다.

'축, 서류전형 합격, 새벽 4시 면접 집합'
긍정적 실천, 실행을 보는 면접 열전(列傳)

글로벌 진출, 해외 취업을 꿈꾸는 청년들을 선발하는 면접을 보면서 "우리 대학생들의 사회생활 준비는 아직도 많이 멀었구나"라는 생각을 떨칠 수가 없는 경우가 태반이다. 지난 10년 넘게 매년 면접을 보면서 말이다. 취업이 어렵다는 이유만으로 마음 내키는 대로 지원서를 내고서 단순히 '잘되면 다행. 안 되면 한 번 더'를 생각하는 듯하기 때문이다.

본인이 지원하는 회사 일의 특징과 산업의 속성을 충분히 알아보지 않고 뛰어드는 경우들이 면접의 각 단계마다 눈에 들어왔다.

그런데, 더 낭패는 선발하는 회사조차도 지원자를 면접만으로 제대로 파악하기가 너무나 어렵다는 것이다. 몇 마디의 질문과 답, 표정, 간단한 몸짓 등으로 당락(當落)을 결정지으니 당사자나 사회가 계속 왜 '스펙'만으로 합격자를 정하느냐고 항의를 하는 형국이다.

취업의 정석 나를 마케팅하다

면접자와 쫓고 쫓기는 숨바꼭질 면접으로 머리가 아플 지경이다. 정작 당사자도 왜 탈락하는지 모르는 일들이 일어나는 현장을 한번 가본다.

| 희한한 관찰 면접 1

세월이 조금 흐른 일로 어느 중견기업의 입사전형의 모습이다. 합격통보 메일을 보자.

"축! 서류전형 합격. 면접일정 통보!
2019년 6월 17일(월) 04:00 / 장소는 우리 회사 회의실"

눈을 의심케 한다. 새벽 4시?

시간 지켜 참석을 했더니만 정작 그 시간에 회사 사람은 아무도 나오질 않았다. 경비직원이 그냥 대기실에서 기다리라고 한다. 5시간이 지난 9시가 되어서야 면접장에 들어오라는 것이었다.

면접 질문은 "우리나라 수도는 어디? 제일 높은 산 이름은? 하루는 몇 시간이지요?" 등 누가 보아도 너무 쉬워서 어처구니가 없다는 생각이 드는 질문들이었다. 그러고는 합격자를 정했다는 지어낸 이야기 같은 실화이다.

지금 시선으로 보면 전설, 레전드 같은 이야기이다. 10여 년 전에 그 회사 인사담당으로부터 직접 들었던 말이다.

취준생들이 지원서에 써 놓은 수많은 단어들 '도전, 협조, 성실, 끈기, 신뢰 등등'을 근거로 합격시켰더니 1년을 채 가지도 못하고 60%가 관두더라는 것이었다. 일이 힘들면 힘들다고 투덜거리고 쉬우면 쉬운 대로 내가 이런 일을 하려고 왔느냐며 사직서를 내더라는 것이었다.

그래서 그 회사의 사장님께서 고안해 낸 면접 방법이었다. 정말 지혜롭다는 생각이 들었다. 무엇을 보고자 했는지 물어보았다. '엉뚱한 소집에 반응하는 의지와 새벽에 나오는 부지런함, 9시까지 기다리는 취업에 대한 의지, 그리고 너무나 쉬운 질문에 답하는 모습으로 고객에 대한 진정성'을 보았다는 것이다.

이 글을 쓰고 소개하며 드는 생각이 있다. 요즘 같으면 이런 면접이 통할까? 인터넷 어디선가, 신문 어디에선가 '취준생들 울리는 갑(甲)질 면접'이라는 비난 기사가 먼저 떠오른다.

| 희한한 관찰 면접 2

최근에 들은 이야기이다. 후배가 어느 대기업의 인사부장으로 재직할 때 진행했던 방식이다. 그 회사는 지금도 대학생들의 최고의 관심으로 인기가 많으며 급여도 단연코 TOP 수준으로 유명하다.

'인사부장이 직접 수위복장을 하고 면접장으로 들어오는 지원자들에게 시비를 건다'는 것이었다. 한번 해보니 일반적인 경우는 변별력이 없었지만 최악의 지원자를 걸러내는 데에는 효과가 아주 컸다는 것이다. 한국적 정서로는 직업의 종류, 직접적 관련 여부를 떠나서 '어른'이 말씀을 하면 일단 귀 기울이는 것이 중요하기 때문이라는 생각이었다는 것.

인사부장이 '좋은 사람'을 찾으려고 정말 별일을 다하는구나 하는 생각도 들었다.

그리고 보니 그 회사의 주력 제품을 생각하니 고객층이 나이 많은 분들이라는 생각이 스쳐 지나갔다. 지혜로웠다.

또 다른 후배에게서 들은 독특한 면접이다.

면접장 입구에 휴지를 떨어뜨려 두고 들어오는 모습을 관찰한다는 것이다. 대개가 모르고 지나쳐 오는데 그것을 보고 줍는 경우는 특별점수를 줄 뿐 아니라 웬만하면 합격을 시켰다는 것이다.

무엇을 보았겠냐고 나에게 거꾸로 물어본다.

"제자리에 있지 않은 것에 대한 민감성, 내가 먼저 움직이는 실행력, 작은 것 하나도 챙기는 꼼꼼함" 정도로 대답을 했다. 그리고, 하나 더 "주변을 청결하게 정리하는 이런 분위기로 직원들이 직접 기본 청소를 한다면 관련된 비용 지출을 1~2천만 원이라도 줄이는 것 아니겠느냐? 그렇게 크고 작은 것이 모여 회사의 제품가격 단 10원이라도 낮추게 되고, 글로벌 가격 경쟁에서 힘을 받을 것이다"라고 말했더니만,

"역시 형님이십니다"라고 했다.

그러면서, "요즘은 이런 면접도 못 합니다"라고 한다. 인터넷에 알려지고 내년이면 기출(既出)문제가 되어버리기 때문이라고 한다.

최근의 하이네캔 면접 방식

네덜란드의 맥주 회사인 하이네캔에서 지난 2013년에 면접 치른 방법이 한때 큰 화제가 되었다. 지금도 인터넷 유튜브에 '하이네캔 면접'이라고 검색하면 여러 동영상이 나온다. 그 자료에 의하면 1,700여 명 중 한 명을 선발한 면접이

다. 연출되는 내용은,

- 면접장에 들어온 지원자에게 악수를 하고 면접관이 손잡고 면접장으로 들어간다. 면접장을 나올 때도 또 다른 인솔자가 손잡고 나온다. (평소 팀활동의 생활화)
- 면접관이 면접 도중에 건강에 이상이 있는 듯한 표정을 보이다가 바닥에 쓰러진다. 같은 방에 있었던 유일한 사람인 면접자의 행동을 본다. 심지어는 바닥에 누워서 몇 마디 질문도 해 본다. (사람이 위급한 상황에서의 위기 대처)
- 이번에는 갑자기 면접장이 있는 건물에 비상벨이 울리고 모두 나가라고 안내를 한다. 나가는 도중에 보니 옆 건물 옥상에서 사람이 투신을 하려는 상황이다. 소방관들이 '안전매트'를 들고 구조활동을 하는 중에 인원이 모자란다. 그 상황에 대처하는 모습을 본다. (협조성, 인간에 대한 존중)

그리고, 그 과정을 통해 후보자 3명을 선정하여 회사 내 방송을 통해 투표를 하고, 합격자 발표는 '유벤투스 - 첼시 축구경기장'에서 경기장 대형 스크린으로 발표를 하며 화제성을 극대화한다.

강의 시간에 동영상을 보여주며 질문해 본다. 이 회사의 의도가 무엇일까? 그러면 동영상의 댓글만큼이나 다양한 답이 나온다.

- 우리나라도 저런 식으로 뽑으면 안 될까?
- 여태까지 성실하게 준비한 사람은 허탈해진다.
- 면접 과정을 가지고 마케팅을 한 것이다. 속은 느낌이다.
- 진정한 열정을 본다.

겉도는 답들이다. '동영상 제작자의 자막이나 설명을 잘 가려서 들어라'고도 일러준다. 면접자의 의도도 모르는 사람들이 태반이다.

이런 식의 면접이 많이 언론에 보도가 된다. 유행과 같이 뜨고 지는 것 같다. 특이하고 재미있으니까.

그러나 필자가 지켜본 바로는 이렇게 엉뚱해 보이는 면접이 지난 40여 년 동안 꾸준히 이어진 것들이다. 회사가 다를 뿐이었다. 거래처 접대든 직원 사이의 친목이든 음주한 이후의 행동을 보려는 '호프맥주', 식음료 회사에서 진행하는 '요리면접', 작은 끈기와 대화, 자연을 즐기며 동료를 챙기는 모습을 보는 '등산면접' 등이 그런 것들이다.

이런 면접을 보는 이유

핵심은 '실행력'이다. 그것도 '몸에 익은 습관화된 실행력'이다. 머리나 말이 아닌 구체적인 행동을 보는 것이다. 숱한 미사여구의 자기소개보다 구체적인 행동이 제일 중요하기 때문이다.

그렇게 하는 궁극적인 이유는 '고객이 원하기 때문'이다.

곰곰이 생각해 보자. 내가 소비자, 고객의 입장이 되었다고 생각하면 똑같이 대접받고 싶지 않은가?

"교수님, A/S 매뉴얼북으로 해도 됩니까?"
지원 회사 제품과 문제해결 의지를 가진 인재(人材)

"교수님! 저는 귀뚜라미 보일러 회사의 A/S 매뉴얼북을 가지고 왔습니다. 괜찮습니까?"

대전에 있는 한남대학교에서 취업지도를 할 때 어느 여자 대학생이 필자에게 한 질문이다. 30여 명을 대상으로 한 학기 동안 매주 3시간씩 지도를 하였다. '청년취업아카데미'라는 이름으로 진행하며 제법 많은 시간을 투입하는 과정이라는 생각에 조금 깊고 체계적으로 가르치고 싶었다. 그래서 교육 중에 "가고 싶은 회사의 제품 하나씩만 가지고 수업에 들어와라. 앞에 두고 보면서 비전을 구체화하자는 의도이다"라며 특이하게 지도했다.

그랬더니 학생들의 질문이 쏟아졌다.

- 저는 조선회사 가고 싶은 데요. 뭘 가지고 오면 됩니까? 배를 갖고 올 수는 없으니까요.
- 저는 스튜어디스가 되고 싶은데요.
- 저는 자동차 회사입니다.
- 저는 건설자재 회사입니다.
- 저는 은행입니다.
- 저는 백화점입니다.

본인의 난감함을 표현하는 것이다. 당황스러운 경우였다.

물론 쉬운 경우도 있다. 핸드폰회사, 식품회사, 담배제조회사 등이다. 제품을 찾기가 쉬운 회사들이다.

이 글의 주인공 여학생의 경우는 이공계 전공으로 보일러 제조회사에 취업하는 것이 꿈이었다. 보일러를 들고 다닐 수 없으니 다른 것으로 대안을 찾아

보았다. 제품 카탈로그? 보일러 부품? 보일러 모형? 미니어처? 등을 의논하다가 그냥 헤어졌는데 다음 교육시간에 이 'A/S 매뉴얼 북(직원용)'을 가지고 온 것이다. 직관적으로 기발하다는 생각이 들었다. 제품의 내부에 대한 내용을 접할 수 있어 좋고, 기술적인 접근이 가능하고, 가장 민감한 고객의 클레임과 고장을 염두에 둔 소비자 접점의 도구이자 자료였다는 판단이 섰다.

| 이런 취업 준비 지도의 의도와 한계

여러 차례 언급했지만 취준생이 제일 부족한 것은 '취업 목표 설정'이다.

제품을 앞에 둔다는 것은 목표설정을 구체화하는 가장 효과적인 방법이다. 실제로 가르치다 보면 취준생들 머릿속의 취업목표는 수시로 바뀐다. 그런 현상을 줄이기 위해 목표를 글로 써내게 하고 취업한 회사의 명찰을 사원증 형태로 만들어 보기도 해 보고 명함도 매시간 만들게 해 보았다. 모두 다 머릿속에 맴돌다가 끝나든지 건성으로 하는 경우도 생겨나며 효과가 반감이 되었다.

4~5명을 대상으로 가르치면 집요하게 챙겨 가겠지만 20~30명이 넘어가니 도리가 없었다. 그러던 중에 찾은 방법이 이와 같이 구체적인 제품을 앞에 두고 매주 강의에 참여하게 하였던 것이다.

취업목표의 구체적 설정, 구체적인 제품을 통한 취업도전, 남다른 방식이라는 차별화와 판매현장에 가보는 현장성 등 아주 많은 이점이 있는 방법이었다. 한번 도전해 보길 바란다.

이 학교에서 교육을 진행하는 동안 갖다 놓은 품목들도 다양했다. 라면, 핸드폰, 비행기 미니어처(Miniature), 담배, 핸드폰, 자동차 장난감, 건물 미니어처에 은행 표기 혹은 백화점 표기 등의 기발한 방법이 동원됐다. 앞에서 소개한 이 학생은 덕분에 졸업 전에 '귀뚜라미 보일러'에 취업을 했다.

그 학생에 관하여 또 하나 기억에 남는 것은 자기소개서의 구성이 평범했지만 내용은 아주 차별화되었었다는 점이다. 특히 보일러를 제품으로만 보질 않고 그 기능 즉 '집을 따뜻하게 만들어 주는 기계'라는 관점을 끌어내 집중하였다. 더구나 본인이 어릴 적에 아버지의 직업인 연탄배달 일을 도와주다가 사고 친 경험을 소재로 들어가면서 내용을 전개하기도 하는 등 수년간 취업지도를 했지만 이 학생같이 좋은 자기소개서를 본 적이 별로 없었다.

| 기업 생존의 기본 - 제품 혹은 서비스, 그리고 직접 구매

취업 목표를 정하고 도전하며 그 회사의 미래가치를 아는 가장 좋은 방법은 그 회사의 제품과 관련된 활동이다. 기업 생존의 기본 단위이기 때문이다. 그래서 책상 위에 관련 제품을 두거나 가방 속에 들고 다니며 눈으로 보고 관심을 가지면 상당히 진척된 취업 준비가 되기에 적극 권한다.

조금 더 적극적인 취업준비를 한다면 그 회사의 제품이나 서비스를 직접 써보는 것이다. 해당 가격만큼 돈을 주고 써보면 더 좋다. 그만한 돈을 낼 가치가 있는지를 체크해 보는 기회가 되기 때문이다. '적어도 본전 생각'하는 평가가 가능하기 때문이다. 그래서 자소서에 쓰는 글과 면접에서 하는 말에 큰 힘이 실린다. 면접의 두려움도 상당히 제거된다.

또 한 가지를 더하면 문제점을 찾아보는 것이 가능하다. 특히 '고객'의 입장으로 제품을 볼 수 있고 문제점을 찾을 수 있다.

기업에서 직원을 뽑는 궁극적인 목적은 회사의 문제점을 찾아 해결하며 발전에 기여하려는 노력을 보여주는 것이다.

| 문제점을 찾는 눈 - 측은지심과 4D

회사가 봉착해 있거나 조만간 드러날 것 같은 문제를 찾아내는 것은 쉽지 않은 일이다. 그러나 작은 무기인 적용의 공식 하나를 가지면 조금 쉽게 접근이 가능하다.

• **'측은지심(惻隱之心)'** – 불쌍히 여기는 마음이다.

측은지심은 세종대왕께서 한글을 창제한 기본 마음이다. 백성들이 굶어 죽는 것을 보고 물시계, 해시계를 만들어 보급했고, 농사 잘 지으라고 '농사직설(農事直說)'이라는 책도 발간했다. 백성들의 억울함을 해결해 주기 위한 많은 제도도 만들어 공포를 했다.

그러나, 한자가 어려워 읽을 수가 없었다. 문제를 근본적으로 해결하기 위해 '한글' 즉 백성들의 글을 만드신 것이다.

현 시대로 비추어 보자. 고객의 측은(惻隱)한 모습을 어디서 찾을 수 있을까? 그 발상법을 사람이 싫어하는 영역에서 찾아보자. 즉, 지저분하고(Dirty), 어렵고(Difficult), 위험하며(Dangerous), 불편한(Discomfort) 부분을 합하여 '4D영역'에서 찾을 수 있다. 제품이나 서비스를 그런 측면에서 찾아보면 제법 많이 발견할 수 있다.

예를 들어 '생수'를 만드는 회사라고 해 보자. 500ml크기의 생수를 초등학교 수준의 학생들이 먹을 때를 가정해 보자. 사용자를 연령대별(Segment)로 분리하여 생각해 보는 방법도 있을 수 있다.

- **Dirty** − 입을 대고 먹는 것이다. 여러 번 입을 댔다가 뗄 수도 있다. 불결하고 지저분해질 수 있다. 방법이 없을까?

- **Difficult** − 손이 작아서 한 손에 잡기는 문제가 있다. 뚜껑을 회전시켜 따는 데에는 힘이 든다. 방법이 없을까?

- **Dangerous** − 위험한 요소는 특별히 없다.

- **Discomfort** − 입을 대고 마시다 보면 머리를 뒤로 젖히는 과정에서 많이 흘린다. 방법이 없을까?

- **추가** − 물이 있는 상태에서 스마트폰의 손전등(랜턴)에 올려 두면 어두운 방에서 호롱불 같은 기능을 할 수가 있다. 마케팅에 활용할 수 없을까?

등의 상상을 해 볼 수 있다.

이런 생각들을 하고 해결책을 찾아가는 노력이 다 무산이 되어 결과적으로 무의미한 결과가 나온다고 해도 좋다. 남다르게 회사의 발전을 위한다는 이미지만 주어도, 그런 노력만 보여 주어도 좋은 평가를 받을 수 있다.

| 추가 활용 TIP

문제점을 찾아보고, 나름대로 해결책을 찾아보는 것을 글로 남겨라. 작은 손수첩이면 무난하다. 그리고 면접장에 가지고 들어가면 관심을 가질 것이다. 빈손으로 들어가라는 법은 없다.

취업의 정석 나를 마케팅하다

그런 의미에서 취업하고 싶은 회사의 제품을 강의실의 내 책상에, 집에 있는 내 책상에 올려두거나 나의 가방 속에 넣어 다니며 틈나는 대로 보면서 제품을 통한 발전된 회사의 모습을 상상하고 그 속에서 내가 기여할 부분을 찾아가기 바란다.

"경험으로 몸에 새기라! 머리로 외우지 말고…"
직접 경험한 것으로 세계 1위: 면접 두려움 퇴치(2-1)

"전무님! 혹시 차까라고 아십니까? 가물치 고기입니다. 정말 맛있습니다. 파와 고수 등 야채도 많이 넣어줍니다. 구글에서도 맛집으로 소개가 되어 있습니다."

지난 2018년 초에 찾아간 베트남 연수원에서 우리 과정 연수생이 나에게 하던 말이다. 설날 하루 전인 2월 14일에 대우 김우중 사관학교(GYBM)를 찾았다. 대한민국 청년 100명 연수생들이 하노이 연수원에서 미래를 위해 베트남을 공부하는 곳이다. 나는 대우세계경영연구회 사무를 총괄하는 직책으로 일하며 이 과정의 실무 총괄 책임자이다. 베트남의 최대의 명절인 구정(설)기간 동안 특별 프로그램을 위해 다녀왔다. 2박 3일간 일정으로 베트남 북부 국경의 고산지대인 사파(SAPA) 트래킹과 하노이 연수원의 3일간 특강을 하고 왔다. 때로는 격려로 때로는 다그침과 질책으로 힘을 보태는 출장이다.

직접 먹어 보았다는 것, 그것도 불과 2개월

모든 일정을 마치고 연수생 자치회 임원들에게 저녁을 사주었다. 열심히 차까(chàcá)를 설명하던 연수생이 한걸음 더 나간다. "젓갈 맛이 나는 소스도 있는데 한번 드시겠습니까? 약간 비린내도 납니다. 저는 이제 어느 정도 익숙해졌습니다."라며 나에게 추천도 하며 맛있게 먹는다. 조금 전 강의 때, 면접에 나올 만한 몇 가지 질문에 답을 하라고 했을 때와는 전혀 다른 모습이다.

"아무리 노력을 해도 머리가 하얗게 되어 버립니다. 무슨 말을 했는지 기억도 나질 않습니다." 면접에 대한 소감을 물어볼 때 했던 답이다. 그러면서 어떻게 하면 두려움을 떨칠 수 있을지를 물어온다.

조금 전 모습에 해답이 있었다.

나한테 설명하고 소개할 때 신났던 힘은 어디서 나온 것일까를 되물어본다. 스스로 해 본 '경험'이라는 것이다. 그 힘으로 나에게는 아직 먹어보지 못한 음식일 것이라고 생각하며 거리낌이 없었고, 심지어는 우쭐대기까지 한 것이다. 본인도 그 음식 맛을 본 게 채 2달도 안되었지만….

모든 면접과 질문에 경험을 묻는 것

직접 경험으로 해 본 사실이나 주제에 대해 이야기하는 것은 단순히 두려움을 극복하는 차원 이상의 자신감이 주어지는 것이다. 머리에 새겨 두면 작은 긴장에도 떠오르지 않는다. 그러나 발에, 손에, 몸에 새겨 두면 웬만해도 잊어버리지 않는다. 이것이 핵심이다.

아울러, 직접 경험했다는 것은 상대에 대한 최고의 관심 표현방법이자 모든 활동에 앞서는 태도적 측면을 보여주게 된다. 노련한 면접관 중에는 면접자의 '경험'을 물어보는 경우가 많은데, 거짓이 아닌지 확인하려는 의도도 있지만 잘 표현하지 못하는 면접자를 도와주기 위한 배려 차원도 있다. 얼마나 다행인가?

베트남 기간 중에 있었던 몇 가지 경우를 더 본다.

강의중에 잠시 노트북이나 빔프로젝트가 잘못되면 총알같이 나와서 조치를 해 주며 스스럼이 없는 연수생이 있었다. 의외의 행동이다. 특히 스마트기기와 관련이 되면 한술 더 뜬다. 미리 매뉴얼을 본 것도 아닌데, 이리저리 적당히 만지다 보면 익숙해져 한눈을 팔면서도 거침없이 다룬다.

사파(Sa Pa)라고 하는 베트남 고산지역의 트래킹 활동에서는 하루에 무려 30 킬로미터 길을 걸으면서도 즐겁게 노는 모습을 본다. 그런데, 강의장에만 앉으면 훨씬 편안함에도 긴장과 힘든 모습으로 우울해진다.

잘 모르는 사람들은 노는 것이니 즐겁고, 공부하는 것이니 힘들다고 할 것이다. 그러나 필자의 생각은 다르다. 해 본 것과 안 해 본 것의 차이이다. 5감을 동원한 학습이기 때문이기도 하다. 경험을 해보면 별 것이 아닌 것들이 많다. 몸으로 덤벼들어라.

경험 중 최고의 경험 - 주력 제품이나 서비스

그러자면, 제일 중요한 것은 취업목표와 그 회사의 제품이나 서비스를 정하는 것이 최우선이다. 구입해보고, 만져보고, 먹어보고, 그 결과를 다른 사람과 이야기도 나눠보는 것이다. 가능하다면 또 다른 고객과도 이야기를 해 보아라.

생각나는 대로 메모해 두어라. 면접 당일에는 이 메모를 훑어보아라. 온몸으로 기억이 나게 될 것이다.

'면접장이 두려운 것이 이해가 가질 않는다'라는 말이 와 닿을 것이다.

한 마디를 더하자. 난 사실 4년 전부터 매년 베트남 하노이 연수원을 방문한다. 갈 때마다 차까라는 이 요리를 즐겨 먹으며 제법 잘 알고 있었다. 그러나 모른 척 했었다. 처음인 줄 알고 신나게 설명하는 연수생의 모습이 좋아서….

6개월 휴학하고
자동차 A/S센터 알바에 도전한다
'ONE SOURCE, MULTI USE'형 취업 준비

"교수님! 인사부서에서 일하실 때 기억에 남는 지원자의 면접 답변 같은 것 소개해 주시면 고맙겠습니다."

"면접장에서 써 먹을 수 있는 비장의 무기 같은 것 하나만 알려 주십시오."

한 학기 동안 취업전략이라는 제목의 교과목 강의를 16주간 하고 난 이후에 나온 질문들이다. 허탈하다. 취업현장의 실제 모습을 바탕으로 준비의 방법을 알려주어도 기껏 이런 질문이다. 가끔은 수강생들의 눈높이에 맞는 강의를 위해 개인별로 2-3가지의 질문을 써내라고 하면 반드시 써내는 질문들 중의 하나이기도 하다. 무언지 모르는 정답이 존재할 것 같고, 강력하게 매력적인 답변이 있을 것이라는 착각을 하고 있다고 할 수 있다.

교육의 한계인가? 어릴 때부터 길들여진 정답, 암기 중심 교육의 피해인가?

팬데믹 수준의 코로나19 전염이 가져올 일자리의 변화도 지금 청년들에게는 큰 짐이 될 듯하나 뭐하나 해줄 말이 없다. 말을 하고자 하면 몇 페이지의 억지 이야기도 만들겠지만 오로지 열심히 하라는 말 외에는 딱히 어렵다.

그러나, 어려운 상황이기에 조금이라도 남다른 도전은 인사담당자들에게 큰 감동을 주며 본인의 가치를 극대화하기 좋다는 것도 부인할 수 없다. 이 시기를 넘긴 경험이 면접 질문에 단골로 등장할 가능성도 많다. 적어도 필자도 면접관이라면 당분간 이런 질문을 하겠다.

"취업이 절벽인 시대입니다. 본인은 무엇으로 다음 준비를 하였나요?"

"코로나 바이러스 공포가 끝나고 난 이후에 유망하게 보이는 사업 영역은? 우리 회사와 연계하여 대답 한번 해 보세요."

| 자동차 A/S 정비센터 6개월 알바에 도전

면접 때에는 없었지만 '강의를 통해 기억에 남는 학생'은 있었다. 8년 전쯤으로 생각된다. 300여 명을 대상으로 하는 2시간의 특강을 마치고 한 학생이 물어온 질문이다.

"교수님! 정말 고맙고 답답함이 확 풀리는 강의였습니다. 오늘 강의를 듣고 한 학기 휴학을 하고 동네에 있는 자동차 정비센터에서 6개월 알바나 단기취업의 경험을 해보는 것이 좋겠다는 생각을 했습니다. 괜찮겠습니까?"라는 질문이었다.

모든 강의에서 강조하는 부분이고 이 학교에서도 예외 없이 웅변으로 해주는 말이 있다. "기업에서 가장 좋아하는 인재는 현장형이다. 외우지 않고도 가장 잘 외워지는 방법은 현장에 가는 것이다. 1%의 경우가 99%를 이기는 비법 또한 현장에서 경험하는 것이다. 평생 가져야 할 습관이 있다면 '현장'에 가는 것이다. 가장 차별화된 취업 전략 또한 '현장'에 있다."

그 강의를 귀담아들은 이후에 나온 질문으로 정말 지혜롭다는 생각이 들었다. 필자의 가슴을 뛰게 하였다. 이유는 본인은 상경계 학생인데 추후 자동차 산업에서 한번 크게 놀고 싶다는 것이다. 그런데, 기계나 금속, 엔진 같은 것에 대해 아는 것이 너무 없다는 것이다. 그 분야에 실습생으로 들어가기도 쉽지 않을 것이어서 생각해 낸 것이 집 주위에 있는 센터를 찾아가서 한번 해보겠다는 것이다.

그래서 한두 마디를 더 거들었다. "그런 마음을 먹었다면 꼭 성사되길 바란다. 추가로 세 가지만 강조하자."

- 하나는 고객들의 말에 귀 기울여라.
- 조립된 차만 아니라 부품에도 관심을 가져라.
- 차종끼리 특히 외제차들과 비교 관점에서 눈여겨보아라.

"그리고, 정말 큰마음 먹었구나. 자네가 최고이다."

안타깝게도 특강으로 만났던 학생이라 그 이후 실천여부와 성장을 확인할 방법은 없다. 무척이나 궁금하다. 그러나, 이 글을 통해 그 발상과 노력만이라도 알려주고 싶어 소개한다.

| 하나의 경험으로 다양한 산업, 직무에 유용

지금이라도 이런 학생 같은 사람을 만난다면 당장이라도 뽑고 싶다. 어디를 내놓아도 최고의 인재가 될 가능성이 보이는 이유를 산업 측면, 일의 태도 측면, 역량 확장성 측면 등 세 가지로 정리해 본다.

첫째, 다양한 산업에 접목이 가능한 경험을 한 것이다. 자동차산업은 자체의 규모와 글로벌 수준의 시장성으로 분야가 너무나 다양하다. 경쟁의 치열함, 전후방 파생차원의 연관 산업도 많으며 자체 직무도 다양하고 그 직무의 독립가능성도 큰 산업이다.

따라서 이 학생은 자동차산업 자체에 취업할 수 있는 강력한 경쟁력을 갖추게 된다. 필자의 경험으로는 어디에서도 만나기 어려운 사람이라고 판단된다. 기계나 금속 등의 전공을 하고 자동차에 도전하는 것은 당연할 것이다. 마이스터 고등학교를 나와서 이런 분야를 찾는 것이 가장 적합하겠지만 상경계 대학교를 나와 딱 그 자리에서 일하는 사람에게도 큰 매력이 느껴진다.

자동차 부품 산업에 있어서도 경쟁력을 갖추는 또 다른 활동 폭을 갖게 된다. 자동차A/S는 정확하게 '부품A/S'이다. 약 3만 개의 부품이 모여 자동차가 완성된다. 생산 라인에 일하는 사람보다 더 다양한 부품을 짧은 기간에 접하는 효과가 있다. 부품회사 입장에서도 한두 개의 부품만 아는 사람보다 전체를 경험하고 해당부품의 전후좌우를 아는 사람을 선호할 것은 명확하다.

서비스산업에서도 큰 경쟁력을 갖추게 된다. 소비자, 고객의 가장 민감한 접점이 바로 고장, 수리가 진행되는 공간이다. 제품에 대한 가장 민감한 요구와 대화를 접할 수 있다.

둘째, 자기 일을 대하는 모습과 태도에 감동을 준다. 남들이 가기를 꺼려하는 자리이다. 몸으로 부닥치는 것이 기본인 데다, 거칠게 다가오는 고객의 모습이 눈에 선하다. 온몸에 기름을 묻히며 일할 것이기 때문이기도 하다.

큰 도전에 대한 집중력이다. 이 하나의 경험만으로 현재와 미래 전체를 디자인해 나갈 수 있는 통찰을 단기간에 가지게 되는 효과가 있다. 머리와 몸과 정성이 모두 필요하다.

자기가 판단하는 일에 대해 상의하는 태도이다. 필자에게 먼저 질문을 하는 모습을 보자. 그 순간 결심인지, 그동안 해 온 고민인지는 모르겠다. 친구나 부모님, 교수님과 먼저 상의했을지도 모른다. 그러나 적어도 그 시간은 취업에 관한 최고의 전문가를 초청해 강의를 듣는 자리가 아닌가?

마지막 세 번째로 배우는 것에 대한 확장성이다. 현재를 넘어 미래에 대한 경쟁력도 보여준다.

몇 마디의 강의 내용 속에서 본인이 할 것을 정확하게 찾아내었다. 상사의 한 마디에서 열 가지를 헤아릴 수 있을 것이라는 짐작되고도 남는다.

여느 대학생들과 다르게 머리로 접근한 것에 더하여 몸으로 경험하는 도전이다. 시대에 모두가 싫어하는 '나를 낮추는 도전'에 흔쾌히 도전한 것이다.

새로운 산업이나 더 큰 시장인 글로벌 시장에 도전하여도 모자랄 것이 없는 모습이다. 이 판단은 필자가 활동했고 살아왔던 인생의 경험을 통틀어서 해주고 싶은 말이다.

| 취업 빙하기를 넘기는 최고의 지혜

필자가 대우를 떠나 중소기업에 취업하였을 때, 그 회사가 만들어 파는 주력 제품은 디즈니 만화 영화의 주인공들을 내의나 잠옷에 프린팅한 제품이었다.

취업의 정석 나를 마케팅하다

하나의 만화영화(ONE SOURCE)로 영화 자체의 다양한 활용, 음원과 변주곡, 크고 작은 아동용품, 학용품 등 생활용품, 심지어는 놀이동산까지 만들어 최대한의 '돈'을 만들어 내는(MULTI USE) 비즈니스를 보고 경탄을 금치 못했다.

그 사업을 'One Source, Multi Use'라는 말로 표현하고 있었다. 취업준비에도 그런 영역이 있다. 살아오면서 수만 장의 입사지원서, 이력서를 검토하며 합격여부를 결정지었다. 이후에도 이런 학생을 단 한 명이라도 보는 것이 소원이다.

심리, 뇌과학의 역이용
(CEO, 인사담당자의 마음 훔치기)

part 10

취업
커뮤니케이션의
특수성

'면접 평가등급?'
정도(正道)는 없어요
사람 보는 기준, 면접관 따라, 때 따라 달라요

강의장에서 대학생들에게 던지는 질문,

"여러분은 지금까지 어느 방식으로 취업준비를 해왔습니까? 평소에 취업준비를 위한 시간이나 비용(돈) 등의 노력을 배분하는 정도를 기준으로 답을 해주기 바랍니다."

대학가 취업관련 강의장에서 늘 던지는 질문이다. 작게는 50여 명, 많게는 300여 명의 학생들을 대상으로 취업 스킬을 지도하는 강의장이다. 취업준비는 결국 기업에서 인재를 보는 눈을 파악하는 것이다. 구체적으로 어떻게 평가해서 등급이나 점수를 매기는지를 알게 되면 훨씬 효과적인 준비가 가능하리라는 관점에서 도식화하여 질문해 보는 것이다.

그래서 학생들의 대체적인 인식을 기초로 강의의 큰 흐름을 잡아간다.

- **A형:** 스펙만이 최선이다. 오로지 이 부분에만 치중을 한다. 인성, 태도는 모호하고 평가도 쉽지 않을 것이라고 생각한다. 그래서 일단 무시한다. (대개의 부모님이 추구하는 방향이다)
- **B형:** 스펙을 기본으로 하고, 전문성과 인간관계에 두루 관심을 둔다.
- **C형:** 그냥 두루두루 잘 해야 한다고 생각한다. 실제 많은 곳을 다니며 공부도 하고 활동에도 참가를 한다. 덕분에 돈도 많이 들고, 피곤하기도 하다.
- **D형:** 최소한의 스펙은 마련해 둔 상태로 목표회사나 산업,직무와 인간관계의 비중을 2:1 정도로 두고 준비하고 있다.
- **E형:** 사람만 좋고 인성만 좋으면 된다. 착하게만 살자(대개의 부모님이 '내 자

식이 어때서'라고 하는) 마음이다. 많지는 않지만 특수한 직무 등에 해당이 되는 경우다.

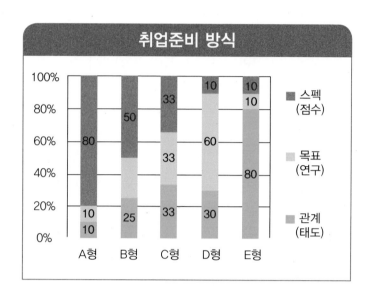

이 질문에 대한 답을 손을 들어 조사해 보면 이렇듯 무엇을 더 중요하게 여기는지 학생들에 따라 크게 달라진다.

그러나, 강의를 진행하는 내가 던져주는 옳은 취업준비 방식은 사뭇 다르다.

'단, 이 답은 여러분을 채용하는 기관이나 회사의 기준이다'는 전제로 알려준다.

이러한 답은 필자가 경험한 회사와 다양한 직업(7번째 직업 그리고 종합상사와 제조업 경험), 그리고 같은 회사에서도 다른 평가 등급을 매긴 면접관의 이유, 그리고 개인적으로 네트워크가 형성된 많은 인사업무 종사자의 의견 등을 종합해 본 결과이다.

| 그때그때 달라요

그때그때 다르다. 작업 따라 다르고, 회사 따라 다르고, 뽑는 시기 따라 다르고, 심지어는 면접관 따라 다르다. 같은 회사임에도 불구하고…"

학생들이 당황하며 웅성거리는 소리가 들린다. 짐작이 되는가? 조금 부연설명을 해 본다.

첫째, 직업 따라 다르다 - 공무원이나 공기업은 일단 시험이 중요하다. 그러나 민간 기업은 전혀 다르다. 민간기업 중에도 공공성이 강한 기업은 또 다르다(여기에는 허가업종으로 인한 독과점성이 강한 경우가 해당된다. 최근에 은행의 취업 비리에 정부가 조사를 하는 경우 등이 해당된다).

둘째, 회사 따라 다르다 - 회사가 하고 있는 산업의 종류와 경쟁의 정도 등 많은 요소가 영향을 준다. 회사 간 거래(B2B), 소비자 거래(B2C), 정부나 공공거래(B2G), 해외거래 등에 따라 달라진다. 판매하는 대상이 다르기 때문에 그 일을 하는 직원의 스타일도 달라야 한다. 심지어는 같은 회사일지라도 사업내용이나 취급하는 제품, 상품의 종류에 따라 사람을 뽑는 눈이 달라진다는 것이다.

셋째, 선발, 채용 시기 따라 다르다 - 급격한 경영환경의 변화(정치, 경제, 사회변화 등)로 인해 경영전략의 변화가 생기면 달라진다. 예를 들면 신규사업 등으로 확장하느냐 혹은 기존사업의 방어에 주력하느냐 등 회사의 방침이 달라지면 사람을 뽑는 눈이 달라지기도 한다.

넷째, 면접관 따라 다르다 - 면접관 본인의 회사 내 성장 배경과 경험에 크게 영향을 받는다. 본인이 부하직원을 써 본 결과도 영향을 미친다. 면접관으로 임명된 것만으로도 회사 내 중요한 위치로 성장했다는 증거이며 본인의 인재에 대한 평가에도 크고 작은 신념이 작동을 한다.

취업의 정석 나를 마케팅하다

실제로 같은 내용의 입사지원서와 자기소개서가 채용 시기에 따라 달라지는 경우가 그 사례이다. 상반기 공채에서는 불합격되었는데, 하반기 공채에서는 합격이 되기도 한다. 공채 당시의 경쟁률, 회사의 신규 사업 진출 계획, 사업 환경의 변화 등으로 채용인원의 확대 혹은 축소정책이 영향을 미치게 되는 경우이다.

심지어는 지난 IMF 외환위기 때나 금융위기 때에는 멀쩡하게 합격시켜 두고도 1개월쯤 후에 합격자 전원의 입사를 취소시킨 일부 대기업의 극단적인 경우도 그 한 예가 될 것이다.

| 실제적인 준비

그러면 어떻게 준비를 해야 하는가?

제일 우선적인 것이 회사에 대한 충분한 정보를 가지며 기본에 충실한 것이다.

회사연구, 고객연구, 경쟁자 연구를 꾸준히 해 나가는 것이다. 회사의 산업환경이나 제품연구, 최근의 영업실적이나 경영 상황은 물론이고 회사의 문화나 경영진의 스타일 등도 한번 파악을 해 보는 것이다. 이 책에서 꾸준히 제시하고 있다.

그런 의미에서도 이미 취업한 선배들의 경험에 의존하거나 기출문제(既出問題)나 인재상 등을 찾아 정답이라며 외우는 등의 취업준비는 제발 하지 말라고 권한다.

'척 보면 압니다'라는
레전드(전설)

시각정보는 시작이자 종결자 : 면접의 과학 (2-1)

| 취준생들의 불만

언론을 통해서 자주 나오는 면접자들의 소감이자 필자도 자주 듣던 소리이다.

- "나한테는 몇 마디 물어보지도 않아 제대로 말도 못했는데 불합격?"
- "오래 준비를 했는데 몇 마디 질문도 안하고 나가라고 하더군요. 너무 하는 것 아닌가요? 뭘 안다고… 취준생에게 갑(甲)질 하는 게 아닌가요?"
- "몇 마디 질문만으로 합격, 불합격을 정했다고 하니 어리둥절합니다. 미리 정해 두는 식으로 부정 채용을 하는 것은 아닙니까?"

인사담당자의 불만

"패기도 없고, 외워서 오고, 성적만 믿는 사람들을 우리가 왜 뽑아야 하지요?"

인사담당을 오래하다 보니 자연스럽게 주고받는 말이 있다. "척 보면 압니다."

무슨 신통한 교육을 받거나 관상(觀相)공부를 한 것도 아닌데 자주 듣는 말이다.

인사업무, 채용업무를 담당하다가 자연스럽게 생긴 능력이거니 생각을 했다. 그래서, 자주 "돗자리 깔면 되겠네"라며 사주, 관상 보는 직업도 어울린다는 말을 듣는다. 사람을 처음 만나 인물평을 하면 '맞다'며 신기하다고 한다. 그래서, '인사과장'이라는 직함에 걸맞다는 의미로 해석을 하며 괜히 우쭐댔던 일도 있었다.

취업의 정석 나를 마케팅하다

매년 200여 명의 선발, 채용, 배치를 하며 웬만한 성향을 파악을 하는 것은 물론이고 1년이 지나면 인사고과라는 평가를 통해 FEEDBACK 자료가 돌아온다. 자연스럽게 첫눈에 보았던 결과와 비교가 되면서 사람에 대한 평가 통계가 꾸준히 머릿속에 쌓여 온 결과인 것이다. 지금도 해마다 동남아에 보내는 연수생 200여 명을 뽑아 비슷한 절차를 진행하며 사람 평가가 더 정형화되어 간다. 그런데, 이런 경험에 어떤 패턴은 없을까 늘 고민해 왔다.

| 면접장 광경과 면접관의 뇌사용법

대기업 기준으로 면접관 1명이 하루에 50~70여 명을 보고 등급을 매긴다는 것은 중노동이다. 자료와 사람을 번갈아 보고 마치자마자 평가를 하고, 평가근거를 메모하는 일이 하루 종일 이어진다. 좋은 인재를 선발해야 한다는 의무감과, 때로는 면접이 끝나고 면접관의 사람을 평가하는 수준도 인사부에서 평가받으니 보통 부담스러운 자리가 아니다. 심각한 스트레스이다.

| 4단계 필터링 방식, 면접관 본인도 모르게…

그래서, 면접 평가에는 '시-청-체-지'의 4단계의 필터링(filtering)방식이 작동된다. 그렇질 않으면 면접관 스스로가 너무 힘이 들기 때문이다. 면접장으로 문을 열고 들어와 최초 질문을 던지는 시점까지의 짧은 3~4초 동안에 절반의 평가가 끝난다. 그리고, 걸러진 일부 인원에게 던지는 질문만 의미가 있어진다. 즉, 이 단계에서 제껴진 면접자의 답변은 건성으로 듣게 된다. 앞에 보인 모습으로 고민할 필요가 없어지는 것이다.

실제 면접대상자는 최종 합격예상 인원의 2~3배수로 면접장에 들어오기에 첫눈에 일부 인원을 배제해도 문제가 없다.

이런 방식에는 과학적 근거가 있다. '메타인지론(Meta-Cognition)'이다. 심리학에서의 역사는 길지 않은 분야이지만 인간이 어떤 사안을 인지하거나 행동을 하게 되는 이유를 찾아보는 분야이다. 즉, 인간의 심리나 행동의 '왜(Why)'를 연구한다.

그 이론의 바탕은 인간의 원시성(수렵, 채집시대)을 출발점으로 본다. "나의 에너지 사용을 최소화(엔트로피 최소의 법칙)"해야 한다는 것이다. 몸에 축적된 에너지가 없으면 언제 보충이 될지 모르며 자칫 죽음에 이른다는 것이 우리 몸의 오랜 기억이다.

이것을 회피하기 위해 '자극이 주어지면 가급적 단 1초라도 먼저 알아보고 나의 반응을 결정한다'는 것이 요지다. 그래서, 낯선 것은 피하고, 경험과 기억에 비추는 기억력이 곧 실력이 되는 것이다. 그리고 가급적 생각을 많이 해야 되는 경우는 무조건 피하려고 한다. 에너지가 들기 때문이다. 에너지가 고갈되는 것은 죽음의 공포로 우리 몸은 인식을 한다. 우리 모두는 이런 방식으로 훈련된 존재라는 것이다. 면접관도 그런 사람들이다. 대학 교수님같이 고민하지 않는다.

그래서, 면접관은 5감각을 동원해 단계적으로 걸러 내는 방식으로 에너지를 절약한다. 가장 먼저 '시각정보'를, 다음에 '청각정보'를 작동시키며 재빠르게 과거의 경험을 바탕으로 호불호(好不好)를 판단한다. 그리고, 체감각(Kinesthetic : 촉각, 미각, 후각)정보를 거치고 마지막 지식감각(지각)으로 최종 합격자를 선정하

취업의 정석 나를 마케팅하다

는 것이다.

| 실제 상황 재연

그러면 일반적인 면접장의 광경을 상상해 보자.

- 면접장 앞 - 진행자의 지시를 듣고, 문을 열고 들어온다.
- 1단계 - 시각(걸음걸이, 표정, 자세, 눈빛, 의자 앞 자리잡기 등)
- 2단계 - 청각(단체 인사, 이름 부르면 답하는 목소리 등)
- 3단계 - 촉각. 후각(악수, 명함교환, 향수사용 등) - 경력사원 면접만 해당
    [길어야 3~4초 걸리는 이 단계에서 절반 정도는 마음 정리]
- 4단계 - 지각, 지식정보 - 본격적인 질문(회사정보, 본인 정보, 취업의지 등)

이 짧은 시간에 면접관은 지원서 등 자료와 면접자를 수시로 보면서 판단을 하게 된다. 자료 속에 있는 스펙으로 판단을 쉽게 하려고 하는 것도 인간의 오랜 습관이다. 듣기에는 불편하겠지만 1, 2, 3단계에서 걸러진 대상자는 시간만 보내며 형식적인 질문만 던지는 의미 없는 시간을 보낼 확률이 높다.

취업준비생들에게는 충격적인 이야기가 될지도 모르겠다.

결론적으로 시각, 청각정보로 표현되는 '태도(ATTITUDE)'에 대한 준비는 꾸준해야 한다. 많은 연습으로 몸에 익어야 한다.

스스로 생각해 보라. 어둡고, 부정적이며, 힘없는 목소리. 같이 있으면 왠지

짜증나는 사람을 '친구'로 삼겠는가? 의외로 간단하다. 누구나 가까이 하고 싶은 사람이 되는 것이 취업준비에 가장 급선무이다. 스펙은 차후의 문제이자, 스펙이 안 좋아도 취업을 잘하는 비법이다.

SKY출신에 토익 만점이 불합격이다
지식 검증은 마지막에 : 면접의 과학(2-2)

"인상이 어두워서? 목소리가 힘이 없어서? 취업에서 떨어졌다고! SKY대학 나오고, 토익 거의 만점인데! 말이 안 된다. 인재를 구한다면서 너 같은 사람을 몰라보네. 그 회사 엉터리 아닌가?"

여러분이 사장이라면 이런 말이 어떻게 생각됩니까? 라며 기업 인사담당자에게 물으면 거의 모두 동의하지 않는다.

면접에 숨어 있는 과학(메타인지론)을 다시 한번 요약하면,

사람을 평가할 때는 아래 4단계과정으로 걸러낸다(Filtering)는 것이다.

▶①시각 → ②청각 → ③체감각 → ④지각이 그 주인공이다.

전체적으로 본 다음 종합적으로 판단하는 것이 아니다.

마지막 순서에 있는 지적능력이 뛰어나도 앞 단계의 시각, 청각적 요소가 좋질 않으면 좀처럼 취업되기가 쉽질 않다. 반면, 스펙이 좋질 않아도, 지식이 조금 부족해도 취업경쟁력을 가질 수 있다는 희망의 근거가 되기도 한다.

| 부족한 능력의 보완 노력과 실패이야기

20~30년 전의 인사과장 시절에 필자 기억으로는 시각, 청각적 호감도가 떨어지더라도 스펙이나 지적 능력이 뛰어난 경우 '혹시'하며 붙여 보기도 했다. 뽑아서 가르치면 되리라는 생각이었다. 그런데, 무참하게 실패로 끝났다. 시각, 청각정보의 불량은 모두 '습관(習慣)'이기 때문이었다. 면접장에서 다짐받고 교육을 시켜 보완하면 잘하기를 기대했다. 하지만 본인도 모르는 사이에 습관이 튀어나와 조직을 혼동에 빠트리는 일이 빈번하게 일어났다.

작게는 어두운 표정과 힘없는 모습, 맥없는 목소리 등에서부터 크게는 동료들과 불화, 선배에게 대드는 모습, 고객과 언쟁 등이 대표적인 실패 요소들이다. 가르치더라도 그 과정이 만만치가 않아, 오죽하면 대기업의 어느 인사담당 임원의 '신입사원 첫 해는 회사가 돈을 받아야 한다'는 말이 설득력 있게 들리겠는가?

최근에 해외취업을 지도하다 보니 이런 시-청-체-지의 인지구조는 인간의 기본 인식이고 비언어적 요소인 시각, 청각능력의 중요성은 더욱 커진다는 확신을 가지게 된다. 다른 문화권과 언어권과 소통하는 선행(先行)요소이기 때문이다.

| 다른 과학적 분석 - 메라비언의 법칙

미국 캘리포니아 대학의 심리학과 교수인 '앨버트 메라비언'이 1971년에 발표한 커뮤니케이션 이론이다. 한 사람이 상대방으로부터 받는 이미지는 시각

(몸짓) 55%, 청각(목소리, 음색, 억양) 38%, 언어(내용) 7%로 구성이 된다는 이론이다. 전문가일수록 비언어적인 표현의 중요성을 강조한다는 것도 유념할 만하다. 즉, '행동의 소리가 말의 소리보다 크다'는 결론인 것이다.

특히, 대중 앞에 서는 프레젠테이션 스킬을 기르는 데 있어 복장과 태도 목소리 등을 강조하며 지도하는 널리 알려진 이론이다.

인성면접에서는 '단계적'으로 배제하는 평가요소이니 얼마나 중요한지는 말할 필요가 없다.

게다가, 이 연구 결과는 무려 50년 전의 것이다. 요즘은 더 우리 눈을 현란하게 만드는 요소들이 즐비하다. 스마트폰으로 집약되는 엄청난 양의 볼거리, 들을 거리는 한시도 우리 곁을 떠나지 않는다. 관심 둘 것을 찾을 때에는 시각과 청각을 총동원하며 빠른 속도로 화면을 넘기며 스캐닝(SCANNING)하는 것이 일상이다.

| 밥 빨리 먹는 사람, 목소리 큰 사람 뽑아라

일본의 '일본전산'이라는 회사가 행하는 면접기법으로 그 회사 경영기법을 소개한 책에 나와 있다. 8년 전 출간 당시 계열사 140개에 직원 13만 명, 매출 8조의 기업이다. 1973년 창업 당시에 좋은 인재를 선발한 '블라인드 채용' 기준으로 이런 방식을 행했다고 한다. 하나 더 추가한다면 '오래 달리기 잘하는가'도 본다. 끈기와 근성이라는 것이다.

밥 먹는 것을 보면 평소의 의욕, 일에 대한 기대, 긍정적 태도 등을 보고, 목소리를 들으면 건강, 호감, 태도, 피로도 등을 다 볼 수 있기 때문이다.

이런 식의 인재 판별법의 유형과 사례들은 이루 헤아릴 수 없이 많다. 그런데 우리 대학과정에서는 어느 누구도 이런 것을 가르치는 곳을 본 적이 없다. 심지어는 심리학과조차도 하질 않는다.

회사가 기대하는 신입사원이 가진 차별적 특징이 무엇일까? 좀 모르고 세련되질 못해도 씩씩하고 주어지는 일에는 무모할 정도로 적극적인 것이다. 혹시 잘못되어 야단을 맞으면 머리를 숙이다가도 돌아서면 잊어버리고 웃으며 회복하는 특징을 기대하는 것이다.

선배나 상관은 회복의 모습을 시각, 청각적 정보로 파악하며 평가하게 된다.

| 무의식적인 행동은 생활 속 연습을 통해서

그런데, 초중고를 거치는 동안 오로지 암기 중심의 가르침과 평가만으로 성장해 왔기에 이 능력을 갖추기 위해서는 보통 이상의 노력이 필요하다.

지식과 기술의 전문성에 더하여 호감형 능력(시각, 청각, 체감각)을 갖추어야 한다. 그래야 주위에 도움을 주고받는 리더십을 갖출 수가 있다. 그러자면 몸으로 실천해야 하는 '행동(行動)형' 습관이 자연스럽게 몸에 배여야 한다.

보통의 노력으로는 어렵다. 특히, 극도의 긴장이 가득한 면접장은 가만히 있어도 행동이 굳어버리기에 생활 속에서 반복 또 반복하며 연습하여야 한다.

- 강의장에서 교수님과 – 씩씩한 목소리로 먼저 인사드리고, 눈 마주치고, 고개 끄덕거리고, 중요한 것은 메모하고…
- 강의장에서 옆자리 학우와 – 내가 먼저 인사 건네고, 안부 묻고…
- 일과 중 친구들과 – 상대 말에 집중하고, 맞장구치며, 내 의견 말하고,

같이 식사하며, 우스운 얘기 나오면 거침없이 웃고, 온몸으로 인사 건네고…

- 귀가하면 가족들과 – 씩씩하게 웃는 얼굴로 인사드리고, 오늘 배운 좋은 내용은 한번 알려도 드리며, 부모님의 노고에 수시로 '고맙습니다'라고 외치며…

어른들이 자주 따지는 '태도, 인성'의 중요성을 단순히 '꼰대'들의 잔소리로 치부하지 말기 바란다. 지식과 기술은 상당부분 부모님으로부터 유전적으로 받은 것이다. 그러나, 행동적 요소인 시각적, 청각적 습관은 나의 노력으로 100% 바꿀 수 있다. 평생을 살아가는 가장 중요한 인간관계 능력의 핵심을 취업준비를 통해 몸으로 익혀라.

종이학 접기와 SMALL TALK
편안한 익숙함이 주는 비밀 : 어디서 본 듯한데…

노련한 면접관,
면접 시작과 동시에 몇 마디를 물어본다.

- "오늘 면접에 온다고 수고 많았습니다. 회사 찾기가 힘들지는 않으셨나요?"
- "아침 식사는 하셨나요?"
- "여러분 오늘 좀 춥지요? 고생했어요. 오늘 면접 온다고."

대개가 멀뚱멀뚱하는 모습이다. 간혹 "예"라는 군대식의 답변이 돌아오기도 한다. 물어본 사람이 머쓱해지기도 한다.

물론 모두가 고만고만하게 그냥 넘어가는 것이 보통이다. 무엇을 바라겠는가?

그런데 별것 아닌 것 같은 질문에 남다른 답을 하는 사람도 있다.

"네, 추웠는데 회사에 들어서니 훈훈했습니다" 혹은 "덕분에 면접 오는 길이 정신이 번쩍 들었습니다"라며 답하는 면접자가 있다. 단연코 달라 보인다.

이런 면접자들은 실제 본격적인 면접에서도 뛰어난 경우가 많았다. 필자가 테스트해 본 경험으로는, 일상생활에서 자연스러운 대화를 많이 해 보았다고 추정되고 인간관계능력이 좋을 것이라고 생각이 되니 면접 전에 점수를 따고 들어간다.

| 어느 인사담당 임원의 푸념

직접 당한 일은 아니지만 버스에서 들려오는 라디오 방송에서 들었던 이야기다.

어느 중견회사의 인사담당 상무님의 경험을 기억에 살려 소개한다.

"신입직원들 15명을 데리고 격려차 점심을 사주려고 같이 갔다. 식사를 시켜두고 그냥 몇 마디 질문을 던졌다. 특정 인원을 지정하지 않고 물었더니 아무도 답을 하지 않았다. 그래서 그냥 지나던 터에 밥이 나왔고 식사시간 내내 본인만 말을 하게 되고 어느 한 명 맞장구를 치든가 변죽을 울리는 사람이 없었다. 먼저 다른 주제의 대화를 내놓는 사람도 없었다. 식사시간

내내 본인만 대화 소재 생각하고 밥 먹고 한다고 너무 힘들었다. 상사와 밥
먹기보다 부하와 밥 먹기가 훨씬 힘들었다.”

한편으로는 '잘못 뽑았구나!'는 생각까지 들더라는 것이다. 이런 사람들이 고
객을 만나 대화하고 조직 내에서 대화로 문제를 풀고 하는 과정에서 무엇을 할
수 있을까 회의감이 들었을 것이다. 그러나, 요즘 대학생들이 성장 과정에서 잘
배우지 못했으니 어떻게 하겠는가? 실제 어른들도 잘 안되는 부분이기도 하다.
필자가 직장인들이나 경영진급에게도 강의를 하며 이런 말을 하면 생소하게 쳐
다보는 경우가 많다.

그런 자리에 자연스럽게 대화의 상대가 되어주고, 또 다른 가벼운 주제를 끄
집어내는 사람이 있었다면 어땠을까 하는 생각을 해 본다.

남다름이 뛰어남을 능가하는 승부처이기 때문이다.

| SMALL TALK

우리말로 번역하기가 애매한 용어이다. 영어사전에는 뚜렷이 한 단어로 나와
있다. 굳이 한다면 '한담(閑談:한가롭고 여유로운 대화)'이나 '잡담(雜談:별 의미 없이 주
고받는 대화)' 또는 '수다' 등으로 말할 수 있다. 그러나 적절치 않은 듯하다.

모든 만남과 대화는 먼저 가볍고 일상적인 소재를 찾아 대화하는 '작은 대화'
로 시작해야 한다. 식사 전에 먹는 전채(前菜)요리에 해당한다. 정찬(正餐)의 입맛
과 식욕을 돋우는 것들이다. 이 방법을 잘 공부하고 훈련하면 인간관계나 대화
법에 획기적인 변화가 가능하다. 필자도 늘 이 방법으로 첫 만남을 연다.

처음 만나는 사람인 경우는 몇 마디 주고받는 말로 상대의 성향이나 대화스타일과 호감도, 일에 대한 태도 등이 한눈에 들어오게 된다. 알고 지내던 친구나 직장 동료, 선후배의 경우는 작은 대화 몇 마디를 주고받으면 오늘 아침 컨디션이나 가지고 있는 고민, 좋은 일, 관심거리, 신변 변화 등을 알 수 있다. 그 틈새를 들어가 마음을 알아주는 대화가 가능하다.

첫 만남에 상대의 마음을 반쯤 열어 놓게 만든다면?
취준생이 이 단어(스몰토크)의 개념은 몰랐지만 그런 방식의 대화를 주고받고 있다면? 평가가 달라질 것이다. 면접이라는 첫 만남에서 첫인상을 '호감'으로!

'어디서 많이 본 듯한데⋯'

| SMALL TALK의 일상생활 속 연습

작은 소재나 변화를 찾아 대화를 하면 된다. 일상 대화에서 잘해 두면 용도가 많다. 바로 본론으로 가지 말고 몸으로 느끼고 눈에 들어오는 가까운 모티브로 대화를 시작하는 것이다. 무심코 던지는 방식도 좋다.
"아, 방이 춥네.", "날씨 정말 좋지요?",
"이거 무슨 냄새죠? 좋네요? 빵 굽는 냄샌가?",
"액자 그림이 좋네요.",
"오늘 아침 신문 보았어요? 어쩌면 그런 일이?"

한 수 더 나가보자. 평소에 잘 아는 사람이고, 아침 출근길에 처음 만났다면,

"머리 새로 했네. 이쁘게 했네."(요즘은 조금 위험하다고도 합니다),

"아침 표정이 밝아 보이네. 좋은 일 있어요?",

"사무실에 들어오는 아침햇살이 좋네. 벌써 겨울이네.",

"아침에 힘든 일이 있나. 목소리가 안 좋네.",

"얼굴이 피곤해 보이네. 무슨 일 있었어?" 등이다.

가까운 곳에서 소재를 찾는 것이다. 사무실, 출근길 모습, 아침의 뉴스, 오늘의 날씨 등을 대상으로 시각, 청각, 촉각, 후각 등을 동원하는 것이다.

영어 공부의 첫 화법이 "How are you? I'm fine. And you?"와 같은 방식이다. 그러면서 대화의 꼬리를 이어가는 것이다.

| 보조 수단으로 연습하기 - 생활 속 연습

필자가 '대우'의 이름으로 진행 중인 GYBM(글로벌청년사업가)양성과정의 1년 연수에 독특한 교과목이 있다. 바로 '종이접기' 수업이다. 한국의 전통문화이기도 하지만 Small Talk의 일환으로 활용하라는 의도이다.

베트남, 미얀마, 인도네시아, 태국으로 가서 현지어 학습을 중심으로 직무 교육, 현지 문화를 중심으로 하는 글로벌 교육, 리더십 교육 등을 받고 현지의 기업에 취업을 하여 상당 수준의 급여도 받게 된다.

현지인들과의 생활과 업무에 있어서도 상당 수준 이상의 소통능력이 필요한데, 단기간의 언어 공부로는 한계가 있어 다양한 형태의 문화적 감각을 키워주고 있다. 그중 하나가 소통의 수단으로 종이접기를 활용하는 것이다. 경우에 따라서는 영어나 현지의 언어 숙달이 떨어지는 경우에도 종이접기라는 중간 매체가 말문을 여는 모티브나 소재가 될 수 있다. 뿐만 아니라 작고 다양한 모양의

취업의 정석 나를 마케팅하다

결과물을 만드는 과정에서 어색함을 깨는 효과도 보게 된다.

이처럼 첫 만남 때나 어중간하게 시간이 남아 서먹한 경우에 종이학이나 종이비행기 만들기 등으로 대화하며 시간을 보내는 방법(TOOL)으로 활용하는 것이다.

필자가 대학생 시절에는 성냥으로 모양 만들며 대화하기, 손금 봐주기, 수지침 등이 유행을 했다. 상대방과 대화의 소재로 더없이 좋았다. 스마트폰이 그 기능을 가져가 버린 것이 아쉬울 뿐이다.

"그거! 개새낍니다"라는 면접 답변
똑같은 답변이 천당과 지옥으로 : 맥락이다

몇 년 전의 일이지만 취업관련 한 학기 교과목 수업을 들은 한 여학생이 질문을 했다.

본인과 같이 면접을 보러 들어간 남학생이 질문에 "개새낍니다"라고 답했다며 "교수님, 이 면접자 합격일까요? 아닐까요?"라고 질문을 했다.

그래서, 면접 질문이 무엇이냐 물어보았다.

"신체 자해로 군대를 면제 받은 사건을 어떻게 생각하느냐?"라는 질문이었다.

모 연예인이 군대를 가지 않기 위해 본인의 치아를 훼손하여 면제판정을 받았던 사건이 사회적 이슈가 되었을 때의 일이었다. (미리 양해를 구한다. 과격한 단어를 쓴 것은 현장감을 살리기 위한 고육지책苦肉之策이다. 이 정도의 상스러운 답변을 면접관이 듣고 어떻게 판단하는가 하는 커뮤니케이션 방법에 대한 설명을 위해 불가피함을 헤아려 주길 바란다. 실제 필자에게 여학생 제자가 직접적으로 질문한 것이다)

좀 더 자초지종을 들었다.

모 대기업계열의 증권회사에서 인턴사원 근무를 2개월 마치는 시점의 정직원 전환 면접석상에서 나온 질문과 답변이었다고 한다. 그리고, 그 답변을 하기 직전에 "제가 욕 좀 해도 되겠습니까?"라고 면접관에게 양해를 구했다는 것!

여러분은 어떻게 생각합니까? 뽑으실래요? 떨어뜨릴래요?

나는 강하게 뽑겠다는 생각이 든다는 답을 한다.

왜냐하면 이 답변은 가장 파워풀하고 가장 효과적(시간 절약, 에너지 절약)인 답변이며 제법 커뮤니케이션 능력이 뛰어난 사람으로 판단이 되었기 때문이다.

"졸업을 유예하며 한 학기 연장하는 것이 유리하냐? 졸업을 하고 취업 도전을 하는 것이 유리하냐?"는 질문에 대한 답변 차원의 글을 기억할지? 그것만 가지고 판단은 어렵다. 맥락을 알아야 한다. 즉, 앞의 여러 상황과 복합적으로 판단하여야 한다. 그래서 6개월 동안 뭐 할 것이냐를 물으면서 판단하는 것이다. 이런 식의 맥락 속에서 판단하는 능력이 우리 대학생들의 가장 취약한 부분이다.

이렇게 거칠고 형편없어 보이는 답변도 복합적 관점에서 보아야 한다.

이런 유형의 질문은 대개가 면접시간의 후반부에 나오는 질문이다. 회사에 직접적인 관계가 없어도 지원자의 가치관이나 세상을 읽어내는 판단력을 볼 수 있다. 면접의 전반부는 회사와 일(직무)에 관한 질문으로 집중된다. 지원 회사에 대한 이해, 준비 내용, 취업 및 장기근무의 의지, 산업과 직무전문성, 외국어 능력 등의 질문이 이어진다.

상황에 따라 다르겠지만 개인당 5~10분 정도 대화가 오가는 짧은 시간 동안에 형성되는 호감(好感), 비호감(非好感)에 따라 '개새낍니다'라는 답변이 180도 다르게 평가된다.

해석1 : '명쾌하네! 꼭 합격시켜야지'로 결론 나는 경우

전반부 답변에 마음에 드는 경우(호감)이다. 준비도 많이 해왔고 잘해 보려는 모습이 역력하다. 예의도 바르고 자신감도 넘친다. 한편으로는 겸손한 면모를 보이기도 한다. 모든 것들이 자연스럽게 보인다. 시간이 갈수록 더 좋아져 이제 마음을 굳히는 중에 던진 질문과 답이었다.

정상적인 예의를 차리고 답을 한다고 생각해 보자. "그 사람은 연예인이니 공인입니다. 국민의 4대 의무는 예외가 없다고 생각합니다. 그중에 제일 중요한 국방의…(중략)…그런데, 그 연예인은 누구나 다 아는 공인입니다. 그런데 그렇게 말도 안 되는 행동을 했으니 벌을 받아야 한다고 생각합니다."

이렇게 구체적으로 제대로 하자면 1~2분이 걸리는 답이며 당사자나 면접관 모두 알 만한 이야기의 반복으로 지루하게 시간만 갈 것이다.

해석2 : '말이 거칠고 예의가 없네! 떨어뜨리는 것이 좋겠어'로
　　결론 나는 경우

조금 거들먹거린다. 본인의 스펙은 좋아 보인다. 그러나, 그 화려함으로 제법 잘난 체를 하며 진지함도 없다. 일부는 욕심이 나지만 조금 주저하는 중에 이러한 식(꼭 이렇게 욕까지 가는 과격함이 아니더라도)의 답변을 하는 경우에는 그 '불합격'의 평가에 확신을 가지게 되는 결정적인 답변이 된다.

여러분의 생각을 어떠신가? 조금 오버한 것일까?

실제 이 학생은 인턴에서 정직원 전환면접을 통과해 무난히 입사하였다고 한다.

취업에 대한 팁을 주는 인터넷 카페나 책자들은 모두가 단편적인 방식의 답을 가지고 '맞다, 틀리다'로 가르친다. 취준생은 익숙한 방식에 환호하고 길들여진다. 실제 대학에 가서 이런 복합적인 답변을 가르치면 싫어하는 모습을 많이 본다. 단답형으로 답을 달라며 복잡한 생각을 귀찮아한다.

취업을 준비하는 동안에 단편적이며 쉽게 말하는 '꾀'를 배우면 안 된다. 특히, 어른이나 선배들을 만날 때는 만남의 회수가 더해 갈수록 좀 더 높은 수준의 대화, 좀 더 맛있는 대화를 하도록 해야 한다. 어떤 기회로 만남이 있게 되면 피상적인 한두 번의 만남으로 끝내지 말고, 꾸준히 만나며 단계별로 보다 깊은 대화로 진행시켜 나가보는 것이 한 수 위의 취업 준비이다. 그렇게 되는 중에 어른 앞이지만 이런 "개새낍니다"라는 답을 스스럼없이 던지는 기회도 가지게 될 것이다.

참고로 오늘의 내용은 상담이나 커뮤니케이션학에서 말하는 래포(RAPPORT)라는 단어를 추가로 공부하면 이해하기 좋겠다. 그리고, 맥락효과(CONTEXT EFFECT)도 같이 공부를 하길 바란다.

취업의 정석 나를 마케팅하다

"쓰가루, 선홍, 스타킹" 무슨 말일까?

같은 용어 사용은 전문성을 넘는 동질감 :
문화적 유전자 '밈(Meme)'

"아이오 파지티브, 인투베이션, 라식스, 노큐론…" 무슨 말인지 알아듣겠는가?

어느 의학 드라마 중에 응급실의 긴급 처치 과정에서 의사와 간호사가 주고받는 말들이다. 우리나라 드라마이지만 하단의 자막을 빠른 시간에 캐치를 해야 그나마 이해가 된다.

문득 이런 생각이 들었다.

"취업 준비를 의과대학생들 공부하듯이 하면 안 될까?"

모든 취준생이 취업하여 최고의 삶을 꿈꾼다. 의대를 졸업하고 실력이 있으면 많은 돈을 벌 수 있고 걸맞는 대우를 받는다. 그래서, 누구보다 힘들에 공부해야 하고 고생이 되는 일을 마다않고 도전한다. 그런 위치에 올라서야 한다는 것은 다른 직업도 예외가 아니다. 의대생들의 공부를 엿보고 한번 따라가 보자.

#1. 대학생 때의 경험

의과 대학생들의 공부의 내용이 무엇일까? 대개가 많은 전문 용어들로부터 출발한다.

지금도 병원에 가서 진료를 받으면 차트에 기록하는 것이 죄다 잘 모르는 단어들이다. 그것만으로도 일반인은 주눅이 들어 처치하고 처방해 주는 대로 꼼

짝없이 "예, 예" 하다가 나오는 것 아니겠는가?

필자는 1970년대 말 대학생 때 기숙사 생활을 하며 2년간 같은 방에서 의과대학생 선배와 같이 지낸 적이 있었다. 정말 열심히 공부하는 모습을 보았는데 지금 생각해 보니 대개가 용어들이었다. 영어로 된 의학 용어들!

일반 기업의 일도 똑같다. 각 직업에서 나름대로 발전된 분야별 용어나 단어가 그 산업의 핵심이다. 그런 의미에서 일반기업에 취직하려는 사람도 그런 방식으로 취업준비를 하면 틀림이 없다고 생각한다.

그러면 아래의 용어들을 한번 추정해 보자. 어느 업계에서 쓰는 말인지?

- 쓰가루, 선홍, 스타킹, 양광, 세계일
- 왜건, SUV, RV, MPV, 컨버터블
- 살물, 로팍스, 로로, 위그, 초계
- 살레골드, 아이리쉬, 도피오, 마키아토, 리스트레토
- PLC, EPC, ESCO, SE, PBG

짐작이 될지 모르겠다. 답은 이 글의 끝에 달아 두었다.

#2. 직장생활 때의 경험

필자는 직장생활을 시작하고 나서 두 번의 큰 변화가 있었다.

취업의 정석 나를 마케팅하다

처음 취업한 회사인 대우무역(현재는 포스코인터내셔널)에서는 인사부에서 일을 했었다. 13년이 지날 때쯤 경영기획부로 옮겨 일하게 되었다. 종합상사이다 보니 모든 용어가 무역과 회사 경영에 관련된 것이라 이를 통달해야만 일이 되었다. 그런데, 하필이면 IMF상황으로 종합상사가 수출에 기여할 이슈가 많다 보니 정부나 공공기관 회의에 참석할 일이 많았다. 특히 국가나 사회, 금융, 기업 시스템 전반에 개혁이라는 단어가 붙여지는 사회 전반에 폭넓은 일에 연결되어 공부가 필요했었다. 혼란스럽고 어려웠다.

그런 상황에 대처하기 위하여 두 가지를 공부했다. 무역협회에서 6개월 동안 매주 토요일에 무역공부를 했다. 그리고, 경제신문 하나를 구석구석 뒤지며 새롭고 낯선 용어는 밑줄 그어가며 개념을 이해하는 노력을 했다. 그러던 중 어느 순간에 귀가 트였고, 대화 중에 내 나름대로의 목소리를 내는 수준에 도달하게 된 경험이 있다.

또 한번은 중소기업으로 전직(轉職)했을 때이다. 그 회사는 아동용 섬유패션 전문업체인데, 당시 나는 제품과 영업, 마케팅에 대해 아는 바가 별로 없었다. 그래서, 섬유공학과 학생 수준의 공부를 독학하기 시작했다. 한편으로는 전문경영인의 역할이다 보니 제품과 원부자재, 디자인, 특허, 브랜드 등은 물론이고 재무, 금융 그리고 세무회계 업무도 두루두루 하게 되었다. 또 다양한 국내 유통을 하다 보니 의류 도소매상에서 주고받는 용어는 물론이고 백화점, 대형 마트의 영업구조, 절차, 손익구조 등에 사용되는 특별한 용어 등도 낯설기만 했었다. 이때 공부한 것이 주로 그 업무와 관련한 '전문용어'였다. 그래야 상대와 대화가 될 수 있었고 거래 상대로서의 자격이 되었던 것이다.

신구세대를 막론하고 앞으로 새로운 직업, 산업으로의 전환이 잦아지는 시대를 살아가는 데 적응은 더 어려워질 것이다. 때문에 직업 차원에서 미래에 닥치게 될 전환과 적응을 위해서는 '용어(key word)'에 대한 공부로 길을 찾는 것이 가장 효과적인 방법이었다.

| 용어, 단어 공부의 벽 - 취업목표 설정

그러자면 첫 출발점이자 기본이 되는 '목표설정'이 되어야 한다. 세상의 모든 직업, 산업에 관심을 가질 수는 없다. 다양한 분야를 두리뭉실 잘한다는 말은 하지 말기 바란다. 새롭게 시작하는 분야에 정통해야 한다. 적당하게 하면 갈수록 낭패를 당한다. 이래저래 취준생의 첫 관문이 '목표설정'인데 제일 취약한 부분인 것이 안타깝다.

| 용어를 찾아 내 몸에 익히는 구체적 방법

취업 혹은 재취업 도전에서 활용하는 방법이다. 용어 채취 → 의미 검색 → 내 말로 재정리 → 카드제작 → 스피드게임으로 준비하라. 필자가 어느 대학교에 겸임교수로 출강할 때도 늘 활용했으며 취업성공이라는 성과가 120%이상인 강력한 도구이다.

① 먼저 회사용어 100개를 찾아서 기록하라. 그리고 제품관련 용어도 100개를 찾아라. 회사용어는 홈페이지와 공시정보(IR), 산업계 관련 홈페이지, 언론보도 등을 참고하면 된다. 제품 용어는 당연히 홈페이지를 기본으로 하고 구입하거나 현장을 찾아 직접 보고, 만지며 포장지나 택(tag), 라벨

　　　　　　　　취업의 정석 나를 마케팅하다

(label)에 있는 용어들을 죄다 리스트업하라.

② 그리고, 용어의 뜻을 찾아라. 인터넷에서 찾으면 된다. 그리고, 단어의 뜻을 이해하여 내 스타일의 말로 정리가 되어야 한다. 이해가 안되면 관련 업종 종사자를 찾아 스승으로 모셔라. 그래서 하나하나 정복해 나가라. 이 단계가 고비이다.

③ 이제 문구점에서 '스터디카드'(80 x 124 mm정도 크기)라는 것을 구입하여 단어카드를 제작하라. 앞면은 단어를, 뒷면은 뜻을 기재하되 본인이 이해하여 재구성한 내용으로 정리해야 한다. [사진 참고] 그렇게 만들어진 경영, 제품용어 200개 카드면 세상을 정복하는 것이 가능하다. 산업이 복잡하고 기술적인 이슈가 많아지면 추가로 제작하라. 200개를 만든 힘으로 50개, 100개를 추가하는 것은 어렵지 않다.

④ 어느 단계가 되면 가족 혹은 친구와 용어를 설명하고 맞추는 스피드게임을 해보라. 상대가 카드의 용어를 나에게 보여주며 뜻을 설명하라고 하라. 바꾸어서 상대는 뜻을 보면서 나에게 용어를 질문하라고 하라. 그리고, 갈수록 스피드를 높여 나가라.

그러면 어느 순간에 나도 모르는 사이에 입에서 용어가 튀어 나온다. 자기소개서에 적당하게 삽입도 된다. 누가 봐도 전문성이 있어 보이고, 공부를 했다는 느낌이 들고, 정성이 있어 보인다. 그 과정에서 조금 헤매는 것은 오히려 좋아 보이기까지 한다.

이제부터는 뉴스 소리가 귀에 들린다. 신문이 눈에 들어오고 인터넷 뉴스를 보다가도 멈출 줄 안다. 용어가 있는 곳에서…

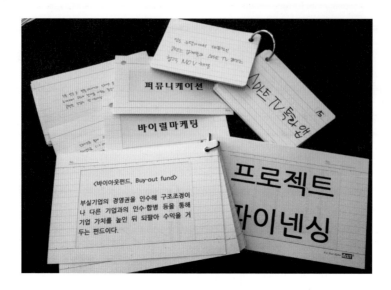

이 글의 첫 부분에 올린 단어들에 대한 설명이다

- 사과(APPLE)의 종류들이다. 제과, 제빵, 과즙 등의 산업 희망자에게 유용하다.

- 자동차의 종류들이다. 비교적 쉽게 맞출 수 있다. 일반화된 소비재이기 때문이다.

- 선박의 종류다. 조선업계를 희망하거나 관련 금융업계 지원자들에게 필요하다.

- 커피의 종류이다. 이것도 비교적 친근한 것들이다.

- 플랜트나 건설에서 사용하는 용어들이다.

"사장님이 스님에게
머리빗을 팔아오라고 한다"
문제 해결형 질문과 창의성

머리빗 만드는 공장에서 일어난 일을 소개한다. 그 회사의 사장께서 직원에게 스님들이 계신 절에 가서 빗을 팔아오라고 지시를 했다. 그랬더니 한 명은 머리카락이 없는 스님에게 어떻게 파느냐고 투덜거렸다. 한 명의 직원은 한 개를 팔고 왔다. 머리 안마용으로 어렵게 팔았다고 한다. 그런데 또 다른 한 명은 몇 박스를 팔고 왔다. 그 비결이 뭐냐고 물었더니 '절에 찾아 온 참배객들에게 선물용으로 팔았다'는 것이다. 다음에는 좀 더 비싼 것을 주문받았다고 한다. 대추나무 재질에 '길선(吉善)'이라는 글자를 새기고 연꽃을 그려 넣으며 고가품으로 만들고 주문량도 늘렸다며 한 술 더 뜨고 있었다. 재수 좋고(길:吉) 선(善)한 일만 생기기를 기원하는 단어이다.

이 사례를 응용하여 면접에서 다양한 질문을 해 보았다. 주어진 답에만 충실하게 교육을 받은 한국 취준생의 쩔쩔매는 모습이 측은해 보였다.

| 기업의 본질과 직원의 역할

이와 같은 문제 해결형 질문은 공공분문이나 특수 직업은 예외이겠지만 일반적인 경제활동을 하는 기업의 면접질문으로 효과 있고 의미 있는 질문이다. 직원을 뽑으려고 하는 곳은 뭔가 문제가 있어 사람을 뽑으려고 한다. 그래서 면접을 통하여 문제해결의 역량을 보고 싶은 것이다. 제품을 많이 판매하는 것을 넘어 고객의 NEEDS와 WANTS를 찾는 역량을 점검해 보는 것이다.

그래서 한때 이런 질문이 꽤나 많이 소개되고 기업 면접에 활용이 되었다.

• "에스키모인에게 냉장고를 팔아야 한다면 어떻게 하겠는가?"

- "맨발로 다니는 아프리카 원주민들에게 운동화를 팔라고 하면?"
- "건축용도로 쓴 붉은 벽돌이 제법 많이 남아 있다. 어떻게 쓰면 좋겠는가?"
- "맨홀의 뚜껑은 사각형이 좋으냐? 원형이 좋으냐? 그 이유를 설명하라."

| 창의성은 직장인의 필수 기본 역량

창의성! 정확하게 말하면 '창의적 문제해결 능력'은 최고 핵심역량이다. 직장인은 일상적인 업무의 원활한 처리가 기본이다. 그러나, 경쟁이 심해지고 소비자(고객)이 변하며, 환경이 변하여 기존의 방법이 벽에 부닥치면 새로운 방법을 찾아야 한다.

그래서 문제해결을 위한 창의적 발상법은 직장인의 기본이 되는 것이다. 물론 발생되기 전에 예측하고 선제적 대응은 물론이고 발생된 이후라도 빠른 시간에 해결하여야 한다. 사회의 변화속도만큼이나 대응해야 할 일이 많아지고 있다. 그래서 분야를 막론하고 '바쁘고 힘들다'는 볼멘소리가 나오는 것도 그 때문이다.

일상적인 반복 업무는 프로그래밍된 자동화. 전산화나 인공지능(AI : Artificial Intelligence), 스마트 공장(Smart Factory)에게 맡겨져 수월해진 듯하다. 소위 4차산업혁명 덕분이다. 반면에 기존 업무의 유지 수준으로는 일자리를 위협받게 되는 것이다.

창의적 문제해결 능력은 '선택'이 아니라 '필수'이다.

| 창의성 발휘의 발상법

① 2차 소비자를 찾는 방법

'스님에게 빗을 파는' 사례는 제품의 용도를 '선물'로 바꾼 사례들이다. 스님에게는 필요 없지만 신도에게는 생활필수품이라는 것에 주목한 것이다.

실제 요즘 많은 선물용품이 몇 년 전에만 해도 자체 소비로 판매되는 제품들이었다. 우산, 필기구, USB, 이어폰 등이 선물로 제공되는 것에 이어 캔디, 초콜릿, 사탕 등으로 특정 날짜 기념일에 모티브로 삼아 판매하는 마케팅도 등장하였다. 최근에는 인터넷으로 상품권이나 교환권을 보내는 기술인 '기프티콘'과 같은 모바일 쿠폰이 선물의 경계를 허무는 것 등이 우리의 생각을 확장시키는 좋은 사례들이다.

② 본연의 용도를 생각하는 방법

위에서의 '에스키모 냉장고 사례'는 냉장고가 가지는 두 가지 기능 중에 냉동만을 생각하면 답이 어렵다. 에스키모인이 사는 지역은 늘 냉동이 저절로 되는 장소이기 때문이다. 그러나, 냉장 기능으로 신선도를 유지하고 즉각 요리가 가능하도록 한다면 답을 찾는 것이 쉬워진다. 바깥에 두면 들쥐나 동물이 접근하여 탈취될 위험성을 감안하면 기능 설명이 더 용이해진다.

맨홀 뚜껑의 문제도 기능과 용도를 생각하면 쉽게 판단이 된다. 사람이나 차가 다니는 곳에 있기에 모난 곳이 없어야 한다. 정비하기 위해 열어서 이동을 하는 경우의 용이성과 사각형의 경우는 대각선으로 뚜껑이 빠질 위험성을 감안하면 원형이 좋다는 결론에 이르게 된다.

③ 본연의 용도를 확장하는 방법

냉장고 본연의 신선도 유지라는 기능을 넘어 그 속에 보관하는 식품의 적정 온도가 제각기 달라야 한다고 생각하면 또 다른 확장이 가능해진다. 즉, 신선하거나 제맛을 내는 온도가 다른 점을 감안하여 냉장고도 김치냉장고, 와인냉장고, 화장품냉장고로 분리 개발되어 온 것이다. 20여 년 전에 냉장고, 세탁기 등 백색가전(흰색이 대부분인 시절에 붙여진 제품군)의 종말을 말했던 것이 무색해진다.

붉은 벽돌도 쌓는 방법에 따라서 다양한 모양으로 유연하게 사용하는 발상을 하면 답이 제법 많아진다. 책꽂이의 용도, 화분 받침대, 실내 화단 경계석, 화장실 변기에 넣어 물을 절약하는 용도 등의 답변이 가능한 것이다.

| 높은 면접평가와 유능한 직원으로 가는 길

면접장에서의 '창의성' 질문은 "자, 지금부터는 창의성 테스트를 합니다"라고 시작하는 것이 아니다. 위에 제시한 질문 유형도 있지만 일반적인 질문을 통해 짐작을 하는 경우가 대부분이다. 생활 속에서 불편한 것을 찾아내고 그 해결책을 제시하는 훈련을 해야 한다. 무슨 문제에 부닥쳤을 때 반드시 해결하고자 하는 노력이 중요하다.

별도의 창의적 발상법 교육을 받아 보거나 전문적인 책도 보자. 대개가 볼거리가 많고 재미도 있으니 도전해 볼 만하다. 그리고, 생활 속에서 연습해 보는 것이 무엇보다 중요하다. 하루에 한 건 혹은 1주일에 3건, 반드시 메모하며 챙겨보는 노력이 중요하다.

현재의 '풍족한 삶'이 오히려 창의력 훈련에는 걸림돌이 되는 것 같아 안타까울 뿐이다.

대학가 교육에서 아쉬운 것은 '트리즈 교육'이나 '식스시그마 교육'의 과정 수료증이 창의적 문제해결의 근거가 된다고 말하는 경우이다. 받은 교육을 실제 생활에서 구체적으로 적용해 보는 노력에 주력하길 바란다.

기업이 한계에 봉착하는 현상이 더 심해지고 있다. 우리가 신주단지 모시듯 하는 인터넷 덕분이다. 정보의 흐름이 빨라지고 내용도 많아졌기 때문이다. 거기에다가 소득이 커지고 욕망을 자극하는 매체의 발달도 한몫을 한다. 창의적인 발상을 위한 공부와 노력, 경험이 더욱더 중요해진다.

"이 면접장 크기는 몇 평이나 될까요?"

숫자에 약한 기업인 공략 : 페르미(Fermi) 추정법

"지금 면접을 보는 이 방이 몇 평이나 될까요?"

"지금 면접장이 있는 이 건물이 몇 층일까요?"

"회사 가까운 곳에서 택시 탔을 때 요금은 얼마나 되었나요. 그렇다면 택시가 주행한 거리는 얼마나 될까요?"

필자가 면접관으로 초대받은 어느 공기업에서 던진 면접질문이다. 토지와 택지 등 부동산을 중심으로 하는 국민자산과 관련된 일을 하는 곳이기에 이런 질문을 던졌다. 그리고, 면접관이 집중 점검을 해야 할 핵심역량과 NCS(국가직무

^{표준)}항목에 '수리능력'이 있었기 때문이다.

이런 질문은 업무관련 지식과 수치감각, 관련 분야에 대한 호기심 등을 감안한 종합적인 질문을 한 것이다. 수학문제, 시험지 풀기를 할 수는 없는 것이니 약간 비틀어서 만든 질문들이다.

그런데 당황하는 표정이 역력하다. 심지어는 같이 앉은 그 회사 소속의 면접관들도 곤혹스러워 하는 경우도 있었다. 자기 회사에서 일할 인재들의 핵심역량임에도 불구하고….

| 질문의 의도는?

우선 위의 질문에 대한 의도를 정리해 본다. 조금 평범하지 않은 질문을 던지면서 면접자의 답변이 틀려도 상관없다고 말한다. 그러나, 알고 답을 하는 사람은 분명히 남다르게 느껴질 것이다. 차별화되고 변별력 있는 질문으로는 최고이다.

- **이 방의 크기?** : 그냥 가로, 세로를 몇 미터인지 짐작하면 된다. 곱해서 나온 숫자를 3.5로 나누면 금방 나온다. 평(坪)척도법을 못 쓰게 하지만 아직도 실생활에서의 대화에서 많이 쓰는 것이다. 1미터를 눈대중으로 헤아리는 일들은 실생활에서 부지기수로 닥치는 경험이다.(수치감각, 공간감각)

- **지금 이 건물의 층수?** : 일하고 싶은 직장에 대한 작은 관심이다. 입구나 엘리베이터 안이나 앞에 걸린 안내판을 한 번 보았다면? 혹은 내가 취업하고자 면접 온 회사의 조직구조와 내가 합격하면 일하게 될 사무실은 몇 층일까 하는 기본적인 호기심일 있을 것이다.(공간 감각, 조직 이해)

- **택시로 이동한 거리?** : 택시를 이용하며 요금과 거리를 헤아리는 것은 본인 업

무나 생활에서 비용 추정으로 연결된다. 무엇보다 본인이 일할 회사의 업무가 해당 지역의 가치를 산정하는 일도 있기 때문이다.(직업관, 거리 감각)

| 페르미 추정법의 의도

이런 방식의 숫자를 추정토록 하는 면접을 '페르미 추정법'이라고 한다. 일본에서는 '지두력(地頭力) 테스트'라고도 한다. '맨땅에 헤딩하는 능력'이라는 것이다. 인터넷에 나와 있는 내용을 그대로 인용해 본다.

이탈리아계 미국인 물리학자인 엔리코 페르미(Enrico Fermi, 1901~1954)가 물리량 추정에 뛰어났고 그가 학생들에게 이런 문제를 자주 냈다고 해서 붙여진 이름이라고 한다. 게스티메이션(Guestimation) 또는 브레인 티저(Brain Teaser)라고 불리기도 한다. 정답이 없고 수없이 많은 다양한 형태로 문제를 낼 수 있으며 지원자의 사고력을 측정하는 데에 유용하여 마이크로 소프트, 구글 등에서 면접문제로 활용하기도 한다.

지난 IMF 외환위기 이후에 '글로벌 스탠다드'를 외치며 맥킨지, 보스톤 컨설팅 등 외국계 컨설팅 회사들이 들어오는 시점에 '마이크로 소프트'사(社)가 이런 종류의 질문으로 인재를 선발하는 도구로 쓴다고 하며 크게 유행이 되었다.

이런 종류의 질문은 한국 기업들에게도 많이 영향을 주었다. 기업에서 일하는 방식을 기본으로 한 질문법으로 중요한 인사이트를 받은 것이다.

| 실제 면접에서의 활용과 의도

질문을 해 본다. 조금 복잡하게… "국제규격의 수영장이 있다고 치자. 그 안에 축구공을 넣는다면 몇 개나 넣을 수 있을까? 10초 시간 줍니다. 면접자 순서대로 대답해 보세요."

3명의 답은 "5천 개입니다." "하나도 못 넣습니다." "만 개입니다."였다.

"계산 근거는 어떻게 됩니까?"

- 면접자 1 : "대충 추정을 해 보니 5천 개 정도입니다."
- 면접자 2 : "수영장에 물이 차 있기 때문에 하나도 못 넣습니다."
- 면접자 3 : "깊이 3미터, 길이 50미터, 폭 20미터로 가정하면 수영장은 3천세제곱미터입니다. 축구공은 지름이 30센티미터 정도 된다고 생각합니다. 대강 계산을 하면 3천세제곱센티미터로 0.3세제곱미터입니다. 그래서 약 만 개로 본 것입니다."

이어지는 질문,

"수영장 크기는 어떻게 안 것인가요?"

"얼마 전 올림픽의 수영경기에서 본 기억을 더듬었습니다."

여러분이라면 누구를 선택하겠는가? 또 일을 시키면 어떤 것을 시키겠는가?

수영장이나 축구공의 규격을 알고 있거나 암기하거나 혹은 암산능력을 보는 것이 아니다.

실제 위키디피아에 나와 있는 국제규격 수영장 크기는 다음과 같다.

'올림픽을 비롯한 국제 대회를 개최할 수 있는 수영장의 규격은 길이 50미터, 폭 21미터, 깊이 1.98미터 이상이 되어야 하며 총 8레인에 레인폭 2.5미터(1~8

레인 밖으로 0.5미터 간격 유지)가 되어야 한다.'

| 기업 경영에서의 활용

페르미 추정법은 논리적인 가설과 가정을 통해 짧은 시간에 대략적 추정치를 얻어 활용하는 것에 의미를 가지는 것이다. 실제 경영에서는 정교한 숫자는 그 다음에 이어 계산하게 된다. 혹시 인터넷에서 찾으면 된다고 생각할지도 모르겠다. 그런데, 모든 것이 인터넷에 있지도 않고 좀 더 빠른 판단을 보고자 하는 것이다. 작은 차이라도 확인하는 것이 면접이기 때문이다.

기업에서 일하려면 숫자가 몸에 붙어 다녀야 한다. 정확하게는 취업하여 직장 생활을 하고 창업도 하고 하려면 말이다. 눈에 보이는 간단한 계산에서부터 막연하기 그지없는 부분이라도 억지로 스크리닝한 다음에 좁혀 나가며 의사결정을 하는 것이다.

그렇다면 대학생활에서 이런 추정을 많이 해봐야 한다. 실제이든 연습이든 기회를 만들어야 한다. 그런 노력과 준비를 점검하는 것이다. 취준생들의 모습이 고만고만하고 큰 차이가 없어 보일 때 이런 감각을 가지고 있다는 것은 차별화에 큰 기여를 하는 것이기도 하다. 때로는 결정적일 수도 있는 강점(強點)이 된다.

| 면접이나 자기소개서 등에서 활용

일반 면접의 경우는 위에서 보인 바와 같다. 좀 더 적극적으로 활용하는 방법, 프레젠테이션면접, 토론면접에서 활용하는 법 등은 다음 글에서 소개를 하겠다.

자기소개서에서 보여주는 방법도 포함하여⋯.

기업에서 일하는 사람들은 지위고하를 막론하고 숫자에서 시작하여 숫자로 끝나는 일을 하고 있다는 것을 필히 명심해야 한다.

수치 추정이 면접질문에서 등장하는 예시들

- 한국에서 1년에 소비하는 소고기량? (미국산 소고기 수입이 이슈일 때)
- 우리나라에 깔려있는 전기송배전용 전봇대는 몇 개?(한전이나 전기용품 취급 회사)
- 우리나라에서 연간 관광 목적의 해외여행 입국 인원?(관광 공사나 여행, 항공 관련 회사)
- 한국에 주유소가 몇 개?(정유사 혹은 전기차 관련 회사, 주유소 네트워크를 활용한 마케팅 행사 같은 것을 전개하고자 하는 경우)
- 어린이날을 맞아 전국의 초등학생에게 피자를 나누어 주는 이벤트를 한다면 몇 판이나 필요하며 비용은 어느 정도? (어린이관련 사업이나 학교를 대상으로 하는 비즈니스인 경우, 인구의 추이가 영향이 큰 경우)

다양한 분야로의 확장(특히 창업을 목표로 하는 경우)

- 지금 이 집의 한 달 평균 매출과 이익은 어느 정도일까?
- 이 당구장의 경우 월세가 어느 정도일까?
- 이 집은 하루에 어느 정도 팔아야 유지를 할까? 사람을 한 명 더 쓰면 영향은?
- 이 신제품을 만들어 팔면 자금 수요가 얼마나 될까? 최고로 월 매출 5억 원 정도를 목표로 해야 하는데, 대개가 외상거래 관행이고 우리가 매입하는 원자재나 부품은 현금으로 구매해야 한다는 전제이다.

문제를 만들자고 작정하면 밤을 새고도 남을 정도이다.

"밤에 산 고개를 넘다가 귀신을 만나면?"
서서히 적응하며 두려움 극복 : 메타인지

    면접과 프레젠테이션을 지도하다 보면 가장 많이 나오는 질문이 "두려움과 공포를 극복하는 방법은?"이다. 처음 보는 일대일의 면접은 물론 많은 인원을 상대로 하는 프레젠테이션이나 발표장의 떨림과 긴장은 말할 수도 없을 것이다.

    특히, 면접 중 임원면접, 인성면접을 볼 때는 아버지뻘 되는 4~5명의 면접관이 날카로운 눈으로 노려보고 있다. 그리고, 뭔가를 평가하는 모습이 눈에 들어온다. 나의 말 한마디 한마디에 표정이 변하는 것도 보인다. 옆자리의 면접자가 하는 답변이 대단하여 상대적으로 나를 위축시키는 경우도 다반사이다. 거기다가 면접관은 나의 정보를 다 가지고 있다. 입사지원서, 자기소개서 말이다. 심지어는 참가자 모두의 정보를 다 보고 있으니 모든 상황이 나를 옭아매고 있다는 느낌이 확연히 다가온다.

| 면접 두려움 - 누구도 피할 수 없는 숙명

필자도 '대우'라는 대기업에서 인사담당으로 오랜 시간을 보냈고, 중소기업의 전문경영인으로서 최종 당락을 결정짓는 자리의 면접관으로 치열한 고민도 해봤다. 경력직 모집, 임원 모집 등등에 지원하고 변화를 꾀하면서…. 지금도 강의 수주(受注) 등을 위해 발주자를 만나 '갑을'관계에서 서로를 견주는 '면접'수준의 상황이 많이 생긴다. 그러다 보면 후배나 아들딸 수준에 해당하는 사람들과도 면접으로 보는 것이다. 가장 대단했던 경우는 40대 초반에 공기업 임원 자리에 지원했다가 면접관 10명과 면접을 본 경우였다. 조금 다행인 것은 면접대상자는 나 혼자였다. 비교되는 것이 없어 편했지만 내 실력의 수준을 가늠할 방법이 없었다.

최근에는 필자가 실무를 총괄하는 글로벌청년사업가(GYBM)양성과정에 참가를 희망하는 해외 연수생을 매년 200여 명 선발하고 양성할 목적으로 자주 면접을 본다. 두려움에서 오는 자신감 부족이 이 시대 청년들(정확하게는 '취준생')에게는 가장 중요한 문제이기도 하다. 그 원인의 핵심은 어른들과 대화의 기회가 적은 것이다. 두려움을 떨치는 방법을 생생한 경험으로 정리해 본다.

| 단계별로 서서히 적응하라

첫 번째 결론은 면접 당일 '서서히 적응하라'는 것이다.
예전의 우리 아버지, 어머니께 들었던 이야기로 가본다. 필자가 어렸을 때 들었던 긴 밤에 주고받는 호러(HORROR)물 이야기이다.

"늦은 밤, 칠흑같이 어두운 산길을 지난다. 고갯마루의 성황당, 정자나무와 상여의 오색띠⋯ 계속 이어지는 긴장된 상황이다. 스산하다 못해 기분 나쁜 바람!

그런데, 그 정자나무에 목을 매고 죽은 하얀 소복의 귀신! 모든 것이 하얗다⋯ 그러나 눈과 입에서는 붉은 '피가' 흘러나오며 귀신은 나를 째려본다."

이렇듯 구미호가 등장을 하고, 한을 품은 처녀귀신이 등장한다.

갑자기 싸늘해지고 등골이 오싹해지는 이야기로 여름밤의 더위를 이기거나 춥고 긴 겨울밤을 지낼 때인 불과 30~40년 전의 우리 모습이다. 그러면 이런 상황에서 어떻게 기절하지 않고 살아남느냐가 중요한 질문이자 관심이다. 오늘 밤에 산 너머의 우리 집으로 가는 길에 꼭 일어날 것 같으니⋯.

그때 들려주시던 어른들의 지혜가 있었다.

"일단 눈을 감아라. 머리를 숙여라. 그리고 잠시 심호흡을 하고 서서히 눈을 떠라. 목맨 귀신의 아랫부분인 발부터 보고 서서히 머리를 들어 다리, 상반신, 머리로 눈길을 옮겨라. 그러면 하얀 얼굴과 피의 입과 눈이 그나마 적응이 될 것이다. 더구나 제일 먼저 발이 없는 것을 안다면 '헛것을 보고 있다'는 것도 알게 된다."

서서히 적응하라는 것이다. 가급적 처음에 '별것 아니다'라는 상황을 만들라는 것이다. 정말 좋은 TIP이다.

| 일대 다수의 싸움 - 골목길로 들어가라

유사한 경우를 하나 더 보자. 영화나 실제 상황에서 4~5명 정도는 거뜬히 해치우는 대단한 싸움꾼이 한 번에 30~40명이 몰려와서 승부를 가를 경우를 보

자. 주인공은 일단 앞에 선 한두 명을 때려눕힌다. 잠시 지나면 같은 패거리가 몰려온다. 감당이 안 되어 보인다. 일단 도망을 간다. 골목길이나 복도 구조인 좁은 곳으로 들어가 싸움판을 만든다.

처음 보기에는 혼자서 30명을 상대하기가 감당이 되질 않기 때문에 도망가는 것으로 보인다. 동시에 4~5명 이상이 덤벼들지 못하는 구조화된 장소로 의도적으로 끌고 가서 유리한 위치를 점하는 것이다. 결국 모두를 때려눕히며 주인공은 승리를 거둔다.

이제 면접장으로 와 보자. 면접에 들어가기 전에 질린다. 대개 시간을 맞춰서 대기장으로 들어가니 200~300개의 눈이 나에게 들어온다. 한 번에 100명, 150명을 불러서 진행을 하는 경우이다. 앞에서는 뭔가 복잡한 안내를 해준다. 동선과 인사법도 알려준다. 시간계획을 알려준다. 앞에 온 모두가 나보다 더 멋져 보인다. 준비를 잘한 것 같고 자신만만해 보인다. 이젠, 첫 면접팀이 들어간다. 조금 지나니 마치고 나온 사람들이 주고받은 질문과 답이 이곳저곳에서 들려온다.

이 상황에서 떨리지 않고 소심해지지 않는 것이 이상할 정도이다.

가급적 먼저 면접 소집장소로 가라. 1시간~1시간 30분 정도 먼저. 그리고 맨 앞자리에 앉아라(통상, 면접대기 장소는 지정석이 없다). 옆에 누군가 편하게 앉을 수 있도록 비워 두고 다음에 온 사람이 자리를 찾아 두리번거리면 옆에 앉으라고 권한다. 그리고 말을 걸어 보라. 이야기를 나누다 보면 나와 큰 차이가 없다는 것을 알게 된다. 이 사람도 떨고 있다. 준비가 부족하다고 걱정도 하고 있다. 나보다 말솜씨도 더 형편없는 경우도 있다.

조금 지나면 면접장 준비가 덜 되었는지 뭔가를 들고 분주히 오가는 직원들의 모습도 보인다. 책상도 들고 옮긴다. 그러면 뛰어나가 도와준다. 평소에 그런 행동이 몸에 붙어 있으면 더욱 자연스럽게 보인다. 진행하는 직원들(과장, 대리님)도 눈여겨보라. 별 차이 없는 사람들이다. '눈은 두 개, 콧구멍도 두 개, 키도 나하고 비슷…'

하나 더 한다면, 잠시 화장실에 가보라. 직원들이 오가는 경우가 많다. 면접관이 오가는 경우도 있다. 간단한 목례로 인사를 드려 보아라. 면접장에 앉아 계신 인사부장님일수도 있다. 사장님을 만나는 경우도 있다. 잠시라도 먼저 보면 긴장감이 월등히 떨어진다.

| 학교생활을 통한 연습과 훈련

이해가 된다면 연습이 필요하다. 대학생활에서 연습하자. 아침 일찍 학교에 가자. 강의실에 미리 들어가라. 옆자리에 다른 사람을 앉으라고 권하라. 스마트폰은 꺼두고, 책 보지 말고 말을 나눠라. 교수님께서 들어오시면 큰 소리로 인사드려라. 그리고, 매 시간마다 파트너를 바꿔라. 가장 중요한 것은 강의가 있든 없든 30분 먼저 집을 떠나라. 아침부터 옆 사람과 많은 말을 나누어라. '대개의 면접이 아침 이른 시간에 진행이 된다'는 사실을 명심하라. 모든 세상의 두려움은 한시라도 먼저 접해보는 것이 좋다. 그래야 '귀신'도 물리친다.

글발 (지원서류)
입사지원서, 자기소개서 구성

part 11

취업
커뮤니케이션

맞춤법 실수가 인생 실패의 첫 번째 요인, 뭥미?
큰 것보다 의외로 작은 것이 화근

지난 2013년 미국 경제전문지 포브스(FORBES)에 독특한 기사가 보인다. '성공을 막는 13가지 습관(13 Little Things You're Doing to Sabotage Your Success)'이라는 제목이다. 그것도 순서가 있다. '2번이 행동보다 말, 3번은 성급한 결정, 4번은 불평불만…… 12번은 생각 없는 행동, 13번은 현실부정' 모두가 머리가 끄덕거려진다.

그렇다면 1번은? '맞춤법 실수(GRAMMER)'

이게 뭔가? '입시나 고시(考試)도 아니고, 무슨 신문기자를 뽑는 것도 아닌데.' 대개의 사람들이 이런 말로 쉽게 넘겨버리는 모습을 많이 본다. 미국이라는 곳이 너무 유난스럽다고까지 폄훼해 버린다.

이러한 관점을 내가 취업 지원을 위해 작성해서 제출하는 입사지원서와 자기소개서에 비추어 보자. 오로지 2~3장의 서류로 그 사람 인생 전체를 판단해 버린다. 당락(當落)을 가르는 순간이니까.

특히 여기서는 맞춤법이라고 했지만, 넓은 의미의 맞춤법 즉, 문법으로 이야기를 하자면, 단락 나누기, 단락이 바뀌면 들여쓰기, 적절한 문장부호, 한 제목에 하나의 주제어(거의 대부분의 학생들이 욕심을 내어서 좋은 단어는 전부 기재하는 실수를 범한다)로의 집중성은?

좀 더 깊게 나가면, 그 주제어가 하고자 하는 업무(직무)역량과 연계성이 있는지? 주어지는 자기소개서의 항목(소제목)이 작게는 4개 소제목, 많게는 10개 정도가 된다고 할 때, 각각의 주제 분포가 지식, 기술, 태도(Knowledge, Skill,

Attitude)요소가 적절하게 배정이 되었는지? 내가 가고자 하는 회사나 산업에 대한 관심의 증거(관련 전문용어, 적절한 조사활동 등)를 보여주는가?

| 입사서류 심사 방법

그러면, 소위 서류심사라고 하는 과정을 한번 들여다보자. 입사 지원자가 많아 심사가 힘겨워질 것이 예상된다. 짧은 기간에 수백 장, 수천 장의 지원서를 보고 평가해야 하는 특수한 상황 속으로 들어가게 된다는 것이다.

입사경쟁률 100대 1이라고 하자. 100명을 뽑을 때면 1만 명이 온다는 뜻이다. 200명, 300명 정도의 대규모 채용인 경우 2만 명, 3만 명이 되며 그 서류더미는 상상을 초월한다. 주로 인사과장급이 책임지고 심사를 진행한다. 서류가 너무 많아 자기소개서는 보지 않을 것이라는 지극히 낮은 수준의 생각들이 대학가에 돌아다니는 것에 대한 이야기는 다음으로 미루어 두자.

앞으로 일어날 일을 상상하며 계산을 한번 해보자. 한 장당 30초만 눈길을 준다고 하면 5,000분이 소요된다. 그러면 83시간이다. 먹고 마시는 생리적인 시간만 제외하고 하루 15시간을 심사에 투입한다고 하면 적어도 5일이 소요된다. (1만 명 ÷ 0.5분 ÷ 60분 ÷ 15시간 = 5.6일)

반대 방식으로 계산해 보자. 1주일 만에 합격 당락의 결과를 공지도 해야 하니 주어진 일정 내에 완료를 하여야 한다. 하루에 15시간씩 3일 만에 완료해야 한다고 하면, 시간당 222명을 보아야 한다. 그러자면 1분당 4명, 15초 안에 당락을 결정지어야 한다. (1만 명 ÷ 3일 ÷ 15시간 ÷ 60분 = 3.7장)

이 정도면 심사가 어떻게 진행이 될까? 상상만 해도 심각한 수준이다.

| 친구의 노트를 빌려보는 경우라면?

　일단 눈에 보이는 요소인 외형적이고 서식적인 부분이 맨 먼저 눈에 들어온다. 인터넷 입력 방식인 경우 소소한 오타나 맞춤법 틀린 것이 바로 눈에 띄며, 별도의 서식에 의한 지원서인 경우는 서식의 디자인과 배치, 구성 항목, 연월일 표기방식 등도 당연히 눈에 바로 들어온다.

　버리는(불합격) 것은 3초, 합격시킬까 하며 눈길을 주면 약 20~30초면 좌우, 즉 합격·불합격으로 분류하는 자리가 갈라진다. 너무 야속하게 들리는가?

　학교에서 친구들 노트를 빌려 보는 경우나 나한테 주어지는 비슷한 종류의 문서를 가지고 한두 개를 고른다면 나는 어떤 방식으로 평가를 하고 선택을 하는지 상상해 보자.

　멀리 보지 말고 이 글을 읽는 여러분은 어떤가? 읽어가는 중간에 하나의 맞춤법 미스만 보아도 '에이~'할 것이다. 왠지 모르게 어설퍼 보이고 믿음이 사라진다. 그것이 우리가 살아가는 세상이요, 성공과 실패를 가르는 기준이다. 큰 것에 있는 것이 아니라는 것을 명심하여야 한다. 특히 내가 취업하고 싶은 곳이 경쟁률이 치열한 곳일수록 이러한 기준은 심해진다.

| 입사지원 서류를 보고 미래를 예상

　이런 것이 왜 문제가 되는지 평가자의 입장에서 한번 보자.

　• 첫째는 입사 이후 일반 업무 때도 늘 반복될 가능성이 크다는 것이다. 습관이

기 때문이다.

- 둘째는 끈기가 없을 가능성도 커 보여서이다. 좀 더 노력하고 적어도 컴퓨터가 가진 오타체크 기능만 이용해도 달라질 테니까.

- 셋째는 돈 들여 배운 것을 제대로 쓰지 못하는 것으로 보이니 비경제적이다. 은근히 기업이 가장 심각하게 생각하는 부분이다.

- 넷째는 상대가 되는 고객에 대한 성실성과 배려가 부족해 보인다는 것이다.

- 다섯 번째는 나의 아바타 역할을 하는 서류를 누군가가 보고 나를 평가하고 판단할 가능성에 대한 상상력 부족이다.

취업준비생, 직장인들은 생각을 바꿔야 한다. 문서작성, 글쓰기에 대해 치열하게 공부하고 익히며 작은 실수도 용납하지 않도록 조심해야 한다. 그리고, 습관화해야 한다. 입사 이후에는 이런 것들을 제대로 배울 기회도 없다. 선배들이나 상관으로부터 지적을 받고 고치는 것을 반복하면 된다? '신뢰'라는 단어가 사라져 진급이나 성장에 영향을 주게 된다고 하면, 너무 과장일까?

가르치는 분들(부모님, 선생님, 교수님)도 이런 심각성을 가르쳐야 한다. 글쓰기가 갖는 사회적 의미를 알려주고 글쓰기가 취업 가능성의 직접적인 요인임을 알려주어야 한다. 본인 스스로도 이제 대학생 정도 되면 제대로 된 문장을 쓰고 제대로 된 글을 써 보는 기회를 가져야 한다. SNS 등에서 쓰는 이상한 부호, 이모티콘, 뿌리를 모르는 통신 용어는 이제 버려야 한다. 짧은 문자, 짧은 카톡 글이라도 제대로 문장을 쓰라. 의도적으로 규칙적으로 노력해야 한다.

혹시, 50번, 100번 내었는데도 한 번도 면접 기회(서류합격)의 기회를 가지지 못했다면 지금이라도 본인이 제출한 것을 확인해 보면 어떨까?

"유럽 여행을 다녀왔네요. 느낀 점은?"

학생, 취준생은 여행이다. 관광이 아니고, 배우기 위해…

면접관이 지원 서류(입사지원서)를 보며 던지는 질문이다. "유럽 여행을 다녀왔네요?"

입사지원서에 기재해 둔 해외경험에 궁금한 것이 생겼다.

"어디를 갔다 왔느냐? 기간은 얼마나? 돈은 얼마나 들었는지? 그 돈은 어디서 났느냐?" 등등의 질문이 이어진다.

"무엇을 보았느냐(배웠느냐)? 무슨 도움이 되었느냐?"라는 본격적인 질문도 날아온다.

면접 참여자 5명이 모두 비슷한 경험이 있다고 가정하자. 지원한 회사는 자동차 회사라는 가정을 추가하며 이런 답을 했다고 하자. 여러분이 면접관이라면 누구에게 좋은 점수를 잘 주겠는가? 물론 다른 요인도 많으며 종합적인 판단을 하는 것이지만 이 상황만으로 가정을 해보자.

- **면접자1** : "다양한 제품과 사람을 보았습니다. 정말 좋았습니다."
- **면접자2** : "역사와 전통의 도시를 다녔습니다. 앞으로 글로벌 영역에서 활동하고 싶습니다."
- **면접자3** : "새로운 친구들을 많이 만들고 우정을 쌓았습니다. 앞으로 많은 교류를 하고 싶습니다."
- **면접자4** : "정말 다양한 자동차를 보았습니다. 안타깝게도 우리 회사 제품을 많이 보지 못해서 서운했습니다."
- **면접자5** : "'벤츠'라는 회사에 관심을 두고 우선 독일을 필수 코스로 하고 6개국 정도를 돌았습니다. 우리의 경쟁사라는 관점에서 벤츠를 비교해 보려고 했

취업의 정석 나를 마케팅하다

습니다. 회사를 찾아가서 로비도 들러 보았습니다. 공장에 대한 호기심이 생겨 문의를 했더니만 미리 약속이 되질 않아 거절당한 것이 못내 아쉽습니다. 그리고, 의외로 유럽의 다른 나라에는 벤츠보다는 '폭스바겐'차량이 많은 것을 보고 많은 생각을 하게 되었습니다."

| 해외여행을 통해 추정해 보는 인생, 직업, 가치관

5번 면접자의 경우는 비교적 답이 길다고 느껴진다. 그러나 대개의 면접관은 귀를 쫑긋 세우고 상대를 눈여겨보며 고개를 끄덕거린다. 지원서에 기재된 출신학교, 영어점수, 자격증 등은 미처 관심도 가지 않는다.

모두가 1번 혹은 2번과 같이 비슷한 답을 하면 그냥 "그런가 보다"로 끝난다. 여느 면접장에서 많이 보는 광경이기도 하다. 특별히 다른 사람보다 나아보이는 것이 없다는 말이다. 특히 많은 비용을 들여 해외여행을 다녀온 기억이 그냥 "놀다왔다"는 수준의 답으로 나온다면….

중요한 것은 맞고 틀리고의 문제가 아니라 어떤 자세로 세상을 바라보며, 돈을 쓰고, 방학이라는 귀중한 시간을 활용하는가? 그런 관점에서 '보다' 나은 인재를 찾아내는 것이다. 그것을 졸업을 앞둔 시점에 잠시 해외를 다녀온 경험이나 추억에서 찾아내면 좋겠지만 여의치 않은 경우 지어낸 이야기일지라도 의미가 있는 것이다.

재학생들이 해외여행의 계획을 만드는 것에서부터 그런 자세와 노력이 들어 있어야 한다. 그러면 두루뭉술한 여행이 아니라 나의 미래와 밀접한 연관이 있는 여행이 되고, 그런 경험과 지식을 가지고 입사지원을 하면 합격은 물론이고,

입사 후에도 다른 입사동기들보다는 재미있는 직장생활을 하게 될 것이다.

오늘 이 글을 읽은 학생들은 지금부터라도 해외여행을 보고 준비하는 자세를 바꾸어라. 혹시 부모님이나 교수님께서 보셨다면 그런 자세로 지도와 조언하기를 바란다.

추가로 이런 경우를 입사지원서에 기재하는 경우로 예시를 들어본다.
입사지원서 기재항목에 '해외여행경험'이라는 항목을 두고 서식을 지정해 두었다고 하자.
간혹 그냥 '경험, 활동' 같은 제목의 항목으로 두루뭉술하게 두기도 한다.

패션섬유회사라고 가정을 해 보자.

case	기간	여행국가	소감	비고
1	2019.1-2 (20일간)	유럽7개국	여행, 사람 만나기	
2	2019.1-2 (20일간)	유럽7개국 (프랑스,스페인 등)	여행, 사람다양성 경험 문화경험	
3	2014.1-2 (20일간)	유럽7개국 (프랑스,스페인 등)	여행, 다양한 패션 경험, 파리패션쇼 관람	ZARA신제품 매장 방문

이제는 그냥 눈에 들어와야 한다. 과연 어떤 사람이 지원 회사에서 인재로 평가받고 성장할 가능성이 있는지? 누가 똑같은 직장생활을 덜 지겹게 근무할 사람인지?

두 경우를 보면 가장 중요한 취업 준비의 첫걸음은 가고 싶은 목표를 정하는 것이다. 구체적으로 산업을 정하는 것이다. 더 구체적으로는 '품목(item)'이다.

대기업, 중견기업, 중소기업은 그 다음의 문제이다.

늘 취업준비는 '목표 설정'이 문제이다. 취업에 전략을 구사하는 첫걸음이다. 전략적 사고가 있어야 돈 많이 드는 해외여행을 본인의 미래와 연결 지어 의미 있게 만들 것이다.

"회사가 위기입니다. 망하게 생겼습니다"라는 자소서
염장 전략과 현장에서 대안 모색

어느 지원자의 자기소개서에서 눈에 확 들어오는 부분을 보았다. '우리 회사 지원동기'를 쓰라고 한 항목에 올라온 글이다.

회사가 2025년까지 업계에서 세계10대기업으로의 성장을 꿈꾸는 것을 알고 그 성공신화에 기여하고 싶어 지원을 하게 되었습니다.
그러나, 지난 4월부터 3개월간 현장을 다니며 조사한 결과 그 꿈의 실현은 어렵다고 판단되었습니다. 주 2회, 2시간씩 총 30여 시간을 A/S센터와 판매 현장을 찾았고 고객도 20여 명을 만나 그들의 목소리를 들은 결과입니다.

그 꿈의 실현이 어렵다고 판단되는 이유는 약 20여 개가 있으나, 요약하면 3가지입니다.

(1) 디자인이 시대에 떨어진다는 의견(소비자 설문조사결과도 있음)

(2) _____

(3) _____

2번, 3번은 불러 주시면 말씀드리겠습니다. 그리고, 경쟁사 전략을 분석한 자료도 가지고 있습니다.

충격적인 자기소개서이다. 상대방의 자존심을 자극하여 눈길을 잡으려는 '염장전략'이다. 눈에 보이지 않게 '용용 죽겠지'라고 하는 분위기이다.

그런데, 이 자기소개서는 필자가 만든 가상(假想)의 자기소개서다. 실제 채용과정에서 이런 지원서를 보고 싶어서 한번 작성해 보았다. 자기소개서의 종결판 수준이다.

이 입사지원서를 보고 실제 얼굴 한번 보고 싶지 않은 사장, 인사부장이 있겠는가? '무슨 이런 놈(?)이 있어?' 혹은 '뭔가 대단할 것 같아'라는 느낌이 들며 여하튼 면접대상자로 '축! 서류전형 합격'의 메시지를 보내지 않겠는가?

| 낄끼빠빠 - 소위 '전략'이란 것

경쟁률이 낮은 곳에서는 '실수'하지 않는 전략, 경쟁률이 높은 곳에서는 남다른 차별화가 중요하다. 그 방법은 무엇일까? 우리 취준생들은 20년, 30년 전 방식으로 취업을 준비한다. 대졸자 자체가 귀하던 시절과 대졸자가 80% 이상이 되는 요즘의 상황에도 같은 방식으로 접근하고 있다. 성공 확률이 낮아지게 되어 있다.

그런 의미에서 이런 위험한 도박같이 보이는 전략을 쓰라는 것이다.

어차피 수차례, 수십 차례 서류전형 탈락의 고배를 마셨다고 한다면 더더구나 이런 방식으로 접근을 하라는 것이다. '이래 떨어지나 저래 떨어지나 그게 그거다'라고 말하면 너무 가혹한 말일까?

| 실제 취업준비의 핵심

혹여 이런 예시문을 든 것이 정말 해보지 않은 사실을 부풀려 말하라는 것으로 오해하지 말기 바란다. 실제로 하라. 그리고 습관화될 정도로 상대의 약점을 파고 들어가라. 그 핵심은 '현장'에 있다.

상대방의 기분을 언짢게 만드는 것은 개인적 차원으로는 좋은 일이 아니다. 그러나 상대가 회사라면 어떨까? 지원 회사의 발전을 위하여 발로 뛴 사실을 밝히는 차원에서 이 방법으로 '염장'을 지른다는 것은 오히려 칭찬받을 일이다. 실제로 이런 사례를 가지고 기업하시는 분들에게 확인을 하면 무조건 뽑겠다고 한다. 이런 인재로 키워달라는 부탁을 받기도 한다.

강의장에서 지난 10년간 이런 방식의 접근법과 자기소개서 작성을 지도해 보았는데, 그렇게 썼다고 알려온 사람을 보질 못했다. 정작 면접장에서 어설프게 답하다가는 '대망신'을 당할 수도 있다는 걱정이 앞선다고 하기도 한다.

그러나, 실제로 발로 뛰며 회사의 발전을 위한 대안을 만들어 간다는 차원으로 준비한 것은 확률이 1%만 되어도 회사입장에서 충분히 고려하는 요소가 된다. 머리가 아닌 몸에 새겨 둔 '나름대로의 해법이자 답'이기에 나의 두뇌 기억력도 크게 문제가 되지 않는다. 설령 너무 그 내용이 동떨어진 경우라 하더라도 괜찮다. 이런 경우가 드물기 때문이기도 하다.

그래도 걱정이 되면 메모장을 가지고 면접장에 들어가면 된다. 내가 방문한 시간이나 회수, 구체적인 일자는 물론이고 고객의 간단한 명세와 직접 들은 이야기를 늘 메모하고, 그것을 손에 꼭 들고 다니는 습관이면 충분하다.

그런 의미에서 '방학'이라는 시기는 중요하다. 학과 공부에 자유롭게 나의 미래이자 취업준비에 매진할 수 있기 때문이다.

| 입사 이후의 인생 반전 기회

더 중요한 사실이 하나 있다. 이런 방식으로 일을 해내는 습관은 취업, 업무처리, 창업 등 모든 경우의 기본이 된다. 그래서, 한두 번씩 성과를 내고 인정을 받기도 해 보면 직장생활이 즐거워진다. 남다른 비결을 가지게 되는 것이다.

한 학기 강의를 들으며 이런 훈련을 꾸준히 한 학생들 중에서 인생의 반전을 이룬 경우가 많다.

다시 말하지만 무엇을 하든 내가 진행하는 시도가 별 효과가 없을 때는 남에게 해악을 끼치지 않는 수준의 파격적인 방법을 생각하자. 어지간한 경우가 아니라면 눈길 한 번 주지 않고 흘러가는 것이 요즘이기 때문이다.

| 숫자를 구사하라. 구체적으로…

한 가지 첨언(添言)을 한다. 기업에 종사하는 분들, 사회생활을 하시는 분들은 숫자에 아주 민감하다. 적절히 숫자 구사를 잘하면 똑같은 사실도 훨씬 강한 인상을 남기고 구체적으로 인식이 된다.

면접에서 "아침에 운동을 합니까?"라는 질문을 받았다고 치자.

- "예! 늘 열심히 운동합니다."
- "예! 아침에 한 시간씩 꼭 운동을 하는 편입니다."
- "예! 매일 아침 6시부터 30분간씩 조깅합니다."
- "예! 매일 아침 6시부터 30분간씩 운동하고 있으며 벌써 3년째 하고 있습니다."

여러분은 어떤가? 어느 경우가 선명하게 와닿는가? 실제로 일을 시켜서 보고받는 순간이라고도 생각을 해 보자. 단연코 후자일 것이다.

바쁘게 살아온 아빠의 "결론이 뭐야"라는 재촉
결론을 앞에 두고, 먼저 말한다 : P.R.E.P 법

| 면접 질문과 답변

"학교 동아리 활동이나 학과 활동 중에 친구들과 다툰 일이 있었을 것이라 생각합니다. 그렇게 다투고 헤어진 다음 날 아침에 별로 유쾌하지 못한 상태에서 우연히 길이나 캠퍼스에서 만났을 때 어떻게 행동하였나요?"

답변1

"그것은 다툰 정도에 따라 다르다고 생각합니다. 인신모독이나 과격하게 싸운 경우가 아니라면 눈인사 정도만 하고 지나갑니다. 그러나, 심하게 싸운 경우는 그냥 피해서 간 경우가 많았습니다."

답변2

"일단 바로 만나 악수를 청합니다. 그리고, 가볍게 인사하며 점심이라도 같이 먹자고 청합니다. 대학에서 다퉈봐야 별것 아닌 경우가 대부분이었습니다."

| 입사서류의 자기소개서

'나의 강점(장점)을 기술하라'라는 지시문에 답을 하는 경우를 예로 들어본다.

예시1

"평소 공무원이신 아버님의 많은 영향을 받았습니다. 민원이나 새로운 업무를 맡을 때는 항상 '신중'하게 일을 처리하는 모습을 보았던 것입니다. 그래서 저의 성격도 신중한 편이며 입사 후에도 신중함을 기본으로 일하도록 하겠습니다."

취업의 정석 나를 마케팅하다

예시2

"매사에 신중한 편입니다. 친구들에게도 자주 들었던 말이기도 합니다. 지원한 분야인 회계업무를 처리함에 있어서 가장 중요한 역량이라고도 생각을 합니다. 이 성격은 공무원이셨던 아버님의 영향을 많이 받았습니다."

| 결론부터 말하기의 중요성

위의 두 가지 예시에서 답변의 경우에 1번과 2번 중 무엇을 택하겠는가? 특히 오늘 면접을 50명이나 봐야 될 면접관의 입장이라면? 그리고, 오늘 하루에 약 1,000장 정도의 입사서류를 판단해야 할 입장이라면?

아마 예외 없이 후자인 답변2와 예시2를 선택할 것이다. 그 이유는,

첫째, 기업에서 일하는 사람은 늘 분주하기 때문이다. 특히 서류나 면접을 통해 적지 않은 인원의 평가등급이나 당락여부를 빠른 시간 내에 판단해야 한다. 그때 평가자의 두뇌는 보통 2단계로 나뉘어 처리를 하는 편이다. 일단 빠른 시간 내 훑어보며 1차 판단을 해서 가능성이 높은 부류와 낮은 부류로 나눠두고, 두 부류 간의 본격적인 판단을 하되 가능성이 높은 경우는 깊게, 낮은 경우는 다시 한번 점검만 해 보는 방식이다.

각 질문에 핵심이 되는 '한 단어'를 훑어보는 것만으로도 그 사람의 생각이나 취업준비가 되어 있는지 여부가 금방 판단되기 때문이다. 즉 핵심단어를 앞에 두고 보며 걸러낸다는 것이다.

둘째, 나이가 들수록 결론을 먼저 듣고 싶은 것이 일반적 현상이다. 조직에서 시간이나 여유가 빠듯한 데에서 일하다 보면 저절로 그렇게 훈련이 된다. 늘 상

당량의 업무를 처리하다 보면 결론부터 듣는 것에 익숙하기 때문이기도 하다.

짧은 시간의 판단으로 있을 실수를 대비하기 위해 본능적으로 답을 하는 사람의 표정이나 목소리를 살핀다. 상당 기간 동안 업무를 같이 한 사람들의 업무 행태나 말을 들으면서 잘잘못을 짐작하니 '결론'만으로도 충분히 판단이 가능하다.

한 단계 건너보면, 입사 후 만나게 될 고객(회사 또는 소비자)도 바쁘기에 결론중심으로 답하는 사람을 좋아한다는 것도 충분히 짐작이 된다.

셋째, 고위직은 많은 정보를 접하기 때문이다. 최종적인 보고를 듣기 전에 보고하는 당사자뿐만 아니라 주변을 통해 많은 정보를 접하게 된다. 사전 정보를 폭넓게 가지고 있기에 보고자의 짧은 '결론'을 듣기만 하고 약간의 질문만 하게 되면 이 답변에 대한 다양한 판단을 순식간에 하게 된다.

그런 의미에서 직장인들도 이런 말하기 습관을 가지도록 하면 좋다. 모든 보고나 프레젠테이션 등도 같은 방식이다. 실제 상사에게 보고하다 보면 "결론이 뭐야?" 하는 말을 많이 들었을 것이다.

그런데, 대학생들뿐 아니라 직장인들도 이 '결론'부터 답하는 것이 익숙지 않다. 중·고등학교, 대학교에서 만나는 교수님이나 임직원들 같은 대화상대는 학교 고객이 '학생'이라는 인식에서 상대적으로 답변을 귀담아 들으려는 노력을 많이 하는 편이다. 그러다 보니 느슨함이 몸에 배는 것이다. 사족(蛇足)일지 모르지만 우리나라 문장구조에서 결론이 뒤에 가 있는 것도 어느 정도 영향이 있는 듯하다. 영어와는 정반대의 어순(語順)이다.

| 평소의 연습과 훈련 방법

그러나, 어떤 경우이든 '결론'부터 말하는 훈련을 하고 습관으로 몸에 배게 해야 한다. 글을 쓰고, 대화를 하며, 프레젠테이션을 하는 경우도 물론이고 집단 토의를 하는 경우도 말할 것이 없다.

참고로, 처칠 전 영국 수상이 글을 잘 쓰고, 스피치를 잘한 것으로 유명하다. 내용도 좋지만 다음 설명할 스피치의 구조가 집중력이 높은 구조이다.

이 방법을 'PREP구조법'이라고 한다.

- POINT(핵심메시지)
- REASON(근거나 이유)
- EXAMPLE(객관적 사례)
- POINT(핵심 재차 강조)

이를 '처칠식 말하기 기법'이라고도 한다.

실생활에서 자주 시도하면 좋다. 예를 들면 "엄마, 물 좀 줘. 목말라. 오늘 너무 지칠 정도였었어. 빨리 좀 줘"의 방식이다.

혼자서는 어려울 것이다. 의도적으로 면접 롤플레이 등을 통해 하되 이 부분을 집중적으로 훈련하면 평생 활용도가 높은 테크닉이다.

| 필자의 평생 경험

"참 말을 잘하시네요."

"아. 네. 그렇게 보이시나요. 감사합니다."

필자가 40대 나이 때 재취업에 도전해 면접장에서 자주 들었던 말이다.

적어도 5~6차례는 되었을 것 같다. 서류나 면접에서 웬만하면 합격선에 들었다. 일단 준비 자체도 남달랐지만 늘 이런 방식으로 답하는 것이 몸에 배어있기 때문이었다고 생각이 된다. 뿐만 아니라 일상대화에서도 선배들뿐 아니라, 동료나 후배들에게도 '늘 시원시원하다'는 소리를 듣는 편이었다.

"어떻게 그런 생각을 하게 되었지요?"
S.T.A.R. 기법 : 상황 인지의 차별화 (4-1)

면접장에서 자주 하는 질문을 소개한다.

"조금 전 자기소개할 때, 그리고 자소서에 보니 본인의 장점을 성실함이라고 써 두었네요. 혹시 성실함을 증명할 경험을 한번 말해 주겠어요?"

(경험면접-과거)

"저는 약속시간을 한 번도 어겨본 적이 없었습니다."

조금 다르게 질문을 해 본다.

"입사를 했다고 칩시다. 맡은 일이 아직 마무리가 안 되었습니다. 그런데, 퇴근시간이 되었습니다. 이런 일이 며칠째 계속 일어나고 있습니다. 어떻게 하겠습니까?"

(상황면접-미래)

"열심히 해서 시간 내에 할 수 있도록 잘 해보겠습니다."

| NCS에서 자칫 빠지기 쉬운 함정

국가, 정확하게는 한국산업인력공단에서 국가직무표준(NCS : National Competency Standards)과 블라인드채용이라는 이름으로 역량중심의 면접이 정착하도록 가이드하는 면접질문법을 구조화면접이라고 한다. 모든 공기업이 이 표준에 의해 면접을 보라고 한다.

대학에서도 정부의 가이드라며 이 방법을 공부하고 취업준비를 한다. 그런데, 모두에게 같은 방식으로 질문하라고 하며 같은 답을 가지고 외우라고 한다.

그런데, 조심할 것이 있다. 표준화된 내용으로 준비를 하면 결국 고만고만하여 차별화가 되질 않는다. 기업 입장에서는 변별력이 없다. 이 부분이 NCS의 큰 함정이다. 우리 취준생들이 가진 한계이고 그것을 제도화하여 가르치는 기관이나 관계자의 함정이다.

유난히 '자격증, 시험, 교과서'에 약하다. 이를 공부의 종결점, 끝으로 인식하는 것이다.

또 다른 문제 두 가지가 있다. 면접의 방법에 관하여 '경험면접'이며 과거경험에서 찾아서 묻는 것이다. 앞의 질문법이다. 다른 하나는 미래에 일어날 것을 예상하고 조치하는 것을 보고 판단하는 '상황면접'이다. 이것도 경험이 있어야 상상을 하고 답을 할 것이다.

또 다른 포인트는 답변의 구조화라는 이름의 정형화이다. S.T.A.R(스타)는 Situation, Task, Action, Result의 이니셜이 의미하는 바를 구조화하여 답하는 것이다. 이 또한 틀을 외워서 답을 하게 되고, 같은 답을 하면 반드시 차별화문제에 직면하게 된다.

NCS, 블라인드채용의 '구조화 면접, 답변'의 지침에 따라 답을 하자면

- 상황에 대입하여(Situation)
- 본인의 임무(Task)와 조치, 실행(Action)
- 그 결과를(Result)로

풀어나가는 것이다.

이러한 틀만 가지고 연습하다 보면, 성실함에 대한 근거를 경험으로 말하라는데 "약속시간을 잘 지킵니다.", "맡은 일은 시간 내에 반드시 해냅니다."라는 답은 설득력이 떨어진다. 단순히 성실이라는 단어를 풀이한 수준밖에 되질 않는 것이다.

기본 틀(포맷)인 S.T.A.R라는 괴물과 한 단계 깊은 질문

위의 질문에 답을 포맷에 맞추어 구성해 본다.

"저의 장점으로 성실함을 말씀드릴 사례는 많습니다. 하나만 말씀드리면 대학교 축구동아리에서 청소부장으로 일했던 사례입니다. 청소부장! 폼은 나질 않는 자리입니다.

1학년 때 축구부에 입단하고 보니 동아리방에 비품과 운동구들이 널려 있었습니다. 그리고, 운동 이후 축구장 뒷정리도 엉망이었습니다. 그냥 넘기질 못하고 청소부장을 자청했습니다. 동아리방이나 축구장을 늘 마지막에 떠나며 뒷청소는 저의 독차지였습니다. 3년 동안 변함없이 했더니만 주변에서 '참 성실하다. 고맙다'고들 했습니다. 우리 동아리의 전통으로 이어지며 후배들이 따라하는 경우도 많았습니다."라고 답을 했다.

면접관은 신기한 듯이 쳐다보며 한 단계 깊은 질문을 한다.

"어떻게 그런 것이 눈에 띄고 그런 역할을 하게 되었지요?"라는 질문이다.

"어릴 때 할아버지와 같이 살았습니다. 조금 엄하신 덕분에 나도 모르게 그런 습관이 몸에 밴 것 같습니다."

어떤가? 그냥 뽑고 싶지 않을까? 좋은 습관이고 상하 간의 관계 형성이 된 모습이다.

S.T.A.R의 구성요소를 빠짐없이 갖추었다.

이런 방식으로 NCS에 의해 구조화된 면접을 준비하여 비슷비슷하다면? 면접관은 어떤 질문으로 취준생을 파고들까? 어떤 포인트로 미리 답을 구성할 것인가? 즉 차별화를 어떻게 할 것인가? 남다르게 전략적 측면을 고려한 답을 구성해야 한다.

총 4차례에 걸쳐 풀어본다. Situation, Task, Action, Result 각각의 차별화를 생각해 보자.

| SITUATION에서의 차별화 - 한 단계 깊은 질문

'상황을 인식하게 된 계기가 무엇이냐'는 관점의 질문에 대비하자. 이후의 Task, Action, Result로 이어지는 답을 구성하는 첫 단추이기도 하다. 일반적으로 입사한 이후에도, 직장인들이 가장 취약한 부분이다. 공부해야 하는 이유이자 목적이 되는 것이다.

상황인식을 하게 되는 계기는 지시를 받아서, 외부의 환경이나 위협으로, 통계나 정보를 통해서, 현장에서의 관찰 등이 있을 것이다.

① 지시를 받거나, 누군가 자극을 주어서 알게 된 경우이다.

일반적인 대학생 대개의 경우가 여기에 해당한다. 교과서 중심의 학습, 외워서 시험 치는 것에 익숙하기 때문이다. 실제로 대다수의 직장인들이 시키는 일만 해도 처리에 힘겨워한다는 점을 감안하면 이 경우도 최선을 다한다면 취업이나 직장 생활에 큰 힘이 된다.

② 외부 환경에 의해 자극을 받거나 압박을 받은 경우에 해당한다.

주변의 경쟁자, 혹은 앞서가는 동료들을 통해 느끼는 경우이다. 직접 지시하기 전에 우회해서 압박을 주는 경우도 해당한다. 방송이나 미디어를 통하여 자극을 받을 수도 있다. 여행이나 독서도 그런 자극을 받을 기회일 것이다.

③ 통계나 정보를 통해 알게 된 경우이다. 본인의 통계에서 찾아낸 것이면 더 좋다.

주기적이던 우연한 기회이던 숫자 통계를 통해 직접 찾아내는 경우이다. 패

취업의 정석 나를 마케팅하다

턴인식 능력이 있어야 한다. 정형화되고 이론화된 공부는 이런 것을 찾아내기 위한 것이다. 엑셀로 데이터를 정리하고 추출하며 연산하고 그래프로 만드는 능력으로 이어지면 좋다. 면접 때 엑셀 사용수준을 물어보는 이유이기도 하다.

④ 현장이나 소비자, 관계자에 대한 관찰로 알게 된 경우이다.

앞의 경우와 큰 차이는 없지만, 현장을 찾고 관찰을 하는 태도는 가장 큰 점수를 받는 것이다. 앞에서 언급한 공부가 이런 경우를 대비하는 것이다. 세상을 보는 기본적인 인식의 틀을 가지는 것이다. 그 다음에 광범위하고 막연해 보이지만 목표와 연관된 현장방문은 충분히 가치 있는 요소를 찾아내어 취업에 유리한 고지에 올라서게 만들 것이다.

가장 몹쓸 단계에서부터 가장 이상적인 상황인식 순서대로 정리를 해 보았다. 당연히 지시를 받거나 시켜서 한 경우가 상대적으로 불리하다. 내키지 않은 것을 지시받았을 때 기분을 물을 수도 있다. "감사한 마음이었다. 생각 못한 것을 짚어주어서…"라면 그나마도 나을 것이다.

"하필 그런 역할을 하게 된 이유는?"
S.T.A.R.기법 : 임무 설정의 차별화 (4-2)

"본인이 학과활동 중 '지역 대학 간 연합학술대회'에서 많은 공을 세웠다고 했습니다. 특히 다른 학교의 같은 학과학생들의 참가인원을 많이 늘렸다고 했는데 인원을 늘려야겠다는 생각을 하게 된 이유를 설명해 주세요"라는 면접 질문을 받을 수 있다.

| NCS와 블라인드채용의 의미와 함정, 그리고 스펙

다시 한번 정리한다. 산업인력관리공단에서 표준화를 통해 취업준비와 채용 프로세스에 있어 취준생들의 어려움을 해소해 주겠다는 목적으로 추진하는 국가직무표준(NCS)과 블라인드채용이 있다. S.T.A.R(스타)라고 하는 방식의 면접 질문과 답변의 구조화방법으로 대단히 유용하며, 입사 후 에도 모든 업무를 대하고 보고하는 골격으로도 좋은 틀이다.

그러나, 한 단계 더 나가는 노력이 필요하다. 정형화의 틀만 믿고 있다가 낭패를 당할 가능성이 크다고 이미 지적하였다.

'회사나 기관의 취업목표에 도전자가 많아 경쟁이 치열해지고 취준생 모두가 표준화된 틀로 공부를 했기'에 모두가 비슷비슷한 수준의 답으로 머물 경우가 반드시 생긴다.

그러면 면접관은 그 틈새를 파고든다. '남다른, 차별화'된 노력이나 시도를 한 경험'을 질문하고 '수준을 가늠'해서 평가를 한다. 외워서 답하고 경쟁자와 같은 수준의 답에 머문다면 당락(當落) 판단 기준에 스펙(SPEC)이 작동할 가능성이 커진다. 물론 블라인드로 되어있어 스펙을 짐작하기는 쉽지 않지만 NCS필기시험 점수 같은 것이 간접적 영향을 끼칠 것이라는 것은 충분히 짐작이 가능하다.

취업의 정석 나를 마케팅하다

제일 중요한 것은 이런 스펙은 이미 지나간 사실이라는 걸 새겨야 한다는 것이다. 이제는 바꿀 수도 없다. 정확하게 말하면 지난 초중고~대학교 16년 동안 학생 신분으로 최고의 가치를 두고 성적이라는 잣대로 승부를 갈랐던 요소는 삶의 태도를 보여주는 데에는 강력한 지표(INDEX)가 된다. 그렇다고 학과 성적 점수가 좋다고 해서 일을 잘할 것이라고 생각하지는 않는다.

그래서, 공부이외의 영역에서 활동한 것에 대한 질문이자 그 구조화된 틀이 스타(S.T.A.R)인 것이다.

| 차별화, 스타의 2번째 항목 'T(Task)'에서…

상황(Situation)에 관한 질문에 이어서 면접관은 한 단계 깊은 질문을 던질 수 있다. 그 답변이 주변의 경쟁자와 차이가 있다고 판단이 되면 최고의 경우가 될 것이다.

"우연히 교수님께서 걱정하는 모습을 보고 이 일을 한번 해보겠다고 생각(S : situation)을 했다고 했지요? 그러면 어떤 목표를 세웠는지요? 그중에 본인이 맡은 역할과 그 역할을 맡게 된 과정을 말해주세요. 두 가지 질문입니다."라는 방식의 질문을 하거나,

"해마다 하는 행사지만 본인의 노력으로 다른 학교의 같은 전공학과 학생들의 참가 인원을 많이 늘렸다고 하였지요? 행사의 활성화는 여러 가지 방법이 있겠지만 굳이 인원을 늘리겠다는 생각은 스스로의 생각입니까? 아니면 누구의 지시입니까?"

이 정도 들어가면 상당히 당황스러워진다. 실제로 답을 하고 싶어도 경험이

없으면 답변을 구성하기가 쉽지 않다. 그냥 앉아서 머리만 긁적거릴 확률이 높다.

답변의 난이도가 어려운 것부터 쉬운 것으로 나열해 보겠다. 물론 평가점수는 역으로 좋아질 것이다. 스스로 해보겠다고 한 경우, 조직업무가 정해져 있어 했다고 하는 경우, 누군가 시켜서 하게 되었다는 순서대로 나눌 수 있다.

① 본인이 스스로 손을 들고(자원하여) 노력을 한 경우

이 경우는 문제(상황)인식능력과 해결을 위한 역할 담당의 의지를 동시에 보여줄 수 있는 최고의 기회다. 물론 쉽지는 않지만… "제가 그 문제를 발견한 사람이고 조직 내에서는 그런 일을 하도록 업무분담이 되어있질 않아서 제가 해보겠다고 했습니다. 적어도 작년의 두 배는 되어야 하겠다는 생각을 출발점으로 잡았습니다." (이후의 답은 다음 단계인 Action/실행에서 설명을 이어가겠다)

② 평소에 활동 조직과 업무분장이 잘 세팅되어 있는 경우

조직 전체가 문제에 대한 상황인식은 했다. 그 해결 방안과 지향하는 목표가 제시되고 구성원들의 역할 분담이 이루어질 것이다. 해당 조직의 평소 조직력으로 잘 나눠져 있다면 "조직의 업무문장에 맞추어 임무가 주어졌고 본인이 했다"고 하면 된다. 그러면 다음 질문은 성취, 도달 목표 설정에 대한 질문이 될 것이다. 가급적 수치로 답을 할수록 좀 더 좋아 보인다. 혹은 정작 처리해야 할 당사자가 무슨 사정이 있는지 머뭇거리는 걸 보고 내가 도전했다고 하는 것도 좋다.

③ 누군가가 시켜서 한 경우

가장 보기가 좋질 않은 경우다. 교수님, 부모님, 동아리 회장, 알바 회사 사장님이 시키는 경우이다. 특히 본인이 해야 할 일인데도(앞의 질문을 통해 활동 조직과

취업의 정석 나를 마케팅하다

면접당사자의 역할을 짐작이 가능한 경우) 피하고 거절을 한 경우는 가장 낭패스러운 경우라고 보면 된다.

| 생활 속 연습과 습관화 그리고 비교과 활동

평소에 주변에 연관된 일에 대한 관심과 문제인식능력을 기본으로 하여, 뭐든지 한번 해결책을 찾아 본인이 해보려는 태도가 중요하다. 거기에다가 그 문제 해결에 적합한 지식과 태도, 네트워킹 능력 등을 갖추고 있어야 한다. 그리고 평소에 이런 것들을 수치화하고 진도를 관리하는 목표관리능력까지 갖추는 연습을 평소에 자주 해야 한다. 모두가 교과목 강의 이외의 활동(동아리, 학과 활동, 알바, 봉사활동 등)에서 그 모티브를 찾을 수 있다는 것에 유의하기 바란다.

"알바 때 진상손님은 어떻게 대응하였나요?"
S.T.A.R.기법 : 조치, 실행의 차별화 (4-3)

"편의점 알바를 많이 하였네요. 고객들 중에 유난히 까다롭게 굴거나 이상한 것을 요구하는 진상손님들도 많지요? 본인이 겪은 유형 중 3가지 정도만 말해 주겠습니까?"라는 질문을 해본다.

"예! 특히 밤늦은 시간에 어른한테서 많이 나타나는 일들입니다. 제일 많은 경우가 반말을 하는 경우입니다. 다음은 본인이 가져와 결제하는 것이 기본인데 저한테 상품을 가져오라고 하는 경우입니다. 마지막으로 줄서지 않고 막 끼어드는 경우입니다."

"힘들겠네요? 줄 안 서고 새치기를 한다는 말이지요? 그러면 어떻게 대응하나요? 혹시 본사의 대응 매뉴얼이 있거나 사장님이 요령을 가르쳐주나요?"라며 질문이 이어진다.

S.T.A.R 구조화 중 면접 중에 ACTION을 점검

위의 질문과 답변은 실제의 경험을 말하는 것이기 때문에 거짓을 말하거나 꾸미기가 어렵다. 제대로 된 경험으로 위기에 대처하고 생각하며 문제를 해결하는 모습을 보게 되는 실제적이고 구조화된 질문이다. 노련한 면접관이 주로 위와 같이 실제 경험한 상황(Situation)을 물어본 다음에 조치한 행동의 결과를 보는 것이다.

그런 경험이 없다고 하면 유사한 상황을 가정하고 압박해 들어가기도 한다. 대개가 어려움에 봉착한 상황에서 대응한 내용으로 입사 후에 회사에서 적응할 모습을 추정해 보며 점수를 주거나 합격 여부를 판단하는 경우이다.

구조화 답변의 틀인 S.T.A.R 중 상황(SITUATION)과 임무(TASK)에 이어 본인의 조치나 행동을 점검하는 경우이다. 특히 국가가 표준화해 둔 NCS 틀만 의존해 준비하고 경쟁이 치열하다 보면 고만고만해질 공산이 크다. 개념을 이해하는 것을 뛰어 넘어 한 단계 수준 높은 차별화 차원에서 한번 정리해 본다.

| 새치기하며 들어오는 진상 손님에 대한 대응

위와 같은 질문에 "줄을 서 달라고 하면 잘 따라줍니다"라고 답하면 한 번 더 정도 "알바를 하는 장소가 어딥니까? 술을 많이 하신 손님들의 경우는 설명을 해도 막무가내가 많을 것 같은데?"라고 꼬리를 무는 질문이 이어질 수 있다.

"저 같은 경우는 예외 없이 줄을 서게 했습니다. 가끔씩은 큰소리 치는 분이 있기는 했지만 잘 정리가 되었습니다."

"줄 서있는 다른 분들이 적으면 짧게 양해를 구하고 술 취한 분을 먼저 계산을 해 줍니다. 모두 다 양해해 주셔서 술 취한 분을 내보내고 나면 금방 조용해 졌습니다. 협조해 주셔서 고맙다고 인사하면 칭찬해 주고 나가시는 손님도 있었습니다."

라고 답을 하는 경우도 있을 수 있다. '왜 그렇게 조치를 해주느냐'고 추가로 질문을 하기도 하지만 앞의 답만으로도 지원자의 성향이나 태도를 파악하기는 충분하다.

결론적으로, 이 구조화된 질문을 통하여 두 가지 측면을 보게 된다. 기본은 어려운 상황과 힘든 일을 무던히 극복하느냐는 측면이고 조금 더 적극적인 의미에서 상황을 장악하는 조치능력을 보게 된다. 앞에 것이 무난한 ACTION이라면 뒤의 경우는 보다 차별화되고 적극적인 ACTION으로 평가될 것이다.

| 조금 복합적인 상황이나 스토리가 풍부한 경우

그런데, 보다 더 장시간, 장기간에 이어지는 경험이나 노력을 찾아서 질문을 이어가는 경우도 있다. 당연히 깊이 있는 질문과 답변으로 이어진다. 예를 들면,

- 부모님의 상황이 어려울 때 학비 조달의 방법과 노력
- 교내 동아리활동 때 예산이 부족한 경우 대처
- 해외어학연수에 필요한 경비 조달의 방법
- 보고 싶은 책이나 전자 장비 등을 구입하고 싶을 때 자금 조달하는 방법
- 친구의 어려움에 대처하는 나의 노력과 방법

과 같은 경험에 대한 집중적인 질문들이다.

| 차별화를 위한 노력들

이젠 차별화를 위해 좀 더 깊이 있는 시도가 필요하다. 조치나 행동의 출발점과 자원의 종류를 결합하면 좋다.

① 행동의 출발점, 의도성

스스로 시도를 한 것인지, 누군가가 시켜서 했는지에 관한 사항이다. 가장 좋은 것은 주어진 책임 범주에서 스스로 판단해서 행동하는 것이다. 그런 가운데 해결을 위하여 누군가의 협조까지 이끌어 냈다면 더 좋을 것이다. 물론, 조직에서 부여하는 임무라도 제대로 하는 것은 기본이다. 기업에서 원하는 인재는 스스로 판단하고 주어진 책임과 권한을 적절하게 활용하여 목표 달성에 집중하는 인재다.

취업의 정석 나를 마케팅하다

② 투입한 자원(resources)의 종류

다음은 투입한 자원이 무엇이냐는 것이다. 본인에게 주어진 임무에 맞춰 적절한 인적자원, 재정적 자원, 그리고 시간 자원 등을 적재, 적시, 적소에 배분하고 나누는 것이다. 그 결과가 기대와 조금 어긋나거나 실패해도 문제가 되지 않는다. 주변의 인적네트워크까지도 적절하게 활용하는 모습도 차별화에 큰 힘을 발휘한다. 단숨에 본인의 인간관계 역량까지도 보여주는 것이다.

예를 들어본다.

- "입사지원서에 보니 동아리에서 학교 축제 때 떡볶이집을 열었다고 했지요. 그리고 요리를 담당하였다구요. 본인의 활약을 한번 말해 보시지요?"
- "축제 오픈 2주일 전에 저한테 임무가 주어졌습니다. 그래서 우선 학교주변의 떡볶이를 잘하는 가게를 3군데 정도 찾아 매일 한 군데씩 순회하며 친구와 같이 가서 사먹으며 요리법도 훔쳐보고, 사장님께 비법도 물어 보았습니다. 그리고, TV에서 '달인'이라고 소문난 곳도 한 군데 찾아가 보기도 했습니다. 그러고 나서 집에서 요리도 해보고 동생과 친구들과 먹으며 제품 개발에 도전했습니다."
- "그래요? 준비를 많이 했네요! 요리 평판이 좋았나요?"
- "예, 예년에 했던 선배님들의 장사보다 3배 정도의 매출을 일으켰습니다."
- "그렇게 하고 공부하는 데 지장은 안 받았나요?"
- "저는 이런 것이 공부라고 생각합니다. 그리고, 준비하는 비용도 모두 제가 알바하며 모아 둔 돈으로 했습니다. 돈이 아까워서라도 악착같이 하게 되었습니다. 만일 오늘 합격이 안 되면 회사 앞에 떡볶이 집이라도 차리겠습니다. 많이 도와주십시오."

웃음이 넘치는 면접장 분위기가 연출이 될 것이다.

눈치를 챘겠지만 앞에서 언급한 S(Situation), T(Task), A(Action)만으로도 당락(當落)을 결정지을 만한 평가가 충분히 가능하다. 다양한 면모를 볼 수 있을 뿐 아니라 의지와 습관, 태도, 전공지식 등으로 평가 요소가 확장이 가능하다.

그런데, 슬프게도 조금만 깊어지거나 한 수 위의 차별화된 모습을 질문하고 점검해 가면 금방 바닥이 드러나거나 앵무새 수준의 답으로 끝이 난다. 그러다 보면 변별력이 전혀 없어진다. 또다시 스펙에 해당하는 요소들이 위력을 발휘하게 된다.

"봉사활동으로 고생했네요. 결과는 어땠어요?"
S.T.A.R.기법 : 결과 점검, 보고의 차별화(4-4)

회사를 경영하시는 분들에게는 몸에 배인 습관이 있다. 활동을 했거나 시도를 했다면 결과가 어땠는가에 가지는 관심이다. 반면 면접자들은 싫어하는 내용이다. 잘 해보지 않아서 그렇고 결과가 좋지 않으면 위축되기 때문이다. 그러나, 꼭 효율이 좋아야 한다거나 투자대비 결과(ROI : Return on Investment)가 좋아야 하는 것은 아니다. 도전한 것만으로도 칭찬받을 만한 일은 더욱 그렇다.

간단하게 물어볼 수 있는 항목은 해외어학연수를 갔다 온 결과에 대한 질문이다. 대체적으로 2,000만 원 전후의 적지 않은 돈을 들여야 하고 10개월여라는 시간도 크게 들기 때문이다.

그런 취지로 공부하고 온 결과를 묻는다.

즉 "토익점수가 어떻게 되었어요? 가기 전하고 갔다 온 후?"

"네, 가기 전에 790점이었는데, 10개월 갔다 와서 850점입니다"라는 식의 답변 구조면 된다. 혹은 "가기 전의 점수는 없었는데 연수 갔다 와서 시험을 쳐보니 850점이었습니다."

그런데 내용상으로는 그저 그렇다는 생각이 든다.

그런데 마침 옆에 있는 다른 지원자는 한국에서 혼자 틈틈이 공부해서 820점을 받았다고 하면 누가 돋보이겠는가? 당연히 820점이 돋보인다. 결과적인 점수는 낮지만….

대학가에 의미 없는 용어가 괴담으로 나돈다. 취업준비 7종, 9종세트이다. 학벌·학점·토익·어학연수·자격증 등 '5종세트', 공모전 입상·인턴 경력이 포함된 '7종세트'를 넘어서 최근에는 사회봉사·성형수술이 포함된 '9종세트'라고 한다. 정말 놀랄 지경이다. 누가 지어내어 이런 사회적 분위기를 만드는지? 그런데, 이 모든 것을 한다 해도 '비용대비 효과'가 중요하다. 그것을 점검하는 질문의 하나가 "봉사활동의 성과는 어땠나요?"라는 질문인 것이다.

| S.T.A.R 구조화 중에 RESULT를 점검

지원자 본인이 직접 해 본 결과(경험면접), 이런 상황이 주어진다면 어떻게 하겠는가(상황면접)의 두 면접방식을 NCS에서는 적극 권유하고 있다. 산업인력공단의 NCS, 블라인드채용 홈페이지(https://www.ncs.go.kr)에 들어가면 많은 자료가 집결되어 있다. 수년간, 엄청난 예산을 투입해서 만들어 공기업이 직접 활용토록 강제하고 있고, 민간기업도 적극 사용토록 권유하고 있다.

경험, 상황면접만이 아니라 발표, 토론면접 때에도 효용도가 좋은 구조화의 도구가 S.T.A.R이라는 것은 수차례 언급을 했다. 그런데, 이것을 적용하는 데 있어 구체적으로 어떻게 하면 되는지 막연하다.

| '본전 생각난다'는 투자대비 효과에 대한 의심

기업 활동의 기본은 투자대비 효과에 관심을 두는 것이다. 그래서 모든 활동을 그 이전과 이후를 비교하는 방식으로 하되, 가급적 수치화된 결과를 보여주는 것이 최고로 차별화되는 전략적 답변구성이 된다. 즉,

- 투자대비 결과를 보는 사고
- 숫자로 표현하는 계량적 사고

가 되는 것이다. 진정한 의미의 전략이다.

지원서나 면접은 물론이고 취업 후 업무를 해 나갈 때도 무조건 습관화해야 할 일이기에 대학생활 전반의 활동을 통해서도 미리 몸에 익혀두면 더 좋다. 답변을 구성하는 몇 가지 경우를 들면,

취업의 정석 나를 마케팅하다

- 투입자원 측면 : 돈(자금, 비용), 시간, 인원

- 측정방법 측면 : 과거 특정시점 대비, 처음 기대(혹은 목표)대비, 경쟁자 대비, 본인 과거 대비

- 특별하게 배운 경험이나 교훈으로 볼 수 있다.

| 몇 가지 예시를 통해 답변의 구성

① 봉사활동

"매일 4시간씩 1주일 20시간 결손청소년 학습지도 봉사활동을 했습니다. 같이 봉사하는 대학생들 5명과 지도대상 중학생들의 봉사 전과 봉사 후의 성적을 비교했는데, 제가 제일 점수 상승이 높았습니다. 좀 더 쉽게 가르치려고 노력한 덕분이었습니다. 시작은 봉사활동 점수라는 스펙 때문에 했는데, 결과적으로 많은 공부를 한 듯합니다. 주위에 힘든 사람들이 많다는 것을 알게 되었고 결혼하면 절대 이혼 같은 것 하면 안 된다는 생각이 들었습니다." (마케팅 직무 희망 경우 혹은 자체만으로도 의미)

② 국내여행

"대학 때 가장 의미 있는 시간은 3학년 여름방학 때 보름간 국토 배낭여행을 한 것입니다. 이름난 곳이지만 인적이 드문 곳을 10여 군데를 찾아 주의 깊게 보았습니다. 관광의 보물로 키우고 싶은 곳이 많아 해당 지자체에 들러 이야기도 하고 왔습니다. 나름대로 관광개발 프로젝트를 한 셈입니다. 한국관광공사 취업 목표를 정해 놓고 다니니 그냥 다니는 것보다 비용은 1/3정도만으로도 보고 느낀 것은 3배나 많았습니다. 앞으로도 입사하게 되면 이런 시간을 해마다

가져보겠습니다." ^(관광여행업 취업 희망)

③ 물류창고알바

"지난 코로나19사태 때 쿠팡물류창고에서 1개월간 알바를 했습니다. 물량이 너무 늘어 물어보았더니 50%나 증가했다고 했습니다. 알바생으로 하는 일은 10%정도 늘어난 정도였습니다. 분류, 상차라인이 자동화된 덕분이었습니다. 같은 시간에 배달을 많이 해야 하는 택배차량 기사님들의 수고가 보통이 아니었습니다. 교통 소통이 조금 원활해진 것이 그나마 다행이라고 했습니다. 자주 뵙는 두 분에게 매일 바나나를 사서 드렸습니다. 값이 많이 싸져서 큰돈 들지 않았습니다만 도움이 될 것 같은 생각으로 했습니다. 식사 때가 어려웠는데 신호대기 시간에 먹어서 너무 좋았다고 했습니다." _(운송물류회사 지원자)

④ 형편없는 답변들

"왜 봉사활동을 했습니까?"라는 질문에 짜증나는 답변도 있다. S.T.A.R의 구조화된 답은 언감생심 기대도 못한다.

- "학교의 졸업인정 기본 점수로 필요해서 했습니다."
- "남들이 해야 된다고 해서 했습니다."

그러나, 이 경우라도 사후에 의미를 부여하면 매력적인 답으로 바뀌게 할 수도 있다.

면접의 시작이자 필수 – 1분 자기소개

"반갑습니다. 오늘 면접에 오신다고 수고하셨고, 환영합니다. 먼저 왼쪽 면접자부터 오른쪽으로 자기소개 한번 해주시지요. 1분 정도 분량으로…"

- **사례1** "안녕하십니까. 일찍 일어난 새가 벌레를 잡는다는 격언을 모토로 하여 살고 있는 홍길동입니다. 저는 평소에…"
- **사례2** "안녕하십니까. 에스프레소 같은 사람인 홍길동입니다. 어디든지 조건에 맞으면 변신하는 카멜레온 같은 사람입니다."
- **사례3** "안녕하십니까? 영업에 있어 그 누구에게도 타의 추종을 불허하는 남자입니다. 첫눈에 상대의 마음을 잡는 고객대응 능력으로 회사 영업의 절반이상을 책임지도록 하겠습니다."

면접의 첫 시간, 첫 관문으로 당락의 기선을 잡는 '1분 자기소개'의 경우다. 어색한 경우 몇 가지만 예시로 들어 보았다.

구글(GOOGLE)에서 '자기소개, 격언'이라는 조건으로 검색을 해 보았다. 다양한 문서들, 그리고 동영상 강의들… 정말 백가쟁명(百家爭鳴)이었다.

| 1분 자기소개를 시키는 이유

심리학을 기반으로 한 과학적 방법으로 접근해 보고자 한다.

첫째, 면접관의 어색함을 탈피하고 질문의 맥을 잡기 위함이다. 일부 면접관은 지원서나 자기소개서를 충분히 읽어보고 오지 못함을 모면하는 용도로도 자기소개를 시킨다.

둘째, 본인이 서류로 제출한 자기소개서와의 종합표현으로 커뮤니케이션의 균형감을 엿볼 수 있는 효과가 있다. 이미 제출한 자기소개서를 반영한 일관성 있는 자기소개를 해야 한다. 그러자면 면접 하루이틀 전에 다시 한번 읽어보며 정리해서 면접에 참가하여야 한다. 서류를 제출하고 실제 면접장에 들어가는 때가 길게는 한 달여가 걸리기도 하기 때문이다. (지원 회사의 통상적인 행정 소요 기간, 즉 제출, 서류 통보, 면접 통보, 면접 참가 등으로 이어지는 동안의 시간 차이를 말한다) 여러 군데 제출하였다면 조금씩 변화를 주는 것이 좋다. Small Talk기법을 쓸 수도 있다.

마지막 세 번째, 주어진 시간 1분의 적절한 사용 감각을 살펴보게 된다.

| 면접의 특수 상황들

다시 정리하자면 면접커뮤니케이션은 독특한 속성을 가지고 있다.

① 정답을 찾는 것이 아니며, 모든 것을 잘하는 사람을 찾는 것도 아니다. 직무에 적합한 핵심역량을 가지고 있는지를 보는 것이다. 그러나, 태도 역량은 두루두루 기본 이상을 갖춰야 한다.

② 면접관이 하루 종일 집중하여 답변을 듣고 평가하는 것은 거의 불가능이다. 많게는 40~50명. 그러자면, 짧은 시간의 앞부분에서 걸러(Filtering) 보다가 서서히 관심도를 특정인에게만 집중하여 평가하게 된다. 하나

는 시각-청각-체감각-지각으로 이어지는 Filtering체계이고, 또 하나는 구체적인 1분 자기소개로 앞부분의 표현이 전체의 관심도를 결정짓는 Filtering시스템으로 작동된다.

③ 절대평가가 아니다. 상대평가이다. 내가 나름대로 잘했다 하더라도 더 좋은 사람이 나타나면 나는 배제가 되는 것이다.

④ 직접적인 표현으로 자기를 나타내어야 한다. 비유법으로 소개를 하면 면접관이 상상해야 하기에 오해의 가능성이 있고, 나의 의도와 다르게 갈 수 있기 때문이다. 그리고, 면접관이 내용을 고민하게 하는 것은 결례(缺禮)이다.

| 1분 자기소개에서 지키면 좋을 원칙들

첫째, 결론 중의 결론을 앞에 두고 시작하라. 지원 직무와 그리고 역량, 내가 준비한 것들이 주종을 이루어야 한다. 그리고 바로 이어, 10년 후의 미래와 준비계획(혹은 실제 준비 중인 모습)을 바로 이어라. 남다르게 차별화하는 방법으로 세분화된 직무 영역이나 실적, 성장을 소재로 하라. (이 부분은 별도의 칼럼에서 언급을 하도록 하겠다)

둘째, 회사와 직무를 지원하게 된 이유(지원동기)는 1분 자기소개에서 해도 좋고 안 해도 좋다. 워낙 시간이 없어서 보류하지만, 이어지는 면접에서 체크를 할 것이기도 하다. 시간을 1분에 맞추는 것이 더 중요하기 때문이다.

셋째, 균형감 있는 내용을 고르게 배정해야 한다. 과거(준비)-현재(직무와 역량으로 지원동기)-미래(포부)와 K.S.A(지식, 기술, 태도)의 균형이다.

넷째, 시각(밝은 표정, 바른 자세, 시선 골고루) - 청각(씩씩한 목소리, 전문성 있는 단어선택) - 체감각(복장, 헤어스타일, 손톱 등)과 관련된 모습이 반드시 병행되어야 한다.

다섯째, 이런 감각적인 요소에 병행하여 미리 문장을 만들어 연습하고 또 연습하여야 한다. 외우다시피 하되 자연스럽게 나오는 단계까지 해 두어라.

| 권하는 실제 사례 - 대기업 중심

다음과 같이 해 보기를 권한다. 대기업, 중견기업을 전제로 한다. 직무별로, 부분적으로 조정하는 방식으로 선발하기 때문이다. 면접관 입장에서는 직무 중심의 핵심역량에 초점을 두고 집중토록 하는 효과가 생겨 먼저 '지원직무'를 말함으로써 관련 단어에 워밍업을 시키는 효과가 있다.

앞에서 제시한 기본 원칙과 연계하여 구체적으로 보자.

① 현재 : 지원직무와 핵심역량 연계 - 지식, 기술, 태도 균형

"영업관리업무를 지원한 홍길동입니다. 3가지의 핵심역량으로 '목표달성의지, 계약서와 엑셀활용 능력, 그리고 성실성'으로 생각했습니다."

② 과거 : 취업준비한 내용-실행

"이 역량을 키우기 위해 대학 때부터 주간 단위로 활동 목표를 세우고 달성여부를 반드시 체크합니다. 상법이나 계약서에 관한 공부와 엑셀의 다양한 기능에 대한 활용능력도 키워왔습니다. 무엇보다 다른 사람과의 약속을 잘 지키고 준비물을 빠짐없이 챙기는 습관도 만들었습니다. 다양한 아르바이트, 동아리, 독서 등에 함께 한 것입니다."

③ 미래 : 10년 후의 미래 의지-지식, 기술, 태도 균형

취업의 정석 나를 마케팅하다

"10년 후에는 적어도 '계약서의 달인'이라는 말을 듣도록 하겠습니다. 특히 회사의 중남미진출계획에 맞추어 스페인어를 제2외국어로 공부하기 위해 지난달부터 학원수강 중에 있습니다. 앞으로 매달 30만 원씩은 모아 휴가 때는 반드시 스페인어 지역 중심으로 여행도 다닐 계획입니다."

(마지막 강조 - 은유적 표현 병행) "마지막으로, 계약과 영업관리 달인이 되고 냉정과 열정의 조화를 배워나가겠습니다."

합격과 낭패로 갈리는 숨 막히는 첫 만남 2
1분 자기소개(2-2)는 태도로부터 : 중소, 중견기업형

1분 자기소개, 기본 중의 기본이지만 소홀한 것이 현실이며 무엇을 말한 것인지를 그리는 것도 쉽지가 않다. 그리고 이 첫 질문에서 막혀 헤매면 본격적인 면접에서도 기가 꺾이고 힘들기에 잘 헤아려 준비하고 세심한 준비가 필요하다.

혹시 하는 마음으로 구글링(Googling: 구글에서 키워드 검색)을 해보니 고만고만한 글과 동영상들이 잔뜩 올라와 있다. 실제 면접관이 되어 한 명 한 명에게 질문을 던지며 결과를 평가해 본 경험이 없는 사람들의 글과 말이 태반이다. 취업전략과 관련해서 몇 번 언급한 바가 있지만 하루에 50명~100명의 지원자를 8시간 이상 꼬박 앉아서 물어보고 지켜보며 평가해야 하는 중(重)노동의 경험이 없었던 사람들이라 면접의 본질을 비켜간 경우가 보통이다.

'맞다 틀리다'로 볼 일은 아니고 왕도(王道:Royal Road)가 있는 것은 더더구나 아니지만 인터넷에 나와있는 것은 어처구니가 없는 경우가 많다. 너무나 단편적일 뿐만 아니라 그런 글과 말을 보고 취업준비를 하며 몇 번 탈락의 고배를 마시게 될 확률이 크다.

시중에 나와있는 자료(인터넷 검색, 취업포털, 취업카페, 참고서적, 동영상 강의자료 등)의 몇 가지 사례들로 문제를 짚어 본다. 특히, 공공기관에서 운영하는 TV나 유튜브 방송에 나온다고 '다 맞다'라고 생각하지 말아야 한다. 특별한 검증절차가 있는 것도 아니고 경험측면이나 이론적인 베이스가 없는 경우가 대부분이다.

| 이상한 자기소개의 유형들

어색하고 피해야 할 자기소개 유형 몇 가지 소개를 한다.

첫째, 외워서 하는 경우이다. 실제 내용도 없이 막연하고 두루뭉술한 경우가 많다. 업종이나 희망하는 직무가 없으면 당연히 평범해진다. (그래서 외워서 한다는 느낌이 확 다가온다) 모든 면접장에서 사용하는 표준 자기소개 문장을 만들어 말한다. 그냥 '난 괜찮은 사람입니다' 정도로 여겨진다. 그나마 지원자가 없어 경쟁자가 별로 없으면 그냥 들어줄 만한 경우이다. 예를 들면,

"저는 한국대학교에서 전자전공을 했습니다. 화목한 집에서 태어나 열심히 공부한 덕분에 학교성적이나 영어실력도 무난하게 했다고 생각하는 편입니다. 성실함, 부지런함, 소통을 기본으로 취업준비를…"

둘째, 앞부분에 격언이나 속담 혹은 비유로 출발하는 경우이다. 그러지 않아도 피곤한 면접관에게 상상을 강요하는 경우이다. 짧은 시간에 하고자 하는 직무와 연관한 필요한 역량을 말하지 않아 그 말이 그 말로 여겨진다. 대체적으로 짜증나거나 건성으로 듣게 된다. 예를 들면,

"수처작주 : 가는 곳마다 주인이 되자는 좌우명으로 하여 살고 있습니다. 소위 갑의 행세를 하자는 것이 아닙니다. 제가 하는 일에 주인의식을…."

"안녕하십니까? S텔레콤 ○○직무 지원자 ○○○입니다.
저는 3가지 면에서 참 좋은 사람입니다.
첫째, 눈이 좋은 사람입니다. 동아리 회장을 역임하며 기른 사람 보는 눈과~
둘째, 발이 좋은 사람입니다. 산악등반대회에서 끝까지 포기하지 않는~
셋째, …
이러한 저의 장점을 살려 ○○직무에서 제 역량을 발휘해 보고 싶습니다."

구글에서 '격언을 앞에 둔 자기소개'라고 검색을 하니 '좌우명모음집'이 첫 번째로 떠오르는 것으로 보아도 고만고만할 수밖에 없을 것이다.

셋째는 근거 없이 본인에 대한 자화자찬으로 이어가는 경우이다. 주관적 미사여구를 스스로에게 아낌없이 날리는 경우다. 예를 들면,
"저는 친구들에게 '남자 중의 남자'라는 소리를 듣는 편입니다. 아르바이트를 통해 회사 일에는 무엇보다 인간관계가 중요하다는 경험을 갖고 있습니다. 그래서인지 동아리활동, 군대생활 등을 통해 누구보다 좋은 사람으로 칭찬을 많이 받은 편입니다……."

넷째는 경험이라며 무대뽀로 제시하는 경우이다. 구글링을 해 보니 최상단에 '인적성 끝나고 나서부터 그 회사와 관련지어 실천한 일'을 넣으면 좋다고 권하고도 있다. 그것도 유명한 취업 인터넷 카페에 올라와 있다. 위험천만한 경우이다. 그나마 좋을 것이라는 예시가 평소에 게으른 취준생이 잘 보이기 위한 말로밖에 여겨지지 않는다. 물론 그것조차 안 한 사람보다는 낫기는 하지만… 예를 들어본다.

"○○백화점 영업관리가 궁금하여 최근 서울과 경기권 5개의 지점을 방문하여 영업담당자들과 대화를 나누어 보고 지점별 차이점도 살펴보았습니다."

"○○전자를 지원하고 베스트샵의 장점과 단점이 뭔지 궁금하여 서울시내 3개의 베스트샵을 방문하여 보았습니다."

문제는 이러한 경험을 위한 사전준비가 전혀 되어 있지 않다는 것이다. 찾아가기 전 미리 약속을 하지도 않고 본인의 취업을 위한 '도구'로 이용한다면 이를 환영할 업체는 없다. 취업 명분으로 '무대뽀 방문'은 예의에 어긋나며 불유쾌한 인상만을 선사한다는 것을 알아야 할 것이다. 방문을 통한 경험을 강조하고자 한다면 그 과정 역시 깔끔해야 할 것이다.

마지막 다섯 번째, 눈에 거슬리는 경우이다. 앞부분에 자동으로 "안녕하십니까? 지원자 홍길동입니다"로 인사하며 시작하는 경우이다. 단적으로 말한다. 하지 말아라. 입장과 동시에 인사하고 이름 확인했기에 중복과 낭비기 때문이다. 그리고, 짧은 만남의 시간에 두 번이나 인사하는 묘한 상황이 될 수도 있기 때문이다.

| 중소기업용 자기소개 예시

군이 중소기업형 자기소개를 따로 소개하는 이유는 면접자가 구제적인 직무 경험과 연관성을 따지지 않는 경향이 많아 대기업과는 확연하게 차이가 나기 때문이다. 취준생들이 대체적으로 중소기업 입사를 꺼리기에 지원하고 면접에 참가한 것만으로도 우호적인 마음을 가지는 편이다. 직무 학습이나 경험이 조금 부족해도 태도측면에서 성실한 자세로 열심히 하겠다면 좋은 점수를 받을 수 있다는 말이다. 특히, 적임자나 지원자를 구하기 힘든 분야나 직무일수록 더 환영받는 경우가 많아질 것이다.

| 지원동기

"회사를 지원하게 된 동기는 전공 공부를 하면서 자연스럽게 접하게 된 회사였기 때문입니다. 특히 저는 소형 모터제조에 관심이 많았습니다. 중소기업을 학생들이 피하는 편이지만 저는 우리 회사가 어느 정도 궤도에 오른 모습이 좋아 보였습니다. 중소기업에서 일을 하면 훨씬 구체적인 일을 하게 된다는 선배들의 말도 도움이 되었습니다."

| 준비내용과 차별화

"취업을 하려고 준비한 내용은 제품차원에서는 전공만으로도 일단은 충분하다고 생각했습니다. 그리고 동남아에서 온 근로자들이 많은 것으로 알고 있는데 작은 생산라인 하나라도 책임지고 일하며 그들과 소통하는 것도 보람이 있으리라 생각하고 영어 공부도 어느 수준까지는 준비해 두었습니다."

| 미래 비전

"미래 포부는 사장님의 이런 기업 일으키신 모습을 닮고 싶습니다. 가르쳐 주시는 대로 잘 배워서 성장하고 싶고, 연관된 회사를 창업하여 내 회사를 만들어 보고 싶은 것이 꿈이기도 합니다."

| 기본의식 - 평생 자주 접하게 되는 상황, 자기소개

실제 입사이후에도 자주 쓸 역량이다. 직장을 옮기게 되는 경우는 물론이고 심지어는 창업을 위해 사업제안을 하는 경우에도 쓴다. 다니는 회사 일로 상대 회사의 그 누군가를 만나는 자리에도 같은 방식으로 하면 된다.

마음에 드는 사람과 사귀고 결혼으로 이어지고자 하는 맞선, 소개의 자리에서도 쓰는 방법이다. 배우자와 같이 살아가는 기본이 뭔지를 먼저 생각하고 나의 가진 장점으로 소개해 나가라.

수많은 사람을 만나고 헤어지는 것인 인생의 기본이다. 남들보다 좀 더 기억되게, 좀 더 같이 일하고 싶은 사람으로 여겨지게 하는 기본 방식을 미리 익히고 공부해 두어라.

다시 한번 말하지만, 취업준비는 인생살이 준비와 같다.

말발 :
인성면접, 프레젠테이션, 그룹토론

취업 커뮤니케이션

작은 몸짓으로
오두방정을 떨어라
파워 포즈로 나를 속여라 - 면접 두려움 퇴치 (2-2)

면접장 앞에서 두려움을 초대하는 진풍경

- "작년 매출액은? 이익은? 회사 사장님, 회장님의 존함은? 공장은 어디어디? 지금 현재 주가는? 거래처는?"
- "#@&$$##@?"
- "우리 회사 제품의 약점을 찾아서 제가 생각한 해결책을 말씀드리고자 합니다. 우리회사 제품은 %*#$&&???" (머리를 긁적긁적…)

인성면접과 PT면접에 들어가기 전에 작게 메모해 온 종이를 연신 열고 닫으며 외우고 있는 사람들의 머릿속으로 들어가 보았다. 대학 입시 치듯 단순하게 외운 암기를 점검하는 취준생 모습이다. 조금 가면 기억이 나질 않는다. 익숙하지 않은 분야이자 용어이고 마음이 초조하니 더 어렵다. 혼자서 머리를 총동원해도 어려운데, 앞에서는 면접관이 빤히 쳐다보고 있다. 스스로 주눅이 들며 바보가 되어가는 느낌으로 면접장에 들어간다. 그러면서 '혹시 조금 전에 답을 잘 외우지 못한 질문을 하면 어떻게 하지?'라며 더 초조해지는 표정을 보인다. 갈수록 두려움이 더 크게 다가온다.

| 면접장의 두려움

이 책에서는 면접장의 두려움 극복을 위한 방법으로 몇 가지를 소개한다. 중요 내용은,

① 면접장에 미리 가서 서서히 적응할 것을 권한다.

- 늦게 도착하면 대기자들이 모여 있는 모습에 주눅 들기 십상이다. 한꺼번에 많은 인원(경쟁자)을 보는 것만으로도 질린다. 나보다 준수(俊秀)해 보이기까지 한다.
- 먼저 도착해서 가급적 앞자리에 앉길 권한다. 그리고 두 가지를 해야 한다. 내 뒤에 도착한 사람과 대화 기회를 찾는다. 일상적 소재이면 충분하다. 그리고, 내 앞에서 오가는 면접진행자와 말 나눌 기회도 찾아본다. 가끔씩은 도와주는 것도 방법이다. 그러다 보면, '그들도 인간이구나. 나하고 똑같은…'이라는 생각이 들게 된다. 면접장 안의 면접관도 다 그런 분들이다. 우리 아빠, 엄마와 다를 바 없다.

② 현장을 다녀오길 권한다. 하루 전날이라도 반드시 갔다 오기 바란다.

- 이때 현장은 제품이 팔리는 현장(판매처), 고객과의 접점이 있는 현장(회사가 참가한 박람회 등)이 좋고, 정히 사정이 안 되면 그 회사 로비나 공장 앞이라도 한 번 가보면 좋다.
- 그리고, 보고 느낀 것이나 작은 문제점 하나라도 발견하고 개선책도 찾아 메모도 해 본다. 남다른 자신감이 생길 것이다. 다음날 면접장에서 마지막에 '질문 있습니까'라고 물을 때 사용하면 히트작이 될 가능성이 크다.

| 면접 당일 두려움 극복 방법 - 멍청한 나의 뇌를 속인다

이 책에서 여러 차례 메타심리학에 대해 말했다. 인간은 자신의 생존을 위해 수많은 방법을 찾아 우리의 뇌 속에 프로그래밍을 해 두었다.

이는 기나긴 동굴시대(수렵, 채집의 시대)에 형성된 것으로 앞에서 나타나는 물체나 사람, 현상을 조금이라도 빨리 알아보고 기억해 내는 것이 생존의 기본조건이 되었다. 현대 인류 모두의 뇌에 강력히 새겨진 도구이다.

그래서 우리에게 남겨진 가장 강력한 핵심 역량이 기억력과 인지능력이다. 그 인지능력 발휘의 첫 번째가 시각으로 들어오는 정보이고, 두 번째가 청각정보이다(인류 역사의 절반인 밤에 작동되는 감각기관). 그리고, 체감각(후각, 미각, 촉각)이고 마지막이 지각(지식능력)이다. 우리 뇌는 순식간에 이 시스템을 작동시킨다.

그리고, 우리 뇌는 에너지를 절약하기 위해 변화를 싫어하지만(에너지 소비가 늘어나기 때문에). 조금만 익숙해지면 늘 하던 것으로 착각하며 '그게 진작부터 내 것'으로 오해를 하며 익숙해지기 시작한다. 잠시라도 의기소침한 행동이나 자세를 하면 금방 두려움이 찾아오고, 반대의 행동을 하면 '난 괜찮은 사람이야. 오늘 뭔가 잘될거야'라는 자신감을 갖게 된다.

이 두 가지 현상을 이용해, 가벼운 활동을 소개한다.
'오두방정'을 떠는 것이다.
행동으로(시각), 발성소리로(청각), 기분 좋은 향내음으로(체감각) 그리고 난이도 낮은 문제풀이(지각)로…
이 이론은 미국 하버드대 심리학자인 에이미 커디 박사를 통해 과학적으로

취업의 정석 나를 마케팅하다

증명이 되기도 했으며 '신체 언어가 그 사람을 결정한다'라는 제목으로 'TED'에서도 부분적으로 소개가 되었다.

첫째, 신체 언어(시각정보)차원의 자신감 있는 자세를 취하는 것이다. 그런 동작을 반복적으로 하는 것이다. 걸음걸이는 가슴을 펴고 걸으며, 두 팔을 흔들고 '1초에 1보(步:걸음)'라는 빠른 걸음으로 걷는다. 조금 건방진 자세로도 앉아 본다. 다리도 꼬고…

둘째, 소리 언어(청각정보)차원의 방정이다. 씩씩한 목소리로 조금 까다로운 발음연습(너무 어려운 것을 연습하다가는 반대로 주눅들 수도 있다)을 하는 것이다. 약간 높은 음으로 소리를 내며 나의 귀에도 들리게 하는 것이다. 기독교인이면 '주기도문' 암송도 좋다. 불교도이면 '반야심경' 암송이나 낭독도 좋다.

셋째는 체감각이다. 약간 기분이 좋은 향수를 맡아본다. 뿌리지는 말아라. 선호도가 사람 따라 차이가 많이 나서 위험하다. 참고로, 인간이 가진 가장 멋진 향수는 땀 냄새라고 생리학자들은 말한다. 그리고 약간 씹어 먹으면서 좋은 소리가 나는 것을 먹는 것도 좋다. 집을 나설 때 식구들과 자신감 있는 악수도 하고 나와라.

마지막이 지각차원이다. 지적 능력을 말하는 것이다. 비교적 쉬운 문제를 풀고 집을 나서라. 그리고 쉬운 문제를 가지고 대중교통이나 면접 대기장에서 풀어보아라.

앞에도 말했지만 제일 바보 같은 행동은 회사의 전반적인 것을 외우려고 하는 노력들이다. 취업 조언을 하는 많은 강사나 컨설턴트들이 회사 전반을 잘 외우라고 조언한다. 그래서 회사의 모든 정보와 수치들은 말할 것도 없고 소위 '기출문제'라고 하여 과거에 나왔던 질문을 모아서 거기에 답을 달거나 무지한 몇몇 강사들의 말을 그대로 옮기며 '정답'이겠거니 하고 공부하며 외우는 것은 스스로 무덤을 파는 것이다. 회사의 구체적인 수치들은 그 회사 직원들도 잘 모르는 것이 숱하게 있다.

마지막으로 하나 더 조언하자면 '회사 상품'을 가지고 가라. 설명의 보조 자료로 쓸 기회가 있을지 모른다. 혹시 써 볼 기회가 없으면 면접 대기장에서라도 눈여겨보면서 집중하면 도움이 된다.

회사가 원하는 신입사원의 중요한 요소는 '자신감'이라는 말에 유념하기 바란다. 정답 완벽의 패러다임에서 빠져나와야 한다. 그러면 자연스러워질 것이다.

| [참고] 발음 연습 문장 예시문(쉬운 문장)

또박또박 몇 번을 반복하라. 그리고 얼굴 근육도 사용해 보아라.

- '멍멍이네 꿀꿀이는 멍멍해도 꿀꿀하고, 꿀꿀이네 멍멍이는 꿀꿀해도 멍멍한다'
- '간장공장 공장장은 강 공장장이고, 된장공장 공장장은 공 공장장이다'

말이 짧다. 면접이냐, 범인 취조냐?
이유도 모르는 면접 탈락 비법(?)

404　　　　　　　　　　　　　　　취업의 정석 나를 마케팅하다

필자가 카톡으로 베트남에서 연수 중인 학생과 늦은 시간에 주고받은 대화를 소개한다.

- "어떠냐?"
- "뭐가요~~??"… 잠시 후에 들어온 답이다.
- "ㅎㅎ 뭐가요??" … 고약하다는 생각이 들어 필자가 한 번 더 떠보았다.
- "ㅋㅋㅋㅋ 뭐예용 ㅋㅋㅋ" … 또 다시 이어지는 답글이다.

정말 뜬금없이 주고받은 대화이지만 뭔가 아쉬웠다.

필자가 근무 중인 대우세계경영연구회가 양성 중인 글로벌청년사업가(GYBM) 1년 과정을 1달 정도 남겨둔 시점에 베트남에서 공부 중인 연수생에게 아는 척한다고 쿡 찔러 주고받은 대화이다. 토요일 새벽 1시경에 카톡을 했으니 현지는 전날 저녁 11시. 조금 늦은 시간이지만 연수생들의 SNS활동이 많이 늘어나는 것을 보고 평소에 열심히 하는 여학생 한 명에게 시비(?)아닌 시비를 걸었다가 나온 반응이었다.

참, 오해는 없길 바란다. 이 연수생과는 비교적 많은 대화를 나누는 편이지만 최근 3~4개월 동안은 베트남 현지어 공부에 집중하라고 대화가 별로 없는 상황이었다. 서로 격의 없이 지내지만 대화의 격(格)은 가르치며 잔소리를 책임지는 입장은 변함이 없다.

그런 의미에서 안타까움이 밀려 왔다. "아직도 대화법이 부족하구나. 이런 식으로 취업이 되어 일하면 자칫 무미건조한 대화로 직장의 일상이 이어질 확률이 많겠구나."

취업준비와 취업으로 가는 과정의 관문에서 진행되는 면접은 직장이나 일상 생활의 기본이 되며, 그 수준에 따라 업무 처리의 수준이 가늠이 된다. '관문(關門)'이라고 표현하는 이 관(關)은 '빗장, 요충지, 길목'의 뜻을 가지고 있다. 대화 (COMMUNICATION)는 사람 사이에 마음과 혼과 정성이 통하는 길목이기 때문에 잘하면 승승장구, 못하면 그만큼 도태가 빨라진다.

입사지원서와 자기소개서, 일반면접(DIALOGUE), 대중면접(PRESENTATION), 집단 문제해결면접(GROUP DISCUSSION) 등에 그런 것들이 활용된다. 면접 때 한 번만 쓰고 나면 용도 폐기하는 덕목이 아니니 유념하기 바란다.

| 황당하기까지 한 넓은 질문에 대한 대처

이런 종류의 대화법을 그냥 글로만 보면 황당할지 모르겠다. 아래의 내용을 직접 소리 내어 말을 하며 체험해 보기 바란다.

면접장에서 입사지원서를 보니 한 줄로 쓴 것을 보고 질문하고 답하는 과정 이다. 중간의 '…'표시는 대화가 끊어지며 뭔가 보완 설명이 이어지기를 기다린 다는 뜻의 표현이다.

- "학교에서 근로장학생 알바를 했네요?"
- "네."
- …
- "무슨 일을 했나요?"

- "사무실에서 전화받는 일입니다."

- …

- "무슨 전화지요?"

- "입학문의 전화입니다."

- …

- "몇 시간 근무지요?"

- …

- "4시간씩 했습니다."

- "매일요?"

- "아닙니다."

- "그러면요?"

- …

이렇게 넘어가면 면접관이 속 터져 죽는다. 과히 범죄자를 취조하는 방식의 질문이 되어버렸다. 실제 면접장에서 이런 식의 대화가 비일비재하게 일어난다.

그러면, 어떻게 답을 하면 좋을까?

정답 혹은 모범 답이라기보다는 이러면 어떨까 하는 답을 달아본다. 대화의 앞부분 내용이나 둘 사이, 관계의 종류, 그날의 컨디션 등에 따라 무수히 많은 대화 진행 예상이 가능하다는 전제에서 보길 바란다.

- "학교에서 근로장학생 알바를 했네요?"

- "네. 학교 사무실에서 근무를 했습니다. 입학문의가 오면 답하는 전화 알바입니다. 주3일 4시간씩 근무했습니다. 외부 알바보다는 이동시간을 줄이는 장점이 있었습니다."

- "네… 그래요. 돈은 얼마나 받나요?"
- "시간당 5천 원입니다. 근로장학생이란 이름으로 되어 있어서 최저임금 기준은 적용받질 않았습니다. 좋은 것은 4시간 동안에 평균 10여 통 정도 걸려오는 수준이라 시간이 많이 남아 책도 보고 공부도 하기에는 좋은 조건인 편입니다."

그러면, 위에 언급한 연수생에게 필자는 어떤 정도의 답을 기대할 수 있을까?

- "어떠냐?"
- "아, 전무님! 이 늦은 시간에? 잘 지냅니다. 모레 있을 면접 준비 중입니다. 취업 때문에 괜히 초조해지기도 합니다. 참, 요즘 한국도 덥다면서요?"
- "그래, 힘들겠구나. 그래도 너는 늘 잘하잖아. 면접은 공부하고 외우기보다 다른 친구들과 말을 많이 하는 기회를 가져라. 그리고 힘들게 베트남이라는 나라에 도전한 목적과 미래설계를 많이 생각하며 내면을 강하게 다지거라."
- "또 잔소리해 주시네요… 네 알겠습니다. 유념하겠습니다."
- "아, 참. 면접관이 되는 법인대표나 공장장 같은 분도 너의 도전이 만만치 않다는 것을 알고 좋게 볼 것이다. 그러나, 경우에 따라서는 일반적인 인식과는 다를 수도 있다. 특히 지난 기수(期數)의 선배들의 근무 평판도 영향을 미치니 너무 가볍지 않게 조심해라."

이런 정도의 대화가 되었으면 하는 기대감으로 쿡 찔러 본 것인데 아쉽다.

날씨로 이어지며 서로 안부만을 묻는 수준을 벗어나 다른 주제로도 대화가 가능할 것이다.

혹은 옆에 있는 다른 연수생에게 고민이 있어 도와주고 싶은 상황에 마침 내가 말을 걸었으니,

- "전무님, 저는 잘 있습니다. 그런데, 옆에 민희가 요즘 조금 힘들어합니다."

이런 경우로 이어졌으면 더 기특했겠지라고 생각해 본다.

| 생활 속 연습 기회들

사실 직장생활을 잘한다는 것은 '상사의 마음 혹은 머리를 잘 헤아리는 것이다'로 정의하고 싶다. 기업의 모든 일들은 닥치는 문제의 해법을 찾는 과정에서 상사와 부하 혹은 동료들과 같이 적절한 대화를 나누는 것이다.

그래서, 면접이라는 과정을 통해 사람을 평가하는 것이다. 서류를 넘어서…

취업만이 아닌 평생의 자산(PROPERTIES)이 될 것이다. 망설이지 말고 제대로 배우고 연습하기 바란다.

취준생의 입장에서 상사와 가장 유사한 사람은 대학교의 교수님이고 집안의 부모님일 경우가 태반이다. 그런 의미에서 취업역량의 대부분은 집에서 부모님과의 대화에서 시작된다고 해도 과언이 아니다.

늘 부모님의 지금 심정을 헤아리는 질문과 답변. 부모님 또한 자녀의 마음을 헤아리며 적절한 대화를 나누는 것! 취업과 직장생활을 모두 잡는 알파와 오메가가 될 것이다.

몇 마디를 못 참고 표정이 변한다
압박면접, 오래 다닐 인재 감별법(2-1)

기업에서 찾는 가장 중요한 인재상은?

'오래 다닐 사람!'이다.

정확한 기준은 없지만 기업에 입사를 하면 업무를 배우는 시간이 1년 정도 걸리고 그 이후에 본격적인 활동을 기대한다. 그런 의미에서 입사 1년 이내에 관두는 경우는 회사입장에서는 치명적이다. 물론 본인에게도 득(得)이 될 것이 없다. 특별한 다른 경우가 없다면 몰라도…

회사를 1년 차에 퇴직하는 경우는 급여수준이나 업무 부적응인 경우가 대다수이다.

순수하게 유학 간다, 진학한다, 정말 가고 싶은 산업이나 분야가 있어서 관둔다는 경우는 예외로 하자. 그러나 실제는 급여가 적거나, 근무조건(근무지, 출퇴근 조건, 집안 문제 등)이 맞지를 않다. 상사가 성격적으로 이상하고 부하 직원에게 해를 끼치는 정도까지도 이해가 된다. 그러나 많은 경우 직장인에게 그런 정도의 고충은 일반화되어 있는데 핑계 삼는 것은 문제라고 생각한다.

| 오래 다니지 못하게 되는 요인

불가피한 사정으로 일어나는 일들이 많다. 실제적인 스트레스가 많으며 극한

치로 가는 경우도 있다. 그러나, 취업이라는 것을 하게 되면 어딜 가도 있는 일이기도 하다. 그러기에 극복하도록 연습하고 준비하여야 한다. 예를 든다.

- 고객이 일정 수준 이상의 서비스를 요구하는 경우다. 블랙 컨슈머(없는 상황을 조작하여 기업에 해를 끼치는 경우)도 요즘은 흔히 보는 경우이다.

- 거래처가 '갑'질 하는 경우이다. 우월적 입장을 이용해 괴롭히는 경우이다. 정당한 업무를 넘어 불쾌하게 하는 경우가 비일비재하다. 상대 또한 우리 또래며 직장인이다. 그 사람도 상대를 기분 좋게 하는 법을 배우지 못했다. 어떤 경우는 거래처 담당자가 워낙 자주 바뀌어 좀 더 '간'을 보기도 한다.

- 우리 부서나 팀의 상사가 힘들게 한다. 일상업무에서 혹은 나의 실수이거나 잘 모르고 처리한 결과로 야단을 맞는다. 의도적으로 좀 세게 야단을 칠 수도 있다. 심하게는 "너 어떻게 그런 수준으로 우리 회사에 들어왔어?"라고 하며 견디는 것을 보며 통과의례를 하기도 한다.

- 동료나 인근부서 직원이 힘들게 한다. 동기들이 힘들게 하며 '왕따'시키기도 한다. 흔한 상황은 아니지만 간혹 경쟁자 입장이 되어 견제를 당하기도 한다.

- 주어진 업무 자체가 힘들고 무섭게 느껴지는 경우도 있다. 방법을 모르고 처리하는 과정에서 실수하기도 한다. 고참이나 상사가 가르쳐 주지만 다 알아듣지 못하는 경우도 허다하다.

- 법으로 정해 둔 기준을 가지고 공공부문(위생, 소방, 건축, 노동 법규 등)이 힘들기도 하다. 법규가 해석으로 인해 달라지는 경우가 워낙 많기도 하다.

많은 경우에 회사와 상사는 스스로 소화하며 발전적으로 성장해 주길 바란다. 잘못된 것도 의도적으로 강하게 질타하며 참을성을 키우는 방식으로 부하를 훈련시키기도 하는 것이다.

| 조기 퇴사에 대한 회사 입장

2017년 한국경영자총협회가 발표한 신입사원 입사 1년 내 퇴직률은 27.7%(2016년)이다. 2012년 23.6%, 2014년 25.2%에 이은 숫자로 해마다 늘고 있다. 그만큼 오래 참지 못하고 회사를 떠나는 것이다. 반대급부적으로 오래 다닐 사람을 찾게 된다.

위에 나열한 것 외에도 다양한 애로점들과 불합리한 부분도 많다. 전혀 다른 사람들이 주고받으며 살아가는 곳이기 때문이다. 이해관계(돈, 지위)가 첨예하게 대립되어 '천당과 지옥'과 같은 차이를 느끼기도 한다.

수많은 영화나 소설 속의 이야기가 다 그런 것이 아닌가? 인간의 본성적인 문제라 성경에도 국가 간, 부자간, 형제간에 생명을 건 대결이 있질 않은가? 피한다고 되는 곳이 아니다. 피하면 오히려 더 미궁에 빠지는 것이다. 부모님도, 선배들도, 친구들도 다 겪고 가는 것이다.

물론, 그럼에도 불구하고 기업이나 조직에서 줄이려고 노력은 해야 한다.

| 조기 퇴사가 범하는 죄

기업에서는 적어도 1년 내에 관두는 경우를 3가지의 죄(罪)를 짓는 것이라고 농반진반(弄半眞半)으로 말한다.

- 무전취식 : 급여와 후생, 식사 등 제공(어느 정도의 일은 했다고 항변할지 모르지만 쉬운 일로만 지낸 것)에 따른 밥값을 못한 죄
- 일자리 절도 : 본인이 아니었으면 다른 사람을 채용할 기회를 가로챈 죄

• 시간, 기회 절도 : 그 자리에 다른 사람도 채용 못하고 기다리게 한 죄

개인 입장에서는 100명 중 1~2명이 중도퇴직한 것이 무슨 대수냐고 할지 모르겠다. 그러나, 그렇게 가벼운 것이 아니다. 한 명의 신입사원을 받아 가르치던 팀장입장에서는 청천벽력이다. 팀원 모두가 해당 업무를 나눠서 감당하며 다음 대신할 인물을 선발하며 기다리는 낭패도 있다.

이렇게, 장황하게 기업 입장을 정리해 올리는 것은 '취준생' 스스로 이런 과정을 알고 가면 남다른 취업준비를 보여줄 수 있기 때문이다.

| 면접에서 확인하는 방법 1 - 압박면접

일명 '스트레스면접'이라고 한다. 당황스럽거나 기분이 나쁜 질문을 받으면 예외 없이 그 반발심이 얼굴과 눈에 나타난다. 그러면서 주고받는 대화를 통하여 평가를 하는 것이다. 일부러 기분 나쁘게 하는 것이다. 괜한 오해가 없으면 좋겠다.

오히려 잘 넘기면 입사 후에 큰 도움이 되기에 평소에 귀에 거슬리는 이야기를 잘 듣는 노력도 해야 한다. 모든 리더십이나 커뮤니케이션 이론에서 '싫은 소리를 잘 귀담아듣는 능력'이 사회의 성공 필수 자질이라고 하지 않는가?

인신모독이나 수치심을 유발하는 면접관이나 기업의 경우를 아래의 경우와 섞어보며 정말 중요한 훈련을 미루지 말기 바란다. 미리 계획되고 의도된 질문과 합당한 과학적 근거를 가지고 짚어가는 경우를 이해하고 준비하자는 뜻이다. 실제 입사 후에 겪게 다양한 스트레스 상황을 미리 준비해 둔다면 당사자를 위

해서 좋을 것이기 때문이다.

몇몇 질문을 보며 해석해 나간다.

① "10개월간 어학연수를 갔다 오고도 점수가 별로 오르지 않았네요. 놀다
   온 것 아닌가요?"

실제 많이 일어나는 경우이다. "어학에는 소질이 없다는 것을 뒤늦게 알았
다", "대신 해당 산업분야에 관심을 두고 두루두루 살펴보았다", "사정이 있어
서 그랬다" 등으로 합리적인 설명이 되면 된다. 팩트를 가지고 질문을 하기에
기분 나쁜 표정 지으면 무조건 손해이다.

② "자기소개서가 구석구석에 오타가 보이고 '꼼꼼하다'라고 써 두었는데,
   매사를 그렇게 말로만 하는 것은 아닙니까?"(약간의 반말로 빈정거리기
   도 한다)

즉시 인정하고 "그런 일이 없도록 노력하겠다"고 다짐해라. 변명하지 말고.
혹은 앞으로 "뭐든지 최종 제출 전에 옆에 있는 사람에게 확인을 꼭 받아 보며
철저히 체질 변화를 하겠다"고 답하면 무난하다.

③ "그 학교 출신들을 써 보니 영 형편이 없던데 왜 그러지요?"

실제 선배들의 근무 성적이 나쁜 경우가 허다하다. 혹은 군이 안 좋았던 사람
을 언급하며 "그 학교 왜 그래요"라며 자극을 주는 경우도 있다. "학생들이 많
으니 별사람이 다 있다고 생각합니다. 그러나, 저는 적어도 그러지 않고 명예회
복하겠습니다."로 답해도 된다.

④ "사진하고 실제 인물이 너무 차이가 납니다."

사진을 인화해 주는 사진관에서 일방적으로 뒤처리를 해주는 것이 일반적이다 보니 자주 나오는 질문이다. 어떤 경우는 실제 인물이 나은 경우도 있다(참고로 공기업의 경우는 사진을 붙이지 않는다). "일상적인 경향이다 보니 한 것이고 유난스럽게 할 의도는 없었다."라고 답하면 된다. "인물을 넘어 인상이 좋은 사람이 되도록 노력하겠다."고 해도 좋다.

⑤ "왜 그렇게 힘이 없고 패기가 없지요?"

실제 면접에서 제일 원하는 모습이 당당하고 패기 있는 모습이다. 표정과 걸음걸이, 앉은 자세, 목소리, 답변하는 소리 등이다. 평소에 그런 모습을 하며 문제가 안 되도록 하는 것이 중요하다. 그러나 이런 질문을 접하면 "내성적인 성격이다 보니 그렇게 보일지는 모르지만 실속 있는 사람이 되도록 노력하는 편입니다.", "좀 더 자신감을 키워 당당하도록 노력하겠습니다."정도로 하면 무난하다.

| 블라인드 인터뷰

아직은 공기업 중심으로 진행되고 있으며 일반 기업도 많은 노력을 기울이고 있다. 자료를 봄으로써 조금이라도 선입견을 가지거나 부정이 개입될 소지의 경우를 없애는 것을 목적으로 하지만, 면접자의 기분을 상할 정도로 외모, 출신, 스타일 등에 대한 질문을 금지하는 것으로 진행이 된다. 심지어는 칭찬도 못하게 하는 경향이 있다. 받아들이기 따라 다르니까. 특히 2~3명 집단으로 들어가는 경우 면접자들 서로가 반발하는 경우가 있다 보니, 아예 피하는 경우도 보았다.

그러나, 이런 방법밖에 없는 것이 안타깝지만, 앞에서 언급한 대로 모든 분야가 내 마음 같지 않고 소비자나 거래처 또한 극심한 경쟁으로 인한 스트레스 상승이 주된 원인이다. 나도 어디선가에 '갑'의 위치에 서서 의도하지 않은 일에 관련 종사자가 반발하면 싫어진다. 싸우게 되기도 하고 때로는 나 때문에 내가 속한 회사의 존립에 영향을 줄 정도로 파장이 일어나기도 한다는 것을 명심하라.

별수 없다. 스스로 즐기는 마음을 길러라.

그렇게 넘기는 것을 본 고객이나 거래처가 감동하여 찾아주는 경우도 있고 회사 내부에 친구도 생기기도 한다. 의외의 인생 전환이 되기도 하는 것이다.

요즘 말로 "대~박"이다.

"엄마와 여친이 아프다고 동시에 연락받으면 어디로?"
애, 어른 모두의 함정 : 선택의 강요와 현인대세

대학생들이 쉽게 넘어갈 함정이 가득 찬 질문들이 있다.

"엄마하고 여친하고 동시에 위독하다고 연락을 받았다. 어디로 갈래요?"

하는 질문이다. 여자 지원자의 경우는 아빠, 남친으로 대입하여 물어본다.

"엄마한테 갑니다."라고 답하면, "여친은 어떻게 하고? 결혼도 해야 될 것 아닌가요?"로 되묻는다. 더 이상 답을 못하는 경우도 있지만 "여자 친구는 다시 구하면 됩니다."라고 답을 하는 경우도 있다. 아연실색이다. 뽑을까? 말까?

"여친한테 갑니다."라고 답하면… 또 꼬리를 무는 질문으로 당황하게 만든다.

둘 다 인생에서 최고로 중요한 요소로 반드시 같이 챙겨야 한다는 전제로 물어보지만 의외로 대개의 지원자들이 덥석 하나를 택한다. 물론 질문이 선택을 강요하는 모양새지만.

그런데, 이런 경우는 실생활에서 자주 일어난다. 책만을 통해 공부한 사람은 오로지 정답이 있다는 관점으로 문제를 접근하는 반면, 다양한 교내외 활동을 해 본 사람은 세상의 다양함을 깨닫는 편이라 다른 방식의 답을 생각하는 힘이 생긴다. 그 다양함은 판단, 선택, 결정, 문화, 생각, 활동 등 세상 모든 분야에서 일어난다. 그래서, 생각하고 답한다.

| 당황스런 답의 첫 마디 - "일단, 상황 파악"

"일단 상황파악을 먼저 해야 된다고 봅니다. 예를 들면, 엄마 옆에 아빠가 계신데 여친 옆에 아무도 없다면 우선 여친에게 가면서 아빠와 통화를 해야 한다고 생각합니다. 그 외에도 병원의 위치, 접근 가능성, 소요시간 등도 파악해야 된다고 생각합니다."라는 답이 가능하다. 양자택일의 답이 아닌 제3의 답을 찾아낸 것이다.

"일단, 상황파악…."이라는 전제를 하면서 풀어나가면 순식간에 면접장의 주도권을 내(면접자)가 쥐게 된다. 내 마음대로 "예를 들면….", "예를 들면…"이라는 가정법을 통해 답변을 조절해 나갈 수 있기 때문이다.

| 문제해결의 프로세스

답을 찾는 궁극적인 틀(FRAME)이자 공식은 '현–인–대–세'로 이어지는 일련의 프로세스이다. '현상파악 → 원인분석 → 대책모색 → 세부계획'의 문제해결 과정이다. 어떤 문제가 주어지든, 문제의식을 가지든 반드시 점검해야 할 포인트를 잊어버린 채 주어지는 양자택일의 함정에 빠질 위험성이 있는 것이다. 면접관은 이 짧은 답을 통해 제대로 지원자의 문제해결 경험과 생각, 접근방법을 보는 것이다.

이 문제해결능력은 기업인, 직장인의 핵심 역량이다. 문제의 당사자가 모두 옳고 소중하다는 인식을 전제로 해법을 모색하며 서로에게 이익이 되는 방안을 찾는 태도가 '진정한 프로 비즈니스맨'을 만들기 때문이다.

그냥 두 가지 중에 하나만 기계적으로 선택하는 모습을 보면서, 왜 이런 현상이 생길까 따져 본다. 학교 교육의 한계 혹은 경험의 부족으로만 해석을 해왔는데 요즘 우리 사회에 광범위하게 펼쳐지는 현상과 무관하지 않다는 생각이 들었다.

취업의 정석 나를 마케팅하다

| 요즘 느끼는 새로운 의문

어른들은 어떨까? 50대, 60대들은….

최근 몇 년 동안 우리나라를 휩쓸고 있는 편가르기를 보면서 다르지 않을 것이라 생각이 든다. 모두가 진영(陣營)논리만 남은 형국이다. 내편, 너편만 가른다. 상대가 하는 것은 모두가 틀렸고 나와 우리편이 하는 것은 모두 옳다는 교만함에서 출발하는 것이기도 하다.

한국 일반인들이 이런 판에 놀아나는 것은 고사하고 지도자층이나 리더급이 모인 곳도 예외가 아니었다. 필자는 비교적 다양한 사람들과 인연을 맺고 있고 SNS 활동을 하기에 느끼는 심각함이 더하다. 페이스북 친구가 5,000명에 육박한다. 카카오톡 친구는 8,000여 명을 넘나든다. 단체 카톡방만도 수십 개다. 모두 진영논리와 전투적 자세로 총과 칼을 겨누고 있다는 느낌이다. 사건이 생기고 일이 생기면 정확한 상황판단에서 출발하여 원인, 대책으로 이어져야 하는데 전후좌우를 따지지도 않는다. 정말 큰 일이다. 요즘의 청년들이 보고 배우고 있다.

그런 고민 중에 우연히 재미있는 책을 하나 찾았다.

| '내 주위에는 왜 멍청이가 많을까'라는 책

프랑스 심리학자이자 과학 저널리스트인 장 프랑수아 마르미옹이 총 28명의 세계적 심리학자, 신경학자, 철학자, 경제학자 등의 말과 글을 엮은 책이다. (시공사 출판).

그중 이분법적 사고로 인한 멍청이를 설명한 부분이 눈에 들어온다. 편의상 어느 일간지의 서평을 인용한다. "멍청함은 자기가 속한 사회까지 병들게 한다. 이분법적 사고를 하는 사람이 대표적이다. 이들은 매사 틀에 박힌 사고를 하고 흑백논리로 세상을 본다. 그래서, '모순되는 두 개의 진실이 있을 수 있다'는 사실을 받아들이지 못한다. 신중함의 미덕을 몰라 '다 썩어빠졌군', '전부 장사꾼일 뿐이야'라는 식으로 세상사를 거침없이 재단한다. 아는 것이 적을수록 확신이 커지는 탓이다. 음모론에도 쉽게 빠져든다. '아니 땐 굴뚝에 연기 날까' 식으로 타인을 매도하고 억울한 희생자를 만든다. 연기가 나는 진짜 이유 따위엔 관심이 없다."

단순히 우리 대한민국, 청년만의 문제는 아니었다.

| 유사한 황당 질문 모음

- "금요일 퇴근시간이다. 그동안 친구들과 해외여행을 준비해 공항으로 가려는데, 부장님이 불러서 일을 준다. 일할래? 놀러 갈래?"

- "내가 있는 빌딩에 불이 났다고 하면 어떻게 할래?"

- "남자 친구가 지난번에 같이 만났던 여자 친구하고 눈이 맞아 사귀고 있는 것을 보았다. 어떻게 할래?"

- "퇴근길에 아들이 친구들과 본드를 흡입하고 있는 것을 우연히 보았다. 어떻게 할래?"

- "부인이 다른 남자의 애를 임신했다고 고백을 한다. 어떻게 할래?"

억지로 답을 하려고 하나를 선택하면 함정에 빠진다. 순서와 경중에 따라 판단하고 행동해야 될 질문들이다.

취업의 정석 나를 마케팅하다

과격한 답을 잠시 멈추고,

"일단, 주변상황에 따라 달라진다고 생각합니다. 상황파악부터 하겠습니다. 예를 들면…."으로 시작하자. 의외로 여유도 생겨난다.

| 중소기업 재직 때의 경험

15년 전 일이 기억난다. 필자가 다니던 중소기업에서 지방의 어느 중간도매 거래처가 부도를 냈다. 해당 권역에 독점적으로 상품을 주어 매월 2천~3천만 원씩 거래를 10여 년간 해왔지만 누적된 외상 잔고만도 2~3억 원이 되는 업체였다. 그날 아침에 사무실이 난리가 났다. 사장께서 화를 참지 못하고 모든 영업사원을 불러 격노한 모습으로 다그치고 있었다.

이 회사의 부도 가능성은 짐작이 어느 정도 되었지만 늘 그런 수준으로 유지가 되어 조심스럽게 지켜보던 중이었는데 '터질 것이 터진' 상황이었다.

필자는 그 회사의 두 번째 서열의 위치에 있었다. 빠른 시간에 사장님을 별도로 찾아,

"사장님! 지금 상황파악과 소매 거래처를 보존하고 조금이라도 회수하는 것이 우선이라 생각합니다. 빨리 직원 3~4명을 거래처로 보내서 부도난 도매와 소매 거래처의 미수금을 파악해서 본사와의 계속 거래를 유지하는 것이 급한 것으로 보입니다. 야단은 나중에 치시지요."라며 정리를 했다.

약 1주일이 지나며 해당 지역의 모든 소매 거래처는 본사와 직접거래로 바꿨다. 부도를 낸 중간 도매상의 부채만 따로 두고 채권을 확보하는 방식으로 회사의 손실을 최소화하며 정상적으로 이어져가게 했다. 실제 2~3억 원의 잔고는 남은 상품과 소매거래처 잔고를 확보함으로써 1억 원으로 부도금액을 줄였다.

다행히 외상채권은 몇 년째 평균수준의 금액이라 회사의 현금흐름에는 문제없었고, 몇 가지 세무상의 문제만 순차적으로 정리를 해 나갔다.

순서에 따른 문제해결이었다. 현상만 보고 막 덤벼드는 것은 어른이나 애들이나 넓게 나타나는 현상이다.

"상사가 뇌물 받는 모습을 보면 어떻게?"
배운 지식의 현장 적용과 유연한 대처

면접에 들어가면 취준생 입장에서는 상상도 못할 정도의 당황스러운 질문을 받게 된다고 하였다. 일단 상황파악부터 하겠다며 한 템포 늦추면 그 질문에 연관된 조건을 내가 선택하며 답하기가 무난해진다고 정리를 했었다.

| 최악의 질문들… 불법적 상황의 대처

불편한 것을 넘어 불법적으로 판단되는 질문도 많이 물어본다. 이런 질문은 임원급이 되는 면접관들이 실제로 경험했던 일일 수도 있다. 상상차원으로 질문하여 대응력을 보고자 하는 목적도 있다. 그런 상황이 전제가 되는 질문으로 많이 등장하는 것을 인터넷에서 모아봤다.

- "상사가 이해할 수 없는 일을 시킨다. 어떻게 할래?"
- "회사에서 불량품을 팔고 오라고 지시를 한다. 어떻게 할래?"
- "회계담당자인 당신에게 상사가 회계 분식의 일을 지시한다. 어떻게 할래?"
- "같이 거래처를 방문한 선배나 책임자가 거래처에서 뇌물을 받는 모습을 봤다. 어떻게 할래?"

와 같은 질문들이다.

답을 하는 가장 기본적인 발상은 '정말 불법이고 위법인 상황이면 가급적 소수만 알고 그들만 움직일 것이지 위험하게 신입사원에게 그런 일을 시키겠어? 어떤 일을 시키든 이유가 있을 거야' 정도로 판단하고 시작하면 무난해진다. 그렇다고 실제로 범죄 수준의 일이 일어났을 때 대처할 문제이지 이런 공개적인 방식으로 말로만 묻는 것이 무슨 의미가 있겠는가 하는 식의 답변은 바람직하지 않다.

위의 질문을 중심으로 취지나 답변을 간단하게 정리를 해 본다.

| "상사가 이해하지 못할 일을 시킨다."

가장 난이도가 낮은 질문이다. 당연히 회사 내부의 규정이나 법적인 규정 모두를 내가 잘 모르는 상황을 가정하고 묻는 경우이다. 나의 이해가 부족하니 일단 처리해야 한다. 진행하는 과정에서 주변에 물어보고 공부해 가면서 완성도를 높이겠다고 해도 좋다. 그러면 조금 짓궂게 "자초지종을 묻지 말고 무조건 처리해 두라고 하면서 상사께서는 출장을 떠나 버렸다"고 했다면 어떻겠냐고 좀 더 깊은 질문을 할 수도 있다.

　나는 이해를 하지 못하지만 상사는 이유가 있어서 시켰을 것이라는 전제로 출발하자.

| "불량품을 팔아 오라고 지시한다."

　이 질문은 회사 제품의 종류나 속성, 회사의 브랜드정책 등에 따라서 현격하게 답이 달라지는 질문이다. 그러기에 조금만 생각하면 큰 어려움이 없는 질문이며 '불량품'이라는 단어에 집착하면 실수하기 쉬운 문제다. 불량품이라고 할 때 불량의 수준이나 정도는 다양하게 생겨난다. 회사가 제품을 만드는 단계에서 피할 수 없는 주제이지만 제품이나 방침에 따라 불량품 나름대로의 가치나 가격이 존재한다. 즉, 걸맞는 가격으로 팔 수도 있다는 것이 핵심이다.

　예를 들어 "핸드폰 화면이 흠이 난 불량품이다. 100만 원짜리에 10만 원 부품이다. 그러면 20%만 할인을 건의해서 팔자고 하겠습니다."라고 답할 수 있다. 더 심하게 훼손된 핵심 부품이라도 구매자가 조금 성의를 가지고 고쳐서 사용이 충분한 경우도 많이 있다. 지금도 TV홈쇼핑의 반품 제품 판매 매장에서는 뚜껑이 없는 냄비도 판다. 제대로 된 제품이면 20,000원을 받는 제품이지만 이 매장에서는 3,000원에 판다. 집에 있는 또 다른 뚜껑 하나만 구하면 충분히 사용이 가능하고 집에서 쓰는 것이기에 주변을 의식할 필요도 없다는 것이 착안점이다.

　70% 이상 상한 과일이라는 불량품은 어떤가? 사료나 퇴비용도 등으로는 판매할 길은 없을까? 그냥 버리자면 음식물처리 비용도 들 것이니 아주 작은 금액이라도 받으면 회사에 도움이 될 것이 아닌가?

그런데, 세계적인 브랜드 명품들은 조금이라도 문제가 있으면 무조건 태우는 정책을 가진 회사들도 있다. 그런 경우는 당연히 브랜드 정책을 알고 있는가를 확인하는 차원의 질문일 수도 있으니 면밀히 공부한 경우만 답을 할 수 있을 것이다.

| "회계담당자인 당신에게 상사가 분식회계(粉飾會計)를 지시한다. 어떻게 할래?"

이런 질문은 회계나 재무담당을 뽑을 때 가끔씩 던질 질문이다. 재무제표를 제대로 이해하면 유연한 답이 가능할 것이다. 쉽게 가정산(혹은 임시정산)차원의 지시일 수 있을 것이다. 상사께서 급해서 우선 분식(粉飾)으로 처리하라고 하지만 일정 시점까지만 올바르게 해 두면 된다는 것이다. 실제로 똑같은 영수증(비용처리)을 가지고 다양한 비목으로 처리하는 것이 가능하며 면접자가 학교에서 미처 배우지 못하고 경험하지 못한 경우가 많을 수가 있다는 것도 명심하여야 한다.

그래도, 정말 명백하게 분식인 경우라면 어떻게 하겠는가? 라는 추가질문을 하면, "그 경우는 지금 이 면접에서 질문하는 것도, 답하는 것도 의미가 없다고 생각합니다."라고 해도 무난하리라 생각한다.

| "같이 거래처를 방문한 선배가 뇌물 받는 모습을 봤다. 어떻게 할래?"

아무 말 없이 지켜본 모습이 뇌물이라고 상상하는 것 자체가 이상한 것이다. 그런 의미에서 "이유가 있어서 주고받는 돈일 경우가 많을 것입니다. 오히려 제가 앞뒤도 모르면서 뇌물로 정의하는 것이 더 문제일 것이라고 생각합니다." 로 답을 하면 어떨까?

그래도 "명확하게 뇌물인 돈이 주어지는 것이라면 어떻게 하겠는가?"며 집요하게 질문을 하면 "선배에게 직접 물어보겠습니다. 선배님! 그 돈은 무슨 돈입니까?" 혹은 "그런 정도의 오염된 직원들을 우리 회사가 두고 있으리라 생각은 하질 않습니다." 혹은 "범죄수준의 일을 가지고 상상을 하는 일이 하늘이 무너지는 걱정을 한다는 기우(杞憂)이지 않겠냐고 생각합니다."는 어떨까?

| 무심코 지나가는 더 큰 직원 본인의 직업윤리

대체적으로 너무 오버한 주제를 다뤘다. 면접자를 의도적으로 당황스럽게 만들어 보겠다고 하는 흔치 않은 질문이며 이런 문제로 시간을 보내는 것이 안타깝기도 하다. 직업윤리, 직장윤리에 관한 질문이라고 하지만, 오히려 직원들의 방심과 나태함으로 근무시간에 개인적인 통화시간, 주식투자, 과도한 흡연시간 등의 문제가 우리 한국 기업조직에서 큰 암으로 존재하는 것이 더 안타깝다.

"마지막으로 질문이나 하고 싶은 말이 있는 사람?"
관심과 열정의 결정적 증거, 질문

부모님들! 혹시 질문 있으시면 하십시오.

질문 #1.

"지금 베트남에 있는 기업들이 현지인 관리에 소홀한 측면이 있어 그들과의 관계를 잘하기 위해 이 과정에서 특별히 고려하고 가르치는 것이 있습니까? 제가 현지에서 활동을 하다가 최근에 귀국을 해서, 현지의 사정을 좀 알아서 물어보는 것입니다."

질문 #2.

"과정의 8개월이 지나면 외출, 외박이 가능하다고 홈페이지에서 봤는데, 그때 찾아가면 우리 애 데리고 나갈 수 있습니까?"

질문 #3.

"미얀마 그 나라가 불교 국가인 것으로 알고 있는데 교회를 다니는 데에는 지장이 없습니까?"

필자가 실무를 총괄하여 동남아로 진출, 취업교육연수과정인 글로벌청년사업가(GYBM)양성과정의 입소식이 끝난 후 부모님 200명을 모시고 가진 설명회에서 나온 질문들이다. 하나같이 자녀들의 미래를 걱정하고 당장의 생활에 관한 질문들이다.

| 하고 싶은 말들은

입사 면접에서 이러한 상황이 벌어진다. 면접을 마무리하며 주어지는 시간이다.

"하고 싶은 이야기 있으면 해 보세요. 기회를 줄 테니…"

혹은 "질문 있으면 하세요. 질문 없으세요?"

워낙 오랜 시간 준비를 해서 마지막 판단을 받는 면접 시간이기에 아쉬움도 많을 것이고 준비한 부분을 보여줘 실력을 인정받고 싶을 것을 예상하는 면접관의 배려심에서 주어지는 시간으로 꼭 하는 것이 관례이다.

그런데, 이때 하고 싶은 말이나 질문이 앞에서 진행된 긴 시간의 면접결과를 뒤집는 결과가 나타난다면 제법 조심을 하고 공부해야 할 대목이다.

- **면접자 #1.** 뽑아 주시면 정말 열심히 하겠습니다.
- **면접자 #2.** 혹시 3년 차 되면 회사에서 보내주는 미국 MBA과정에 참여가 가능합니까?
- **면접자 #3.** 회사의 마케팅 정책을 한번 설명해 주시면 고맙겠습니다. 제가 보기에는 납득이 되지 않는 것들이 많아서 여쭙는 것입니다.
- **면접자 #4.** 회사가 브라질에 진출할 계획은 없으십니까? 지난여름 방학 때 교환학생으로 갔을 때 보니 비슷한 종류의 일본 제품이 팔리는 것을 보았습니다. 성능이나 품질, 가격 측면에서 가면 우리 제품도 큰 강점이 있을 것으로 보여 질문하는 것입니다.
- **면접자 #5.** 최근 미국-이란 간의 분쟁이, 지금 회사의 판매시장으로 보면 영향을 줄 것 같아 걱정이 되는데 큰 문제는 없으신지요?

다섯 명의 면접자들이 던진 질문이자 하고 싶은 말이다.

대개가 '묵묵부답'으로 있는 것이 일반적이라 마지막에 면접관이 주는 기회나 시간은 싱겁게 끝나는 편이다. 질문하는 것조차도 나름대로 해본 일이 없어서 그러려니 하고 끝난다. 한국 교육의 현실을 본다는 또 다른 씁쓸한 광경이다. 그러나, 재미있는 것은 주저하다가 누군가가 말을 시작하면 전원이 한 마디씩 하게 된다는 것이다.

분명히 짚고 싶은 것은, 제법 의미 있는 질문을 누군가 한다면 그 면접장의 상황이 사뭇 달라진다. 실제 위의 면접자의 말과 질문 다섯 개를 한번 해석해 보겠다. 면접평가자의 입장으로 주는 점수나 평가다.

- 1번 면접자 : 하나 마나 한 말이다. 면접이라는 과정 전체가 꼭 뽑아 달라고 하는 것이고 그런 의지로 시간을 쏟는 과정이다. 안쓰럽고 구차하다. 가급적 안 하는 것이 좋다.

- 2번 면접자 : 일정 기간 이후의 복리후생이나 교육제도의 혜택은 근무를 열심히 한 결과로 이어지는 것이다. 이 질문의 경우 문제될 것은 없으나 적어도 면접자의 관심이 어디로 가 있는지 확연하게 드러나 부정적 평가를 받을 확률이 많을 가능성이 크다.

- 3번 면접자 : 정말 곤혹스러운 상황이다. 대개가 본인이 회사의 큰 정책적인 문제에 관심이 많다는 모습을 보여줄 목적으로 이런 질문을 하는 편이다. 그러나, 이런 종류의 질문은 상사가 부하에게, 선배가 후배에게 하는 형식이다. 면접관이 면접을 당하는 느낌이 든다. 그리고 마무리하는 시간이라 짧은 대화를 생각했는데, 제법 많은 시간을 보내야 될 질문이다. 모든 면접관의 이맛살이 찌푸려지는 광경이 일어날 공산이 크다.

- 4번 면접자 : 제법인 경우다. 면접에서 이런 수준의 질문은 잘 오가질 않고 면접자의 이런 잠재력과 숨은 관심을 파악하기 어렵기에 이 시간을 빌어 본 인을 적극적으로 홍보를 한 결과가 나온다. 특히 회사가 해외지사 요원 선발 에 애로를 겪고 있거나, 해당 시장 개척 요원이 필요한 경우는 적극적으로 합격점수를 줄 확률이 높다.
- 5번 면접자 : 이 경우도 제법이고 대견한 경우이다. 회사에 대한 상당한 수준 의 이해와 관심, 그리고 국제 정세를 포함한 경영환경에 대한 식견을 가지고 있으며, 매일 관련 뉴스기사도 눈여겨보고 있다는 느낌을 준다.

4번, 5번은 남다른 모습을 보여 확연하게 차별화한 것으로 평가를 받을 수 있 어, 등급 결정에 긍정적 영향을 크게 미치는 경우가 된다.

▌질문하는 것을 보면 그 사람의 됨됨이를 알 수 있다.

정리해 본다.

첫째, 지원회사에 입사를 정말 간절히 원한다면 궁금한 것이 많이 생기는 것 이 당연하고 없는 것이 이상한 이치이다. 그 질문의 종류가 무엇이든 간에…

둘째, 질문의 수준에 관한 문제이다. 대개의 경우 질문은 생각의 방향을 담고 있다. 프랑스의 계몽학자인 볼테르의 "질문을 보면 그 사람의 됨됨이를 알 수 있다"고 하는 말을 새겨들을 필요가 있다.

"우리 회사,
스페인에 진출할 계획 없습니까?"
염장 지르며 잘난 척하는 유일한 시간 : 질문 생산법

- "아주머니! 여기 해물순두부 두 개 주세요."
- "순두부 좋아한다고 했지. 아주머니 여기 순두부 두 개 주세요."
- "순두부 좋아한다고 했지. 여기 두 종류가 있는 데 어떤 것이 좋아?
  응! 해물순두부. 아주머니! 여기 해물순두부 2개 주세요."

여자 친구와 혹은 남자 친구와 식사하러 가서 맛있는 것 사준다고 하면서 메뉴를 선택하고 시키는 방식을 가상(假想)으로 써 보았다.

둘이 사귀는 입장에서 어느 경우가 매력적일까? 당연히 마지막일 것이다. 상대가 좋아하는 것(순두부)을 미리 알고 갔으며, 메뉴판을 보니 종류가 다양하게 있어서 여자 친구에게 물어(질문) 본 후에 주문(해물 순부두)을 하는 경우이다.

| 취업준비에 질문 - 질문방식과 질문생산법

취업 면접에서의 상황도 별반 다르지 않다. 끊임없이 상대(가고 싶은 회사)를 헤아리고 그러다 보면 궁금한 것이 생기고 그것에 대해 질문을 하되 나름대로의 판단을 가지고 질문하는 것이 그것이다. 면접의 마지막 단계에서 던지는 질문이 상당한 위력을 가지는 요소라는 것을 차별화 측면에서 설명하였다. 단정적으로 말하면, '질문'이 있다는 것은 '관심'이 있다는 증거일 뿐 아니라 '바로 그회사'에 취업하고자 하는 의지와 진정성을 보여주는 가장 좋은 방법이라는 것!

이번에는 2가지에 대해 더 구체적으로 알아보자. 어떤 방식으로 질문을 하느냐 하는 것과 어떻게 회사에 대한 질문거리를 찾아낼 것인가 하는 것이다.

| 질문하는 방식

첫째, 질문을 하는 방식에 관한 것이다. OPEN(개방)형으로 하지 말고 CLOSED(종결, 폐쇄)형으로 하는 것을 적극 권한다.

개방형은 "~에 대해 설명하세요.", "~에 대해 어떻게 생각합니까?" 하는 방식으로 추상적이고 광범위한 질문이다. 주로 상사가 부하에게, 교수가 학생에게, 멘토가 멘티에게 질문을 하는 방식이다. 답을 하기 위해서는 질문자의 의도와 대화의 맥락을 파악해야 하는 등 짧은 시간에 상당한 노력이 들어가야 하기에 사고력을 키우고 공부를 하게 하는 데 유용한 방식이다.

반면에 종결형은 내가 나름대로의 답과 의견을 가지고 하는 질문이다. "저는 ~에 대해 이렇게 생각하는데 괜찮습니까?", "저는 두 가지 방법을 생각해 보았는데, 그중에 1안으로 결론을 내어 보았습니다. 괜찮겠습니까?"라는 방식으로 하는 것이다. 면접자로, 부하로, 신입사원으로 치열하게 고민하고 생각한 답을 가지고 상사의 선택이나 '예, 아니오'의 답을 바라는 질문을 하는 것이다.

상사의 고민을 간추려 하는 질문이기에 노력과 공부의 흔적 외에도 작은 예절을 갖췄다는 측면이 있다. 설령 그 답이 상사의 생각과 다르더라도 배우는 효과가 당연히 있는 것이다.

취업의 정석 나를 마케팅하다

그런 의미에서 입사 후에도 늘 이런 자세로 스스로 답이나 대안을 찾아 나름 대로의 결론을 내려 보고, 그 것을 상사나 전문가에게 질문하는 방식으로 해 나가면 판단과 선택의 훈련이 되기에 본인의 성장에도 큰 도움이 되는 것이다.

| 질문거리를 찾는 방법

그렇다면 평소에 질문거리를 찾아서 별도로 가지고 있어야 한다.

그 출발점을 가고 싶은 회사의 제품(제조업)이나 취급하는 구체적 서비스(서비스업)에서 찾는 것이다. 고객 입장에 서서 돈을 내는 접점(接點)에서 따져 보는 것이다. 돈을 낼 만한 가치가 있는가? 손해 보았다는 느낌은 들지 않는가? 경쟁사보다 괜찮은가를 챙겨보는 것이다.

그 제품의 기능이나 품질, 디자인, 가격 등에서부터 의문을 가져보는 것이다. 이때 본인의 희망직무에 맞춰서 더 좋은 제품(개발), 더 비싸게 팔릴 수 있는 방법(마케팅), 더 많이 팔 수 있는 방법(영업), 이익을 더 남기는 아이디어(재무), 원가는 얼마나 될까(생산) 그리고 판매하는 직원의 설명과 친절(HR) 등을 가격과 대비하면 훌륭한 질문을 만들 수 있다.

그 단계에서 '나라면 이렇게 해보고 싶다'는 '문제해결' 차원으로 접근을 하게 되면 앞에서 말한 폐쇄형 질문이 구성이 되는 것이다. 이때, 의문점 해결을 위해 책을 보고, 인터넷도 찾아보고, 관련 과목 교수님께 여쭤도 보고, 그 산업에 있는 선배들에게 전화도 해보고 하는 것이다. 본인의 미래 직장을 미리 공부한다고 생각하면 좋은 투자가 되는 것이다.

그리고, 조금 더 적극적으로는 내가 돈을 내고 직접 사보고 써보는 것도 좋겠다. '돈'아깝지 않은가를 생각해 보면 금상첨화이다. 물론 건설, 선박이나 플랜트 등 중후장대(重厚長大)한 제품의 경우는 또 다른 방법을 찾아야 하겠지만…

| 회사 관련 정보를 외우려들지 말라. 절대로…

지원 회사를 공부하려고 하면 범위는 매우 넓고 어렵다. 경영, 영업, 재무, 제품, 생산, 개발 등의 기본적인 것뿐만 아니라 여러 가지 환경요인 등 이루 헤아릴 수없이 많다. 수많은 취업관련 서적이나 강사들이 "재무제표를 공부하라! 홈페이지를 외우다시피 해라"는 등의 주문을 많이 한다. 필자는 절대 반대한다. 수년간을 근무한 직원들도 어려운 것을 취준생이 한다니. 쉽게 지치게 되고 좀 지나면 눈길이 가질 않는다. 대개가 두루뭉술하게 되어 추상적인 공부가 되어 지원서 작성이나 질문 답변에도 두루뭉술하게 되어 매력도를 떨어뜨릴 확률이 높다.

반면에 회사 생존과 성장의 기본이 되는 최소 요인인 제품을 중심으로 관심과 질문을 하나씩 넓혀가며 나름대로의 해결책도 찾아가는 방식으로 하면 비교적 쉽다. 그리고 현실적으로 내 수준에 맞는 지식이 형성되고 내 것으로 만들기도 쉬워지고 명확하게 기억이 되어 자신감을 가지는 데에도 큰 도움이 된다.

그런 의미에서 이런 질문을 찾고 해법을 찾아가는 과정은 작은 손 노트 등을 이용해서 생각의 꼬리를 메모해 두면 더 좋다. 일주일에 적어도 3개 정도의 질문거리를 찾는다는 목표를 정하면 더욱 좋다. 일정 시간이 지나면 입사서류를 꾸미는 중요한 자료가 된다. 그리고 면접장에 가서 대기하는 동안에도 하나하나 넘겨보면 두려움도 떨쳐낼 수 있는 좋은 도구가 되기도 한다.

| 구체적인 취업목표만이 질문을 만드는 기초 작업

요즘의 취준생들은 회사(목표)를 정하지 못하는 것도 문제이고, 취업목표를 정해도 오로지 토익, 자격증 공부에만 빠져들고 있다. 그러니 질문거리가 생기질 않는다. 그래서 평범한 모습이다. 경쟁이 치열할수록 뭔가 남다른 취업전략이 필수인데도 불구하고….

취업하고 싶은 회사에 대해 궁금한 것이 생기지 않으면 지원을 포기하라고 하고 싶다.

혹자는 그럴 것이다. "꼭 그렇게까지 해야 하느냐?"

물론 안 해도 된다. 두 가지 경우이다. 경쟁이 치열함에도 불구하고 떨어져도 그만이라고 생각한다면! 그리고 경쟁률이 1:1 정도라면 이런 유난을 떨지 않아도 될 것이다.

"머리만 쳐! 가슴을 쳐야 물건을 팔지"
정중함과 승부 근성의 교차점 : 프레젠테이션 면접(2-1)

만화와 드라마로 한때 화제가 되었던 '미생(未生)'의 이야기로 시작한다. 드라마의 주 무대인 '원인터내셔널'이라는 회사에서 인턴생활을 하고 정식직원 채용을 결정하는 테스트인 프레젠테이션에서 나온 대사이다. '장백기'의 발표를 보

435

고 함께 참석한 주인공인 '오상식 과장'과 워킹맘으로 여성의 롤모델인 '선지영 차장'이 주고받은 말이다.

"저 친구 완전히 피티의 정석이네요. 한마디 한마디가 머리에 쏙쏙 들어와요. 아주 논리적인데요."라고 선차장이 말을 하자, 오상식 과장이,

"잘하긴 하는데 머리만 치고 있어. 가슴을 쳐야 물건을 팔지."

영업을 담당하는 오과장의 승부사적인 촌철살인(寸鐵殺人)의 말이다. 승부를 봐야 한다는 생각이 기업 면접에 도입한 '프레젠테이션(피티:PT)'면접의 기본 취지이다.

| '프레젠테이션'의 의미와 인재선발의 도구로 채택하는 이유

다수의 사람을 앞에 두고 자신의 생각과 의지를 밝히는 커뮤니케이션 방법에는 여러 가지가 있다. 데모(DEMOSTRATION), 강연(LECTURE), 설교(SERMON), 스피치(SPEECH), 연설(ADDRESS), 프레젠테이션(PRESENTATION) 등이 그것이다. 제각기 조금씩 차이가 있다.

그런데 기업은 인재선발의 면접장에서 선택한 대중 화법으로 'PRESENTATION'이라고 이름 붙여진 것을 채택하여 진행한다. 담아내는 내용에 취준생의 창의적 문제해결에 중점을 두어 '창의역량면접'이라고도 한다.

그런데, 이 면접을 위한 인원 규모, 시간의 한정, 주제의 한계 등을 감안하면 창의성보다는 '대중을 상대로 의지와 생각을 전달하는 신입사원'의 모습을 보려는 취지가 더 강하다.

| 정중함과 승부근성의 교차점

단어의 뜻을 한번 살펴본다. 단어가 가진 뜻이 확장되어가는 것을 보면 실제적인 의미의 파생이 의미를 생생하게 보여주는 경우가 많다. 'PRESENT'는 잘 아는 대로 '선물, 현재, 출석하다'가 일반적인 뜻이다. 그런데, 의외로 영어사전에 보면 흥미로운 부분이 있다.

우선 그 단어의 사용 사례를 보자.

- The man presented a pistol at her.
- Present!.....Fire!
- Present arms!

무슨 뜻일까? 그 뜻을 정리해 본다.

- '(권총을)겨누다'라는 뜻이다. '그 남자는 그녀에서 권총을 겨눴다'(방향성과 승부)
- '사격준비'이다. '사격 준비. 발사'(승부를 결정짓는 최종 준비)
- '받들어 경례하다'의 뜻이다. '받들어 총!'(경의를 표하는 예법)

PRESENTATION의 의미와 기능을 종합하여 정리하면,

'내가 생각하고 준비한 것을 청중(외부적으로는 거래처, 발주자이고 내부적으로는 상사, 동료 또는 후배)들이 반드시 수락하여 실행되도록 설득하되 품격을 갖추고 정성을 다하는 대중 커뮤니케이션'이다.

이런 해석은 본 꼭지의 도입부에 예를 든 '미생(未生)'드라마에서 오 과장이 읊조린 '가슴을 쳐야 물건을 팔지!'라는 말의 맥락 이해에 도움이 될 것이다.

ADDRESS(연설)나 SPEECH(스피치)는 잘 아는 사람을 대상으로 내 생각을 일방적으로 말하고, DEMONSTRATION(데모)는 부분적으로 기능이나 작동원리를 보여주는 수준의 커뮤니케이션으로 보면 확연히 차이가 남이 보일 것이다.

전문가 중에는 프레젠테이션을,

'청중 전원이 반대자이자 관심이 없는 사람들'이라는 전제로 시작하여도 내가 주장하는 것이 수락하고 채택되도록 해야 하는 대중 대상의 커뮤니케이션이다.

라고 정의내리기도 한다.

| 프레젠테이션면접 진행 방법과 우려

이런 특별한 의미를 담고 있기에 제대로 된 프레젠테이션으로 면접을 진행하기가 쉽지 않다. 면접에서 제대로 진행하기가 어려운 것은 시간과 장소의 한계 때문이다. 주제선정, 발표시간, 준비시간 등도 한계가 있다.

주제는 30여 분 전에 주고 준비토록 한다. 회사 내 컴퓨터실이 있고 파워포인트를 사용하게 하는 경우는 1시간 정도 주고 준비하게 한다. 일부 회사이기는 하지만 서류전형 면접일자 통보 때 주제를 미리 주는 경우도 있다.

주제는 일반 시사성 주제가 주어지기도 하고 회사의 과제에 관한 주제를 주기도 한다. 회사 제품과 직결되는 전공의 경우는 제품의 기술 등 엔지니어링 주제가 제시되기도 한다. 발표는 1인당 5분에서 20분정도까지 시간을 준다. 준비 30분~1시간, 발표 5~20분으로 평가한다. 면접관은 보통 차·과장급이 되는 경우가 많다.

| 제대로 된 프레젠테이션을 머리에서 버려라!

제대로 된 프레젠테이션은 합격, 입사하고 난 후에 할 기회가 많다. 면접을 준비하면서 실제 기업에서 진행되는 프레젠테이션을 기본으로 너무 깊게 공부하고 따라하면 되레 발목을 잡는 경우가 많다. 앞에 배운 대로 준비하고 접근할 여건이 안 되기 때문이다. 또 하나의 우려는 PT(Presentation)가 미국 마이크로소프트사(社)의 '(PPT)PowerPoint'와 유사한 것으로 착시현상을 일으키는 것이다.

회사에 따라서는 큰 종이에 펜으로 써서 PT를 하는 경우도 많다.

| 프레젠테이션 면접에서 점검하는 것

① 주제에 대한 이해를 바탕으로 문제해결에 접근하는가?

주제를 이해하고 내가 말할 내용의 컨셉을 결정한 다음 논리적 전개를 해 나가는가? 그리고, 관련 데이터를 조합하는가? (대개가 스마트폰 사용을 못하게 한다) 나름대로의 본인 생각을 접목시키는가? 제일 중요한 상대(청중)의 기대이익을 찾아 제시하는가도 중요한 포인트가 된다.

② 발표시간을 감안한 논리전개와 적합한 근거를 제시하는가?

논리와 발표의 순서를 잘 잡는가? 넓은 주제더라도 한 부분을 선택하고 집중하여 진행하는가? 제한된 시간을 감안한 논리의 깊이를 갖추는가? 특히 준비와 발표시간 준수는 상당히 중요한 포인트이다. 하루에 40~50명을 쉬지 않고 프레젠테이션 면접보고 평가하는 면접관을 감안한 전략적 접근과 효과적인 커뮤니케이션 역량을 보는 것이다.

③ 상대를 설득함에 리더십을 가지고 승부 근성을 보이는가?

내가 준비한 내용에 간절함이 배여 있는가? 발표내용과 태도에 정성과 최선을 다하는가? 신입사원 지원자다운 면모로 패기 있고 당당하게 발표하는가? 아는 주제든 모르는 주제든 자신감과 겸손함을 병행하는 자세를 유지하는가?

④ 지원회사나 사회현상에 대해 관심과 지식이 있는가?

주제는 당연히 회사와 직간접적으로 연결이 된 것이다. 단편적인 접근이 아니라 종합적인 지식과 식견을 보는 것이다.

프레젠테이션 역량은
리더십의 최전선이다
스티브 잡스같이 제대로 하면 안 된다 : 프레젠테이션 면접(2-2)

많은 사람을 대상으로 자기의 뜻을 말하는 방식인 프레젠테이션(PT)이 신입사원의 필수자질로 면접에 도입되어 있다. NCS나 블라인드채용에서는 '발표면접'이라고 한다. 일정한 주제를 가지고 정리하여 면접관에게 발표하는 방식이다. 대기업은 필수 면접이며 중소기업에서는 생략되는 경우도 많다.

취업의 정석 나를 마케팅하다

| 프레젠테이션면접에 대한 오해와 진실
- 현대 경쟁 사회의 필수 역량

이번 글을 준비하며 취업지도전문가라고 하는 분들의 유튜브 동영상이나 브런치의 글들을 통해 다양한 관점을 찾아보았다. 일부 내용들은 인사 분야 실무자 경험을 기반으로 만들어져 출신회사의 특수성을 반영하는 듯했다. 그러나, 대다수는 프레젠테이션 면접의 취지를 잘못 이해하고 있는 듯했다. 이 면접의 의미를 그냥 지나가는 의례적인 것, 면접을 위한 면접으로 보고 있었다. 정말 낭패이다.

프레젠테이션 역량은 일부부서에서만 필요한 역량이며 그냥 발표력만 보는 면접으로 치부하는 수준으로 인식하고 있는 것을 보았다. 그러나, 생각 외로 다양하게 쓰이는 역량이다. 특히 다수의 인원을 대상으로 자기의 생각과 방침을 전달하는 스피치 차원의 도구와 유사한 것을 감안한다면 취업 때 반드시 챙겨본다는 것을 잊지 말았으면 좋겠다.

프레젠테이션역량의 입사 이후 회사의 필요를 말하면,

- 실제 마케팅, 기획부서 등 대외 활동이 많은 부서에서 집중적으로 필요로 하는 일이지만, 최근 와서는 직원 모두에게 광범위하게 필요로 하는 역량이다.
- 신입사원이지만 나름대로 관리해야 하는 직원이 있는 경우가 많다. 부하직원은 아니지만 직원이 관리하는 파트타이머, 알바, 계약직 등에게 방침이나 정책을 말하는 경우가 많다.
- 마케팅이나 기획부서인 경우가 아니더라도 외부 경쟁 입찰의 경우, 회사의 정책이나 계획을 외부 관계자에게 알리는 경우도 있다.

- 회사 내부적으로 주어진 책임과 권한에 따른 정책이나 방침을 정해 다른 부서 직원들에게 알리는 활동 등도 많아졌다.
- 그런 의미에서 일반 기업이 아니더라도 고위 공무원 교육, 법원에서 검사, 변호사가 법리를 발표할 때, 스타트업 경진대회나 자금 지원을 받기 위한 사업계획 발표 등에서도 광범위하게 쓰인다.
- 조직에서 일정 직급으로 승진되고 나면 리더십 차원에서도 많이 활용하는 역량으로 그 중요성이 지속적으로 커져 나가고 있다.

| 프레젠테이션 면접의 특수성

발표주제, 도구, 구성방법, 차별화 방법, 자세와 주의사항, 평소 준비방법 등을 종합하여 특수성을 감안한 주의사항, 그리고 남다르게 보일 차별화 방법 등을 묶어서 설명토록 한다.

① 시간제한이 있고 철저하게 지켜야 한다

주제를 주고 준비하는 시간, PT를 시작해서 마치는 데까지의 시간이다. 한 명당 1~2분만 밀리고, 그런 상황이 몇 명만 되어도 전체의 일정에 차질이 생긴다. 진행 담당자나 면접관 모두가 시간에 민감하다. 두 가지를 유의한다.

준비시간의 절반은 자료구성과 발표물 준비에, 절반은 연습(REHEARSAL)에 투입하라.

발표시간에는 무조건 결론-이유-사례, 경험-기대 이익, 권유 순으로 발표하라. OREO, 즉 O(Opinion)-R(Reason)-E(Example)-O(Offer)이다. 시간이 짧기 때문이다.

② PT와 PPT를 혼동하지 말자. PRESENTATION(PT)과 PowerPoint(PPT)이다

회사에 따라 테스트 환경, 여건이 상당히 다르다. 제대로 된 PC를 주고 PPT를 사용가능한 경우, 큰 모조지와 매직펜을 주고 발표하라는 경우, 그냥 말로만 스피치하라는 경우도 있다. PC를 주는 경우도 인터넷 이용이 가능한 경우와 못하게 하는 경우도 있다. 접근이 가능하다고 해서 자료나 그림, 도표 등을 퍼서 슬라이드에 담는 것은 죽음이다. 빠른 시간에 소화해서 본인의 말로 발표를 해야 한다.

③ 평가자는 지원회사의 중견 직원이다. 주로 차장, 과장급이다

제일 많이 하는 실수가 도입부에서 회사의 연관성이나 시사성 있는 주제의 전반을 정리 발표하는 경우이다. 면접관들은 전문가들이다. 면접관이 '같이 일하는 선배다'라는 정도의 마인드로 지원 회사나 산업, 직무 등과 연계된 관점에서 본론으로 들어가야 한다. PT의 핵심은 청중의 눈높이에 맞추어 하는 것이 필수다.

④ 가장 중요한 것은 태도이다. 짧은 시간 내에 준비, 발표 때의 태도 등이다

준비시간은 생각하고, 정리 메모하고, 발표자료를 만들고, 리허설하는 것이다. 키워드 중심으로 작성하고 글자수를 최대한 줄여라. 글자의 개수가 적으면 가독성(可讀性)도 좋아지고 발표자의 유연성이 확보된다.

발표할 때는 만든 슬라이드나 보조 게시물을 보면서 발표하는 것이 정상이다. 별도의 메모를 보면서 외워서 발표한다든가 슬라이드를 등지는 행동은 절대 하지 말아야 한다. 기억나지 않는 순간부터 순식간에 주눅이 든다. 본인이 만든 자료이니 이해된 수준에서 말을 자연스럽게 하는 것이 최고의 점수를 받는 것이다. 당당할 수가 있다. 자료 한 장 한 장마다 Show(보여주기)-See(자료, 청중 보기)-Speak(발표하기)순으로 이어지는 것이 정석이다. 슬라이드는 청중에게 보여주는 목적도 있지만 발표자가 도움을 받기 위한 목적으로 준비되어야 한다.

⑤ 학창시절, 취업준비 기간의 평소 준비가 중요하다

주로 두 가지 영역의 주제를 부여한다. 회사에 대한 관심, 시사, 일반 상식에 대한 주제가 주류를 이루기 때문에 학교공부에 더하여 사회적 이슈와 본인 미래 직업과 관련한 세상의 흐름에 늘 관심을 가져야 한다.

기출문제 중심의 준비도 위험하다. 기출문제를 보는 것은 초기 단계의 참고사항 정도로만 끝내야 한다. 그 주제가 맴돌면 자꾸 미리 문장을 만들고 외우는 것으로 두려움을 극복하려는 바보 같은 일을 하려고 한다. 걱정만 앞서며 위축되고 주눅만 드는 출발점이 된다.

| 차별화된 프레젠테이션

① 발표 주제와 연계되는 실물이나 유사한 제품, 물건 등을 이용하라

제품을 설명하는 경우나 기능, 원리를 설명하는 경우라면 뭐든지 도구가 될수 있다. 예를 들면, 품질을 말하려고 하는 경우라면 나의 시계, 볼펜, 안경 등도 좋다. 마케팅의 경우에 기능성을 강조하고 싶으면 볼펜의 기능을, 디자인을 말하고 싶으면 두 개의 볼펜으로 비교해 가면서 설명도 가능할 것이다. 도입부에 발표주제, 가지고 있는 문제의식을 비유법으로 환기시키는 도구로 활용하면 강렬한 인상을 줄 것이다.

② 현장을 찾아 발품을 판 경험을 이용하라

사례를 들고 경험을 말할 때 가급적 현장을 찾아 눈으로 보고, 귀로 들은 것에 더하여 평소에 알고 있던 데이터 등을 결합하라. 특히 직접 관련된 고객의 목소리면 더 좋다. 현장 중심의 발상과 경험을 제시하는 것은 모든 인재상에 가장 우선하며 발표에 대한 두려움을 없애는 좋은 방법이다.

③ 숫자를 구사하라. 특히 경제관념, 그중에서도 수익성(비용대비 효과)에 집중하라

발표문 중 어디에서든 반드시 한 번은 숫자를 대입할 부분을 찾아라. 돈이나 경제 개념을 넣을 수 없는 경우라면 투입한 시간이나 노력이라도 숫자화해 보아라. 이런 노력은 입사 후에도 크게 효과가 있다. 이런 수치화된 결과를 바탕으로 의견을 제시하는 것이 좋은 평가를 받을 가능성이 크다.

다시 한번 말하지만, 프레젠테이션은 리더로 성장해 가는 데 가장 중요한 필수 역량이다. 짧은 시간에 정리된 메시지를 발표하여 내가 의도한 대로 조직이나 고객을 끌고 가는 설득의 도구이기 때문이다. 반드시 학창시절에 많은 연습으로 준비하여야 한다.

머리 맞대고 대책을 찾으라니 싸움만 하더라
팀워크와 집단지성의 출발점 : 그룹토론 3-1 (취지와 원리)

"김 부장! 이번에 그 제품은 왜 매출이 형편없지? 영업대책을 내 봐!" 사장님의 지시이다.

"????"

다른 때 같으면 그냥 "네! 내일 아침에 보고 드리겠습니다."라고 했던 영업팀장이 답을 못해 어정쩡한 표정으로 있다.

"왜? 김 부장! 할 얘기가 있어?"

그러자, 곤란한 표정을 지으며 대답을 한다.

"네, 사장님! 최근의 일은 아닙니다. 현장에서 영업 직원들의 말을 들으면 매출을 올리는 것이 영업만 애쓴다고 되는 것이 아닙니다. 디자인, 재고관리, 제품개선, 가격정책, 대리점관리, 직원교육 등의 문제들이 엮어져 있는 경우가 태반입니다."라는 답이 돌아온다. 해결책을 찾는 회의를 해도 어렵더라는 말도 덧붙인다.

조금이라도 관련이 있는 팀장 10여 명을 모아 해결책을 찾아보았다.

대개가 자기 팀의 문제는 인정하나, 다른 팀에 대한 불만들이 쏟아져 나오며 쉽게 해결하기 힘든 모습을 보여주었다. 지금의 팀장들이나 직원들이 제대로 토론하며 문제를 해결하고 합의해가는 교육이나 훈련을 받은 적이 전혀 없다.

기업환경이 치열해지면서 작은 문제 하나도 회사의 모든 업무기능들이 종횡으로 엮어져 있어 그 주제 하나를 가지고 지혜를 모으는 것이 직장인의 기본이 되었다. 그래서, 이런 그룹토론이라는 면접방식이 도입이 되었다. 워낙 생소한 방식이라 면접관을 찾기도 쉽지 않다.

필자도 25년여 전에 「대우무역(지금의 포스코대우 - 종합상사)」의 인사과장 시절에 도입하였다. 면접대상자를 10여 명으로 나누며 300여 명 전원의 토론면접을 혼자서 진행하기도 했다.

다행히 대학 전공이 국어교육이라 전공 수업에서 배운 적이 있어 크게 도움이 되었던 기억이 있다.

| 면접 최고의 진검 승부 - 그룹토론면접

면접은 크게 인성면접, 프레젠테이션 면접, 그룹토론 면접으로 나뉜다.

나름대로 다른 커뮤니케이션 능력을 보는 것이다.

인성면접은 둘이 만나서 대화(DIALOGUE)하는 방식을 통해 상대를 파악하는 면접이다. 쌍방이 비슷한 비중의 대화를 전제로 하나 실제는 면접관의 일방적인 질문과 면접자의 답변이 오가다 보니 면접자는 잘하고 못하고를 알 수가 없다. 그래도, 면접자는 나름대로 최선을 다했다는 편한 마음으로 마치고 나오기가 십상이다.

프레젠테이션면접은 면접자가 일방적으로 발표한다. 물론 보완 질문도 있겠지만 그 답변을 따지기보다는 주로 면접자의 보완 답변을 들어주는 시간이다. 마치고 나올 때는 인성면접과 비슷한 마음이다.

그러나, 토론면접은 사뭇 다르다. 나의 말에 상대가 반기를 드는 구조이다. 그러면, 나도 또 다른 논리로 대응해야 한다. 그렇게 주고받으며 면접이 진행된다. 형식을 갖추고 이런 일을 별로 해본 적이 없다. '주제'도 즉석에서 주며 찬반 입장도 실제 내 생각과는 상관없이 강제로 나누기도 한다. 그러다 보면 정반대편 입장이 되어 주장해야 한다. 얼마나 황당하겠는가?

그래서 가장 어려운 면접이라고 한다.

| 토론(討論)이 아니라 토의(討議)다

여러 명이 모여서 한 주제로 주고받는 대화에는 크게 토론(討論)과 토의(討議)가 있다. '서로 논쟁하는 것'과 '서로 의논'하는 차이라며 한자로 풀어보아도 얼른 그 뜻이 와닿질 않는다.

영어 단어로 풀어보자. 토론은 'DEBATE'라고 한다. BATTLE이라는 단어와 같은 어원이다. '싸운다. 다툰다(쟁:爭)'는 의미를 갖고 있다. 실제 주제 하나를 두고 이기고 지는 것으로 '의회식 토론'이라고 한다. 중간지대는 배제하며 반드시 승부를 낸다.

반면, 토의는 'DISCUSS'이다. 'CUSE'는 '놈, 녀석, 저주, 비난, 힐난'의 뜻이다. 그 단어 앞에 '반대(against)'를 뜻하는 'DIS-'가 붙었다. 비난하지 말고, 다투지 말라는 뜻이다. 해결을 전제로 하며, 절충을 전제로 하는 것이다.

이제 그룹토론면접, GD(Group Discussion)면접이라고 방식을 기업이 도입한 이유를 이해할 것이다.

그런데 우리나라에서는 토의와 토론이 구분이 안 되게 사용되다 보니 자칫 의회식 토론으로 방송에서 자주 보는 '심야토론', '100분토론'식의 진행을 염두에 두고 준비하다가는 큰 낭패를 당한다.

이런 의미와 취지를 기업의 인사 관계자들도 잘 이해를 못하기 때문이다. 대기업이나 중견기업 중에도 이 면접을 도입하지 못하는 경우가 많다. 주제설정, 면접관위촉, 면접점수 부여 등의 취지와 진행에 대해 잘 모르기 때문이다.

| 그룹토의 면접은 내용보다 '태도'와 자신감'이다

면접 참가 인원은 보통 8~9명 정도를 한 팀으로 설계한다. 1명 사회자, 4명 찬성, 4명 반대로 강제 배정을 한다. 본인 입장과는 무관하다. 그 이유는 주제에 대한 쏠림현상과 직장인의 생활 때문이다. 주제를 주며 찬반을 택하라고 하면 비슷한 또래이다 보니 같은 의경일 때가 대다수이다. 그리고, 일하다 보면 회사의 지시가 본인의 생각과는 다른 방침의 일을 하는 경우도 생기기 때문이기도 하다. 유난스러운 경우는 당사자의 입장을 반대로 바꿔서 진행시키는 경우가 있기도 하다.

그 진행을 면접관은 지켜만 보며 점수를 매긴다.

토의 주제는 면접 장소에서 혹은 10~20분 전에 주어지는 경우가 많으며, 시사성이 있으며 기본지식 없이 상식만으로도 참여 가능한 것을 선정한다.

시간은 전체적인 면접 일정을 감안해서 배정하며, 9명 기준 보통 20~25분 정도가 주어진다. 한 사람당 2~3분인 셈이다. 한 번 대화 참여 시 30초 정도를 쓴다고 감안하면 4회 정도 대화에 참여하면 평균 수준이 되는 것이다.

특별히 한 가지 강조하고자 한다.

이 집단토의 역량은 취준생이나 직장인 입장에서 과장, 차장, 임원으로 성장하는 측면에서 혹은 민주시민으로 커나가려면 반드시 갖춰야 할 기본자질이다. 집안에서 가족회의 정도를 하는 시간에도 필요한 것이다.

그런데 배울 곳도 제대로 없는 우리의 현실이 안타깝다.

'글로벌 차원의 한국 개고기 식용문화'를 찬반으로
양극단 관점에서 출발 : 그룹토론 3-2 (방법과 평가)

- "저는 즐겨 먹는 편입니다. 미용에도 상당히 도움이 됩니다. 그런 의미에서 '캔(CAN)'으로 만들어 수출까지 했으면 합니다."

- "어떻게 그 예쁜 것을 먹을 생각을 합니까? 그러니, 유럽에서는 우리를 두고 야만인이라고까지 하질 않습니까?"

- "저는 식용과 애완용은 구분되어야 한다고 생각합니다. 실제로 근육질도 다르고…"

- "전 세계를 대상으로 무역을 통해 경제를 꾸리는 우리가 하필이면 그들이 싫어하는 것을 꼭 그렇게까지 해야 좋습니까? 다른 문화권에서 조금이라도 싫어하면 우리도 피하는 것이 맞다고 봅니다."

한때 그룹토의면접 주제로 필자가 즐겨(?) 썼던 주제이다. 지금도 주제로 선택하면 여전히 논란이 많은 주제이기에 토의의 가치가 충분히 있다. 위의 사례는 여성지원자만으로 구성되었던 토의현장에서 나온 말들을 한번 정리해 본 것이다.

이번에는 토의면접의 내용적인 부분과 형식적인 부분으로 구분하여 글을 올린다.

먼저 내용적인 부분으로 논리의 전개에 대한 것이다.

앞에서 언급했지만 기본적으로 보통 8~9명이 한 팀으로 구성되어 사회자, 찬성1/2, 반대1/2로 나눠서 진행이 된다. 그리고 면접관은 찬반토론을 지켜만 본다.

면접자의 인원구성은 전체 면접인원이 많아 희망직무별로 구성하는 경우도 있지만 그런 경우는 쉽지 않다. 당일의 일반면접, 프레젠테이션 면접 등의 일정과 맞물려 톱니바퀴 같은 일정으로 진행이 되기 때문에 대개가 희망직무, 대학전공 등을 무시하고 구성한다.

이 말은 진행자(인사부)가 토의 주제를 '찬반 중 하나에 쏠리는 현상, 특정 전공에 유리할 수 있는 경우' 등 오해 소지를 줄이기 위해 시사성 있는 것으로 선정하게 된다는 뜻이기도 하다.

그런 종류의 주제를 작게는 10개 혹은 50여 개를 문제은행식으로 가지고 면접장에 들어가 임의로 선정하여 즉석에서 부여한다.

| 실제 진행 예시… 주제 부여 그리고 토론 진행

면접관의 면접진행 모두 발언을 통하여 이해를 돕는다.

"오늘 그룹토의 면접에 참가하신 여러분을 환영합니다. 이제부터 주어진 주제로 찬반을 나눠서 25분간 진행을 합니다. 24분에 '1분 전' 예고를 하겠습니다. 오늘 토의는 정답이나 절충방안을 찾고자 함이 아니라 주제에 대한 논리의 접근과 토의 태도를 보는 것에 주력할 것입니다. 앞의 면접관 3명은 여러분을 지켜만 보고 평가할 것입니다.

오늘 주제는 '한국의 개고기 문화' 즉, '식용 문화'에 대한 여러분의 찬반토의를 듣겠습니다. 먼저 사회 보실 분은 손 드세요. 그리고 오른쪽 4명은 찬성, 왼쪽의 4명은 반대 입장으로 진행합니다. 본인의 실제 의견과 상관없이 찬반을 나눈 것을 이해바랍니다. 지금부터 2분 후에 시작하겠습니다.

　그리고, 토론 참여는 '찬반찬반순'으로 교대로 전개하기 바랍니다. 사회자는 주도하지 말고 진행의 적절성 즉, 고른 참가와 교대참가, 쏠림방지, 주제를 벗어나는 것 방지 등에만 주력하기 바랍니다."

이 시점이 되면 많이 나타나는 현상으로 주제, 찬반구분의 강제성, 내가 사회를 볼까 말까 하며 눈치싸움 등이 일어난다. 그리고, 머리를 숙이고 메모지에 논리를 준비한다. 간단한 키워드로만 준비하는 것이 좋다. 연설같이 전 내용을 나레이션으로 쓰는 경우가 눈에 많이 띄는데, 보기가 흉하다.

　참고로 진행자가 메모용지를 가지고 오라고 했으면 다행인데, 그렇지 않고 빈손으로 온 경우 당황하는 기색이 역력하다. 일반적으로 이 면접은 메모지를 휴대하는 것이 좋다. 실제 모든 면접의 경우에 안주머니에 몇 장의 메모지와 펜을 휴대하기를 권한다. 일반 입시같이 완전히 빈손이어야 한다고 생각하지 않으면 좋겠다.

　다시 이야기하지만 어느 한편이 '이겼다 졌다'의 차원에서 접근하지 말고 자기주장을 논리와 근거에 의해 말하기만 하면 된다.

| 평가 관점

　면접관은 무엇을 평가할까? 모든 사안을 보는 자기 관점이 있으며 간단명료하게 표현할 수 있는가? 나의 주장을 이해시키기 위해 다양한 지식과 경험이나 스토리를 활용하는가? 상대방 주장에 대해 경청하고 이해하려고 노력하는가? 과도한 발언 혹은 소극적 참여는 하지 않는가?

　　　　　　　　　　　취업의 정석 나를 마케팅하다

| 3~4가지 관점은 가져야 한다

가급적 한 번 기회에 한 관점만 말하는 것이 좋다. 3~4가지 관점이 있을 경우가 많은데 대개가 찬성 혹은 반대의 한 편(4명)이 말할 것을 혼자서 먼저 말해 버리면 동료들의 눈총을 받게 되는 경우도 나온다.

앞에 자기편이 말한 관점만 반복하게 되면 금방 식상하고 생각이 없는 사람으로 비칠 경우가 많다.

관련 지식이 없거나 생각해 본 적이 없는 경우가 최대 난관이다. 그러면 당황하지 말고 참여를 조금 미루고 주로 듣는 것에 집중해 보라. 듣다 보면 주제의 전반의 내용을 이해되기도 하며 그때 참여하며 약간 다른 관점이나 사례, 생각 등을 말하면 된다. 오히려 처음부터 치열했던 사람보다 더 신선하게 보일 가능성도 있다.

| 관점의 전개 방식을 3단계로 전개하라

대화에 참여하려면 단순히 논리만으로는 한계에 달한다. 전체 24분이면 한쪽에 12분이 주어지는 셈이다. 한 번에 30초~1분정도 참여를 한다면 한 편에서 약 12~18회 정도의 발언 기회가 있다.

이 상황에 대처하는 토의 참여 방법으로,

먼저, 단순 논리와 이유

→ 사례(직접, 간접 혹은 인용)

→ 인문학적 담론 제시로 단계별로 이어가길 권한다.

그러면 3~4개 관점에 3가지 방식을 곱하면 9~12번의 발언기회가 생기는 것이다.

① 관점과 논리 : 찬반 관점과 논리를 말하는 것이다

`ex` "우리의 고유문화입니다." 혹은 "문화도 관계적 관점에서 보면 서양에서는 대단히 혐오하기에 안 된다고 생각합니다."

② 사례 : 본인이나 주변 경험 혹은 신문, 미디어를 통한 지식을 말하는 것이다

`ex` "일부 유럽인들도 즐겨 먹는 경우를 보았습니다." 혹은 "예전에 박지성 선수가 곤혹을 치르는 경우를 보았습니다. 우리가 배려해야 한다고 생각합니다."

③ 담론 : 사회학, 심리학, 역사학, 인류학, 과학 등의 이론을 제시하는 것이다

`ex` "우리 농경문화에서 개고기는 중요한 단백질 공급의 수단입니다. 소는 노동력이니까요!" 혹은 "유목민족에게는 양을 치는 데 개가 사람의 역할을 합니다. 늑대 등에서 보호하는 목동의 역할입니다. 그런데 우리가 식용으로 하면…"

④ 추가 관점 : 경제성 관점, 기업가 관점, 우리나라(기업)이 처한 특수성 관점

`ex` "우리나라 경제의 80%는 해외에서 나옵니다. 선진국이든 후진국이든 외국인의 입장은 잘 이해해야 된다고 생각합니다. 꼭 드시고 싶다면, 혼자서 조용히 드러나지 않게 하면 안 될까요?"

⑤ 논점을 벗어난 관점을 말하면 주제와 벗어나게 되어 감점요소가 된다

> **ex** "도살하는 것을 보면 위생적으로 문제가 있습니다.", "중국에서도 그런
> 문화가 있다는 것을 알고 있는데, 문제를 삼지 않는 것을 봅니다. 왜
> 우리만 그런 불편함을 감수해야 합니까?"

이 정도가 되면 이 토의를 통해 개인 자질과 상식, 그리고 말을 하는 태도 등의 중요성이 어느 정도 이해가 되리라 생각한다.

"지금 그게 말이 된다고 생각합니까?"
싸움하는 토론이 아닌 토의 : 그룹토론 3-3 (금기사항)

- "조금 전에 말한 분의 생각이 틀린 것입니다."
- "그게 말이 됩니까?"
- "지금 그 정책은 당장 없어져야 한다고 생각합니다."

토론(DEBATE)에서 주로 나오는 말투들이다. 승패가 있기 때문에 상대방을 자극하고 이기기 위해 쓰는 말이다. 그러나 기업의 그룹토의에서는 절대 쓰지 마라. 치명적인 실수가 된다. TV에서 가끔 보는 심야토론, 100분토론과 같은 토론 참여 방법을 절대 흉내 내지 말라고 다시 한번 충고한다.

기업은 토론이 아닌 토의(DISCUSSION)를 하는 것이다. 문제를 해결하고 찬반의 대립구조를 발전시키며 더욱 나은 대안을 찾는 것이다. 헤겔의 변증법에 따르는 정반합(正反合)으로 가는 과정이기에 면접으로 의미가 있는 것이다.

참고로 토의가 아닌 토론에서 상대를 흥분하고 자극하는 것은 당황하게 만들어 논리성을 떨어지게 만들고 틈새를 들어갈 의도이다. 심지어는 나의 힘이 밀릴 때는 상대의 힘을 빼도록 자극하는 방법 등도 있고 주제를 엉뚱한 방향으로 몰고 가며 판을 깨는 방법도 있다. 싸움의 논쟁인 토론은 다루지 않겠다. 상극(相剋)의 대화법이고 면접 의도가 아니기 때문이다.

| 맞다·틀리다의 인식에서 벗어나라

이번에는 '그룹토의'에 참가하는 자세와 태도, 진행방법 등을 알아보려고 한다.

모든 결정이나 현상은 반드시 '양면성'이 있다는 것을 기본 마인드로 가져야 한다.

그래야만 찬반 어느 입장에서도 말할 수 있다. 문제를 접하는 순간의 표정도 지켜보고 평가가 되기도 한다. 찬성이든 반대이든 긍정적 사고나 말투를 본다.

이 마인드는 회사 업무 전반에 필요하다. 최악의 경우 회사나 내가 속한 조직에서 내 생각과 정반대로 결정되고 심지어는 내가 그것을 집행하는 주무자가 되는 경우도 허다하게 일어난다.

그런 의미에서 토의과정을 통해 세상을 보는 것을 배운다는 더 적극적인 생각으로 토의에 참여하면 좋다. 그래야 무의식적으로 참가자들이 상대를 존중 또는 비하하는 모습을 보게 된다. 평가를 해야 하기 때문이다. 간혹 찬반입장을 바꿔서 한 번 더 해보라는 고약한 회사도 있다.

| 잘 듣는 모습이 중요하다

무엇보다 잘 들어야 한다. 그리고 "조금 전에 말씀하신 홍길동 지원자께서 말씀하신 'A=B'라는 내용 저도 공감합니다."라고 시작하자. 상대의 이름을 말하고, 상대 의견을 간단하게 요약하고, 내 의견을 말하는 순으로 참여하자.

그러면 두 가지의 효과가 있다. 상대의 의견을 잘 들었다는 근거가 되며, 혹시 내가 잘못 이해하고 다음 논지를 전개하다가 낭패를 당하는 경우를 피한다. 많은 경우 내가 말할 것에 혼이 팔린 상태로 듣기 때문에 자칫 상대의 말을 놓치는 경우가 비일비재하게 나타난다.

상대의 의견을 잘 듣고 단어 중심으로 메모하라. 듣는 중에 상대의 모습을 쳐다보며 간헐적인 메모를 한다. 같은 입장(찬성, 반대)에 있는 면접자의 말도 잘 듣는 모습이 중요하다. '한 번 말하고, 두 번 듣고, 세 번은 끄덕인다'는 생각으로 경청의 액션을 보이면 금상첨화다.

| 내 차례, 반대 의견을 말할 때의 태도

그리고, 반대 의견을 말한다. "그러나, 이런 측면도 보아야 된다고 봅니다.", "저는 조금 다른 의견을 가지고 있습니다."라며 말문을 열어라.

발언의 구성은 한 주제에 3~4가지 관점을 가지고,

나의 의견(결론-근거) → 경험이나 사례 → 담론이나 인문학 지식 대입의 3단계로 전개하되 한 번에 하나씩 나눠서 참여하면 된다. 앞의 글을 참고하기 바란다.

내 의견을 말하는 중에 시선은 골고루 나눠야 한다. 같은 편, 상대 편 모두에게…

그리고 1회에 발언하는 시간은 30~40초를 넘기지 않는 것이 좋다.

면접자 앞에 책상이 있는 경우도 있고, 의자만 두고 오픈형인 경우도 있다. 앉는 자세가 중요하다. 의자에 등은 기대도 좋으나 적극적 참여를 의미하는 앞으로 상체를 내미는 모습이 좋다.

필기구인 작은 메모지 몇 장과 펜을 가지고 들어가는 것이 좋다. 전체에 참여하는 눈빛으로 경청의 모습을 흐트리지 않는 범위 내에서 메모를 해 나가야 한다.

눈빛, 골고루 쳐다보는 것, 머리 끄덕임, 발과 팔의 자세, 메모하는 모습 등 모두가 평가된다.

진행과정에 대한 요약

- **[경청]** 대화를 경청하며 메모한다. 우리 편, 상대 편 모두이다.
- **[이름과 요약]** 상대의 이름을 거명하며, 간단하게 요약한다.
- **[내 생각]** 바로 이어 나의 생각(의견과 근거, 경험이나 사례, 담론)

순으로 이어가되 한 번에 말하지 말고 나눠서 참여한다.

그룹토론 사회자 지원은
득(得)일까, 독(毒)일까?
도전 정신과 리더십 평가 : 그룹토론 스페셜

"이제부터 찬반토론을 시작하겠습니다. 왼쪽의 4명은 찬성, 오른쪽의 4명은 반대로 강제배정을 합니다. 혹시 사회 볼 사람 손들어 보세요."

면접관의 진행발언이다.

짧은 시간 고민이 된다.

'잘하면? 적극성과 리더십을 보여준다. 그런데 사회를 잘 못 보면? 골치 아프다.'

앞에서 그룹토의 면접의 취지와 의미, 내용 등에 있어 접근하는 법, 방식이나 태도에 대해 알아보았다. 면접에서 맞닥뜨리게 될 사항들 중 아직 남아있는 것들을 정리해 본다.

| 사회자와 역할, 그리고 득과 실

사회를 본다는 것은 양극단의 평가가 될 가능성이 크다. 무던히 잘 보면 리더십이 돋보이고 헤매면 오히려 점수를 잃게 된다.

사회자 역할이 무엇보다 중요한 이유는 짧은 시간에 많은 인원이 고르게 발언해야 하고 예상치 못한 주제가 부여되기 때문이다. 진행은 찬성, 반대가 교대로 의견을 말하도록 해야 한다. 패널토론(panel discussion)같이 찬성자가 쭉 발언하고, 반대자가 쭉 발언하는 방식은 아니다. 중요한 것은 면접자 모두에게 고르게 기회를 부여하는 것이 중요하다. 과도한 참여로 집중되는 것을 차단하며 참여 안 하는 사람에게는 기회를 나누어야 한다. 한 번 발언 때마다 40~60초 정도로 매듭짓고 반대편에 기회를 넘기도록 하며, 한 사람당 3~4회는 참여하게 한다. 토의가 잠시 공백이 생기는 경우에는 참여하지 않았거나 뜸했던 사람을 지정하며 참여를 유도하면 좋다.

관점을 전환하며 이슈화시키는 역할도 해야 한다. 주제를 벗어나지 않도록 하되 특정 관점으로만 매몰되어 발전되지 않을 경우에는 새로운 관점을 던지며 진행하면 특히 돋보일 수 있다. 잘못하면 위험할 수도 있지만 도전해 볼 만한 일이다.

| 진행 중인 사회자가 무능하면 어떻게 할 것인가?

앞에서 보았겠지만 사회자 역할이 만만치가 않다. 그런데 누군가 먼저 손 들고 시작은 하나 제 역할을 못하는 경우에 일반 면접자는 어떻게 할 것인가? 자칫 면접 참가자 전체가 낮은 점수로 갈 위험도 있다. 그런데 사회자가 본인이 문제가 있는 줄도 모르고 열심히 진행 중이니 낭패다. 간혹 면접관이 관여하여 정리를 해주는 경우도 있기는 하지만 기다리고 있을 일도 아니다.

'부드러우면서도 무례하지 않게 개입하는 방법'이 핵심이다.

잠시라도 호흡이 끊어지는 적당한 순간에 "죄송하지만, 의사진행 발언 있습니다."라며 손을 번쩍 들며 발언권을 받는다. 토의자든 사회자든 발언 중간에 치고 들어간다. 그리고 기회를 받아 "주제가 벗어나니, 과도하게 쏠리는 현상이 있으니, 참가기회를 전혀 못 받은 사람이 있으니…" 등으로 이유를 말하며 전체의 동의를 받으면 모두에게 도움이 되고 개입한 사람도 좋은 평가를 받을 수 있다.

| 평가에 대하여

처음에 언급했지만 토의면접은 면접자 입장에서 가장 어렵고 피하고 싶은 면접이다. 반면에 면접관 입장에서는 평가하거나 선별하기에 가장 좋은 면접이다.

직장인이 될 모든 자질을 관찰할 수 있기 때문이다. 상당한 압박이 전제가 되는 상황에서 문제해결(논지와 주장, 화법의 구성, 대안의 모색)과 대화태도(말하고 듣는 자세, 상대방 존중) 그리고 감정의 절제 등이 한눈에 들어온다. 특히 다른 사람들과 비교되어 눈에 쏙 들어온다.

평가요소는 위의 3가지 정도를 기본으로 하지만 주제의 종류에 따라 포인트를 다르게 할 수도 있다. 특정 전공에 있는 사람들이 유리하게 작동되는 주제는 피하지만 불가피하게 선정이 되어 면접자의 수준차가 많을 경우는 커뮤니케이션 태도가 더 크게 부각되어 평가된다는 것을 명심해야 한다.

| 부여되는 주제 선정과 사례들

토의의 주제는 시사 문제, 인문학적 주제, 회사가 고민하는 이슈 등이 될 수가 있다. 그러나 대개는 면접이 있기 6개월 전 시점에 일어나는 사회적 이슈가 주로 선정이 된다. 특히 그중에서 기업에 영향을 줄 사안을 선호하되 정치적 사안은 피하는 것이 일반적이다. 시간이 지났으나 기업, 경제, 경영에 관련된 의식수준 들을 수 있는 이슈도 주제가 되며, 너무 단순하지 않고 너무 복잡하지 않은 것이다.

예를 들면,

- 대형유통 마트의 강제 휴무제도에 대해 찬성이냐 반대냐?
- 청년수당 지급(취업절벽시대)에 대해 찬성이냐? 반대냐?
- 공공부문에서 시행하는 신고포상금 제도에 대해 찬성이냐? 반대냐?

• 주 52시간제도의 강제 시행에 찬성이냐? 반대냐?

(대단히 민감한 정치성 이슈이다. 기업에서는 피하는 것이 좋지만
인사담당자 개인 성향이 반영되어 가끔씩 주어질 수도 있다)

한 가지 조심할 것은 인터넷에 떠도는 기출문제들이다. 특히 대형 취업포털
들이 단순히 집계해 올리는 주제들을 보면 많은 것들이 집단토의의 기본 취지
와 참가자에 대해 짧은 시간에 평가, 판단하는 것에 대해 잘 모르는 것들이 태
반이다.

| 공부하고 준비하는 방법

취업면접 전체가 다 그런 경향이지만 집중적으로 공부나 스킬을 쌓는다고 되
는 것은 아니다. 별도로 준비하다 보면 오히려 잔꾀에 속아서 자충수를 두는 경
우가 더 많이 생긴다.

특히 토의 면접 대비는 주어지는 주제의 시사성과 광범위함을 감안하면, 꾸
준히 사회적 이슈에 관심을 가지는 것 외에는 도리가 없다.

입사 전이나 이후에 가장 민감하게 관심을 가져야 할 것이 기업환경적 요소
이다. 한국 기업들의 위상이 글로벌에서 최고의 수준에 있기에 환경적 요소에
더 많은 영향을 받는다. 경영전략에서 요약해 둔 P.E.S.T라고 말하는 4대 요소
는 기업인의 주관심사여야 한다. 상세한 설명은 다음에 하겠지만 정치·외교·군
사(Political), 경제·금융·경영(Economic), 사회·문화(Socio-cultural), 기술·과학
(Technological)의 축약어로 기업 전반에 강력한 영향을 미치는 것들이다.

그런 의미에서 면접에 "오늘 아침에 신문 봤나요?"라는 질문은 인성면접에서도 단골로 등장하는 것이다. 학생 때 습관화되어 평생 해야 하는데 인터넷과 포털의 등장으로 소홀해지는 경향이 뚜렷하게 나타나기 때문에 질문거리가 된다.

가급적 종이신문을 보기 권한다. 지면의 크기만큼 이슈의 무게가 다르다는 것과 종횡으로 볼 수 있는 장점이 있다. 신문의 속성이 정치적 색채가 강할 수밖에 없기에 보수, 진보성향의 신문을 동시에 보며 균형을 잡을 필요도 있다. 그리고, 경제신문 하나 정도도 꼭 보길 바란다.

혹은 인터넷 포털에서 첨예하게 대립되는 이슈를 꾸준히 찾아보는 것도 좋다.

| 기업 입장이란 시스템의 근본 속성

일반 기업에 지원하면 기업의 이윤추구와 이를 위한 자유경쟁 관점에서 보아야 한다. 공기업의 경우는 자유 경쟁과 적정 분배의 관점을 동시에 가져야 한다. 특정한 이슈에서 몇몇의 범죄행위에 생각이 묶이면 큰일 난다. 일상적인 상황 관점에서 봐 나가야 한다.

그리고 마지막으로 논리의 기반을 탄탄하게 해주는 다양한 인문학적 소양도 있으면 금상첨화다. 학교에서 배운 각 교양과목의 핵심사항 5~10개 정도만이라도 기억해 두라고 권한다.

너무 공부할 것이 많다. 대한민국과 여러분이 가고 싶은 회사가 세계적 수준이 되었기 때문이다. 그래서 예전보다 더 많은 공부(지식은 물론이고 다른 사람과 교류도 포함)가 필요한 것이다.

'세상에 공짜 없다.' 더 치열한 공부가 꼭 필요하다.

면접에 꼭 정장?
국회의원의 빨간 원피스는?
직장생활의 복장과 화상 면접, 시각정보의 가치

류호정, "관행 깨고 싶었다, 사실 분홍 원피스 아닌 빨간 원피스"

지난 2021년 8월 6일자 어느 신문사의 기사 제목이다. 잘 알다시피 류호정 정의당 국회의원이 지난4일 국회 본회의에 분홍색 계열의 원피스를 입고 참석한 것과 관련해 온라인에서 갑론을박이 펼쳐지고 있다. 어떤 관점으로 봐야 할까?

결론적으로 존재감을 보이기 위한 목적이라면 200%이상 성공이다. 특히 소수당, 최연소 국회의원의 상징성을 단숨에 드러냈다. 덕분에 연일 언론에서 대서특필한다. 원피스 상품도 하루 만에 품절이라고 하며 사회적 이슈몰이도 하고 있다. 그런데 별도로 검토하는 의안이나 법률이 있어 특별히 집중해야 하는 상황이라면 달라진다.

사회생활이나 직장생활에서 복장 이슈는 늘 어렵다. 누구에게 배운 적도 없었다. 대선배님들의 무용담 속에서 가끔 등장하는 소재였다. 다행히 인사업무를 하다 보니 예절, 에티켓, 매너 관련 공부를 많이 해야만 했다. 직원 대상의 강의도 하고 회사의 근무기강 관리도 해야 되기 때문이다.

| 복장이라는 것의 의미

메타인지적 관점에서 복장에 대해 이해해 보자. 과학적인 근거로 이해한다는 뜻이다. TPO(Time, Place, Occasion) 즉, 시기, 장소, 상황에 따라 달라야 한다고 언론이나 책에서 취급하고 있다.

그러나 장소에서 '목적, 의도'라는 요소도 감안해야 한다. 집중해야 할 별도의 목적에 집중해야 될 만남이라면 '끼리복장'을 해야 한다. 특정 드레스 코드를 부여하면 반드시 맞춰야 한다. 동질의식의 기준이며 적과 아군을 가르는 기준이 되기 때문이다.

그러나 강력하게 차별화된 이미지를 구축하거나 발의하는 의안과 관련한 참신하고 남다른 의도가 있다면 눈에 띄는 복장과 차림을 하면 좋다. 시각적 도구들이 가지는 효과와 많은 에너지가 들어가면 각인효과가 크기 때문이다. 류호정 의원의 케이스가 이 경우로 보인다. 그냥 단순히 평상시처럼 입었는데 시끄러워진 것이라면 그냥 노이즈 마케팅 수준으로만 해석이 되는 일이다. 수년 전에 미국의 여성 국무장관이 브로치를 바꿔가며 상대를 대하는 태도를 나타낸 것이 그런 사례이다.

| 신입사원 면접 복장

그러면 신입사원을 뽑는 면접에서 제일 좋은 복장은 무엇일까? 지금의 한국 대학생들은 오로지 판매사원이나 이미지메이킹 강사의 권유에 의한 옷으로 거의 통일되어 있다. 3~5명을 동시에 면접을 보면 가관이다. 긴장된 모습에 검정이나 감청색 계열의 수트와 흰색 와이셔츠나 블라우스를 입고 면접장에 한 줄로 입실하면 펭귄 행렬을 보는 것 같을 때가 있다. 웃음이 절로 나온다.

면접 보는 회사의 산업 종류, 업계에서 차별화를 추구하는 전략 유무도 고려

사항이 된다. 복장뿐만 아니라 헤어스타일이나 액세서리도 같이 고려해야 한다. 일상적 상황에서는 기존직원과 유사한 것이 가장 좋다. 하루 종일 면접 보는 입장에서 내면의 실력과 미래 잠재성을 헤아리고 평가하며 에너지를 소진하는 상황에 복장까지 튀면 많은 혼란을 주고 피곤함을 주기 때문에 쉽게 배제될 공산이 커진다.

즉 면접관에게 어디서 많이 본 듯한 편안함을 주는 것이 최고의 복장이다. 그러자면 산업이나 그 회사의 문화까지 한번 챙겨보기를 권한다. 이런 치밀한 공부가 직장에 들어가고 사회생활을 하는 데 있어서도 많은 도움이 된다.

| 코로나와 기술발달로 인한 화상면접

요즘 들어 인터넷을 통해 모의면접, 멘토링, 강의 등을 자주 한다. 실제로 이런 방식으로 면접을 볼 확률도 높아간다. 코로나19가 만드는 신풍경이자 하나의 트렌드가 되어가고 있다. 온라인 도구가 급격하게 발달되며 채용시장에도 영향을 준다.

그런데 모의 면접, ZOOM 면접 혹은 멘토링 때 등장하는 모습에 아연실색을 한다. 복장, 표정은 말할 것도 없고 화면을 제대로 활용도 못한다. 본인의 모습을 드러내는 시간임에도 불구하고….

"참석자들 얼굴이 나오게 해주시면 좋겠습니다. 이왕 나오는 분들은 화면에 맞추길 바랍니다. 화면빨 잘 나오게…." 그런데 몇 번 하다가 그냥 진행한다. 듣고도 몰라서 안 하는 것인지, 다른 사람이 안 하니 나도 안 하는 것인지 모르지만 움직이는 사람이 거의 없다. 희한한 일이다.

이런 식으로 지내다간 실전 면접에서는 어떻게 될까? 그 모습 그대로 갈 확률이 높다. 챙길 것이 별로 없으면 모르겠지만 실제는 그렇지 않다.

화면에 비친 내 모습을 다듬어가자.

면접을 연습하는 기회, 멘토링이라는 이름으로 어른들과 만나는 시간에도 실전같이 연습을 하여야 한다. 화면에 처음 비칠 때부터 대화 시간동안, 진행 중에도 수시로 점검하며 경쟁자보다 더 좋은 모습이 나오도록 해야 하는 것이다. 답변하는 내용도 중요하지만 그 이전에 보이는 시각적 호감도를 올리도록 연습하는 좋은 기회이다.

첫째, 제한된 공간인 화면에 나타나는 본인 얼굴의 배치다. 작은 사각형 안에 제대로 자리 잡게 하는 것이 쉽지 않은 모양이다. 머리 윗부분이나 아래 턱부분이 잘리기 일쑤다. 카메라를 조정하여 제대로 하라고 해도 무슨 말인지 못 알아듣는 사람도 많다.

둘째, 적당한 양의 빛이 들어와 본인의 얼굴이 보이도록 하는 것이다. 장소를 찾을 때 스스로 최적의 자리를 찾거나 스탠드나 보조 도구를 이용해야 한다.

셋째, 최소한 단정하게 다듬고 나와야 한다. 면접관에게 이력서나 입사지원서가 전달된 경우라면 더 신경을 써야 한다. 심리적인 거리감이나 화면이라는 공간이 나를 편안하게 해 줄 것이라는 착각하면 큰일이다. 면접관 입장에서 진행해 보니 오히려 더 신경이 쓰인다. 오프라인보다 더 잘 보려고 노력을 할 수밖에 없다.

넷째, 본인 화면 뒤편의 배경 관리이다. 집이나 학교의 특별한 공간, 카페, 동아리방 등 다양한 공간에서 진행하는 경우가 많은 듯하다. 역광인 경우도 조심하여야 한다. 만들어진 배경화면을 갖다 붙이는 경우도 신중해야 한다. 화면이 일그러지는 현상이 생긴다.

새로운 준비 요소, 독일까? 약일까?

필자가 진행하는 글로벌청년사업가(GYBM)양성과정을 수료할 때쯤 보는 지원 회사와 면접 볼 때 화상면접이 상당히 일상화되었다. 코로나 이전에도 본사와의 면접, 멀리 떨어진 공장과의 면접 등이 활발했다. 동남아 지역의 공장 그리고 인근 국가의 공장, 본사와의 거리 등으로 인한 것이다.

국내도 이제는 코로나로 이동이 힘들어지면서 회의나 면접 도구로 화상 진행이 거의 일상화되었다. 학교 교육에 보완되는 사회 교육이나 멘토링에 참여할 때부터 연습을 실전같이 해야 한다. 그런데 선배들이나 기성세대도 경험해 보지 못한 세상이다.

'화면에서 보이는 나를 꾸미기, 면접과 회의에서'라는 책이라도 한 권 내보고 싶다.

포부와 비전,
전직, 정년(停年)

part

13

취업과
또 다른 준비

"지원 동기와 미래 포부를 말해주세요"
오래 다닐 인재 감별법 (2-2)

- "우리 회사를 지원하게 된 동기와 준비 내용을 한번 말해보세요."
- "대학 동아리 활동 때 어려웠던 상황을 극복한 경험을 말해보세요."
- "본인의 미래 포부에 대해 한번 말해보세요."

면접장에서 약방의 감초같이 자주 하는 질문들이다. 질문 자체인 '지원동기, 난관극복, 미래포부'를 점검하는 의미도 있지만, 꼬리를 무는(DRILL DOWN) 질문으로 '오래 다닐 가능성'을 점검하는 핵심이 된다. 노련한 면접관은 이 질문에 답하는 순간을 놓치지 않는다.

| 어려움 극복의 경험과 오래 다닐 사람

회사에서 원하는 인재의 첫 번째는 '오래 다닐 사람'이다. 요즘 애들이 참을성이 없다고 하니 더 중요해진다.

오래 다닌다는 것은 취업의 가장 중요한 두 가지 요소인 일과 사람 모두에 큰 영향을 미친다. '일'의 전문성이 높아질 가능성, '사람'에 대한 믿음(신뢰)을 얻을 가능성으로 유능함과 성장 가능성을 인정받는 핵심요소이다.

어렵게 입사를 하고도 힘들다고 단기간에 회사를 관두는 요인은 '다양한 스트레스' 때문이다. 변화된 생활, 상황 적응 부족, 회사 내부적인 측면(업무, 인간관계 등)과 회사 외부(고객, 거래처, 법적의무사항 등)요인에 대한 부적응 등 다양하다. 그러기에 평소에 지독한 훈련이 필요한 부분인데 사회나 학교는 그 기회를 전혀 제공하지 않는다.

사실 이 문제는 꼭 '기업 취업'만의 문제는 아니다. 공무원, 공공부문, 대학원 진학, 종교영역 취업 등 인간이 살아가고 환경이 변해가면 어디에서나 나타나는 스트레스이다. '기업'만 유난히 그렇다고 생각하는 것은 착각이다.

| 학창 시절의 어려웠던 경험 그리고 환경의 극복

동아리, 학과, 학회, 봉사활동, 아르바이트 경험 등을 통해 점검하는 경우가 가장 흔한 경우이다. 모두가 '공동체' 활동으로 반드시 인간관계를 기본으로 한다. 무조건 심리적, 실제적 압박이 많아진다. 특히 요즘의 대학생들은 개별 활동에 길들여져 있기에 더 힘들게 느껴지는 것은 당연할 것이다.

그래서 이 질문에 답을 할 때는 어려웠다고 생각한 근거(다른 사람이나 역할 대비, 소요 시간이나 비용 투입, 주변 환경으로 인한 포기의 유혹 극복) 등을 간단하게 소개하며 난관을 헤쳐 나간 이야기(STORY)를 '반드시 6하원칙에 따라 짧게 요약형'으로 답하면 좋다. 예를 들어본다.

"축구동아리 회장을 할 때 회원수가 줄어드는 위기를 극복한 경험이 있습니다. 3학년 때 야구 붐이 일어 20여 명의 회원이 10명으로 줄었습니다. 그래서 학과로, 동아리로, 후배들의 비공식 모임에 몸으로 부딪히며 홍보하는 일을 1개월가량 집중적으로 끈기 있게 했습니다. 그랬더니 오히려 회원수가 40여 명으로 늘어 우리끼리 두 팀을 나누는 신나는 결과도 보았습니다."

"닭공장에서 아르바이트로 닭의 목을 치는 일을 한 적이 있습니다. 역겨워 관두고 싶었던 것을 참고 방학 2개월을 일한 경험이 있었습니다. 엄마 병환 때문에 집 근처 공장에서 돈을 벌려고 멋모르고 했는데 대학생은 저만 있었습니다. 정말 어려웠지만 며칠 지나고 나니 할 만했었습니다. 덕분에 뭐든지 해낼 수 있다는 자신감도 생겼습니다."

추가 TIP 1 (추가 핵심역량의 활용) :

이런 어려웠던 경험을 극복하는 데 있어 남다른 아이디어를 적용했다면 '창의력', 주변의 여러 요소를 잘 활용하였다면 '기획력, 조직력, 자원 활용능력', 작은 노력으로 큰 성과를 거뒀다면 '전략적 판단력' 등의 보유 역량 제시도 가능하다.

추가 TIP 2 (가급적 피하길 바라는 경우) :

공부(학과, 자격증, 외국어공부 등)하는 과정에서 포기를 극복하는 경우나 '학교 근로학생'과 같은 낮은 강도(强度)의 경험을 그 근거로 제시하는 경우는 매력도가 많이 떨어지며 되레 판단력이나 개념이 없는 사람으로 치부될 가능성이 커진다.

| 지원하게 된 동기와 준비 내용

지원 회사 자체나 구체적인 제품에 대한 모티브나 관심의 근거를 제시하는 것이다.

모티브(MOTIVE)로는 집안의 가업이나 부모님의 직업으로부터 생기는 집안 분위기에서 자연스러운 공부와 학습(블라인드 채용에서는 마이너스 효과를 보일 수도 있으니 유의해야 함), 전공 혹은 부전공 등을 하면서 유난히 관심을 가진 정도만 해도 무난할 것이다. 해당 기간은 2~3년 정도이면 좋겠다. 너무 길면 조작으로, 너무 짧으면 진정성이 없어 보인다. 실제 그렇게 준비하면 된다.

관심의 근거로는 시간이나 비용을 투입해서 학습, 문제인식, 대안 모색 등의 활동을 한 경험을 들면 좋다. 언론 보도나 연관 전문서적 스크랩이나 잡지 구독, 현장 방문(고객접점), 전시회 등 참관, 해외여행 시 주력 제품이나 경쟁제품의 판매현장을 방문 경험, 내 돈을 주고 직접 구입하고 판매사원과 대화를 나눠봤던 경험 정도이면 충분하다.

조금 더 크게 보면 회사나 주력제품에 영향을 주는 사건(정치, 경제, 문화, 기술발전, 우발적 사건 등)이 발생했을 때 회사가 봉착하게 될 어려움에 대해 조사하거나 찾아보고 교수님이나 관련되는 사람들에게 질문하고 의견을 나눴던 일이 있으면 최고의 인재로 인정받을 것이다.

추가로, 이런 것들을 정리한 작은 손 수첩에 하루 한 장 정도 분량의 기록 흔적이 있으면 금상첨화(錦上添花)이다. 중간중간 낙서나 불필요한 부분이 있더라도 문제가 되질 않는다. 면접 보는 날 가지고 면접장에 들어가도 좋다. 열심히 한 근거이니까…

준비가 어려웠을수록 '본전 생각'이 나서 '오기'로라도 버텨본다고 하지 않던가?

| 미래 포부 혹은 성장 계획

거의 모든 회사가 자기소개서의 마지막에 '미래포부'를 쓰도록 하고 있다. 작성 분량은 차이가 나지만 보통 10~15년 정도를 염두에 두고 쓰는 것이 좋다. 기업 입장에서 '장기계획'에 해당하는 기간이다. 상당히 힘들다. 필자와 같이 많은 경험을 가진 사람도 지도하기가 까다로운 대목이다.

이 질문의 효용은 '미션, 비전교육'에서 정리하겠다.

'길게 보는 사람이 현재의 어려움을 견뎌내는 힘이 좋다'는 것이다. 실제 인간관계나 친구의 인연을 맺을 때 길게 보면 순간순간의 작은 일들에 대범해지기 때문이다.

그러나 실제의 지원서는 대개가 두루뭉술할 뿐 내용을 제대로 찾아보기가 어려운 경우가 많다. 대개가 '열심히 하겠다', '성공하겠다', '최고가 되겠다' 정도이다. 혹은 언론보도나 전문가들이 말하는 업계의 미래전망을 베껴서 쓰는 경우도 많다.

힘들어도 버티는 중요한 동인(動因, DRIVER)이기에 잘 쓰면 크게 점수를 받을 수 있다.

이래저래 취업하기가 만만치 않다. 그러나 준비를 잘하면 직장생활의 기본이 되는 역량을 미리 준비해 가는 효과도 있다. 본인도 이런 사실들을 깨달은 시기가 나이 40대 중반이었다. 그냥 뭘 모르고 직장 생활했던 것 같아 아쉬울 따름이다.

취업준비의
최고난도(最高難度) 질문, '미래'
제도권 교육과 NCS 제도의 맹점

'입사 후 미래 포부를 기술하세요'는 입사지원서의 자기소개서 항목에 '약방의 감초격(格)'인 항목이다.

면접 때에도 "입사하면 장래의 꿈은 무엇인가요?", "중장기 비전을 한번 말해 보세요" 등 심심치 않게 물어본다.

자기소개서의 이 항목이 공간배치로는 20~30%선이지만 (네 가지 혹은 다섯 가지 항목 중 하나), 내용의 중요성은 전체의 70~80%정도로 인식된다.

그런데 당황스러운 이 항목이나 질문에 제대로 된 쓴 사례도 없고 가르쳐 주는 곳도 없다. 한국 교육의 최고 맹점(盲點)이다. 국가직무능력표준이라는 NCS 에서조차도 꿈에도 생각하지 못하는 영역이다. 모든 교육이 과거만 가르치기 때문이다. 현재도 모르는데 미래를 어떻게 가르치냐고 한다. 뭘 모르는 소리다. 완벽한 미래를 누가 알겠는가마는 할 수 있는 한 추정해 보고 준비하자는 취지 이며 기업 활동의 기본이고 생존조건이기 때문이다.

특정 분야의 최고의 전문가인 교수님이 해당 분야의 미래이야기로 공부에 대한 흥미를 이끌어 내면 얼마나 좋을까 늘 생각하고 있다.

먼저 취준생들의 수준을 가늠해 보기 위해 인터넷 검색으로 '미래의 포부 잘 쓴 예시문'이라고 찾아서 비교적 상위에 랭크된 글을 그대로 소개해 본다.

〈미래를 읽는 혜안 : 적벽대전과 임진왜란〉

십만양병설을 뼈저리게 느낀 임진왜란, 일급 참모인 곽가의 부재로 대패 한 조조의 적벽대전, 이 두 가지 전쟁 모두 미래에 대한 혜안이 없었기에 일 어난 참변이었습니다. 저는 이러한 과거사를 거울로 삼고 입사 후의 삶을 계획하고 싶습니다. 입사 후 배우고자 하는 자세와 빠른 적응력을 앞세워,

롯데백화점의 3대 가치에 부합한 신입사원이 되는 것이 1차 목표입니다. 영업가로서의 기본을 갖춘 후, 롯데백화점만의 서비스 정신과 화법, 상황에 따른 행동과 판단 등을 실무 경험을 통해 익혀서, 2년 내로 백화점 영업의 전문가로 발돋움할 것입니다.

마지막으로 제가 쌓은 실무 경력과 현지 법인과의 공조를 적절히 섞어 해외 시장, 특히 중국 시장을 세부적으로 공략하고 싶습니다. 제2의 고향인 중국에서 일을 한다는 것은 제게 있어 더욱 성장할 수 있는 기회일 것이며, 동시에 회사의 비전 실현에 한 걸음 다가서는 동기가 될 것이기 때문입니다.

어떤가? '포부'라는 말에 걸맞는가? 많은 고민이 있어 보이는가? 아니면 고만고만한 단어의 나열이자 번지르르한 말잔치인가? 작문에 능하다는 말을 듣는 수준인가?

결론적으로 산업이나 회사의 미래가 불안하여 준비할 것에 대한 본인의 생각을 묻는데 당위성을 재차 정리하는 수준의 글이다. 막연하고 하고 싶은 일의 내용도 없고 먼 미래의 본인 생각이나 실천계획의 구체성이 현격히 떨어진다.

다른 취준생의 이름으로 바꿔도 별반 차이가 없어 보인다면 더 큰 실패작이다.

| 왜 이런 질문을 할까?

회사의 실제 미래 비전은 그 회사에 근무 중인 사람도 작성하기가 만만치가 않은 항목이다. 경영기획부서의 '비전체계'나 제품개발 부서의 '극비(Top Secret)'로 존재하는 경우가 대부분이다. 홈페이지에 나와 있는 것은 선언적인 수준일 뿐이다. 그러나 필자가 다양한 분야와 심리학을 공부해 보니 지난 40여

년 전인 인사부 근무시절에 질문항목으로 설정하며 입사지원서를 통해 물어본 이 질문은 여전히 큰 의미가 있다고 생각되었다.

이 질문을 하는 이유로 ① 회사 자체의 미래에 대한 답답함과 외부 인원의 생각에 관심 ② 입사하는 직원들의 회사 생활에 집중력과 성취 의지의 잣대 ③ 직원들의 회사 발전방향에 대한 이해와 본인 비전 연계 ④ 크고 작은 난관극복으로 장기 근무 가능성을 가늠해보는 척도 정도가 되기 때문이다. 이 부분이 이해가 되면 답변 구성 방법도 저절로 상상될 것이다.

조금 세부적으로 보자. 반드시 이해하고 가기 바란다.

① 먼저, 회사의 미래에 대해 회사 구성원 스스로도 두렵고 답답하다

혹시 외부 인원인 대학생들이 우리 회사의 미래에 대해 어떤 생각을 하는지 알고 싶은 것이다. 물론 면접 질문은 본인의 포부를 묻는 것이지만 필연적으로 회사의 미래와 연계하리라고 생각한 것이다. 실제 본인도 서류 심사에서 그런 수준의 내용이 없을까 기대하며 들여다본 적이 한두 번이 아니었다. 수년간의 답안지(자기소개서)에서도 작은 가능성조차 본 기억이 없었다. 오로지 지원자에게 한 번 고민하게 만든 효과만 남았다.

최근에는 경영환경의 불투명성이 워낙 확대가 되고 기술의 변화, 소비자의 변화가 심한 경영 환경이기에 생각을 물은 것이다.

② 회사 생활에 집중력이 높고 성취도가 높은 사람은 본인 비전이 뚜렷하더라

최근의 세상의 변화로 신입사원의 관심이 분산되고 기업의 불투명성이 커지는 모습을 보고 자신의 계속 근무 여부에 많은 고민들을 하게 된다. 그러니 당연히 지원회사의 비전에 관심을 갖게 되며 본인의 비전과 빗대어 보는 경우가 많다.

거기에 이어 필연적으로 나오는 것이 모든 업무에 '왜(WHY)'라는 질문이다. WHAT이나 HOW보다 먼저 나오는 질문이 되었다. 그 답이 적절치 않고 설득이 안 되면 소속감이 현격히 떨어지는 것이다. 예전에 업무만 던져주면 스스로 헤아리던 세대와는 많은 차이가 있다.

이 '왜'에 대한 답을 주는 출발점이 회사의 '비전(VISION)'인 것이다. 그래서 IMF 외환위기 상황인 1990년대말부터 회사마다 비전체계를 만드는 것이 유행이 되었고 마침 인터넷의 발달로 기업 HOMEPAGE를 만들며 홍보 자료를 만들어 올리는 것이 무슨 유행같이 되었다. 이런 현상은 취준생이나 내부 직원들만의 문제가 아닌 '주주(stockholders)'나 '이해관계자(stakeholders)'에게도 필수적인 요소가 되었다.

그 비전을 찾고 비전에 동의하며 '왜'를 이해해야 일에 대한 집중력과 성취도가 높다는 판단하에 이 질문을 던지는 것이다.

③ 회사의 발전 방향과 본인 비전의 정렬(Alignment)을 보는 것이다.

그런 의미에서 회사의 비전을 만들어 공개해 두었고 입사를 원한다면 당연히 본인의 성장과 견주어 보는 것이 필수가 되었다. 그 방향을 알지도 못하고 다른 생각으로 입사를 하면 당연히 회사생활도 재미없게 될 것이기 때문이다.

서류상으로 지원자의 비전이 회사와 다르다면 처음부터 배제를 시키는 것이 가장 현명한 방법이다. 면접에서 회사와 다른 방향의 본인 성장 계획을 말하는 경우는 더 말할 것이 없을 것이다.

적당한 시기에 창업, 전직(轉職)의 의지를 말하거나 회사에서 제공되는 기회를 이용하여 유학이나 교육기회 포착을 미래 포부라고 말하는 기가 찬 경우를 보기도 한다.

③ 크고 작은 난관이나 다른 기회의 유혹에서 견딜 수 있는 힘의 원천이다

꿈이 있다는 것은 긍정성의 최고 징표(徵表)이기 때문에 질문하는 것이다.

요즘은 직장생활과 주변만 보면 관두고 싶은 이유를 말하기에 부족함이 없다. 직장생활의 스트레스의 종류와 이유를 말하며 면접에서 다양한 방법으로 견디는 모습도 점검한다. 직장 스트레스는 매일 한시도 피할 수 없지만 그래도 회피하려는 노력은 기울인다. 회사를 옮기며 피해가도 또 다른 스트레스가 기다릴 것이라는 것을 알면서도 당장 버텨나가기가 힘겨운 것도 현실이다.

오죽했으면 직장인의 모습을 다룬 '미생(未生)'이라는 드라마에서 '회사는 전쟁터이지만 밖은 지옥'이라는 말에 모두가 그렇게 공감을 했을까?

이럴 때 '내 마음'을 다잡는 이유가 되며 지금의 어려움이 미래를 위한 훈련, 단련 기회로 생각하게 하는 모티브가 있다면, 회사와 개인의 비전(VISION)이다.

그리스로마신화 일리아드에 등장하는 오딧세이(율리시즈)가 트로이전쟁을 마무리하고 고향인 이타카로 돌아가는 길에서 수많은 고통과 유혹을 극복하는 가장 중요한 모티브는 가족과 고향 재건의 꿈이었다는 이야기를 생각해 보자.

위의 글을 읽다 보면 '나의 미래 포부를 말하는 것'이 더 어렵게 느껴질 것이다. 필자도 '미래'라는 이슈에 대한 생각을 정리하는 데 수많은 시간과 노력을 들었다. 회사가 굳이 도전자에게 집요하게 물어보는 이유를 알고 그런 경우에 조금 쉽게 다가오기를 기대해 본다.

"이런 제품 한번 만들어보고 싶습니다"
면접, 자소서의 '미래 포부,
10년 후 포부'질문에 대한 발상법(2-1)

미래라는 시간의 적정 시점, 발상의 영역 등을 정리한다.

| 적정 기간은 어느 정도일까?

필자의 생각으로는 10~15년 정도를 염두에 두길 권한다. 너무 긴 미래 (20~30년)는 실체적 느낌이 오질 않는다. 4~5년 정도를 염두에 두면 너무 짧다고 생각된다. '포부'라는 용어가 좀 더 '대담하고 원대한'이라는 뜻이 들어 있는 단어이자 질문이다.

참고로, 통섭의 원리 차원에서 보면 곤충들이 조직이나 집단을 이루면 존속 연수가 15년 정도가 된다는 연구 결과도 있다고 한다.

| 발상의 영역은? - 평생 직업의 초석을 놓는다

회사나 제품에서 문제점을 찾아 해결책을 찾아보는 습관을 가지면 상당한 의미가 있다. 일단 운영이 되고 있는 회사의 일은 '문제해결'이 주종이 된다. 입사하기 전에 나름대로의 노력으로 회사와 제품의 문제점을 찾고 해결책의 모색해보는 노력이 '포부'라는 질문과 자소서에 가장 근접하는 답이 될 것이다.

그런 의미에서,

- 지원하는 회사의 비전 실현에 본인의 기여
- 회사의 산업과 직무와 연관한 문제해결, 개선에 참여
- 평범한 수준을 넘어서는 탁월한 성과의 실현에 대한 다짐
- 포부 실현에 도전하는 크고 작은 실천 노력

을 복합적으로 담아내는 것이 좋다.

| 문제를 찾는 방법 : '측은지심(惻隱之心)'과 '4D+1D'

측은지심, 즉 '불쌍히 여기는 마음'이 기본이다. 세종대왕께서 '백성을 불쌍히 여겨' 한글을 만들었던 마음이다. 현재의 고객, 미래의 고객, 잠재고객에 대한 마음씨로 출발점이 되고 그런 관점으로 세상을 보기 바란다.

그런 영역을 찾아내는 방법으로 '4D+1D발상법'을 권한다.

사람이 꺼리며 피하고 싶어하는 영역을 표현하는 3D에 하나를 더한 4D 영역이다. 즉, Dirty(더럽고 지저분한), Difficult(어려운), Dangerous(위험한), Discomfort(불편한) 영역을 해결하는 아이디어나 아이디어를 찾는 노력이면 된다.

여기에 반드시 Digital을 결합시킨다. 확산과 원가절감을 위한 기술과 소통수단이다.

각각을 간단하게 정리하며 예시를 들어본다. 제시한 의문과 문제의식 중에는 해당 산업에서 벌써 해소가 되었는지도 모르겠다. 필자가 잠시 시간을 내어 주변을 살펴 찾아낸 문제의식들이다.

① 불결(dirty)

눈에 보이는 모든 불결한 것과 지저분한 곳이 해당된다. 먼지가 쌓이고, 불순물이 튕기고, 부패가 일어나는 곳에는 늘 있기 마련이다.

> **ex** ① 가습기를 쓰다 보면 물때가 끼여 지저분하다. 가습기 살균제가 문제가 된 원인이기도 하다. 그런데 청소가 쉽지 않다.

> **ex** ② 집안 청소를 위해 로봇을 써보니 회전 브러시가 닿지 않는 모서리 부분이 있다. 어떻게 하면 좋을까?

② 어려움(difficult)

조치를 하고 손을 대려면 돈이나 시간 등 많은 노력이 들어야만 해결이 되는 것들이다. 크고 작은 노력이나 중장기적으로 시설, 장치를 해야 할 경우가 해당된다.

> **ex** ① 비행기나 열차를 타고 머리 위 공간으로 짐을 올리려면 힘이 많이 든다. 쉬운 방법이 없을까?

> **ex** ② 단체 급식을 하는 구내식당의 배식코너에서 마지막으로 배식 받는 음식(특히 국물류)이 예상외로 배가 부를 메뉴일 경우가 있다(국에 수제비가 다량 들어가 있는 경우) 처음에 알았으면 중간단계에서 밥이나 반찬류를 적게 받았을 것인데…

③ 위험(dangerous)

사람의 신체나 정신적은 부분에 충격을 줄 가능성이 많은 행동이 필요한 곳이다. 다치거나 생명의 위협을 느끼는 장소나 환경 등이다.

> **ex** ① 아파트 창이 지저분하다. 주민 자치회에서 계획을 세워 단지 전체가 같이 외벽청소를 하지 않으면 방법이 없다. 아파트 외부 유리창을 쉽

고 안전하게 청소하는 도구나 방법은 없을까?

`ex` ② 길을 가다가 혹은 횡단보도를 지나면서 스마트폰을 보고 다니다가 사고를 당하는 경우가 많다. 위험을 줄이는 방법은 없을까?

④ 불편(discomfort)

사람끼리의 접촉으로 인한 불편함, 생리적인 현상을 해소하는 과정에서의 불편함, 최소한 조치만 하여도 필요 이상의 비용지출이나 잔재물이 남는 불편한 경우이다.

`ex` ① 지금 KTX열차를 타고 출장을 가는 중이다. 방송 안내에도 불구하고 큰 목소리로 통화하며 주위를 불편하게 한다. 얼굴을 찌푸리지 않고 승무원을 부르지도 않고 멈추게 하는 방법은 없을까?

`ex` ② 1인가구의 증가, 취사가 어려운 고령가족, 밥을 지어먹기 싫은 경우 등을 감안하여 아파트단지 내에 중앙식당을 만들어 운영하면 어떨까? 일반 연수원 같은 곳에서 식당이 있듯이. 계획된 식단, 잔반을 최소화하는 운영방식을 택하면 저렴하고도 좋은 식사가 되지 않을까?

| 취업 도전 활용과 실제적 관심

① 생활 속(직장, 일상)에서 발견하자.

취업하고자 하는 회사의 업무나 제품과 관련하여 늘 문제의식을 가지고 보는 것이다. 회사와 관계없는 개인 일상에서도 찾아서 모아두면 의식을 기르는 데 도움이 되며 10~20년 후의 개인 사업거리가 되는 경우도 있다.

② 고객 입장이 되어보자.

가장 중요한 부분이다. '내가 그 돈을 주고 산다면?'이라는 마음으로 대하며 문제의식을 가져본다. 혹은 판매현장을 찾아 고객과 종업원의 대화를 귀동냥 해 보라. 문제점들이 쏟아질 것이다.

③ 일정 기간 동안 목표 관리를 하자.

하루에 1건씩 찾아보기가 가장 무난하다. '1주일에 몇 건씩' 찾아보는 방식으로 몰아서 하게 되어 꾸준함을 강조하는 기업 지원자로는 매력도가 떨어질 가능성이 크다.

④ 수시로 메모하며 모아두자

작은 수첩, 혹은 스마트폰의 메모 기능, 혹은 음성 메모 등을 이용해 발견 즉시 메모해 둔다. 메모끼리 결합이 되어 새로운 아이디어가 나오기도 한다. 의외로 쉬운 솔루션을 찾을 수 있는 경우도 나온다. 이 메모장은 면접장에 가지고 들어가도 좋다.

"한 달 전부터 스페인어 공부를 시작했습니다"
면접, 자소서의 '미래 포부, 10년 후 포부' 질문에 대한 발상법(2-2)

"10년 후 포부를 말하면서 너무나 막연하고 추상적인 단어들만 나열을 합니다. 지원 회사에 대한 정보와 공부가 모자랐기 때문에 준비도 부실하다고 생각합니다."

입사지원서를 심사해 본 인사담당자들의 한결같은 비판 목소리이다.

| 입사 후 포부(장기 목표)

최근에 필자가 취업 교과목 수강생들에게 내어준 과제 '입사지원서, 자기소개서' 중 비교적 우수하다고 생각된 것을 하나 소개한다.

지원회사는 CJ올리브영, 직무는 세일즈&고객서비스분야의 장기 포부를 기술한 것이다.

저의 목표는 Sales&고객서비스 직무를 통해, PB상품에 대한 셀링화법을 연구해 올리브영의 매출 상승에 도움이 되는 것입니다.

대학교 전공시간을 통해 PB상품에 대해 배웠기에 PB상품의 익숙함이 친근함으로 다가와 올리브영에 근무하면서 상품에 대한 공부도 하고, 직접 판매 및 관리를 할 수 있는 기회가 생겼습니다. 또한 제가 사용하였을 때 만족감을 느낀 상품들이 많았기에 PB상품들을 많은 사람들에게 알리고 싶은 마음도 생기게 되었습니다.

평균적인 고객층에서 더 나아가 부족했던 40대 이상의 연령층을 타깃으로 공략하고자 합니다. 기존의 부족한 점을 채워 PB상품들이 리뉴얼되었는데, 리뉴얼된 상품들에 대해 타깃 고객층에 적합한 셀링화법을 연구하고, 상품 연출 및 샘플키트 증정 등 다양한 활동을 시도함으로써 PB상품을 홍보하고, 고객들에게 친숙한 이미지를 심어주고 싶습니다.

　비교적 필자가 수업을 하고 있는 사이버교과목을 충실하게 들은 학생의 '미래 포부'이다. 전체는 잘 썼다. 그러나 미래 포부만 보면 아쉬움이 많다.

- 미래의 '포부'라고 하기에는 부족하다. 대개가 2~3년이면 이룰 수 있는 것이다.
- 구체성이 없고 단순하다.
- 본인의 노력을 어떻게 해 나갈지에 대한 실행 계획이 없다.
- 잘 쓴 것같이 보이나 중복된 부분이 많고 문법적으로도 어수선하다.

| 회사의 10년 후 모습 - 하늘이 두 쪽이 나도 발전한다는 믿음

　장차 10년을 두고 내가 회사를 발전시키는 데 기여할 노력과 결과에 대해 의지를 가지고 노력할 것을 구체적으로 보여주어야 한다. 회사에 입사하고자 하는 지원서이니 회사의 발전분야와 반드시 이어져야 한다. 앞으로 10년 동안 수많은 위기와 기회가 교차하겠지만 무조건 회사는 발전해 간다는 전제가 필수이다. 본인만의 발전, 회사와 상관없는 비전을 말하는 것은 아예 '매를 부르는 짓'이다.

　가장 흔하게 보는 예는 기업에 지원을 하면서 '10년 후에는 재단을 설립해서 어려운 사람을 돕겠다'라는 식의 내용이다. 심심치 않게 보는 케이스로 눈에 띄면 바로 쓰레기통으로 간다.

　회사의 미래 비전은 대개가 회사의 홈페이지에 알려 두고 있다. 다양한 채널로 보아도 찾을 수가 없다면 나름대로 상상하며 정리해도 무방하다. 정리할 내용을 아래와 같이 나눠서 구분하여 진행한다.

- 본인 희망 직무와 연계
- 미래의 발전된 사회임을 감안하여 '보다 세분화'된 분야로 TARGETING해서
- 지금의 모습보다 일정 수준(연평균 성장)이상의 성장된 모습을 그리고
- 일상적인 수준 이상의 노력과 기여 혹은 이미 시작한 구체적 노력들을 언급하길 바란다.

| 본인의 희망직무와 연계

회사 직무는 5대 직무 구분 기준이면 충분하다. 영업·판매, 생산, 연구개발, 기획, 관리지원 등이다.

다시 한번 말하지만, 입사지원자의 미래포부를 기술하는 모든 바탕은 지원회사의 성장을 전제로 하는 것이다. 글로벌 시장이나 국내 시장이 악화가 되더라도…

회사의 성장은 매출과 이익의 증대 혹은 글로벌시장(혹은 국내 시장)에서의 점유율 증대, 매출 혹은 이익을 반영한 회사의 가치(주가) 증대 혹은 특정 분야의 제품 기술의 증대(매출액 대비 R&D비중 확대), 생산거점의 확충 혹은 집중, 불량수준의 획기적 개선 등을 말하는 것이다.

기획이나 관리지원 분야는 고유 업무 지원 역할의 비중 혹은 지원의 질적, 양적 수준을 높이려는 노력과 시도에 본인의 의지를 심는 것이다.

| 미래의 세분화된 영역에 타기팅하여 성장된 모습

이 글의 맨 앞에서 보여준 사례를 각 구절별로 조정, 보완하며 정리해 본다.

− 저의 목표는 Sales&고객서비스 직무를 통해 PB상품에 대한 셀링 화법을
  연구해

⇒ 구체적으로 10년 후라고 언급하자. 회사의 발전에 중점을 두는 모습이면
  좋다. 뿐만 아니라, 문법적으로 어색하며 군더더기가 많다. 고치면,

− 'Sales& 고객서비스 직무의 PB상품 selling 화법에 세계 최고의 전문가
  가 되어'로

− 올리브영의 매출상승에 도움이 되고 싶습니다.

⇒ 막연하다. 올리브영이라는 단어는 또 중복이 된다. 고치면,

− 'PB상품의 매출이 지금보다 3배 이상 신장되는 데 기여하는 것입니다.'

− 대학교 전공시간을 통해 PB상품에 대해 배웠기에 PB상품의 익숙함이 친
  근함으로 다가와 올리브영에 근무하면서 상품에 대한 공부도 하고, 직접
  판매 및 관리를 할 수 있는 기회가 생겼습니다. 또한 제가 사용하였을 때 만
  족감을 느낀 상품들이 많았기에 PB상품들을 많은 사람들에게 알리고 싶은
  마음도 생기게 되었습니다.

⇒ 중복도 많고 문법도 틀린 부분도 많아 어수선하다. 고쳐보면,

− '대학 전공시간에 PB상품을 배우며 익숙해졌습니다. 특히, 올리브영에서
  알바로 근무하며 상품공부, 직접 구입사용도 하며 판매, 관리를 하게 되었
  습니다. 그래서 좋은 제품을 좀 더 많은 사람들에게 효과적으로 전달하면
  매출확대가 크리라 생각했습니다.'

− 평균적인 고객층에서 더 나아가 부족했던 40대 이상의 연령층을 타깃으로

취업의 정석 나를 마케팅하다

공략하고자 합니다. 기존의 부족한 점을 채워 PB상품들이 리뉴얼되었는데, 리뉴얼된 상품들에 대해 타깃 고객층에 적합한 셀링화법을 연구하고,

⇒ 어색하고 중복이 심하다. 간단한 내용을 복잡하게 말하고 있다. 고쳐보면

– '기존의 고객층에 더하여 40대 이상의 연령층을 집중 공략하고자 합니다. 그리고 PB상품의 판매 피드백을 제품 리뉴얼에 반영하며 연령층을 나눠서 셀링화법을 발전시키겠습니다.'

– 상품 연출 및 샘플키트 증정 등 다양한 활동을 시도함으로써 PB상품을 홍보하고, 고객들에게 친숙한 이미지를 심어주고 싶습니다.

⇒ 대단한 실수를 하고 있다. 영업판매를 말하다가 갑자기 홍보라는 다른 직무를 말하고 있는 것이 실수이다. 연출, 키트 증정 등은 판촉업무로 다른 조직의 업무이기도 하다. 전체적으로 제외하는 것이 바람직하다. 위에 언급한 것을 잘하기 위한 구체적인 준비 노력을 언급하면 좋겠다. 필자가 만들어서 추가해 본다.

– '성공적인 PB상품 판매 확대와 대고객 셀링화법 발전을 위해, 제품전문성 즉 '바이오 분야의 성분, 소재와 피부영향'을 공부하기 위해 '방통대' 진학을 하겠습니다. 화법 공부는 심리학 분야의 독서를 월 1권을 목표로 이미 시작했습니다. 그리고. 중남미 여행에서 경험한 우리 제품에 대한 반응은 비어있는 시장개척도 가능할 것으로 생각되어 3년차에 스페인어를 집중적으로 공부하겠습니다.'

⇒ 지식과 기술, 태도 역량의 고른 시도이다. 공부, 독서를 시작했다는 것만으로도 좋은 태도를 보여주는 것이다.

이제 조정된 글로 조립하여 본다

10년 후에는 Sales&고객서비스 직무의 PB상품selling 화법에 세계 최고의 전문가가 되어 있을 것입니다. 그래서 PB상품의 매출이 지금보다 3배 이상 신장되는 데 기여하는 것입니다.

대학 전공시간에 PB상품을 배우며 익숙해졌습니다.

특히, 올리브영에서 알바로 근무하며 상품 공부, 직접 구입 사용하며 판매, 관리를 하게 되었습니다. 그래서 좋은 제품을 좀 더 많은 사람들에게 효과적으로 전달하면 매출확대 효과가 크리라 생각했습니다.

기존의 고객층에 더하여 40대이상의 영령층을 집중 공략하고자 합니다. 그리고 PB상품의 판매 피드백으로 제품 리뉴얼에 반영토록 하며 연령층을 나눠서 셀링화법을 발전시키겠습니다.

성공적인 PB상품 판매 확대와 대고객 셀링화법 발전을 위해, 제품전문성 즉 '바이오 분야의 성분, 소재와 피부영향' 을 공부하기 위해 '방통대' 진학을 하겠습니다. 화법공부는 심리학 분야의 독서를 월 1권을 목표로 시작했습니다. 그리고. 중남미 여행에서 우리 제품에 대한 반응은 비어있는 시장개척도 가능할 것으로 생각되어 3년차에 스페인어를 집중적으로 공부하겠습니다.'

쉽지 않은 일이지만 꾸준히 고민하고 차별화하는 노력이 필요하다.

**"공연 실황 영상을 보며
소감과 반응을…"**
'감성과 비전'을 보는 색다른 면접

"지금 이 면접장은 음악 감상과 문제해결 과정을 통해 복합적으로 여러분을 평가합니다. 3가지의 각기 다른 면접이 진행되는 동안 지시문을 잘 듣고 따라 주시기 바랍니다. 첫 번째 면접은 음악 감상을 하며 '나의 어떤 모습'을 보여주는 것입니다."

상황 설명을 해나간다.

"잠시 후 약 4분간에 걸쳐 음악 공연 동영상을 보게 될 것입니다. 먼저 세계적 인물인 앙드레 류라는 분을 소개합니다. (슬라이드 화면을 보여주며) 이제 70세를 바라보는 네덜란드 출신의 바이올리니스트입니다. 본인이 오케스트라단을 만들어 바이올린 연주와 지휘, 연주 해설, 그리고 연출도 합니다. 전 세계를 다니며 독특한 글로벌 차원의 공연을 합니다. 독특한 연주와 연출 방식뿐 아니라 스타디움, 대형공연장, 실내스포츠장 등의 상상초월 공연은 세계적 명품이 되었습니다. 한 번 공연에 4~5만 명의 관중이 모이기도 합니다. 자리 값은 싼 것이 20만 원 정도 된다고 합니다.

연간 120차례 정도 공연을 가지니 이동, 리허설을 감안하면 거의 매일 공연을 가지는 것입니다. 그리고, 한국에도 지난 2005년에 2차례 정도 공연하기도 했습니다."

작년 이맘때쯤에 우리 글로벌청년사업가(GYBM)양성과정 연수생을 선발하는 면접장의 모습이다. 본인이 고안을 해서 진행하며 3~4명의 관찰자가 행동과 생각 등을 하나하나 체크하며 좋은 사람을 찾아내는 면접이다.

본격적으로 실시해 본다.

"이제 지시문을 드리겠습니다.

앙드레 류가 연주한 '쇼스타코비치의 세컨드 왈츠' 공연 실황 동영상을 보여드립니다. 그동안 뭔가 3가지 정도를 생각하기 바랍니다. 그리고 연주가 끝나면 생각을 주어진 용지에 정리하는 것입니다. 정리 시간은 2분입니다.

그리고 한 가지 미션을 추가합니다. 음악공연을 시청한다는 것은 뭔가의 자극이 오는 것입니다. 생소한 자극입니다. 그 자극에 나름대로의 반응을 보여주기 바랍니다. 그게 뭔지는 스스로 판단하고 선택하면 되겠습니다."

(이 글을 읽는 여러분도 한 번 잠시 시간을 내어 해보기 바란다. 유투브에서 앙드레 류의 공연도 한번 찾아보기 바란다.)

| 면접의 목적과 취지, 그리고 면접 성과

음악이라는 자극에 대한 반응과 공연을 보는 소감을 통해 미래를 듣고 싶었다.

첫째, 음악의 리듬에 반응하는 표정이나 행동을 보고 싶은 것이다. 소위 '감성(感性 Emotion)역량'이다. 손끝이, 어깨가, 발이 들썩거리면? 소리 내어 흥얼거리거나 휘파람을 불면? 지휘자 흉내를 내어보면? 혹은 자리를 박차고 일어나 춤 동작을 하면서 옆에 있는 동료도 나와 같이 춤추자고 하면?

뿐만 아니라 커뮤니케이션을 위한 언어(현지어)의 출발은 단어나 문장에 앞서 같이 어울리는 자세가 중요하다. 즉 음악이나 리듬, 작은 파티에 무의식적으로 반응하는 것이다. 복장, 음식, 술에 자연스럽게 어울리는 것이다.

그런데 우리는 남의 나라, 특히 동남아 지역의 막연하게 낮게 대하는 생각으로 지켜만 보며 '평가'하는 것에 익숙해 있다. 음악과 문화에 어울리며 즐기는

데 약하다. 남다른 어울림의 적극성은 현지인을 내 편으로 만드는 최고의 소재이다.

둘째, 공연실황을 감상한 '소감'을 듣고 싶은 것이다. 공연장에서 적잖은 비용으로 즐기는 사람들은 과연 누굴까를 생각해 본다. 밝은 표정은 어디에서 왔는지도 생각해 본다. 여유 있는 생활상을 보며 지금 우리의 현실과 비교해 본다. 내 모습과 부모님의 모습에 빗대어 보기도 한다. 그리고 10년 후의 내 모습을 상상해 본다. 아울러, 남다르고 재미있게 연출한 사람의 머릿속으로도 들어가 본다. '내가 그런 사람이라면' 하고 상상도 해 본다.

마지막으로 이 공연은 한 번에 최소 100억 원(20만 원/ 5만 명) 매출을 낳는다. "와 정말 대단하다" 돈은 저렇게 버는 것이야. 원가도 한번 추정해 본다. 그러면 너무 타산적일까?

참가한 면접자들에게 미안한 생각도 든다. 하지만 작은 깨달음을 가지는 계기가 되었으리라 생각한다.

마지막으로, 이런 의도에 부합되는 답을 낸 사람은 얼마나 될까? 아직은 지극히 미흡하다. 미래의 지원자들, 대학생들이 가져야 할 기본이 되길 바란다.

"미래의 거대한 GLOBAL Network의 꿈을 말하라"
해외로 취업하는 젊은이들의 좌충우돌 면접

"GYBM 5천 명으로 구성된 거대한 네트워크의 한 사람으로 '주고받을 기여와 혜택'을 상상하여 현재형으로 발표하세요. 발표 시간은 40초입니다."

막연한 꿈(비전)이 아닌 구체적인 꿈을 말하라며 소상하게 예시도 들어 주는 면접을 실시했다. 대우가족의 이름으로 필자가 실무를 총괄하는 해외진출 교육과정 참가자를 선발하는 면접에서 실시한 '10년 후 미래 그리기와 말하기 프로젝트'였다.

'2019년 글로벌청년사업가(GYBM)양성과정'의 연수생 100명을 선발하는 면접이 있었다. 약 200여 명을 대상으로 3일간 진행하며 면접자 10명을 한 팀으로 팀당 1시간가량 실시하는 '복합면접' 중에 한 부분이다.

면접 예상문제를 알려주는 효과가 생겨 이 글로 올리는 것이 조금 부담스럽지만 이런 종류의 상상은 어떤 경우든 도움이 될 것이라는 판단으로 정리해서 올려본다. 요즘의 취준생들이 스스로를 짚어보는 계기가 될 것이다. 특히 상상력의 부족을 보면서 우리의 교육과 삶이 얼마나 척박한지도 알게 될 것이다.

면접 진행 지시문이다.

"오늘 면접 4단계 중 마지막 '꿈을 말하라'는 면접입니다. 10년~15년 후의 구체적인 꿈은 학습과 생활의 집중력을 높이고, 정보에 민감하게 만들며, 힘들 때 버티고 극복하는 힘이 됩니다. 지금부터 10년 후의 각자 모습을 40초 안에 동기들에게 발표하는 스피치 방식입니다.

우리 대우세계경영연구회도 여러분을 1년 연수에 이어 10년을 도와줄 것입니다.

베트남에 취업하는 여러분의 10년 후는 두 가지 활동영역이 있을 것입니다. 취업, 직업, 사업으로 구분되는 일(WORK)의 영역과 가족, 취미, 우정, 종교, 봉사 등으로 구분되는 삶(LIFE)입니다. 일은 삶의 기반이 되는 경제, 돈을 만드는 것이고 삶은 일에 대한 휴식, 긍지 등의 에너지를 생성하는 파이프라인이 됩니다. 그래서 이 둘의 균형 즉, WORK & LIFE BALANCE이며 이 시대의 최대 화두입니다. 워라밸은 앞으로 베트남에서 커가는 데 더 큰 미래를 만들어 가는 기본 축이 될 것입니다.

그러나 우리 과정은 또 다른 영역이 하나 있습니다. 'Global YBM'이라는 거대한 네트워크입니다. 아마 10년 후에는 지금 9기를 선발하는 여러분을 포함 20년이 되니, 2천~5천 명의 동문들이 지역적으로는 동남아를 넘어 전 세계에서, 시간적으로는 20년을 넘나들면서 새로운 세상을 꿈꾸며 비즈니스 측면에서 서로 끌고 댕길 것입니다. 그것에 대한 여러분의 상상력을 동원한 꿈을 발표하는 시간입니다.

면접 미션을 줍니다. 오늘은 2029년 총동문회 날입니다.

발표 주제는 '나는 지난 10년간 이 동문회에 어떤 기여를 하고 어떤 도움을 받았는가?'를 말하는 것입니다. 즉, GIVE & TAKE의 모습을 구체적으로 말하십시오.

단, 방법과 방식은

미래를 현재형으로 스피치하세요. 지금은 2029년 6월입니다.

단, 스피치는 의자 위에 외다리로 올라서서 40초 시간 안에 발표해야 합니다.

　　그냥 상상하며 즐거운 표정으로 즐긴다고 생각하세요. 힘이 들겠지만 최선을 다해주기 바랍니다. 쉽지 않은 주제와 방식이지만 여러분의 노력을 보겠습니다."

| 스피치(발표) 면접에 잔재주를 못 쓰게

　'약간 흔들리는 의자 위에서 외다리로 서서 발표를 합니다'라는 조건을 추가한다. 인간적으로는 미안하지만 이런 상황 설정을 하는 이유가 있다. 이 교육과정의 특수성을 감안해 고육지책(苦肉之策)으로 개발한 면접 방식이다.

　1년간 강도 높게 이어지는 베트남어와 영어, 그리고 직무교육 전체 과정이 모두 합숙으로 이루어진다. 그것도 기온과 습도가 높은 하노이에서. 무엇보다 인내력과 배려가 중요하다. 수료 후에는 현지 기업에 들어가 현지인 50~500명을 이끄는 관리자가 된다. 하루하루가 만만치 않다. 기존 면접 방식으로 뽑았다가 지원자의 내면을 놓쳐 낭패를 많이 보았다.

　그래서 연구해서 만든 '복합면접방식'이다. 강한 압박과 힘든 주제에도 '평정심을 가지고 상황을 정확하게 인식하고 문제해결을 하려는 태도'를 보는 것이다. '글로벌 비즈니스맨(Global Businessman)'의 기본이자 최고의 덕목이다.

　아마 전 세계 어디에도 없는 방식의 복합면접이다.

| 답을 하는 두 가지 유형

첫째는 마이웨이형이고, 둘째는 쇼호스트형이다. 제대로 된 경우는 거의 없었다.

첫째는 질문은 무시하고 자기가 준비한 것을 은근슬쩍 발표하는 스타일이다. 전혀 엉뚱한 발표를 한다. 지금 하고 있는 일을 말하며 앞으로 이런 사업을 추가하겠다고 한다. 어떤 분야의 최고 전문가라고도 한다. 미리 준비하고 외워서 발표하는 내용이었다. 작년 면접의 발표 주제였다. 아마 인터넷이나 선배를 통해 기출문제라고 공부했으리라 추측이 된다.

둘째는 동문들에게 무슨 장사하듯이 발표를 한다. 스피치라고 하는 것에 중점을 둔 것으로 보인다. 내용이라도 조금 있으면 그나마 다행이다. 하고 있는 일을 가지고 동문들에게 도움을 주겠다는 투로 말한다. 그것이 기여라고 생각한 듯하다. "제가 필요하면 언제든지 찾아주십시오"라며 발표를 마감한다. "동문들 대상으로 영업합니까?"라고 일갈한다. 덕분에 긴장된 순간에 웃음이 터진다.

| 이런 답이면 얼마나 좋을까? 그리고 노력이라도 하면

중간에 힌트도 준다. "종횡으로 많은 도움을 주고받는 것이 가능할 것입니다. 예를 들면 서로 제품이나 자재를 사고팔며, 서로 투자도 하고, 출장 정보도 주고받을 것입니다. 아들딸들의 유학정보도 주고받으며, 서로 중매, 소개로 결혼을 하는 경우도 나오겠지요. 덕분에 동서지간, 사돈지간, 처남매부도 나올 것으로 보입니다. 고마움으로 1억 원을 동문회에 기부도 하는 경우도 있겠지요? 참고하기 바랍니다."

라고 해둔다. 그런데 응용이 안 된다. 생각지도 못한 세상이고 상상력도 쫓아 가지 못하는 세상이기 때문이다. 한편으로 누구를 돕고 도움을 받는 것도 어색할 것이라는 추정을 해본다.

| 필자가 바라는 답변은 이런 것이었다.

"2029년 금년에는 제가 줄 것은 새롭게 연수를 시작하는 후배들의 설음식을 책임지고 있습니다. 다른 지역에서 호치민으로 출장을 오는 동문들을 책임지는 것도 최소한 분기 1회는 하고 있습니다. 베트남 5년 차에 창업을 했는데 처음 1년 동안의 매출 500만 불은 모두 동문들의 힘으로 이루어지는 도움을 받은 것에 대한 작은 보답입니다."

"2029년 금년에는 취업한 지 10년 차입니다. 동문들이 창업을 하면 적극 관심을 가지고 연간 5만 불정도 금액을 목표로 엔젤투자를 하고 있습니다. 한국에서 놀고 있던 제 동생을 채용해 주어 부모님이 너무 좋아하십니다. 찾아보니 마땅한 것이 없어 이것이라도 기여해야 직성이 풀릴 것 같았습니다."

"2029년 금년에는 저는 전자부품회사의 공장장으로 일하고 있습니다. 제가 나온 대학교 후배들을 매년 10명을 반드시 채용하고 있습니다. 학교 다닐 때 장학금을 받은 혜택이 늘 고마웠습니다. 10년 전에 해외 발판의 만들어 주신 김우중 회장님의 뜻도 여기에 있다고 생각했기 때문입니다."

실제 이런 답이 나오기는 쉽지 않으리라 생각했지만 이런 답을 구성하려고 노력이라도 하는 태도를 보고 싶었고, 이 연수과정의 대담한 미래를 지원자 스스로 말하며 교육과정을 재인식하게 하는 효과를 노리기도 한 것이다.

| 무엇을 평가하는가?

과정 프로그램의 이해, 미래 상상력, 주고받는 발상법을 보고자 함이었다. 흔들리는 불안한 연단에서 균형 잡고 서게 함으로써 외운 것을 의미 없게 만들었다. 중요한 것은 난생 처음 접하는 면접 방식과 질문을 대하는 핵심 마음가짐은 '모두 다 같은 조건'이기에 두려워할 것은 없다. 그리고 동문회라는 공동체와 무상으로 받은 교육기회에 대한 마음가짐을 보겠다는 것이다. '기여와 혜택(Give & Take)'의 마음가짐이다.

첫째, 앞으로 10년 후, 2011년 시작기준으로 20년 동안 'BUSINESS'를 주제로 결성된 집단을 만들어 주는 것이 과정 설계 초기의 꿈이다. 그래서 글로벌 사업에서 서로 도움 받고 도움 주도록 하는 것이다. 유대 네트워크, 화교 네트워크의 모습을 상상하며 그들을 능가하게 하겠다는 의지로 시작된 것이다. 미래 주인공들의 상상력을 보는 것이다.

둘째, 그 네트워크가 작동하는 방법의 상상력이다. 그리기 나름으로 무한하다. 서로의 믿음을 기반으로 적지 않은 시간을 한솥밥 먹은 동문들이 된다. 얼마나 대단할까? 이 어마어마한 네트워크를 누리려면 좋은 평판을 유지해야 한다. 정직하고 믿음이 가야 할 것이다. 선순환의 고리를 엮는 동기도 될 것이다. 그런 상상력을 보는 것이다.

마지막 셋째, GIVE & TAKE의 발상을 보고 싶었다. 그 구성을 위해 애쓰는 모습만이라도 보고 싶었다. 그런 마음 자세를 갖도록 하는 것만 해도 좋은 평가를 주려는 것이다.

| 힘들지만 꿈을 가진 청년들 취급법

다행히 어렵고 곤혹스러운 면접이지만, 취지를 설명하면 눈빛이 달라진다. '왜'가 이해되면 열심히 따라오는 모습은 요즘 젊은이들의 큰 장점이다. 지난 8년 동안의 선발, 교육연수, 취업 그리고 현지 적응과 생존, 발전하는 모습을 보며 많은 고민과 연구를 통해 체득한 것이다. 그것을 무기로 선발하고 양성해 나간다.

이렇게 글로벌 인재, 글로벌 전사의 후보자들은 선발되어진다. 방식의 일부는 1945년 제2차 세계대전 위기에서 전세를 뒤집기 위해 영국 처칠 수상이 만든 비밀결사조직의 요원을 선발하는 방식도 참고하였다.

인적성검사, 자격증,
인식조사

이런저런 생각들

취업 실패, '무심코' 연습의 누적
커피숍의 수다가 취업에 독(毒)이 될 수도 있다

어느 여름날 원고를 쓰려고 집을 피해 카페로 갔다. 조금 가벼운 주제를 다루려고 해보았으나 주변을 둘러보니 글이 저절로 무거워지고 있다.

#1 옆자리의 수다와 유난스러움

이 글을 쓰는 지금은 워낙 더워(약37도), 집에선 뭘 못하겠다는 판단으로 노트북을 둘러메고 집 가까운 커피숍을 찾았다. 약간 시끄럽기는 하지만 4,100원을 들여 3, 4시간의 피서지로는 최고이다.

옆자리에 젊은 청춘남녀 4명이 앉아있었다. 전반적으로 시끄러운 분위기라 이어폰으로 정신을 모아보았다. 4명의 이야기가 대화를 넘어 호들갑 수준을 넘어가는 듯하여 잠시 훔쳐 들어 봤다. 30대 초반의 제각기 다른 직장인들로 추정… 제각각의 회사에 대한 욕과 비난, 저질 단어들이 난무한다. 그리고 먹방 이야기로, 다음은 주변 이야기와 술 먹고 놀았던 일을 무슨 무용담같이 이어간다. 하도 시끄러워 그중 한 명과 눈을 마주치며 핀잔주는 모습을 보였더니 약간은 눈치를 보는 듯하다가 금방 하던 습관대로 행동한다.

더 이상 보지 않아도 알만한 상황이 되었다. 이들의 미래도, 성공도 어느 정도 장담을 한다. 이게 그들의 성장을 가로막는 끝일 가능성이 크다는 것이다. 안타까움으로 머리를 스쳐 지나가는 기억들 때문이다.

#2 기억 속 에피소드

"전무님! 이 사람이 5등입니까? 그래도 절대 붙이면 안 됩니다. 준비하고 대기하는 시간에 눈살을 찌푸리게 하는 것이 한두 건이 아닙니다. 면접장에서의 점수는 좋아보였을지 몰라도 대기시간의 행동을 봐서는 붙이면 절대 안 됩니다."

그 한마디에 탈락으로 처리할 수밖에 없었던 기억이다. 대리 직급의 한마디가 5명의 임원급 면접 결과를 뒤집었다.

기억을 더듬어 중소기업 전무로 경영을 총괄할 때의 일을 떠올려 본다. 20명 정도를 뽑을 때 제법 우수한 평가를 받은 이들이 기억에 남아있다.

#3 엄중한 상황 기억

"면접 대기시간이 2시간이란다. 1시간이상 기다리다 보니 짜증난다. 야! 오늘 점심 같이 하자. 면접 끝나고 다시 전화할게. 그런데 이 회사 정말 골 때린다. 2시간이나 기다리게 한다. 면접은 왔지만 안 다닐지도 몰라."

어느 참가자가 면접 대기장에서 친구와 전화하는 대화이다. 둘의 통화 내용은 들을 이유가 없고 들어서는 안 되지만 100여명이 대기하던 면접이 어느 정도 마무리되며 몇몇만 남아 있으면 조용해지니 통화 내용이 자연스럽게 귀에 들려온 것이다.

한나절 동안 200여 명의 면접이 끝나가는 시점이다. 이름의 성(姓)씨가 '한, 황, 현' 등의 경우는 통상 마지막에 면접을 보게 된다. 소집된 시간과 약 2시간 정도의 시차가 불가피하게 일어난다.

그 기다림의 시간에 '무심코' 나타나는 현상이다. 당연히 불합격 처리를 하게 되었다. 굳이 설명이 없어도 될 정도다. 대기 시간의 관찰 결과는 강력한 참고 자료가 된다는 것이다.

| 인사부의 의도

면접 진행을 담당하는 과장이나 대리급에게 특별 미션을 준다. 업무를 챙기는 척하며 면접 대기장 주변이나 복도, 화장실 주변을 두루두루 살피라고… 그리고 하나하나 메모해 두라고 한다. 심사를 할 때 전부 참고하기 위함이다.

카톡으로 메시지를 주고받으며 누군가와 수다 떠는 경우, 우연히 잘 아는 사람과 같은 시간대가 되어 대기하는 중에 눈살을 찌푸리게 하는 경우, 모바일 게임이나 웹툰에 빠져 있는 경우, 준비해 온 예상 질문과 답안으로 중얼거리는 경우 등 천태만상이다.

잘 모르지만 옆에 앉은 사람에게 조용히 말을 건네고 인사를 나누며 뭔가를 조심스럽게 이야기를 나누는 경우, 차분히 책이나 신문을 펼쳐보며 시간을 보내는 경우도 있다.

일반적으로 신입사원 채용의 면접시간이 모든 만남에서 긴장도가 가장 높다고 한다. 나는 상대를 잘 모르는데 상대는 나의 모든 데이터를 가지고 있다. 반면에 면접대상자는 완전히 노출이 되어 모든 것이 관찰되어진다. 뿐만 아니라 대기시간에는 경쟁자들과 면접 진행자들 모두가 눈에 들어온다.

대기시간을 막무가내로 '무심코' 보내는 사람들은 과연 어떻게 된 사람들일까? 그 어렵다는 취업 면접 직전 시간이 아닌가? 시간과 돈과 노력을 들여 준비를 했으나 정작 옆에 있는 대기 장소에서 점수를 착실히 까먹는 모습을 보노라면 기가 찰 노릇이다.

| 무심코가 통(?)하고 연습(?)하고 장려(?)되는 시간과 장소

면접 시간에 이러한 방식으로 면접 전, 면접 후의 태도나 자세, 행동의 관찰은 20여 년 전부터 이어져 왔다. 많은 메시지로 대학가에 조심하라고 일러 주었다고 생각한다. 그런데도 이런 내용은 관계자들도 잘 모르는 듯하다.

그러니 지금도 취업이라는 엄중한 자리에 '무심코' 이어져 반대의 결과가 나오는 것이 아니겠는가? 취업 경쟁력을 떨어뜨리는 습관이 저절로 만들어진다는 것이 문제이다. 대표적인 장소가 커피숍이나 강의 시간이다.

커피숍을 한번 보자. 주변의 사람들을 아랑곳하지 않고 대화하는 모습들… 누워 침뱉기의 이야기를 스스럼없이 한다. 심지어는 좁은 엘리베이터, 지하철에서도 그런다. 상황을 인식 못하며 '무심코'를 반복한다.

또 하나의 공간은 강의장이다. 강의 시간이 되고 교수님이 앞에서 시작의 메시지를 주어도 아랑곳하질 않는다. 위에 나열한 행동을 주고받는다. 심지어는 일반 핸드폰 전화도 이어진다. 그래서 기다리다 못해 옆자리의 수강생에게 알려주며 눈치를 주기도 해 보았다. 그 사람조차 교수가 뭘 원하는지 모르며 '무심코' 지나간다.

가끔씩은 강의 시작 5분 후쯤에 간단한 설명을 곁들인 동영상(강의와 연관된 교육적 내용)을 띄우고 강의장과 학생들 자리사이로 누벼본다. 내가 가까이 간 줄도 모르고 하던 일(주로 핸드폰으로)에 '무심코' 빠져 있다. 동영상이 끝난 후에 강하게 질책하며 가르쳐본다. 수업에 집중하라고… 그러나 채 10분을 가질 못한다. 눈길의 반은 벌써 또 핸드폰에 가 있다.

일반 정교수들께 말해보았다. "그냥 둔다. 말해도 고쳐지지 않으니…"라고 한다.

기가 차며, 가히 대학의 몰락이라 해도 과언이 아니다.

취준생들에게 엄중히 말해준다. "취업에 스펙, 금수저 탓하지 말라. 여러분 스스로 몰락하는 것으로 보고 어느 누구도 조심하라 일러주지 않는다는 것도 명심하거라."

"회계사 합격자가 지원? 얼마나 버티나 보자!"
자격증 : 취준생의 모순 덩어리

| 에피소드

"1년간 자네가 회사를 잘 다니면 내가 밥 사고 술 산다. 만일 못 다니면 자네가 사야 된다. 한번 내기하자."

"예! 과장님. 반드시 오래 다닐 것입니다. 제가 이길 것입니다."

벌써 20년이 넘은 일이지만 인사과장의 자존심과 품격으로 어울리지 않는 약속을 했다. 갓 입사한 신입사원과 한 것이다. 그 어렵다는 회계사(CPA)에 합격하고 대우무역상사에 영업을 해보고 싶다고 공채지원을 해왔다. 회계사를 합격할 정도이니 입사시험 성적은 당연히 좋았다. 위의 대화 내용은 채용해서 연수시키고 부서배치 면담할 때 주고받은 대화내용이다.

숫자 감각과 회계를 안다는 것은 영업, 무역을 하는 데 크게 차별화된 역량을 갖추는 것이다. 제품에 대한 지식과 매입, 제조가격 그리고 판매가격에 금융지식만 더하면 상당히 높은 수준의 유연성과 협상력을 갖게 되는 것이다.

한때는 뽑은 신입사원 전원을 대상으로 경리부기(簿記)교육을 시킨 적이 있을 정도이니 오죽 했으면 이런 시도를 했을까? 지원자들이 숫자 개념이 부족하기 때문이다. 일반적으로 회계사에 합격하면 회계법인에 입사하여 일하면 편하고 급여도 많을 것인데 고생이 많은 종합상사를 택했으니 그 소신을 잘 지켜나갈지를 보고 내기한 것이다.

| '사(士)'자 직업군의 일반적 현상들

회계사에 합격하여 자격증을 가진 대학졸업자들이 일반기업으로 지원하는 경우는 눈을 씻고 보아도 찾을 수가 없었다. '사(士)'자를 가진 자격증이 대개가 그렇다. 그 자격증에 도전하는 이유가 좀 더 편하고자 하기 때문일 것이다. 한 번 합격하면 배타적(排他的)영업권을 가지고 평생을 지낼 수 있으니 얼마나 좋을까? 인간이라면 누구나 도전해 볼 만한 가치를 가지고 있다. 말 그대로 평생을 편하게 지낼 개연성이 높은 대박이다. 그러다 보니, 대학시절에 '사'자 돌림의 시험 도전이나 고시공부 한번 안 해 본 사람이 없는 것이 당연할 것이다.

대학 때 이런 종류의 자격증을 따고도 어렵고 험한 기업 영역에 들어온 것은 남다른 면이 있으나 그 편안함의 유혹으로 기업에 오래 다니지 못할 것이라는 보통의 생각으로 내기를 한 것이다. 한편으로는 정말 기업에서 활약하고 창업하여 사업을 일으키는 인재가 되어주길 바라는 마음에서 자극을 주고자 하는 마음에서 한 내기였다.

| 기업인들의 기본 생리

인사업무를 오래 하다 보니 일반적인 '자격증'에 알레르기 반응이 생겼다. 특히 취업준비용으로 대학생들이 취득하는 많은 자격증에 반드시 물어보는 질문이 있다.

"이 자격증은 어떤 것이며, 왜 땄지요?"라는 질문이다.

그러면 답변도 다양하다. 제일 고약한 답변이 "그냥 땄습니다."나 "엄마가 따두면 좋을 것이라고 해서요."라는 경우다. 거기에다가 자격증 시험 과목도 잊어버리고, 과목을 안다고 해도 기초적인 질문 몇 가지만 해도 답을 못하는 경우는 아예 손사래를 친다. 들어간 비용도 잊어버리면 더 가관이다. 기업에서 일할 사람은 반드시 비용을 투입하면 뭔가 효용이 있어야 한다.

반면, 자격증 준비와 합격을 통해 해당 분야 공부를 느긋하게 하는 것보다 빠듯하게, 그리고 중간목표의 개념으로 도전하는 경우는 그런대로 높이 살 만하다.

　　　　　　　　　　　　　　　　취업의 정석 나를 마케팅하다

| 자격증의 취업에 적용문제

자격증 취득이 취업 도전이나 면접에서 제대로 힘을 발휘하기 위해 어떤 조건들이 필요한지 정리해 본다.

첫째, 핵심은 자격증을 따려고 노력한 이유가 있고, 자격증의 개요와 시험과목, 난이도와 검정 비용 정도는 설명이 되어야 한다. 기업의 모든 활동이 투자대비 결과를 보기 때문이다.

둘째, 지원하는 회사의 산업이나 직무에 있어 직접 필요한 것이어야 한다. 취업을 준비하며 막연한 걱정으로 두루 취득한 것이 있다면 관련 없는 것은 차라리 기재하지 말 것을 권한다. 기업인의 생리에는 효율성이라는 단어가 늘 머릿속에 자리잡고 있다. 투자대비 결과를 생각한다. 그런 의미에서 무작정 많은 자격증 취득은 오히려 독이 된다.

셋째, 대학생으로서 당연히 어느 정도 수준의 스킬을 가질 것으로 생각되는 자격증을 별도로 따는 것이 오히려 독이 되는 경우도 있다. 대표적인 것이 MOS 자격증으로 마이크로소프트사가 자사제품인 MS-OFFICE를 가지고 지식이나 스킬을 자격증화한 것이다. 워드, 스프레드시트, 프레젠테이션의 세 가지 도구 활용은 이제 기업이나 대학에서 기본 중의 기본이다. 자격증이 아니더라도 꼭 해두어야 할 업무 스킬이라는 것이다.

참고로 자격증은 국가자격, 국가기술자격, 공인민간자격, 등록민간자격 등으로 분류되며 종류도 무려 50,000여 개에 이른다. 이름도 생소한 것들이 즐비하다. 민간자격을 새롭게 만드는 것은 까다로운 것도 아니다. 그러다 보니, 국민과 취준생을 대상으로 상업적 목적으로 만들어 주머니를 터는 경우도 많다. 그러니 세상 물정모르고 자격증에 덤벼들지 말길 바란다. 구체적인 종류는 한국

산업인력공단의 자격증 홈페이지를 참고하기 바란다.(http://www.q-net.or.kr)

| 대학가에서 취업 스펙으로 등장하는 자격증의 분류와 의미

① 기업이 찾고 검정해야 할 최소한의 자격증이나 의미가 퇴색된 경우

토익, 토플 등 영어점수와 일본어, 중국어 등의 외국어 등급이다. 요즘은 그 점수나 등급과 실제 사용능력과의 상관관계가 많이 낮아진 것이 문제이다. 그러나 별도로 시험을 치르거나 확인 과정을 추가하는 것이 여의치 않아 그대로 참고는 한다. 하지만 워낙 기본사항이기 때문에 대학생 때 점수자체를 체크해보지 않는 것은 사회진출의 준비 불량이나 게으름으로 비친다.

② 기술관련 자격증으로 측정에 시간과 돈이 들고, 자체만으로 신뢰도가 높은 경우

국가기술자격, 국가전문자격으로 자격증 자체에 권위가 있다. 기술이나 기능 점검 등에 있어 직접 사용될 경우가 많으나 비용이나 시간으로 따기가 여의치 않다.

③ 예전에 유효했으나 이제는 대중화되어 의미가 없어진 경우

운전면허, 타자 급수자격증, 인터넷 검색 자격증, 비서자격증, MOS(Microsoft Office Specialist) 등이 해당된다. 단, 타자나 비서 등은 정부기관의 행정부서 취업에는 필수로 요구하는 경우도 있다.

특별히 물류회사, 중장비 회사, 특수자동차 회사 등에 도전하며 운전 1종 대형, 1종 보통, 1종 특수 운전면허를 가지면 크게 도움이 되는 경우도 있다.

④ 특별한 목적의 자격증으로 입사 후에 쓰임새(회사 업무 필수)가 있는
  경우

  품질관리, 식스시그마, 소방방재, 소화물 관리, 기술·기능 자격 등으로 특정
업무나 회사에 필요하면 즉각적으로 도움이 되는 경우이다. 회사 내부에 일정
인원을 두도록 의무화한 경우가 많기 때문이다.

  최근에는 COS(Coding Specialist), COS Pro(Professional Coding Specialist)
와 같은 자격은 아직 그 유용성을 판단하기 어렵다. 기술이나 세상의 변화로 계
속 생겨나고 있다. 조심스럽게 따져보고 취득하는 것이 좋다.

⑤ 공공부문에서 기본 사항으로 요구하는 경우는 있으나 기업에서는 의미
  가 없는 경우

  한국사자격, 한자자격, 심리상담사, 독서심리상담사, 아동독서지도사, 독서
논술지도사, 국제무역사, 무역영어, 유통관리사, 물류관리사, 원산지관리사 등
주로 민간자격이 해당하며 약 25,000여 개를 넘나든다. 학교 교내 광고문이나
신문,TV방송 등에 광고로 끼어있는 것에 속지 말아야 한다. 쓸데없이 당하는
피싱에 걸려드는 것이다.

⑥ 취득이 어렵고 귀한 것으로 기업 활동에 큰 도움이 되는 경우

  회계사, 세무사, 변호사, 변리사, 약사 등이 해당된다.

  특별한 사업 목적을 가진 기업이나 직무에서 힘이 되는 경우이다. 예를 들면,
이 글의 첫 부분에서 언급한 회계사의 경우나 약사의 경우 제약회사, 변리사의
경우 아이디어 상품 개발(흔치는 않고, 지금 당장 특허관련 사무실의 처우가 월등한 경우),
변호사의 경우 기업의 법무실 지원, 회계사, 세무사는 회계부서로 지원하는 경
우이다.

그러나 세월이 흘러 인원이 넘치고 경쟁이 치열하게 되면 자격증에 안주한 경우 치명적인 약점이 될 수가 있다. 개업 의사인데 경쟁력이 없는 경우, 로스쿨 출신의 변호사가 일자리를 못 찾는 경우 등이 해당된다.

"무슨 전쟁이라도 난 줄 알았다"는 푸념들
직무적성검사와 유난스런 언론

지난 2019년 4월 1일의 어느 일간지 제목이다.

- "극강의 난이도"…삼성 입사 직무적성검사에 '비명후기' 속출
- "GSAT 보다가 불타 죽는 줄"…'삼성고시' 최강 난이도 '울상'

몇몇 대기업이 직무적성검사를 치른 후에 나타난 취준생들의 반응이라며 기사화한 것이다. 언론이 더 호들갑이다. 왜 이런 시험을 치를까? 기업은 취준생들의 무엇을 보고 싶을까? 그리고 어떻게 준비를 해야 할까?

일반적으로 기업에서는 신입사원 선발과정에서 직무적성검사와 인성검사 두 가지를 동시에 치른다. 먼저 직무적성검사를 정리해 본다.

| 직무적성검사의 용도

직무적성검사가 기업에 도입될 1990년대 중반에는 인사전문가들끼리 유용성 여부에 대해 논란이 많았다. 실제 능력과 검사결과의 상관관계가 유용하지 않다는 것이다. "성적이 별로 좋질 않은데 일만 잘하더라.", 혹은 "성적은 좋은데 뽑고 나서 후회했다" 등이다. 그러나 다양한 방식으로 점검을 해본다는 차원에서 공개채용을 시행하는 회사의 절반 이상이 채택하고 있다.

한편 언론이나 학교 교수진에서는 이 방법에 대해 의문을 제기한다. 인터넷을 보면 흘러넘친다. '공간 지각력이 직무적성과 무슨 관계?'(2017년 4월 주간동아 심층취재 기사 중의 소제목; http://weekly.donga.com/List/3/all/11/899523/1)라는 제목에서부터 보자. 워낙 준비가 입시공부 수준인 데다 힘에 붙이기에 대기업에 대한 불만으로 이어진다.

그러나 직원을 뽑고 일을 시켜본 사람이면 무조건 그 유용성을 인정한다. 간단하게 이런 실무적인 문제를 생각해 보자.

"직원들과 혹은 바이어와 창고나 사무실에 일정한 크기의 제품 BOX를 쌓아두기로 의논을 한다고 치자. 총 몇 개나 들어갈까? 그 상품의 가격을 감안하면 총 물품가격은 얼마나 되며, 만일을 위해 보험을 든다면 비용은 얼마나 될까?" 공간과 수리능력이 동시에 필요하다.

한때 미국의 Microsoft사가 수치추정능력을 물어보는 면접질문을 공개해서 크게 화제가 된 방식의 문제이다. 예를 들면, '국제규격의 수영장이 있다. 축구공을 넣으면 몇 개나 넣겠나?' 그것도 면접관이 질문하면 5~10초 내로 추정해서 답을 해야 하는 질문이다. 정말 황당한 경우다. 상식(수영장 크기)과 공간, 수리능력의 종합판이다.

이런 방식으로 테스트를 거친 미국이나 다국적기업 직원들과 우리는 거래도 하고 경쟁도 한다. 이 문제의 풀이 방법 등에 관한 내용은 10장 68번(삭제될 내용이 있으므로 순서가 달라질 수 있어 보류) 주제를 참고하면 된다.

| 직무적성검사를 치는 이유?

가장 기본 인식은 대학교육을 못 믿겠다는 것이 출발점이다. 너무나 상식적인 것이 부족하더라는 것이다.

반면에 기업의 비즈니스 환경은 어떤가?

- 한국 기업의 경쟁대상 확대 : 후진국 → 중진국 → 선진국으로의 성장과 경쟁
- 협력 대상도 확대 : 제품, 서비스, 경영에 전방위적 협력과 커뮤니케이션 필요
- 복합적인 과제의 출현 : 문제 해결의 기초 · 기반지식과 상식, 전문지식 필요
- 취급 제품, 판매, 구매 대상 다양화 : 국가, 지역, 문화영역 확대에 적응

기업의 환경과 학교 교육이 간극이 더욱 커져가는 현상에 대한 고육지책(苦肉之策)이다.

실제 선발채용과정에서는 3가지 방향으로 활용된다. 단순히 서류전형의 대용(이것만으로 당락(當落)결정), 검사점수와 지원서로 복합 전형, 선발에서 최소화하며 실무배치 시에만 참고자료로 활용하는 등 3가지 경우이다.

첫째의 용도는 아예 서류전형의 대체로 쓰는 경우이다. 워낙 대규모 인원이

취업의 정석 나를 마케팅하다

지원을 하는 경우 업무 과부하가 걸리기 때문이다. 시험을 치른 후에 그것만으로 당락을 결정짓고 면접대상을 소집하는 경우로 극히 일부분의 대기업이 시행하는 경우이다.

둘째의 용도는 지원자의 비즈니스 관련 기초역량이 너무 떨어지는 것을 걸러내기 위함으로 서류전형과 병행하는 것이다. 가장 광범위하게 사용되는 경우이다.

과목별 과락(科落)도 있고 전체 점수를 합산하여 탈락(脫落)도 있다. 거기에 입사지원서를 결합하여 면접대상자를 고르는 것이다. 대개는 일정 수준 이하면 아예 서류도 보지 않고 배제한다고 보아도 좋다. 그런 의미에서는 1번 경우와 차이가 없다.

셋째의 용도는 합격이후에 부서. 직무배치에 활용하는 것이다. 다양하게 점검한 과목들이 배치 후의 직무에 영향을 주는 역량이기 때문이다. 예를 들면 회계부서나 영업관리부서 배치를 희망하는 경우에 수리능력이 떨어지면 배제한다. 한자나 언어능력이 떨어지는 사람을 중국이나 일본, 동남아 등과 비즈니스가 연결되는 곳에는 제외한다. 물론 면접 이전에 시험을 치른 점수로 심하게 부족한 경우는 사전에 불합격시키는 도구로도 쓰인다.

| 어떤 종류의 테스트가 있는가?

삼성그룹을 포함한 대기업이 흐름을 주도한다. 보통 기초직무능력과 직무능력으로 구분하여 시험을 본다. 수리능력, 언어능력, 추리능력, 공간·시각능력 등의 기초직무능력과 일반상식, 시사상식, 상황판단, 예절, 역사 등의 직무능력이다.

작년 올해 걸쳐 언론에서 화제가 된 문제 몇 가지를 예를 들어 보면,

- '토사구팽', '청렴결백', '몽매하다'의 단어 이해(2018년 하반기), '당풍구월'의 뜻 이해(2018년 상반기), '겸양' 단어의 이해(2019년 상반기) - 언어 능력
- '종이접기'를 하였을 경우 예상되는 모양, 그 입체물의 특정 위치에 구멍을 내어 펼칠 때의 위치 식별 - 공간 · 시각적 능력
- '두 개의 어항에서 줄어드는 물고기를 계산하라'거나 '소금물의 달라지는 농도를 구하라'는 질문 - 수리 능력

등의 문제들이다. 위에서 언급한 대로 직장인으로 가장 기초적인 능력들이다. 그런데 실제로 뽑아서 일을 시키는 과정에서 너무 부족하다고 느껴지는 것들이다. 취준생들의 능력은 해가 갈수록 더 떨어진다는 것이 선발에 참여했던 사람들의 한결같은 말이다.

그런데 서류전형으로는 식별할 수가 없고 면접에서 물어보기도 까다로운 것들이다. 그러니 불가피하게 일괄하여 시험을 치는 것이다.

| 어떻게 준비해야 하는가?

뾰족한 지름길이 없다. 꾸준히 준비해야 한다. 다행히 대학 도서관에 가면 해당 책들이 많이 비치되어 있는 것을 보았다. 수험서 수준이다.

갈수록 강화될 수밖에 없는 선발 과정이다. 보기에 따라서는 지능검사(IQ 테스트)와 유사하다. 언뜻 맞는 말 같지만 크게 난이도를 감안하지 않는 상식적인

것들이라 문제라고 보면 과도한 해석이다. 그 필요성을 감안하면 무조건 일찍부터 준비해야 하며 꾸준한 문제풀이로 패턴에 익숙해져야 한다. 꼭 취업이 아니더라도 이런 정도의 문제에 힘들어하면 생활 속에서도 낭패를 당하는 안타까운 경우가 많다. 일상 교과목 공부를 통해 자연스러운 부분이 되어야 하고 외우는 것보다 원리 이해와 생각의 힘을 키워야 한다.

한 가지 사족(蛇足)을 붙여 본다. 언론도 호들갑만 떨지 말고 이런 정도 수준의 문제도 못 푸는 취준생에 대해 각성을 촉구해야 하며, 대학이나 고등학교 교육이나 집안교육에 강한 문제 제기를 해야 한다. 기업이 인재를 선발함에 이런 문제까지 내어가며 테스트한다는 것에 주목하자는 것이다. 몇몇 특수한 기업의 현상이라면 별도의 문제이겠지만 모든 기업에서 광범위하게 취급하는 절차이자 시험이라면 기업의 앞단에 있는 제도권 교육에서 어떤 형태로든 커버해야 한다는 것이 필자의 생각이다.

'상사가 담배를 권하면?'과 필기시험
인성검사의 종합 이해와 숨은 비밀

[광경 #1]

"교수님! 인적성검사라고 한 것도 맞게 해주면 안 됩니까?"

필자가 한국열린사이버대학교(OCU)에서 수업하고 있는 '취업준비의 정석과 차별화전략'이라는 과목의 기말고사 채점을 하고나니 정답으로 인정해 달라고 떼를 쓰고 상황이다. 평가문제는 주관식이었다.

• "다수의 기업들이 서류전형의 대체 수단으로 혹은 면접전형의 보완도구로 이 검사를 도입하여 측정을 하고 있다. 지원자의 직무역량의 점검이나 특정 직무에 필요한 지식이나 기능, 최소한의 상식 등을 점검하는 '직무검사' 혹은 '직무적성검사'라고 한다. 반면에 지원자의 성품의 진실성, 일관성, 신뢰성 등을 측정하는 검사를 무엇이라고 하는가? 한글 한 단어로 답하세요. (띄어쓰기 금지)"

담당 교수인 필자의 답은 뻔하다. '인성검사'이다, "안됩니다. 일반적으로 인적성검사라고 하지만 분명히 두 검사는 다른 성격의 것입니다. 통합한 명칭을 쓰면 안 됩니다.

[광경 #2]

'허걱! 인성검사? 400문제를 50분 만에 답하라고?' 당황하는 모습이 역력하다.

1분에 약 10문제를 풀고 답을 표해야 한다. 생각할 시간도 없다. "X뿔? 인성? 사람 됨됨이를 어떻게 시험으로 판단을 해?" 그러면서 대충했다. 그런데 합격이네… 옆에 보니 나보다 좀 더 인성이 좋아 보였던 친구는 불합격이라 끝났다고 한다.

인터넷에서 본 인성검사에 대한 후기 중 일부다.

[광경 #3]

"김 대리! 그 인성검사 꼴찌로 평가 결과가 나온 직원 우리가 한번 써보자. 인사부에 배치하자." 필자가 인사과장시절에 우리 부서에 배치해 같이 근무한 직

취업의 정석 나를 마케팅하다

원의 일이다. 인성검사의 결과가 너무 엉망이었다. 그런데 면접에서의 평가는 대체적으로 무난했다. 무엇보다 밝았다. 조금만 심각해지면 표정이 어두워지는 흠은 있지만… 약 7년여를 같이 일했다. 그리고 어느 임원의 비서로 몇 년간 더 일하다가 결혼도 하고 육아문제로 회사를 떠났던 기억이 있다.

| 기본 목적과 채용업무의 경감

기업 채용 절차에 도입된 지 30~40년이 된 인성검사에 대한 기억을 떠올려 보았다. 여전히 큰 비중을 차지하고 있다. 최근에 와서 되레 더 강화하는 경향도 있다. 회사에 따라서는 다른 경험과 믿음을 가지고 있을 수도 있다.

인성검사의 가장 중요한 역할은 '신뢰성'을 점검하는 것이다. 스타일이나 가치관을 읽어볼 수 있는 문제들이다. 다양한 유형에 맞는 여러 질문을 개발하여 질문 문항 속에 지그재그로 배치하여 두고 실제적인 판단, 행동을 그대로 답하도록 요구하고 있다. 문제에 맞춰 상대를 의식하며 답을 억지로 조작하지 말라는 뜻이다. 기업은 다양한 스타일의 인재를 뽑는 것이 중요하다. 어떤 유형의 사람인지는 중요하지 않기에 일관성 있는 답이 중요하다. 그러나 면접관에게 '잘 보이려는' 목적으로 각 문항마다 지레 짐작으로 판단하며 유사한 질문에 일관되지 않게 답하는 것은 문제가 된다. 이 경우는 신뢰성에 문제를 삼고 무조건 잘라내어 불합격 처리를 하는 목적으로 도입된 검사다.

| 그 외에도 몇 가지 부수적인 유용성이 있다.

첫째, 취준생의 일반적 시각으로 절차가 복잡하고 단계가 많을수록 공정할 것으로 인식하는 측면에 기여한다. 그리고 시험이 가지는 객관성으로 주관성을 배제하는 듯한 인상을 준다. 인성검사는 정답이 없는 것을 기본으로 하지만 '시험'이라는 탈을 쓰고 있기에 합격, 불합격이 공정하다고 생각하는 것이다. 특히, 아이러니한 것은 인성검사는 조금 덜하지만 직무적성검사는 지능(IQ)검사와 비슷해서 일반 시험점수결과와 동일한 성격을 가진다. 대학입시결과나 학점과 같으니 대학서열이 낮은 학교 출신일수록 합격률이 떨어진다. 일 능력 중심의 채용과는 정반대 방향이다. 그래서 대기업들은 아주 기초적인 수준에서 문제 있는 사람들을 배제하는 도구로 사용하고 있다.

둘째, 서류전형 어려움을 대체하는 유용성이다. 대기업에 대한 지원자가 많아지고 경쟁률이 높아질수록 인적성검사에 대한 유혹을 떨칠 수가 없다. 짧은 시간에 어머어마한 분량의 글을 읽는 데 한계를 느낀 것이다. 그 서류전형의 보완기능으로 톡톡한 역할을 한다.

셋째, 최소한의 문제인원을 걸러내는 데에도 탁월한 효과가 있다. 400문제를 50분에 풀라는 약간의 부당해 보이는 질문에 대응하는 모습에서 조직적응력을 본다. 무조건 풀어야 한다. 전제는 생각나는 대로 답하는 것이다. 그리고 최소한 90% 이상은 풀어야 하는데 일정 수준이하가 되면 실제 업무수행에 심각한 경우를 초래하기 때문이다. 기업에서 일할 때는 고객의 요구에 맞추기 위해 가용한 시간 내에 무조건 맞춰야 하며, 그 전제하에 수단과 방법을 가리지 말아야 하는 것은 너무나도 기본적인 자질인 것이다.

| 검사(질문과 답변)의 유형

각 질문에 1~5까지의 스케일 중 마크하는 방식, 4개 혹은 5개의 예시문을 보고 선택하게 하는 방식, 예·아니오로 답하게 하는 방식 등이다. 질문의 유형을 한번 보자.

1. 당신을 어렵게 담배를 끊은 지 6개월이 된다. 그런데 상사가 매일 한두 번씩 업무의논 등의 목적으로 흡연 장소로 데리고 가서 담배를 권한다. 금연 중임을 알렸지만 상사는 막무가내이다. 당신이라면 어떻게 하겠는가?

- 상사의 권유이므로 담배를 피운다.
- 받아서 피우는 척 하다가 몰래 버린다.
- 금연의 장점을 이야기하고, 상사에게 금연을 권유한다.
- 거절하는데도 자꾸만 담배를 권하는 상사에게 화를 낸다.

2. 인성검사는 모두 400문항으로 구성되어 있으며 소요시간은 50분입니다. 주어진 문항의 내용이 본인에게 해당되는 경우에는 'Y', 해당되지 않는 경우에는 'N'에 응답하는 형식입니다. 문항을 읽으면서 빠른 속도로 솔직하게 응답하는 것이 중요하며, 솔직하게 응답하지 않을 경우 검사가 무효 처리될 수 있습니다.

- 예[   ],아니오[   ] 나는 의사결정을 하기 전에 모든 관점에서 문제를 신중히 생각한다.
- 예[   ],아니오[   ] 나는 명령을 하고 일을 진행시키기를 좋아한다.

- 예[   ],아니오[   ] 나는 활동계획을 미리 짜기를 좋아한다.
- 예[   ],아니오[   ] 나는 낯선 사람들을 만나면 무슨 이야기를 해야 할지 어려움을 겪는다.

| 인성검사를 대하는 기본자세

가장 중요한 것은 정답을 찾으려 하지 말아야 한다는 것이다. 평소의 생각에 맞추어 직관적으로 답하되 일관성 있게 해야 한다. '에라 모르겠다'는 태도도 위험하다. 예컨대 1분에 10문항을 푼다고 하면 한 문제에 6초 정도 머무르게 되는 것이다. 시간배정 잘하기 바란다.

앞에서 말한 대로 조작하는 대답은 위험하다. 솔직하게 대답해야 하며 평소의 스타일대로 하면 된다. 특정 스타일을 좋아할 것이라는 맹신을 버려야 한다. 그 맹신의 발단은 기업의 채용관련 홈페이지에 나와 있는 '인재상(人材像)'이다. 너무 의식하지 말고 기본에 충실하며 평소 스타일 그대로 답하길 바란다.

취업을 준비하며 한두 번 정도는 실제 테스트를 해보며 유형을 익혀두는 것이 좋다. 학교의 취업지원조직에서 모의 테스트 기회를 주는 경우가 많으니 잘 활용하기 바란다.

참고로 필자가 동남아 국가로 데리고 나가는 글로벌청년사업가(GYBM)양성과정의 연수생 선발과정에서는 이런 종류의 검사들을 하지 않는다. 초기에 도입했다가 유용성이 없었기 때문이다.

맥 빠지게 하는
설문조사 보도에서 찾은 교훈
의미 없는 설문조사 보도에서 탈출하라

| 우후죽순으로 쏟아지는 취업관련 설문조사 유감

실제 취준생들이 얼마나 보는지 모르지만 취업포털이나 언론사 등에서 쏟아내는 설문조사결과가 있다. 진정한 정보가 되고 취업의 길라잡이 역할을 하는지는 모르겠다. 이런 관행이 30여 년 전으로 역사가 거슬러 간다. 언론사인지 취업전문기관인지 기억이 애매하지만 대학생들의 기업선호도를 조사해서 일간지나 TV 등의 언론에 보도를 하면 인사담당자들은 무척이나 신경이 쓰이는 일이었다. 그 평판도는 신입사원 모집에 상당한 영향을 주고 최고 경영진에서 많은 관심을 가지기 때문이다.

그런데 최근에 와서는 기업이 아닌 취준생이나 직장인들의 깊은 심정을 파고드는 설문조사가 횡행한다. 직장상사, 직장부하, 사회생활, 조기퇴직, 부적응은 물론이고 돈 들어가는 수많은 스펙의 분석자료 등이 쏟아진다. 기업에서는 별로 관심도 없는 스펙이 즐비하다. 9포 세대라고 하여 언급하는 9대 스펙 중에 5~6개는 관심도 없다.

그러나 어떻게 하랴? 자극적 보도에 재미를 들인 매스 미디어가 단순 받아쓰기로 무책임하게 쏟아내는 소위 '정보'에 청춘들은 또 멍들고 돈 들고 시간을 보낸다. 의미, 무의미를 말하기 전에…

첫째, 표본의 구성도 모르겠고 대표성이 있는지도 모르겠다. 예를 들면 직장인, 취준생 등으로 표기되는 단어의 문제이다. 표본이 추출된 지역이나 전공,

학교 등을 모른다는 말이다.

둘째, 설문 조사의 목적도 잘 모를 지경이다. 그러니 질문자체도 어색하다. 어느 누구에게도 의미 없는 설문조사가 태반이다.

이런 것으로 인한 대한민국의 취업관련 판도가 뒤죽박죽이 된다.

지난 2020년 전후로 3대 취업포털에서 조사하여 언론에 보도된 설문조사 결과 제목만 한번 나열해 본다.

- '직장인이 첫 이직을 시도한 이유는(502명)' 2020년 3월 잡코리아
- 구직자 10명 중 9명 "취업 콤플렉스 느껴"(706명) 2020년3월 인크루트
- 구직자의 취업 콤플렉스 1위 나이(구직자 475명) 2018년12월 사람인
- 1000대기업 신입직 합격스펙 '올라'(천대기업신입 1256명) 2019년12월 잡코리아

3개 회사가 각각 1주일에 한 개 정도의 조사결과를 쏟아낸다. 그리고 많은 언론사들이 그대로 받아 적어 보도한다. 키워드 하나만 치며 검색하면 하늘에서 비 오듯이 쏟아진다. 취준생, 직장인들의 박탈감은 하늘을 찌른다.

일자리가 없으니 생기는 현상에다가 본인이 노력을 못해서 생기는 현상들, 기업에서 관심도 없는 포인트를 조사, 분석한들 무슨 의미가 있겠는가? 전문성이 있는 기관이라면 이런 결과를 통해 나름대로의 대안이나 혹은 그렇지 않다는 근거라도 제시를 하든지? 한때 비판을 했더니 "우리는 조사만 할 뿐이다"라며 넘어간 일도 있었다.

확인하기는 어렵겠지만 과연 이런 설문조사 디자인은 누가 할까? 그리고 왜 할까? 마음 같아서는 트렌드 분석, 설문조사 전문가 자격증 제도를 만들어 면허를 가져야만 할 수 있는 국가공인자격으로 만들고 싶을 정도이다.

위 내용 중에 3가지만 도표로 정리된 것을 한번 보자.

| 매년 나오는 스펙 분석(2019년 12월 잡코리아)

모두를 이것만큼 하라는 의미로 받아들인 공산이 크다. 회사마다 다르지만 항목 중 5~6개는 의미가 없다. 그리고 이 항목은 전부 평균이다. 월등히 낮은 점수도 가능하다는 것을 명심하자.

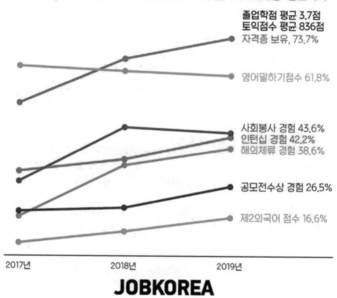

두 기관이 시차를 두고 조사한 것이나 의미가 모호한 경우

2020년3월 인트루트

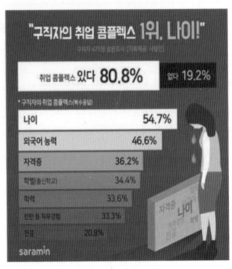

2018년12월 사람인

| 목적이 모호하고 설문구성이 엉망인 경우

첫 직장을 관두는 이유에 관한 설문조사 결과이다. 비슷한 시기에 관두는 사람들끼리 마음의 위안으로 삼으라는 것인가? 그런 이유가 있으면 관두라는 것인가? 이 사람들은 전부 서울, 혹은 대도시 직장인일까?

필자라면 이런 경우에 몇 마디 조언이라도 해주고 싶어 정리해 본다. 그리고 취준생들도 '신입사원'들이 이런 사유로 회사를 떠나니 잘 알아보고 지원하라는 의미에서…

직장인 첫 이직을 시도한 이유?

※ 이직 경험이 있는 남녀 직장인 502명 대상 조사, 자료 : 잡코리아

1위 업무 과다로 개인생활 어려움, 40.2%

2위 낮은 연봉, 34.1%

3위 회사 미래에 대한 불안, 27.7%

4위 상사, 동료와의 불화, 19.5%

5위 재미 없는 업무, 10.2% (*복수응답)

JOBKOREA

① 업무 과다로 개인생활 어려움

이 자료는 3년 이내 관둔 사람으로 대상으로 설문하고 답을 받았다고 한다. 1년 미만이 42%이다. 2년 이하까지 가면 63%이다. 3년 이내가 79%까지 달한다. 잠시 한 걸음 물러서서 생각해 보자. 업무가 많고 힘든 것은 당연하며 누구나 다 겪는 고통이다. 신입사원이니 일도 잘 모르고 업무 숙달도 덜 되어있다. 가끔씩은 이런저런 이유로 야단도 맞을 것이다. 선배들보다 1.5배, 2배시간이 걸리고 오류도 많다. 그러는 사이 일을 배워 직장에 서서히 자리 잡는 것이다.

꼭 명심할 것은 이런 이유로 관두고 다른 곳에 가면 또 같은 상황이 반복된다. 비슷한 두려움에 또다시 관두는 경우가 생기면 '퇴직습관'이 생기는 것은 더 큰 문제가 된다.

② 낮은 연봉, 회사 미래 불안

너무 낮은 급여로 퇴직하는 것은 안타까운 일이다. 홈페이지나 정보나 부족

한 회사도 있지만 웬만하면 급여수준은 공개가 되어있다. 잘 알아보고 도전하라.

전문가들은 대체적으로 일의 양이나 스트레스 정도와 급여는 비례한다고 한다. 입사 면접 이후에 급여 수준을 물어볼 수도 있다. 제법 괜찮은 급여 수준인데도 본인의 기대가 너무 커서 문제가 되는 경우도 있다. 주변의 친구들과 비교하지 말아라. 서로 '뻥'치는 경우도 많다. 그 참에 관두는 경우도 많이 본다.

③ 상사, 동료와의 불화

제일 난감한 경우이다. 실제 상사가 인격적으로 잘못되고 문제가 있는 경우도 있을 수 있다. 빨리 나오는 게 답이지만, 제대로 된 회사라면 그런 인물은 오래 버티질 못한다. 필자가 듣고 확인한 경우(70-80%)는 신입사원에게서 문제가 많은 것으로 이해가 된다. 필자가 글로벌청년사업가(GYBM)과정 연수생을 해마다 200여 명을 뽑아서 동남아 현지의 한국 중견·중소기업에 취업시킨다. 얼마 가지 않아 관둔 사람들의 대부분은 조직 부적응, 상사 불화를 말한다. 그러나 그 회사의 매니저들에게 확인하면 정반대의 말을 한다. 조직을 보는 눈의 차이가 있을 수밖에 없으니 배운다는 마음으로 주변의 선배들이나 동료들에게 물어보며 해 나가야 한다.

상사들도 하루하루가 빠듯하고 스트레스가 많다. 잘못되고 모자란 것을 지적하고 가르쳐 주는 것도 몇 번 지나가면 포기해 버린다. 야단도 더 잘하라는 채찍질이다. 어느 상사나 선배가 가학증(加虐症) 환자도 아닌데 할 일 없어 그러겠는가?

③ 재미없는 업무

퇴직 사유로 설문에 들어갈 제목이 난감하다. 기본적으로 기업조직에 대한 이해가 부족한 듯하다. 기업은 제품이나 서비스를 가지고 판매를 통하여 영리

취업의 정석 나를 마케팅하다

를 추구하는 것이 기본이다. 누구나 고민스럽고 어려운 것이다. 오너부터 경영자, 전 직원이 재미없다고 한다. 간혹 성과가 좋아 하는 일이 재미있는 경우도 있을 수 있지만 늘 그럴 수도 없다. 재미와 낭패, 고통이 섞여 돌아가는 것이 정상이다. 어느 한 사람은 힘들어 하는 일이 또 다른 누구에게는 재미있고 신날 수도 있다. 가정이나 학교도 아닌 취업을 한 직장생활에 대한 조사에서 '재미없는 업무'라고 설문을 구성한 경우가 너무 황당하다.

두 가지만 생각하자

하나는, 회사가 나를 뽑을 때 시간과 돈 들였다. 그리고 한 명이 관두면 누군가를 새로 뽑아야 한다는 번거로움은 물론이고 시기를 놓친다. 가급적 데리고 가려는 것이 기본이다.

다음은, 나의 부하가 내가 입사한 후 같은 수준으로 행동하고 업무를 처리했고 내가 책임자라면 어떻게 하겠는지도 생각해 보자.

부모, 가족이 도와주는
취업준비

part **15**

특별

TO : 부모님께
- 취업의 전체 과정 조망
스펙 부족으로 취업 늦어진 것이 행운으로 반전

"나도 나이 먹었지만 베트남에 가면 안 됩니까? 너무 좋은 과정입니다."

필자가 소속한 대우세계경영연구회가 주관하여 선발, 연수, 취업을 동남아에서 시키는 과정인 '글로벌청년사업가(GYBM)양성과정'의 연수생 선발 설명회 장소에서 교수님이나 부모님들에게서 자주 듣는 질문이다.

10년 넘게 매년 제법 전국 대학의 설명회를 다니다 보면 지치고 힘들기도 한다. 그러나 참석한 대학생들이 과정 전반과 취지, 비전, 성장 가능성을 이해하고 눈빛이 달라지는 것을 보는 짜릿함은 모든 피로를 씻어 내린다.

(여기에 언급하는 해외연수, 취업과정 모집에 대한 정보는 www.globalybm.com을 참고하면 된다. 유튜브 등에도 많이 소개되어 있다)

그래서 자신 있게 말해 준다. "우리 대우와 인연을 맺고 이 과정을 참가하는 것은 인생의 그 어떤 결정보다 의미 있을 것이다. 스펙이 좀 떨어져 취업에 어려웠던 모습이 오히려 행운이 될 것이라고 확신한다"며 강력히 추천을 한다.

• 취업만이 아닌 인생과 비즈니스 전체를 보는 힘을 기른다.
• 비즈니스를 주제로 하는 동기·동문의 네트워크가 형성된다. 수년 후에 10만, 100만 명으로 확대되어 글로벌 영역에서 활약할 것이다.

취업의 정석 나를 마케팅하다

• 연수종료 동시 취업해서 일하면서 돈을 모으고, 5년, 10년 후에 내 것으로 창업
  해서, 60살이라는 정년에 구애받지 않고 80 · 90세까지도 활약할 수 있는 기본
  을 만들어 간다.

이런 구체적인 설명이 진행되면 참가자들의 시선이 여태까지와 다르게 느껴
진다. 먼저 간 선배들 800여 명의 구체적인 활동상을 보여주면 더욱 활기를 띄
게 된다.

본격적인 취업도전과 준비과정에 대한 전체 과정을 도표 하나로 정리해
본다.

이 과정은 실제 기업에서 일어나는 Business과정 전반과 동일하게 진행되는
측면이 있다. 경우에 따라서는 한 사람의 인생을 꾸려 나가는 과정과 사뭇 같다
고도 할 수 있다. 취업준비를 잘해서 그 패턴을 이해하고 나면 위와 같은 다른
과정에서도 당연히 강력한 경쟁력을 가지게 되는 것이다.

그런데 대학교에서 이런 관점으로 세상을 보고 준비하는 공부는 전혀 없다.
가르칠 의지는 말할 것도 없고 노력도 없다고 과언이 아니다. 그런 의미에서 차
라리 늦어지는 것이 이런 과정을 공부하고 준비하게 되는 훈련을 하게 되니 오
히려 다행이라고 하는 것이다. 취업준비 자체가 인생의 성공을 위한 길을 공부
하는 것이다. 그런 의미에서 '스펙에 의한 취업'이 불리함이 행운일 수도 있다.
제대로 된 과정이 무엇이지 알 수 있으니….

취업준비를 위한 과정을 도표로 나타내어 본다. 그리고, 취업(사업, 인생 성공)
전략을 요약해 본다. 이 책을 쓰는 기본 정신이자 흐름이다.

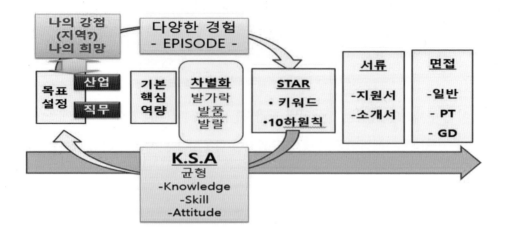

그리고 이 과정을 잘 밟아나가는 기본정신 4가지만 소개를 한다. 이를 통해 자신감을 되찾길 바라며, 부족한 리더십역량을 키워 나가기 바란다.

① 뭐든지 하나만 잘하면 된다. 모든 것을 잘할 수 없다

사실 너무나 당연한 말이다. 기업은 제작기 다른 업무의 결합이다. 그러자면 경영은 그 제각기 다른 개인의 강점을 잘 결합하는 것이 중요하다. 그런데 안타깝게도 특정 분야만으로 서열화하기에 익숙하다.

② 지식과 정보는 꼬리를 물고 누적된다

취업의 출발점은 산업이나 직무의 기본 지식을 토대로 용어를 구사하는 것이 출발점이다. 집중하기 시작하면 예전에 몰랐던 소리(방송, 대화, 영화나 드라마 속 대사 등)가 귀에 들어온다. 평소에 못 보던 것(신문, 광고, 제품 등)도 눈에 들어온다.

③ 어떤 분야든 도전하면 된다. 시장이 커졌기 때문이다

소득과 가망고객이 늘었다. 무한통신 도구와 이동수단 발전이 기폭제가 되

취업의 정석 나를 마케팅하다

었다. 뭐든지 해도 좋으며 그 분야의 1등이 되어야 한다. 시장이 커지면 반드시 제품이나 부품의 분화가 촉진된다. 돈은 더 수준 높은 것을 원한다. 소위 '소비자 욕구'다. 잠재의식에 있는 무한한 욕구, 욕망이 꿈틀거린다. 선진국으로 갈수록 직업수가 다양해지며 다양한 활동을 하고 싶어 한다.

④ 또 한편으로는 사람의 기대수명이 늘어나는 것을 염두에 두어야 한다

그만큼 새로운 시장이 열리는 것이다. 지금 이 순간에도 시장은 확장되고 있는 것이다.

마지막으로 매사가 늘 그러하듯 단서조항이 있다. 본인의 의지가 기본 중의 기본이다.

"하늘은 스스로 돕는 자를 돕는다"는 말을 늘 기억해야 한다.

이 정신과 태도가 스펙보다 앞선다.

시장이 커진 만큼 진입자도 많아지며 경쟁자가 급격히 늘어난다.

그러기에 '전략적 사고와 준비'가 필요하다. 전략을 배워야 한다.

제각기 먹고살 것을 가지고 왔다

마지막으로 고려 말 문장가 이인로의 파한집(破閑集)에 나오는 4자 성어를 소개한다.

각자무치(角者無齒), "뿔 각, 놈 자, 없을 무, 이빨 치, 뿔이 있는 동물은 이빨이 없다"는 말이다. 하늘이 내려 준 세상의 이치, 인간세상, 생태계의 이치다.

"뿔이 센 짐승은 이빨이 무디다. 이빨이 날카로운 동물은 뿔이 없다.

날개 달린 짐승은 다리가 둘이다. 다리가 넷인 짐승은 날개가 없다.

꽃이 좋은 나무는 열매가 부실하다. 열매가 좋은 나무는 꽃이 형편없다."

그러니 열심히 살면 언제든 기회가 있으니 꾸준히 앞으로 나아가라는 교훈이다. 그러자면 본인이 잘하는 것을 찾아 집중해야 한다. 남들이 안 하는 영역, 안 가는 회사나 나라에 도전하며 성공할 전략을 세우는 것이 중요하다.

'낄 때와 빠질 때, 할 것과 버릴 것'을 나누어라.

성실, 책임감의 위대함은 부모님으로부터 배운다

| 가족이 도와주는 취업 전략의 취지

학교 졸업 후 인재로 성장하는 데 '사회교육'의 의미는 중요하다. 학창 시절에 부족했으나 직장에서 업무를 통해 배우며 반듯하게 커 나가는 경우가 많다. 직장은 단순히 경제상황해결을 넘어 공동체의 조직질서, 인간관계, 커뮤니케이션, 배려, 나눔 등과 목표, 성과 등을 배우며 발전을 꾀한다.

그런데 현재 기업에서 그런 여력이 현격히 떨어진다. 모자라는 부분들은 근무시간 이후의 공식, 비공식적 교류와 대화로 채우는 것이 한국 직장인 생활이

취업의 정석 나를 마케팅하다

다. 일도 제대로 배우지 못한 상황에서 입사도 어렵고, 입사 후에도 제대로 일을 배우기가 어려워진 것이다.

부모님과 가족들이 긴장해야 할 이유가 여기에 있다.

이제 취업교육, 사회교육의 기본을 훈련함에 있어 가족들이 돕는 방법을 찾아간다.

옛날이야기로 한번 가보자

"떡장수를 해서 아들에게 글쓰기 공부를 시킨다. 출가하여 공부하던 아들이 어머니를 보고 싶어 집으로 온다. 어머니의 떡 썰기와 아들의 글씨쓰기를 호롱불을 끄고 대결을 한다. 제대로 못한 아들은 야단을 맞고 다시 되돌아가서 연습에 연습을 반복하여 조선 최고의 명필이 되었다."

잘 알고 있는 한석봉과 어머니의 이야기이다.

농경사회의 최고의 직업인 관리(官吏)가 되기 위해 과거(科擧)시험을 통과해야 하는 시대의 이야기이다. 적어도 부모님의 자식의 교육 차원에서 서로 약속한 것은 하늘이 두 쪽 나더라도 지켜야 한다는 자세와 정신을 보여주는 '모자지간 교육'의 엑기스를 보여준다. 정보사회가 전개되면서 전문성과 끈기라는 덕목이 쉽게 무시되고 있다. 그러나 실제로 기업에서는 이 덕목을 선호하는 추세가 더욱 강화되었다고 할 수 있다.

지난 2019년 7월말에 취업포털 '잡코리아'에서 인사담당 500여 명을 대상으로 설문조사를 한 결과를 언론에 발표한 내용이다.

"…(중략)…반면, 직원을 채용할 때 가장 중요하게 평가하는 부분으로는(*복수응답) ▲성실하고 책임감이 있는지 여부가 응답률 61.8%로 압도적으로 높았으며, 다음으로 ▲일에 대한 관심과 전문성(45.1%) ▲직장 동료들과 잘 어울릴 수 있는 팀워크(34.0%) ▲입사하고자 하는 의지 및 회사에 대한 관심(31.7%) 등의 순이었다.

함께 일하고 싶은 동료 유형 인재상 키워드에서도(*복수응답) ▲성실함(51.3%) ▲책임감(50.4%) ▲협동심(29.5%) ▲능력(14.8%) ▲센스 및 눈치(14.6%) ▲친절함(11.0%) 등이 상위권에 올랐다.”

기업의 인재상에 대한 내용으로 새삼스러운 것이 아니다. 기업은 언제나 이 덕목들에 대한 중요성을 말해 왔다. 보도 내용같이 '직무지식' 항목에 해당하는 '일에 대한 관심과 전문성'이 등장을 하지만 늘 핵심은 '성실성과 책임감'이었다. 가장 기본이자 가장 중요한 것이다.

조금 강하게 말을 하면 '회사나 일은 몰라도 책임감과 성실함만 있어도 합격이다'는 경우도 있다. 부모님들께서도 같이 알아야 하는 것은 학점, 외국어 등이 부족하여도 책임감만 있으면 웬만한 회사에 취업이 가능하다는 사실이다. 반면에 아무리 스펙이 좋아도 성실성, 책임감이 안 보이면 무조건 불합격이라는 사실이다.

| 성실성, 책임감 형성의 책임은 부모에게 있다

그런데 이 덕목은 '가정'에서 형성되는 덕목이다. 부모님을 통해 보고 배우는 효과가 크다. 한국의 교육 주체가 되는 가정, 중고등학교, 대학교, 주변 어른들

정도를 둘러보자. 누구의 영향이 제일 클 것인가?

| 책임감, 성실함이 무엇일까?

한번 약속한 일에 대해서 반드시 지키는 자세와 행동이다. 말로만 그치면 안된다. 반드시 행동으로 보여야 한다. 혹시 자녀들이 약속한 것을 흐지부지하는 경향이 있으면 무조건 취업이 어렵다는 것을 유념해야 한다.

| 입사지원서, 면접에의 적용

"책임감을 보여주는 구체적인 사례를 말해주세요" "성실했다고 하는 근거가 무엇이지요? 그런 경험이 있나요?"

주로 많이 하는 질문들이다. 여러 가지 모습으로 판단을 하지만 본인이 써놓은 자기소개서와 답하는 사례를 통하여 책임감, 성실함의 유무를 판단하는 것이다. 그때 가장 많이 범하는 오류가 너무 거창한 것을 찾으려고 한다. 여의치 않으면 다른 사람의 자기소개서를 베끼며 소설을 써서 제출한다. 면접에서 몇 마디만 물어보면 금방 들통이 난다.

아래에서 보는 몇 가지만 찾아서 실천해 보자. 사소해 보이지만 설득력이 높고 꾸미지 않아도 좋다. 충분히 실행가능한 일이니….

| 가족과 함께 하는 습관 만들기

아래 항목들은 집안 분위기나 가르침에 따라 자연스럽게 잘 되어 있는 경우도 많다. 그러나 이런 항목도 책임감과 성실성을 설명하는 소개의 요소가 된다는 것을 모르는 부모님이나 취준생도 많다. 그렇질 못하면 이번 기회에 제대로 습관화가 되도록 가족의 도움이 필요하다. 아래와 같은 사례들이다.

[이유]라고 글을 써 둔 것은 이것이 중요한 이유와 근거를 밝혀 둔 것으로 자소서나 면접에서 설명하면 금상첨화이다.

1. 잠자리 들기 전, 다음 날 아침 기상시간 정하기

[이유] 제시간에 잠 잘 자는 것은 다음 날 정상적 활동을 위한 최소한의 행동이다. 인터넷, 모바일 폰의 발달로 인해 밤사이에 엉뚱한 곳으로 에너지 소비를 하는 것을 방지하기도 한다. 가급적 가족(아빠 혹은 엄마, 형, 동생)에게 본인이 직접 기상시간을 말하게 한다, 자기예언효과를 보기도 한다. 특히 전날 친구들과의 약속이나 여흥으로 시간을 보낸 경우 더 철저히 지키도록 챙기자.

2. 집안일 분업과 시행 전에 완료시간 본인이 정하고 지키기

[이유] 기업의 기본적 본질은 '업무, 역할 분담'이다. 크고 작은 집안일을 분담시킬 것을 권한다. 귀한 아들딸이라는 생각과 태도를 반드시 버려야 한다. 화장실 청소, 본인 운동화는 본인 세척, 엄마를 도와 마늘 까기, 식구나 가까운 친인척의 생일 파악과 당일 SNS 등으로 축하 메시지 보내기 등도 좋은 훈련이 된다.

3. 약속시간 20분 전 현장에 도착하기

[이유] 약속을 잘 지키는 것은 직장인, 사회활동의 기본이다. 학원 다니며 공부할 때, 알바로 일할 때, 가족 간의 약속 지킬 때 등도 포함된다. 사회 성공의 기본이자 신뢰, 믿음의 기본은 '시간 지키기'라는 것은 명심해야 한다. 특히 하

느님이 인간에게 평등하게 같은 양으로 나눠준 유일한 것이다.

4. 식사장소나 집안 모임 및 매점, 편의점 등에서 뒷정리 담당

[이유] 공동체의 발전과 미래를 위해서는 누군가의 희생이 필요하다. 조금만 도우면 크게 빛이 나는 가장 효율성이 큰 활동이다. 일반적으로 가장 하기 싫은 일이 이와 같은 '뒤치다꺼리'이기 때문이다.

5. 작은 행동으로 큰 효과를 보는 행동 사항

그 외 학기 중에 학교에서 할 만한 것

- 수업 외 동아리 활동 1개 지원, 조직차원의 직무(**부장) 책임 맡아 완수
- 한 학기에 한 과목은 '수업반장(도우미)'으로 교수님 보좌
- 4학년 두 학기 동안 월요일 1교시 강의 신청, 무지각
- 한 학기 1개의 관심분야 독서회 결성(10명 이내), 격주로 토요일 오전 3시간 완수

| 반드시 본인이 직접 말하고 실천여부를 가족에게 FEEDBACK

지금 이 부분이 가장 중요하다. 스스로 실천여부를 체크하여 결과를 말하게 하여야 한다. 그냥 넘어가면 안 된다. 가장 중요한 고비다. 다음 날 아침 혹은 약속된 시간에 알리게 해야 한다. 가족 SNS방을 만들어 거기에 올리고 가족들이 격려하거나 도와주는 방법을 권한다.

필자가 지금도 하고 있는 방법들이다. 두 딸의 취업을 무난히 이룬 경험이다.

취직 이후가 더 걱정이다.
퇴준생(퇴직준비생) 때문에…

| 슬픈 이야기

#1. "우리 애한테 어떻게 그런 일을 시켜요? 어떻게 키운 애인데….
   얘야, 그냥 집에 가자"

대학생 딸을 둔 어느 어머니가 딸이 백화점에 취직해 하는 일을 보고 한 말이다. 신입사원 교육기간 동안에 '판매사원' 체험교육을 위해 매장에 서서 근무를 시켰다고 한다. 고객들을 대응한다고 쩔쩔맸다. 간혹 고약한 고객에게 야단을 맞으며 연신 '죄송하다'며 머리를 숙였다. 이 모습을 멀리서 쳐다보던 엄마가 참다못해 담당직원에게 해 준 말이다. 그리고는 손을 잡고 집으로 돌아갔다. 그리고 다시 출근을 하지 않았다.

#2. "오늘 왜 출근 안 했어요?"

"네? 엄마 바꿔 드릴게요."(잠시 후) "우리 애 오늘부터 회사 안 나갑니다."

어느 중견기업에서 일어난 일이다. 입사한 지 1달이 된 신입직원이 아침에 출근을 하지 않아 핸드폰으로 해도 전화를 받질 않자 걱정이 되어 집으로 전화를 했다. 집 전화를 받은 당사자가 당황하며 엄마를 바꾸니 일방적으로 한 말이다. "우리 아들이 그동안 너무 힘들어했다"는 것.

#3. "연수원에 들어온 지 4일이나 되었는데, 왜 갑자기 연수를 관두려고
   하지?"

"아빠, 엄마가 그냥 한국에서 회사를 다니라고 합니다. 나이가 이제 29살이 되니 집안에 있어야 된다고 합니다."

"본인이 원하는 것은 무엇이지?"

"글로벌 인재가 되고 싶습니다. 계속 여기에서 공부하고 베트남을 가고 싶습니다."

"그러면 엄마아빠를 설득시키면 되잖아!"

"고집불통이십니다. 더 이상 힘들어 연수를 포기하려고 합니다."

2019년 8월, 필자가 실무를 총괄하는 '글로벌청년사업가(GYBM)양성과정'의 연수 중에 일어난 일이다. 불과 4일 만에 연수생이 한 말이다. 해외 특히 동남아로 취업차 간다는 것은 쉬운 일은 아니다. 가족에게도 어려운 결정일 것이다. 적어도 교육입소하기 전에 결정해야 하는 일인데도 4일이나 지난 후에 이런 말을 내어 놓는다. 난감했던 경험이다.

| 취준생과 퇴준생 그리고 부모님

취업 이후의 몇 가지 에피소드로 부모님의 무감각, 무책임이 자녀의 미래를 더 어렵게 만드는 경우 몇 개를 간추려 본 것이다.

문제의 핵심은 직장인이라면 스스로 판단, 결정하고 본인이 책임지고 상대에게 밝히는 것이 기본인데 이것이 안 지켜지고 있다는 것이다.

취업이 어렵다고 하니 마음은 더 급하고, 한번 들어가면 봉급 많이 주고 안정적으로 영원히 다닐 직장을 찾아 어렵게 들어간 회사를 하루아침에 걷어차고 나오는 경우들이다. 그것도 부모님의 의지로….

자녀들을 아끼고 사랑하는 마음으로 "관두고 나오라. 그만한 직장 없겠냐? 내가 너를 어떻게 키웠는데"라며 불난 집에 부채질을 한다. 인생을 대신 살아 줄 것도 아니다. 힘들어하고 어려워할 때 더 큰 인내력과 자립심, 독립심을 키우는 기회로 삼아야 하는데 오히려 한술 더 뜨는 일들이 숱하게 일어난다.

대기업 기준으로 입사 이후 1년 만에 관두는 직원이 최근 5년 전만 해도 30% 정도 수준인 것이 금년 초부터는 50%선으로 늘어나고 있다. 이젠 회사에 들어간 것보다 계속 다니는 것이 중요한 시대가 되었다. 오죽했으면 '퇴직을 준비하는 사람'이라는 뜻의 '퇴준생'이란 낯 뜨거운 단어가 등장을 할까?

취업에 성공한 신입사원도 어려워지고 기업도 어려워졌다. 서로 신뢰하며 구체적으로 견디는 힘을 더 확인하려고 한다. 정식직원을 전제로 한 인턴 제도를 정례화한다든가 20~30% 추가로 인원을 선발한 후 신입직원 교육과정에서 다양한 방법으로 걸러내는 등 묘수 아닌 묘수를 부리고 있다.

이런 상황에서는 지금의 취업준비생들에게는 오히려 먼저 살아온 부모님들의 역할이 중요해진다. 학교에만 맡겨둘 수 없는 평생에 영향을 주는 중요한 사항이기 때문이다. 그래서 먼저 살아온 지혜가 힘을 발휘해야 한다.

취준생 자녀들의 어린 식견을 보완해 주어야 할 사항을 3가지로 정리해 본다.

| 부모님의 잔소리 항목 - '오래 다닐 사람'

기업이 원하는 인재상은 단연코 '오래 다닐 사람'이다.

먼저 산 사람으로서, 성공하기를 바라는 부모님으로서, 인생 100세 시대를 앞두고 일종의 보험으로서 자녀들에게 알려주어야 하는 기본을 3가지만 꼽아 본다.

① 세상에 공짜 없다

남의 돈을 받는다는 것은 반드시 그 대가를 요구한다.

기업은 기본적으로 경쟁의 한복판에 서 있고 경쟁의 강도 또한 더 커졌다. 한국기업들은 대개가 전 세계적으로 견제를 받고 있다고 해도 과언이 아니다. 나라가 10대 강국이고, 많은 제품이 글로벌 수준이다 보니 당연한 현상이다.

경쟁이 세어진다는 것은 이익률이 낮다는 것이다. 그러나 거기에서 일하는 사람은 더 높은 급여를 받고 싶어진다. 이 욕구는 오로지 '다른 직원 감축'으로 대응할 수밖에 없는 것이 현실이다.

② 뭘 해도 3년은 해봐야 제대로 알 수 있다

3년을 지나면 회사 일에 제대로 눈을 뜨게 된다. 일에 탄력이 붙는다. 그 3년 동안에 해당 분야에서 최고의 노력을 다할 때 일어나는 현상이다. 틈만 나면 다른 직장으로, 유학으로, 창업으로 눈을 돌리는 경우는 반대의 현상이 일어나기에 더욱 힘들어지며 꼬인다.

그리고 처음에는 좋았던 일들도 반드시 지겹고 힘들어지는 경우를 겪게 된다. 이를 전문가들은 '죽음의 계곡(death valley)'이라고 한다. 흔히 말하는 '슬럼프'이다. 누구나 다 경험하는 일이다. 혹시 관두더라도 이 계곡을 극복하고 그 경험을 가진 후에 관두는 것이 그나마 이후의 성공 가능성을 높이는 것이다.

③ 인생의 3대 재앙은, 초년 성공, 중년 상처(: 부인의 사망), 말년 빈곤이다

직장 생활 초년에 지지부진하고 더딘 것에 너무 불안해하지 말아야 한다. 빠른 결론이 오히려 화(禍)를 부를 수도 있다. 느린 적응, 느린 성공을 통해 배우는 것이 많다. 조급하면 지는 것이다. 단, 가능하다면 주변에 1~2명의 멘토를 두면 좋을 것이다. 성공적으로 직장 생활한 부모님들은 본인들의 친구 1, 2명과 관계를 맺어 자녀들에게 도움이 되게 만들어 두길 권한다. 자기 자식 가르치는 것이 제일 힘들다고 하지 않는가? 서로 도와주며 사는 것도 방법이다.

엄마! 멀미해요. 토하려고 해요

지난 주 어느 모임에서 자녀 취업문제로 골머리를 아파하는 부모님을 만난 적이 있었다. 약간 뜬금없는 질문을 던졌다.

"차를 타고 가던 아들이나 딸이 멀미한다고 한다. 심지어는 토할 것 같다고 하면 어떻게 해야 할까요?" 조금 생각하다가 답을 했다. "일단 멈추고 내리게 해야겠지요. 잠시 쉬면서 뒤처리를 하고 다시 타고 가야겠지요."

"그러면, 멀미 안 하게 할 수는 없을까요?" 머뭇거린다. 그래서 내 경험을 말했다. 제일 중요한 예방은 자주 타는 것이라고….

10여 년 전에 시속 300Km의 KTX 고속열차가 운행될 때 많은 사람이 힘들

취업의 정석 나를 마케팅하다

어했다. 요즘은 모두가 무던해한다. 익숙해졌기 때문이다. 그래도 평소에 차를 잘 타지 않는 어르신들은 여전히 힘들어한다.

그러나 젊을 때는 익숙함을 넘어 속도감 자체를 즐기는 경우도 있다.

| 조직의 변화 속도

미국의 미래학자인 앨빈 토플러는 본인의 저서 『부의 미래』(2006년 출간)에서 사회의 변화 속도에 빗대어 해당 조직의 적응력을 설명한 적이 있다. 지금도 여전히 유효한 콘셉트이다.

가장 빠르게 변하는 것이 기업으로 시속 100마일이라고 치자. 시민단체(NGO) 90마일, 가족은 60마일, 노동조합 30마일, 국제기구는 5마일, 법이나 정당은 1마일이라고 한다.

학교는 얼마? 시속 10마일이다.

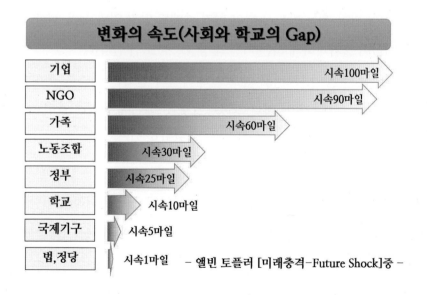

이해하기 쉽게 한국적 개념으로 시속으로 변환하며, 어른의 빠른 걸음걸이가 시속 5Km정도인 것을 감안하여 자문(自問)해 본다.

시골에서 걸어서 학교를 다녔던 경험만 있던 아들이 갑자기 시속 100Km의 빠른 승용차를 타고 가면 어떻게 될까? 당연히 멀미가 나고 '내려달라'고 아우성칠 것이다. 지금의 대학 졸업자들의 형국이다.

시속 100Km의 차를 상상도 못하고 있다. 그러니 들어가기도 어렵고 들어가서도 회사를 떠나는 주된 이유가 된다.

멀미를 피하는 방법은 뭘까? 미리 가장 유사한 경험을 하게 하는 것이다. 크게 두 가지가 있다. 아르바이트 경험과 기업 전시회 방문이다. 필히 대학생 때 해 보아야 한다.

| 아르바이트 - 기업에 가장 가까운 최고의 경험

한 살이라도 어린 나이에 속도감 있는 기업형 조직을 경험하는 것이다. 자주 할수록 좋다. 방학 때는 반드시 하고 학기 중에도 단기 알바 등을 권한다. 알바를 흙수저들이 불가피하게 하는 가난의 상징으로 보면 안 된다.

지난 20~30년 동안, 그리고 앞으로도 기업의 변화는 예측을 불허할 정도이다. 사람, 돈, 고객, 시간, 정보, 기술, 경쟁 등 예전에 없었던 요인까지 영향을 미친다. 필자와 같은 다양한 경험자도 어지러울 정도이다. 학생들은 오죽하겠는가? 반면에 학교 공부는 바뀐 것이 별로 없다.

그런 의미에서 기업이 아닌 공무원, 교사, 군인의 길을 가더라도 일반 아르바이트를 하길 바란다. 예술, 스포츠, 금융, 콘텐츠 분야로 진로를 잡더라도 반드시 경험하도록 권한다.

필자도 두 딸이 대학 다닐 때 방학이 되면 어김없이 아르바이트로 내몰았다(?). 그것도 가급적 다양한 곳으로 보냈다. 패밀리 레스토랑, 커피숍, 일반 사무실, 인터넷 홈쇼핑회사, 무역회사 업무 등등이다. 큰 영양분이 되었다고 자부한다.

그리고 무슨 일을 했고 왜 하는지 질문했다. 집으로 돌아오면 어떤 일을 했으며 소감은 어땠는지도 반드시 물어보았다. 1~2개월 알바를 마치는 때는 반드시 글로 써달라고 했다. 가끔씩은 어렵고 억울해 보이는 경우를 당해도 긍정적 생각을 갖도록 하였다. 그래야 하는 것을 설명하는 것을 부모 된 나의 몫으로 삼았다.

| 기업 제품 전시회, 세미나 방문 - 간접 경험 기회

기업의 활동이 움직이는 제품 전시회, 세미나 등에도 참가토록 해 보는 것도 좋은 경험이 된다. 국내, 해외에서 다양하게 진행된다.

모든 산업의 제품전시회 혹은 박람회가 수시로 열린다. FAIR, SHOW, EXPO, EXHIBITION 등의 이름으로 한국은 물론이고 세계 곳곳에서 열린다. 취업 목표가 정해져 있다면 인터넷에서 관련 산업 전시회 정보를 찾으면 금방이다. 방학 중의 해외여행도 그 시기에 맞춰서 가는 센스가 있다면 더 좋다.

관련 산업 세미나나 학술 행사도 권할 만하다. 기업이나 학회 등에서 개최하는 경우가 많은데 대학생들이 신청하고 방문하는 경우는 드물다. 주최하는 측은 식사비용 등이 들더라도 대학생들에게 후하게 환영을 해 준다. 잠시 앉아 듣는 풍월만으로도 도움이 되며 학교 공부에 대한 동기부여도 된다.

| 방문 후에는 반드시 소감을 정리해서 말하게

모든 활동의 정리는 반드시 직접 말로 한 번, 두 번 해보는 것이 중요하다. 그래야 내 실력이 된다. 스스로 주변에 경험을 말해보는 습관을 가지게 하고 부모님은 몇 가지 질문만으로도 자극을 줄 수 있다.

"오늘 가서 뭘 봤어?", "누구를 만났어?", "어떤 질문을 해 봤어?" 등이다.

그리고 받아 온 자료나 인쇄물이 있으면 큰 제목이라도 무슨 뜻인지 물어보는 것도 좋다. 계속 이어지면 좋은 개인 경쟁력이 되어 입사 이후에 성장하는 데 많은 도움이 된다.

필자는 지금도 딸내미와 회사 일을 주제로 다양한 대화를 하고 있다. 작으나마 본인 스트레스를 푸는데도 도움이 되고 직장 생활을 현명하게 하는 방법을 배우는 기회가 되도록 챙겨본다.

| 속도를 즐기는 방법, 그리고 다시 앨빈 토플러

앞에서 언급한 속도론을 다시 한번 보자. 적어도 현시대에 국가나 사회의 모든 문제는 결국 먹고사는 문제, 즉 경제문제로 귀결된다. 기업형 사고를 가지면 일반 직업에서도 큰 힘이 된다.

위에서 제안한 것들이 처음에는 힘들지만 조금 지나면 그 속도로 올라타서 세상을 보는 눈을 가지게 될 것이다. 기업의 현장으로 가자. 그곳에 '돈'이 있다. 멀미를 넘어 속도를 즐기는 상황까지 가야만 한다.

"직장이라는 곳은 어려움이 당연한 곳이다. 고통과 불편함으로 피하면 나만 손해다."

가기 싫은 회사,
사회가 퇴사(退社)를 권한다

'술 권하는 사회'라는 소설이 생각났다. 1920년대의 사회를 묘사한 현진건의 단편소설 제목이다. 요즘 세태를 패러디해 보았다. 퇴사를 권하는 사회. "관두지 않고는 못 견디겠어!"라고 한다.

현시대의 문제는 무엇일까? 크게 세 가지로 나누어 보았다.

첫째는, 근래에 봇물같이 터져 나오는 청년들을 주제로 한 책들의 제목들로 이 부류에 끼이지 못하는 사람은 무능력자 같은 분위기이다.

『90년대생이 온다』, 『하마터면 열심히 살 뻔했다』, 『죽고 싶지만 떡볶이는 먹고 싶어』라는 종류의 책이다. 비슷한 주제로 방송들이 다루고 있다. 심지어는 최근에 대통령께서 청와대 직원들에게 구입해 주면서 청년들의 아픔에 귀기울이라고 했다고 한다.

둘째는, 대학가에서 취업 대신 창업을 권한다.

취업률이 안 나오니 창업을 권하는 꼼수를 쓴다. 정부 보조금만 받으려고 여러 기관을 돌아다니며 제안서 심사를 받아 살아가는 청년들도 제법 많다고 한다.

셋째는, 일 안 하고 놀면 국가나 지자체가 수당을 준다.

공통점이 무엇인가? 유권자의 표가 필요하고 시청률이 필요한 곳이다.

그러나 돈을 만들고 가치를 창조하는 기업은 냉정하다. 내가 뭔가를 줘야 돈이 나온다. 내 급여가 나온다는 것이다.

나라도 요즘 같으면 회사 다니기 싫다. 급여만큼의 고통이 따르기 때문이다.

그런데 분명한 것은 우리의 경쟁자는 대한민국 청년이 아니다. 글로벌 플레이어들이다. 그들은 지금도 공부에서, 업적에서, 비즈니스에서 세계 최고에 도전하고 준비하고 있다.

또 다르게 명심할 것은 지금의 이런 사회적 분위기는 오래 못 간다. 재정, 돈이 있어야 한다. 기업이 살아 있어야 한다. 그리고 한번 경쟁력이 무너진 사람은 어디에서도 다시 안 뽑는다. 필자가 수없이 보아왔고 그래 왔다.

처음에 힘든 것은 누구나 다 똑같다. 그래서 3년은 버텨봐야 한다고 말한다.

| 친구의 급박한 전화

갑자기 친구한테서 전화가 왔다. 아들이 회사를 관두겠다고 하는데 조언을 구한다. 지난 2월에 취업을 했으니 정확하게 7개월, 업무에 들어간 지 5개월 만에 청천벽력 같은 말을 한다고 한다. 생각해 보니 취업했다고 한턱 받아먹었던 기억이 새롭다. 세상을 거머쥔 듯한 그 성취감은 어디로 갔을까? 왜 힘들어할까? 제법 깔끔한 강남 소재의 지점에서 근무도 하는데, 집도 가깝고… 의문이 꼬리를 문다.

왜 관두고 싶을까?

일반적인 말이지만 한번 정리를 해 본다.

첫째가, 사회적 분위기이다. 남들은 다 하는데 나만 안 하고 있으면 괜히 바

취업의 정석 나를 마케팅하다

보가 된 것 같은 심리적인 압박감이다. 인간은 동굴시대, 수렵채집시대 때부터 군집(群集:GROUP)을 이루지 않으면 나약한 존재로 언제 죽을지 몰랐던 역사 때문이라고 한다.

둘째는, 급격하게 바뀐 생활환경이다. 남들과 대화하고 불편을 해결해 주고, 상품도 판매권유하는 일들이 익숙하지 않다. 가끔씩은 '진상' 고객도 만나야만 한다. 시간이 지나면서 영업실적(계좌, 카드, 보험 판매 등)이 부담이 되기도 한다. 거기다가 출근길이 멀다든가, 여성인 경우는 화장 등의 준비로 이른 아침부터 부산히 움직이는 것도 익숙지가 않다. 대학에 강의로 학교 갈 때와는 하늘과 땅 차이다.

셋째는, 주변과의 관계이다. 상사나 동료와의 '대화'의 문(門)이다. 나름대로 크고 작은 애로가 있으면 선배나 동료들과 대화하며, 수다 떨며, 가끔씩은 상사나 고객을 안주감 삼으며 풀어 나가야 한다. '누군가 내 이야기를 진지하게 들어주는 것'만으로도 스트레스의 70~80%는 풀리는 것이다. 그러나 친구 아들 같이 은행 지점에 근무하는 경우는 그런 기회가 현격히 떨어질 것으로 보인다. 선배들도 바쁠 뿐만 아니라 퇴근만 하면 바로 서울의 강남이다. 골치 아프게 후배나 동료의 아픈 소리를 들을 이유가 없다.

여기에 가세를 하는 것이 입사동기들의 사직 소식들이다. 여기저기서 들려오면 강한 압박감이 온다. "그래도 네가 버려?"

| 현재의 난관을 극복하는 몇 가지 아이디어들…

"무조건 참는다"라는 말은 하지 말아야 한다. 자기 손톱 밑의 가시 하나가 세상에서 제일 아픈 법이다. 참는다고 말하는 것 자체가 힘들다는 전제가 되기 때문이다.

① 관두고 싶은 이유를 글로 적어 본다.

다양한 이유가 있을 것이다. 나름대로 큰 것부터 작은 것 순으로 줄을 세워보자. 그래서 위에서부터 3가지만 우선 집중을 하자. 모두가 겪는 고민이라면 정면으로 돌파하자. 유난히 나만 그런 것 같으면 역발상으로 해결책을 찾아보자. 예를 들어본다.

② 아침 출근시간에 허덕인다. 30분 먼저 가는 역발상을 하자

③ 괴롭히는 상사나 선배가 있다. 그러면 출근길에 커피를 한 잔 사서 건네자

④ 진상 고객이 있다. 말 나누기 전에 안부를 물어라. 그리고 커피 한 잔 건네자

⑤ 동료나 선배 중에 비슷한 고민이 있을 만한 분을 관찰하자. 그리고 질문해 보자

⑥ 업무시간 중에 해결하지 못하는 일이 쌓이는가? 3개월간 정도만 집중해 보자

누구나 다 그런 힘든 시간을 지낸다. 나만 그런 것이 아니다.

이 외에도 숱한 이유들이 있을 것이다. 혹시 괜찮으면 필자에게 메일이라도 한번 보내 보라. 방법을 찾아보자. bridge4k@hanmail.net 이다.

⑦ 주변과 비교하지 말아야 한다. 같은 또래의 말을 귀기울이지 말자

제일 어려운 부분이다. 많은 직장인들이 사직서 내고 회사를 떠나는 결정적인 한 마디는 친구들의 말이다. 같은 또래의 말에 귀기울이지 말자. 좋아 보이는 것, 잘나가 보이는 것, 급여 많이 보이는 것, 나가서 집안의 도움으로 창업 혹은 다른 길로 가는 것들에 눈 감아야 한다. 단언컨대 일정 기간만 넘어가면 본인이 더 강해져 있는 모습을 보게 된다.

그냥 푸념하는 정도의 교제 수준이면 충분하다. 크고 작은 SNS도 자제하면 좋겠다. 초기 2~3년에는 절대 하지 말라. SNS 활동이 많은 친구들일수록 외로움이나 적응이 힘들어 갈등하는 경우가 많다. 자기 일에 집중하게 되면 이런 것을 할 시간이 없는 것이 정상이다.

⑧ 누군가 주기적으로 만나 말을 나눌 멘토가 한 명 있으면 좋다

집안의 삼촌뻘 되시는 분을 찾으면 좋다. 혹은 자주 가는 가게(커피숍)의 직장인 출신의 창업자도 좋다. 종교 활동을 하는 곳의 40대 선배 정도면 좋다. 취미 활동을 하는 조직에서 구해도 좋다. 친구를 통해서 소개를 받아도 좋다.

단, 약속을 해서 주기적으로 만나는 것이 좋다. 누가 들어주는 것만으로도 힘이 된다.

| 더 큰 꿈과 적극성으로 즐거움의 세로토닌을…

① 업무 외에 잠시라도 몰입할 거리를 만들자

적극적으로 할 수 있는 것이 좋다. 일종의 취미 생활을 말하는 것이다. 매일 혹은 주간 단위로 즐길 수 있으면 좋다. 머리 쓰는 것도 좋겠지만 몸도 같이 쓰는 활동성이 있으면 더 좋겠다. 영화, 음악, 공연, 전시회, 트래킹, 필라테스, 수영, 등산, 자전거 하이킹, 요리, 용품수집 등이 되겠다. 길게 보며 해외여행 계획도 세우며 경비를 모으는 것도 좋다. 틈나는 대로 여행지에 대한 공부 등도 좋을 것이다.

몇몇이 어울리는 운동이 되어 경쟁을 하고 승부를 거는 활동도 좋다. 팀워크도 다져지며 인간관계를 잘하는 효과가 있다. 종교 활동이나 봉사 활동을 하는 것도 좋다.

그러면서 가급적 내용이나 방법, 결과, 소감 등을 블로그나 별도의 미니 홈페이지 등을 만들어 구성해 보는 것도 좋다. 발전된 앱(예: 브런치) 등을 찾아 올려 보는 것도 좋다. 최근에 들어 이런 개인 활동 경험이 쌓여 시간이 지나면 전문가로 인정받을 수 있고 주변에서 알아주기만 하면 새로운 돈벌이가 되기도 한다. 남들이 잘 안 하는 분야로 구체적이고 디테일할수록 좋다.

② 본인 업무분야 또는 연관 부분을 찾아 깊은 연구를 하여 본다

취업준비 할 때 장기비전 등도 정했겠지만 구체적이질 못했을 것이다. 직장을 경험하면서 제대로 만드는 것이 좋다. 친구 아들 같은 경우는 금융에 대한 역사, 미래 발전 방향, 블록체인 등도 공부를 해 보라고 권했다. 책을 구입하든가 관련 다큐나 잡지 등을 보는 것도 좋다. 약간 소프트한 소설이나 영화, 드라마 등을 찾아보는 것도 좋다.

| 필자의 자녀들이 걸어온 길

딸 둘이 직장생활을 걸어온 길이 새삼스럽다. 졸업과 동시에 취업을 했다. 큰애는 중소기업에서 크고 작은 사건으로 힘들어했었다. "3년은 지내보자. 그래야 이겨낸 자부심으로 다음 직장에서 자부심을 갖는다. 참는 것은 잘나고 못나고의 문제가 아니라 나의 성장통으로 생각하자"고 달래며 대화 상대도 되어 주었다. 무난히 마치고 대기업으로 이직을 했다. 입사 후 3년 직장생활 중에 결혼도 했다. 지금은 퇴직하고 가사에 전념하고 있다. 참고 지냈던 자부심이 삶의 큰 밑천이 되어 보인다.

작은딸도 4년간의 직장생활에 많은 고비가 있었다. 힘들어할 때 내가 친구가

취업의 정석 나를 마케팅하다

되려고 노력해 보았다. 퇴근 시간이 늦는 일이 잦다. 그럴수록 응원한다. 대화 상대가 되는 것이다.

마지막으로 주는 한마디, "아빠도 2~3년 주기로 관두고 싶은 강한 유혹을 느꼈다. 그때마다 다짐했던 나만의 각오, 관두더라도 최고 몸값 나갈 때 사표 낸다. 그 자부심으로 살아가련다."

"김 대리!"라고 부르자. '우리 아들'이라고 하지 말고
집에서 내 아들이 소망하는 직업의 호칭으로 부르자

"우리 아들, 이리 와!"
"우리 아들, 커피 드실래?"
"우리 아들, 배고파? 우쭈쭈…." 사랑스러움이 흘러넘친다. 가족들 모임에 가면 자주 듣는 호칭들이다. 그냥 말만 듣다 보면 아들의 연령을 짐작할 수도 없다.

그러나 필자의 눈, 적어도 신입사원을 선발하는 '매의 눈'으로 보면 가관이다.
부모님 마음만 흡족할 뿐 자녀는 뒷걸음질 치고 있다는 것을 알아야 한다.
면접장에서 흔히 보는 현상으로 취준생의 생각이나 말투가 치기(稚氣)를 벗어나지 못하는 원인으로 짐작이 된다. 즉, 성인, 어른이 못 된 것이다.

회사는 어른을 뽑는다. 즉, 책임감 있는 존재를 찾는 것이다.

초중고 때의 어린 아들 모습은 필요 없다. 무엇이든 맡기면 책임지는 존재를 찾고 뽑는다. 좋은 스펙을 가진 자녀들이 취업시장에서 고배를 마시는 경우가 갈수록 늘어나는 이유는 부모님의 지나친 보호가 큰 이유가 되기도 한다고 생각한다. 조기 퇴직도 그런 상황에서 나온 부적응 때문이다.

| 어느 지방대학교 연구실 출신의 압도적 취업성과

친구가 교수로 있는 어느 지방대를 찾아가본 적이 있다. 매 학기마다 3, 4학년 학생 10여명으로 기업형 연구실(LAB)을 꾸린다고 한다. 눈에 띄는 것이 있었다. 벽에 붙여진 게시판(Board)판에 연구실 조직도표이다. 사장, 총무팀장, 연구기획팀장, 연구팀장 그리고 5~6명의 팀원들을 그려 두었는데 전부 '대리'라는 호칭이 붙여져 있다.

"요즘 기업에 있는 졸업생들도 연구하러 오는 모양이지?" 라고 내용을 모르고 물었더니,

"아, 우리 연구실 학생들에게 붙여준 호칭이다. 그냥 이름 부르는 것보다 많이 어른스러워지더라."

그 순간 '아!'하고 머리를 치게 되었다. "유레카"였다.

| 오드리 햅번 주연의 영화 '마이 페어 레이디'와
전도연의 '내 마음의 풍금'

취업의 정석 나를 마케팅하다

뮤지컬 영화 '마이 페어 레이디(My Fair Lady)'는 오드리 헵번이 주인공으로 부모님 세대의 추억 영화이다. 지독한 사투리와 저속한 말로 런던에서 꽃을 파는 아가씨 '이라이자(오드리 헵번)'가 언어학자 히긴스 교수와 친구 페어링 대위의 협력으로 올바른 발음과 매너를 익히는 특별 훈련을 거쳐 6개월 후에 영국의 상류사회에서 각광받는 '신데렐라'로 탄생하는 스토리이다.

사투리교정 담당의 언어학 교수와 매너 교육 담당인 대위의 합작품이었다. 그러나, 이라이자는 의외의 고백을 한다. "나를 꽃 파는 처녀로 상대해 주는 히긴스 교수에게 나는 언제나 꽃 파는 아가씨로 행동하지만, 나를 레이디로 취급해주는 피커링 대위 앞에서는 레이디가 됩니다."라는 대사이다.

레이디로 불러주는 피커링 대위의 기대에 응답하려고 레이디로서 행동하였기에 변신하게 된 것이라는 말이었다. 내가 주위로부터 어떻게 대접받느냐는 것이 한 사람의 변화에 더 큰 힘이 된다는 것이다. 버나드 쇼의 『피그말리온』이 영화의 원작이다.

1999년에 개봉한 전도연, 이병헌 주연의 '내 마음의 풍금'이라는 한국 영화도 비슷한 내용을 다루고 있다. 산골 마을에서 17살의 늦은 나이에 초등학교를 다니며 초딩 수준의 삶을 살고 있던 주인공(전도연). 처음으로 부임한 선생님인 또 다른 주인공(이병헌)이 단순한 외모만으로 '아가씨'라고 말을 건넨 사건에서 출발하여 어린 초등학생의 수준에서 벗어나는 변화를 다루고 있다.

많은 교육과 이론보다는 '호칭, 직책'으로 불러주는 것만으로도 큰 동기부여가 된다. 교육학에서는 '자성예언(自成豫言)'이라고 하는 것이다. 즉 자신의 꿈을 말로 표현하며 반복하면 언젠가는 이루어진다는 것이다.

| '거꾸로 가는 어린애'에서 소망하는 직업인으로 대우

부모님들은 대학생이 되는 순간 자녀들의 손을 놓고 어른으로 키우려는 노력을 해야 한다. 하고 싶은 직업에서 적당한 위치에 자리한 사람으로 불러주자.

실존주의 철학자 하이데거는 "언어는 존재의 집이다"라고 하였다. 언어는 존재가 머무는 곳이며 세계와 사물을 인식하는 통로다. 언어는 의사소통의 수단을 넘어, 인간의 사유를 지배하고 복속시킨다.

인간이 언어를 부리는 것이 아니라 언어가 인간을 부리는 것으로 정의하고 있다.

눈에 넣어도 아프지 않을 내 아이를 어른으로 키워 사회로 내보는 것이 부모님의 최소한 도리이지 않는가? 취준생 스스로도 그런 대우를 받고 싶다고 주장해야 한다. 그 걸맞는 동기부여 방법으로 몇 가지 제시한다.

① 직함으로 불러주자. 그리고 잠시라도 회사 일로 대화하자

기업에서 최저 직급은 보통 주임, 계장, 대리이다. 직책을 불러주고 듣는 것으로 책임의식을 키우자는 목적이니 '대리'라고 권하고 싶다. '과장대리'의 줄임말이기 때문이다. 보통 입사이후 3~4년 차에 갖게 되는 직함이기에 회사와 일에 대해서는 상당 수준의 지식과 내용 파악이 되어 있어야 한다는 취지이다.

집에 들어오는 자녀에게,

"김 대리! 오늘 너네 회사 신제품 나왔던데 어떤 거야?" 마트에서 보고 온 제품, 광고를 처음 접한 상품, 친구들에게서 들은 이야기들을 한 번 물어보는 것이다.

"이 대리! 오늘 회사에서 좋은 일 있었어? 엄마가 축하의 의미로 맛있는 요리 하나 해 줄까?" 아니면 "축하의 의미로 아빠가 쏠 테니 맛있는 것으로 외식할까?"라고 격려해 주는 것이다.

그러자면 부모님도 자녀가 목표로 하는 회사에 대한 관심으로 공부를 하여야한다.

② 취업 희망 회사의 비전을 자녀 입으로 말하게 하자

한 단계 높은 수준의 대화가 된다. 홈페이지에 나와 있는 회사의 비전, 캠퍼스 리크루트 행사에서 들은 말을 하게 하는 것이다. 그러면서 '회사가 그 비전에서 할 역할이 뭘까? 우리 김대리는 그 시점에는 어느 직급에 진급해 있을까?'라는 질문을 하자.

취업에 대한 준비만이 아니라 입사이후의 본인 미래에 대한 문제의식을 돌아보게 하는 큰 효과를 거둘 수 있다.

③ 전문 용어를 구사하게 하자

마지막으로 꼭 명심할 것은 그 회사의 '전문용어'를 구사하게 하자. 단어 자체의 뜻을 쉽게 설명해야 하고 일반 대화에서 녹여서 풀어내도록 하면 좋다. 초기에는 힘들 것이다. 처음에는 홈페이지에서 본 내용, 신문에서 본 내용, 뉴스에서 본 내용을 그대로 읽어도 좋다. 부모님은 들어주는 상대가 되어 주는 것이다. 맞장구쳐 주고 잘하면 칭찬하고, 힘들어 보이면 격려하는 방식으로 동기부여를 하자.

이런 활동을 하면 자연스럽게 회사에 대한 전반을 '내 입으로' 말하는 계기가되고 훈련이 될 것이다. 꼭 면접관이 아니더라도 누군가 질문을 했을 때 제대로답을 하려면 긴장이 되어 또 같은 효과를 낸다. 작은 롤플레이(Role Play ; 역할

연극)만으로도 실전 면접과 같은 효과를 낸다.

부모님들이 자녀들과 대화가 잘 안된다고 볼멘소리를 하는 경우를 많이 본다. 그런데 취업하고 싶은 회사라는 구체적인 소재를 가지고 말하게 하고 부모님도 같이 공부해 나가면 달라지는 모습이 보일 것이다.

취업은 '가고 싶은 곳'이 아닌 '하고 싶은 것'

취업관련 강의를 할 때 꼭 던져보는 질문이 있다. 특히, 대학 4학년이 되면 가장 중요하다는 취지의 질문이지만 답은 아주 기초적인 수준이다.

질문1 무엇이 보이나요?

"그림에서 무엇을 보나요?" 당연히 "자동차"라고 한다. "더 보이는 것은 없나요?" 그러면 묵묵부답이다. "유리는 안 보이나요?, 타이어는 안 보여요? 자동차 휠(wheel)도 보이지요? 누가 타고 있는지 궁금하지 않나요? 커피를 마시고 있을 것 같은데… 멋진 이성이 타고 있는데 화장품은 어느 회사 것일까요? 멋진 시

취업의 정석 나를 마케팅하다

계는 어디 상품일까요? 오늘 식사는 어디서 했을 것 같나요?"

그러면 모두가 '이거 뭐야?'라는 눈으로 쳐다본다.

"유리회사 가고 싶은 사람? 타이어 회사 취직? 알루미늄회사 취직? 여성분을 상상하면 화장품회사? 커피 회사?"

그러면 그때야 눈치를 챈다.

내가 보고 듣고 찾는 호기심이 모두 나의 취업에 집중되어 있어야 한다는 취지이다. 같은 조건이라면 제품과 회사에 대한 관심으로 뭔가를 말하고 생각하고 있다면 단연코 뽑고 싶은 인재일 것이다.

| 요즘 청년들의 취업준비 활동을 비유컨대…

'어디에 취업하고 싶냐'고 질문을 하면, 막연히 그리고 두루뭉술하게 목표를 말한다. 몇 개를 나열하며 어디든지 좋다고도 한다. 마치 어떤 회사가 본인을 기다리고 있는 듯한 답변도 한다.

비유를 하자면, 들어가는 입구는 작으나 안으로 50미터 정도 들어가며 '으리으리한 저택(邸宅)이 20~30개 모여 있는 동네'에서 들어가 놀고 싶어 어슬렁거리는 걸인(乞人)과 같은 형국이다. 그 동네에 있는 집이 좋다는 풍문만 듣고 찾아와 집 앞에서 진을 치고 있다. 입구 문만 보고 잘 안다고 큰소리를 친다. 들어가서 동참하고 싶다며 수많은 사람이 줄을 서 있는 모습이다.

그런데 한번 들어가 본 사람은 남다를 것이다. 구석구석 둘러본 경험이 있다면? 심부름으로 들린 적이 있다면? 집안 일로 알바를 구한다는 공고를 보고 1-2달 동안 일해 본 적이 있으면…

우선 그 집을 묘사하고 표현하는 것이 구체적일 것이다. 주인 입장에서 초대를 하면 금방 어울릴 수도 있을 것이다. 적당한 때가 되면 집을 맡기고 외출도 하고 할 것이다.

| 목표 설정의 효과… 우왕좌왕 열심보다 집중된 느긋함

자기개발 전문가들은 한결같이 인생의 '목표'설정의 중요성을 강조한다. 취업 준비는 더더욱 중요하다. 미국의 27세에 백만장자가 되었던 폴 마이어는 인구 통계 조사를 통해 아래와 같은 결과를 보여주었다.

– 목표가 있고 글로 써 다니는 사람은 3%로 상류층 인생을 살고

– 목표가 있지만 마음으로만 있는 사람은 10%로 중산층 삶을 살고 있으며

– 서민층 60%, 빈민층 27%는 아예 목표가 없더라는 것이다.

취업도 예외는 아니다. 목표를 설정하고 글로 남기며 주변에 알려둔 사람은 확연히 달라진다. 어디서든 목표에 관련된 이야기를 들으면 귀가 쫑긋해 진다. 가까이 가서 만져보게 된다. 분야의 지식이 쌓이기 시작한다. 신문을 보고, 인터넷을 보며, TV 방송을 볼 때도 귀가 열리고, 눈길이 가게 된다.

더 중요한 것은 가족들이 취업희망 회사를 공부하는 '정보원(情報員)'이 되는 것이다. 각종 미디어의 소식들을 모아준다. 아는 사람을 소개도 해준다. 보고 만났던 이야기로 '주제 있는' 대화가 가능해진다. 자연스러운 대화이다.

이 모습 그대로 면접장으로 이어진다. 두려움이 줄어들고 전문성 있는 용어 구사로 면접관의 시선을 끌게 되는 것이다.

| '취업목표 설정' - 부모님의 첫 번째이자 최고의 관심사

그런 의미에서 취준생의 부모님이 도와주고 스스로가 해야 할 가장 첫 번째 일은 취업 목표설정이다.

반드시 구체적인 회사 이름을 말하게 하자. 요즘은 동종업계의 경우도 문화나 정책, 경영방침 등이 많이 다르다. 구체적인 회사 이름까지 정하여야 정보, 지식이 내 자녀, 취준생의 머리에 쌓이기 시작하는 것이다.

"어디 가서 무슨 일 하고 싶냐?"를 물어보자. 그리고 답을 부엌에, 집 앞에 하나 써 놓자. 그림 파일로 만들어 가족 모두의 핸드폰 초기화면에 올려 두자. 남들이 보기에는 "미쳤다" 소리 들을 정도로…

가족이 힘껏 미친 덕분에 취직되어 연봉 3천만 원, 4천만 원 받게 되면 돈 버는 것 아닌가? 1년 먼저, 6개월 먼저 취직되면 최소 2천만 원 이상 돈 버는 투자가 아니겠는가?

그리고 1주일에 하루(예를 들면 매주 월요일 저녁 9시 혹은 토요일 아침 10시 등)를 정하여 목표 관련하여 노력하고 준비한 것을 가지고 가족 대화를 하자. 상당한 효과가 있을 것이다.

| 이런 낌새가 보이면 "꽝"의 징조이다

취업목표를 물어볼 때 나오는 답이나 태도로 판단이 가능하다.

첫 번째, 머리 긁적거리며 얼버무리는 경우이다.

말만 번지르르하고 취업준비는 전혀 안 되고 있다.

두 번째, 말할 때마다 다른 목표를 말한다.

앞에 말한 목표로 준비를 하다가 어떤 벽에 막혔든가 더 좋은 조건이 나오면 버리고 다른 곳을 기웃거리고 있는 것이다.

세 번째, 목표는 분명하지만 준비 내용이 없는 경우다.

생전 안 했던 일에 게으름이 찾아온 것이다. 많은 대학생들이 이 덫에 갇혀 있다. 대개의 부모님은 그러려니 하고 쳐다만 본다. 그러면서 미궁에 더욱 빠지게 된다.

취업이 되어도 문제가 된다. 출근도 힘든데 친구들이 다른 데에서 일하는 모습을 보니 '남의 떡이 커 보인다'는 현상이 생긴다. 그냥 튀쳐 나온다. 필자가 인사 업무할 때 많이 본 경우이다.

가족들과 같이 노력하기로 약속하고도 이런 현상이 생기면 더욱 치명적이다. 약속 위반이기 때문이다. 늘 보는 가족에게 얼버무리는데, 관두면 보지 않아도 될 회사 사람들과의 약속 뒤집기는 뭐가 문제가 되겠는가?

| 다음은 취업 목표를 정복하는 '목표 관리'

취업준비의 가장 중요한 이슈, '목표설정'에서 가족들의 강력한 도움이 출발점이다.

시간에는 취업목표를 세운 다음에 무엇을 해야 하는가를 정리해 보겠다. '목표관리(MBO : Management By Objectives)'라고 하는 것이다.

취업의 정석 나를 마케팅하다

이세돌의 복기(復碁)와 목표, 성과 관리의 지혜

세상을 이기는 가장 큰 힘은? 작은 도전으로 나온 결과를 수차례 피드백하면서 보완 또 보완! 그렇게 내가 원하는 것의 완성도를 높여가는 것이다. 설정된 취업목표를 성취하는 발걸음이다.

취업 목표를 설정한 다음에 반드시 가야 할 길이다.

질문 1_ 이세돌의 위대함은?

몇 년 전에 있었던 이세돌과 인공지능 알파고의 대국을 기억할 것이다. 4패 1승이었지만 인공지능에 거둔 1승의 의미가 새롭다. 대국을 해 나가는 과정에 이세돌의 인상적인 모습을 보았다. 관계자나 관중이 다 퇴장해도 홀로 남아 대국을 복기(復碁)하는 모습이었다.

"이세돌이 알파고와의 대국에서 1승을 거두었던 기억이 있지요? 그 비결이 뭐라고 생각하나요?"라고 학생들이나 직장인들에게 질문을 해본다. 답을 들어본 적이 별로 없었다. 결과의 위대함을 만든 '노력과 훈련의 비결'을 알게 되면 내가 살아가는 영역에서 적용도 해보고 따라 할 수 있지 않겠는가?

즉, 피드백(FEEDBACK)이다.

또 다른 하나의 위대함을 보며 머리를 쳤다.

본인과 상대의 수를 되짚어보며 발전적인 보완 방법을 찾아가는 것이다. 상대의 습관(기계 기준으로는 알고리즘)이 있을 테니 그것을 찾아 역이용하는 것이다.
1승은 그렇게 만들어진 것이라 생각한다.

질문 2_ 3가지 약속이 겹친다면?

취업을 준비 중인 학생들에게 질문을 해 본다.
"오늘 저녁에 3개의 약속이 겹칩니다. 한 군데만 가야한다면 어딜 가겠습니까?
하나는, 학교 교수님과의 첫 번째 약속입니다.
또 하나는, 집안식구들과 함께 하는 가족 저녁식사라는 두 번째 약속입니다.
마지막 하나는, 작년에 졸업한 동아리 선배님과 만나는 세 번째 약속입니다."

대개가 학교 교수님과의 약속이 중요할 것이라고 답한다. 기계적인 답이다.
필자의 답은 "지금 이 순간에 취업에 도움되는 관련 업계 동향, 취업준비에
관련된 정보, 필요한 조언 등을 줄 수 있는 분이라 생각합니다."이다.
교수님께는 감사의 인사를 드리는 수준이 목적이고, 가족 모임은 동생 생일
이라 같이 하는 단순한 식사고, 동아리 선배님 중에 내가 지금 가고 싶은 회사
나 유사한 업계에서 일하고 있는 선배와 약속이라면 당연히 3번째 약속으로 발
길을 돌려야 할 것이다.

| 목표달성을 위한 노력은? - 무엇(WHAT)과 어떻게(HOW)

많은 취준생들이 취업 목표가 없거나 우왕좌왕하는 것의 문제를 숱하게 언

취업의 정석 나를 마케팅하다

급한 적이 있다. 이 문제점에 버금가는 고질병이 있다. 목표 달성을 위해 무엇을 해야 할지 모른다. 일정 기간을 두고 체계적인 준비와 주기적인 피드백(feedback)으로 보완해 나가야 하는 것이다. 그런 의미에서 이 이슈는 직장인이 되어도 반드시 습관화해야 할 것들이다.

'목표·성과관리'라고 이름 붙여준 일종의 SKILL이자 TOOL이다. 학교 교육에서는 못 배운다. 그러나 기업의 신입사원, 중견사원들의 강의 주제로 자주 등장을 한다.

목표달성을 위해서는

첫째는 목표달성의 시한(시한, 마감)이 있어야 한다.
둘째는 목표달성을 위한 연관된 활동 개발이 되어야 한다.
셋째는 그 활동이 균형 잡혀야 한다. 개인역량과 조직역량의 균형이다.
넷째는 일관되게 주기적으로 활동과 노력을 하여야 한다.
다섯째는 주기적인 피드백으로 보완, 발전해 나가는 것이다.

| 최종 목표 달성을 위한 활동 목표

본서에서 수차례 말했던 개인역량(지식과 기술)과 조직역량(인간관계, 태도)의 균형을 기본으로 설정을 한다. 예를 들어 본다.

현대자동차 해외영업직무 지원

• **지식 Knowledge** : 글로벌 자동차시장 이해, 각종부품과 기능 이해

- **기술 Skill** : 자동차 분해 조작, 영어 프레젠테이션, 영문 레터 작성
- **태도 Attitude** : (해외출장 등을 감안) 체력 보강, 글로벌 음식 호감

  롯데호텔 F&B(Food & Beverage)직무 지원
- **지식 Knowledge** : 한국 방문 여행객 동향, 호텔취급 서비스 이해
- **기술 Skill** : 판매 중인 F&B의 요리법 학습, 고객관리를 위한 엑셀 가능
- **태도 Attitude** : 약속시간 20분 전 도착, 글로벌 유머 1일1개 익히기 등

| 스마트법에 의한 목표관리

목표관리의 기본이 되는 S.M.A.R.T 법을 적용한다.

- **S (Specific)** : 활동계획이 구체적이다.
- **M (Measurable)** : 측정이 가능하다.
- **A (Achievable)** : 달성가능하고 현실적이다.
- **R (Relevant)** : 최종 목표와 연관성이 있다.
- **T (Time- based)** : 시간(마감, 주기 등)이 설정되어 있다.

| [사례] 구체적인 목표관리(MBO) 계획 수립

지원 : 현대자동차 해외영업직무

  [2020년3월 공채 합격 ; 2020년2월 졸업 예정]

목표관리(MBO)

구분	목표 관리항목	횟수(주기)	비고
기본 basic	영어 (토익 850점 목표)매일 30분 집중 공부	3회 응시, 합격	현재 700점
	자동차 운전면허 취득(1종 보통)여름 방학 중 등록	2회 응시, 완료	
지식 nowledge	글로벌전문잡지구독월간 'MOTOR TREND' (미국산) 연간 192,000원)	월1회 구독	50%이상 열독
		(2개 번역)	
	부품기능 이해주요부품 기능 설명	주5개 가족설명 (매주 월요일 가족)	그림/사진이용
기술(skill)	자동차분해조작삼촌 영업중인 A/S센터	월1회(마지막 금요일)	금요일 종일 -강의 없음
	영어프레젠테이션/ 내용잡지 (5분 분량)	주1회(5분분량) - 월요일 저녁9시	청중 - 동생 혹은 아빠
태도 (attitude)	체력보강매일 오전 6시 (1시간)	매일 6시(1시간 필수)	인근 휘트니스 등록
	글로벌 음식 먹기서울소재 전문음식점 순회	1회/2주	1,3주 수요일

실행여부 feedback 주기 : 매월 말(30일) → 다음 달 계획 확정

| 면접이나 자기소개서에 적용

"글로벌 자동차 시장에서 최고의 마케터가 되기 위해 무슨 준비를 하셨나요?"

"3가지 정도로 준비해 왔습니다.

– 최근 6개월간 미국에서 나온 전문 잡지 MOTOR TREND를 매월 열독하고

– 그 내용을 토대로 주 1회 5분 영어 프레젠테이션을 하고 있습니다.

– 그리고, 해외출장을 감안, 매일 아침 1시간씩 체력단련도 하고 있습니다.”

“5분 영어 프레젠테이션 연습? 생소하네요. 어디서 누구를 대상으로 합니까?”

“집안의 식구들을 대상으로 연습합니다. 면접관 역할로 많이 도와주십니다.”

“최근에 했던 것 지금 한번 해 볼 수 있겠습니까?”

등으로 면접이 이어진다.

진정한 취업준비로 떨림이나 긴장감을 최소화할 수 있을 것이다.

위의 표를 프린트 하여 집에 곳곳에 붙여 두고 챙겨 나가면 최상이다.

이렇게 공부하고 준비하면 '합격'은 당연하고 입사이후에도 동기들보다 단연

코 앞서 간다. 직장이 재미있어 질 것이다.

류현진과 취업준비의 통찰, 내 입으로 말한 것

미국에서 류현진 선수가 연일 최고의 성적을 내고 있을 때였다. 대단함에 탄

성이 절로 나왔다. 아직 더 잘할 여지도 있어 보인다. 야구를 잘 알지는 못하지

만 그 근거가 되는 글을 우연히 보게 되었다.

그해 6월 네이버스포츠에 '류현진 선수의 일기'라는 제목의 글이다.

취업의 정석 나를 마케팅하다

류현진 선수가 고백같이 일기에 언급한 내용을 일부 수정하며 인용해 본다.

'어깨 수술 후 나를 변화시킨 중요한 한 가지'

(중략)…

　수술 전까지만 해도 저는 전력분석 팀의 자료보다 제가 갖고 있는'감(感)'에 의존했습니다. 허니컷 코치님이 전달해주시는 내용도 참고만 할 뿐이었죠. … 코치님이 등판을 앞둔 전날 미팅할 때 상대 타자들에 대해 공부한 걸 발표해 보라고 권유하셨습니다. 저는 그 발표를 하기 위해 미리 상대 타자들 관련 영상과 자료들을 찾아가면서 연구하는 시간을 갖습니다. 전력분석 팀에서 만들어준 자료를 참고하는 수준 이상으로 상대 타자들의 영상을 구단에 요청하고, 구단에서 찾아준 영상과 분석 팀의 자료를 비교하며 나름의 플랜을 만드는 겁니다. 그렇게 작성한 내용을 토대로 경기 전날 코치님 앞에서 발표를 하는 것이고요.

　……

　등판 때는 코치님, 포수와 세운 게임 플랜을 모두 암기하다시피 해서 마운드에 오릅니다. 마치 5일에 한 번씩 중요한 시험을 치르기 위해 시험장에 들어서는 것처럼 말이죠. 가끔은 '내가 이렇게 암기를 잘했나?' 싶을 때도 있습니다."

어떻게 이런 묘수를 알게 되었는지 모르지만 탄복이 나온다. 1970대 중반에 시작된 인지심리학의 정수(精髓:essence)를 적용한 것이다.

"듣고 본 것과 아는 것은 다르다."

제대로 실력이 되어 안다는 것은 내가 '자유자재로 구사, 응용하고 다른 것들과 결합'할 수 있어야 된다. 교육과 심리를 공부하며 강의에 주력하며 필자가 터득한 결론이다.

| 자녀가 내 눈에만 성실성과 책임감이 있다한들 무슨 소용?

부모들 눈에 똑똑하고 준비 많이 한 내 아들딸이 면접장에만 들어가면 얼어서 말도 제대로 못하고 나온다. 질문이 두세 번 깊이 가도 머리를 하얗게 되며 긁적거리는 경험을 했다면 왜 그럴까? 세 가지 측면이 있다.

첫째는 외워서 답을 하려고 하기 때문이다. 그것도 어설프게 외워서…

둘째는 면접 대기시간에 외운 것을 불러내다가 겉돌며 급전직하(急轉直下)한다. 평소에 모르던 분야이기도 하고, 익숙하지 않은 단어를 입에 올리기 때문이다. 면접 직전에 두세 번만 기억 못하고 헤매고 나면 순식간에 두려움이 엄습한다. 우리 뇌가 가진 '영리(?)'함 때문이다. 두세 번만 동일하게 헤매면 극도의 불안감이 찾아온다.

셋째는 면접관과 면접자의 정보 비대칭성이다. 면접관은 내 정보를 구석구석 들여다보고 있다. 그런데 면접자는 상대를 아는 것이 전혀 없다. 그래서 신입사원 면접 때가 인생에서 가장 떨리는 시간이라고 하는 심리학자들도 있다.

이런 상황이 되면 내가 똑똑하고, 성실하며, 책임감 있고 준비 많이 한 것이 무슨 소용이 있겠는가?

| 과학적 근거와 공자님 말씀

미국의 저명한 교육학자인 Edgar Dale(에드가 데일)이 주장한 'Cone of Learning(학습의 원추)' 혹은 '경험의 원추'의 설명을 보자.

취업의 정석 나를 마케팅하다

인지심리학에서 연구한 결과 "세상에는 두 가지 종류의 지식이 있다. 첫 번째는 내가 알고 있다는 느낌은 있는데 설명할 수 없는 지식이고, 두 번째는 내가 알고 있을 뿐 아니라 남들에게 설명할 수도 있는 지식이다." 두 번째 지식만이 제대로 된 것으로 다양하게 응용도 가능한 것이다.

내가 알고 활용도 가능한 지식인지 여부는 누군가에게 설명을 할 수 있는가로 가늠된다. 그리고 중간에 질문을 받아도 확실하게 설명이 되면 제대로 준비가 된 것이다.

류현진 선수가 괴력을 발휘하는 것은 타자의 강약점 분석을 본인 입으로 말하며 준비를 했기 때문이다. 위기 속에서도 본인의 머릿속에 확실하게 자리 잡는 것이다. 거기에다가 본인이 던지고 싶은 대로 뿌리는 제구력(制球力)이 뒷받침된 것이다.

2500년 전에 공자(孔子)께서도 같은 말을 한 적이 있다.
"들은 것은 잊어버리고, 본 것은 기억만 되나, 직접 해본 것은 이해된다."
직접 해보고 누군가에게 제대로 설명할 수 있어야 확실하게 내 것이 된다는 지혜이다.

| 부모님과 같이 하는 취업준비

취준생이 이 사실을 알면 직접 말로 설명하는 연습을 반복하는 것이다. 대화혹은 발표의 상대로 부모님과 가족들을 선정하는 이유는 내가 가고 싶은 회사

에 대해 잘 모르기 때문이다. 취준생인 내 아들딸이 더 쉽고 알아듣게 말을 해야 한다. 내가 이해되기까지. 취준생이 완전히 알아야 설명이 가능하다. 머리로 알고 있다고 착각하는 것을 방지하기 위함이다

'모르는 분에게 뭘?'하면서 핑계대지 말자.

그 연습의 단계도 나눠본다. 단계적으로 강화하는 방식으로 준비해 보자

[1] 부모님께 설명하는 데 시간제한 없이 하는 것이다. 부모님은 듣기만 한다.

[2] 부모님께 말하는 데 제한 시간을 정하자. 그리고 부모님은 시간측정을
    해준다.

[3] 다음에는 몇 분 동안 말할 것인지 예측하고 말해 본다. 부모님은 시간
    측정을 해 준다. 그리고 시간차이의 이유를 따져 본다.

[4] 같은 발표시간에 부모님은 중간중간에 질문한다. 기초적인 질문도 좋다.

[5] 마지막으로 회사의 문제점과 나름대로의 해결 아이디어에 대해 말하도록
    해본다.

[6] 준비하고 대화, 발표하는 과정에서 하루이틀 시간을 내어 회사의 제품을
    써보거나 팔리는 현장도 한 번 둘러보고 와서 말하게 해 본다.

여태까지의 취업준비와는 전혀 다른 방식이다. 조금씩 6번까지 가보면 좋겠지만 1,2번 관문이라도 가보자. 직접 발표를 하고 질문을 받으며 연습을 하였기에 결정적인 영향이 있을 것이다. 지원하는 회사가 경쟁이 치열하면 더 많이, 더 깊숙하게 연습하기 바란다.

입사지원서, 자기소개서의 경우도 이런 훈련의 과정을 치른 다음에 다시 보자. 이젠 눈에 다르게 들어올 것이다. 억지로 문장을 만들고 다른 사람 글을 참고하며 썼던 글들이 어색하게 보일 것이다. 내 말로, 글로 다시 쓰고 싶은 마음

취업의 정석 나를 마케팅하다

이 들 것이다.

| 부모님의 마음 자세

경쟁률이 높아서 취업이 어렵다는 생각을 버려야 한다. 그래도 누군가는 합격한다. 지원자 절반은 허수(虛數)다. 준비 없이 그냥 지원하기 때문이다.

스펙 타령도 모른 척하자. 스펙이 불리한 데도 취업에 성공하는 사람이 절반이다. 예를 들면 '대기업 토익점수 평균이 840점이다'는 것은 전원이 840점 이상이라는 것이 아니다. 절반 인원은 그 점수 이하로 840점과 690점에 분포되어 있다. 그 계산 근거는 690점=840점−150점(토익만점 990점−평균840점)이다.

'자녀의 여행가방'으로 부모님 직업 짐작, 선택 판단

"'취사선택'이 무슨 뜻인가?" 최근 언론 보도를 보고 취준생들에게 강의 시간에 던진 질문이다. "잘 모르겠습니다." 한 치의 기다림도 없이 튀어 나온 답이다.

다행히 한자를 공부한 한두 학생이 답을 한다. "취할 것과 버릴 것을 구분하여 선택한다."

최근에 JOB PORTAL '잡코리아'에서 취업관련 설문조사를 기업 인사담당자 480명을 대상으로 했다고 한다. 그 내용의 제목은 "기업 인사담당자들, 전공분야 지식, 경험 가장 중시해"라며 2019년 9월 27일,28일자에 일부 일간지에서 인용보도를 한 것이다.

여러 언론사들이 고만고만하게 보도를 하였지만, 어느 경제신문의 보도 내용 끝부분에 필자의 눈을 확 끌어당기는 내용이 있었다. 이 경제신문만 잡코리아의 분석 보도자료의 중요성을 알아 본 것이다. 그리고 이런 종류의 분석을 처음 본 것이다.

"…(중략) …한편 인사담당자들은 입사지원서에 지원하는 직무와 연관된 스펙이나 경험만 기재하는 지원자를 유능하게 평가하는 것으로 나타났다.

응답자의 66%는 채용하는 직무와 연관된 경험과 스펙만 적은 것 같은 지원자가 유능해 보인다고 밝혔다.

작은 경험이라도 모조리 입사지원서에 적은 것 같은 지원자가 더 유능해 보인다는 답변은 34%에 그쳤다."

| 취사선택과 낄끼빠빠

- 취사선택(取-가질 취 / 捨- 버릴 사 / 選-택할 선 / 擇-가릴 택) : 여러 가지 중에 가질 것은 가지고, 버릴 것은 버린다.
- 낄끼빠빠 : 낄 때 끼이고 빠질 때 빠진다.

조금 더 적극적으로 강조해서 말하자면, 딱 필요한 것으로 원하는 결과를 만들 수 있는 것이 최고의 경영이다. Input되는 원가(原價)를 최소화하고, Output의 결과(結果)를 성취하는 것이다.

기업경영의 핵심 두 가지 요소인 '효율적 사고'와 '전략적 사고'를 다 포함하는 개념이다. 그런 의미에서 기업에서 주로 '고직급자(임원, 부장급)'가 추구하는 개념이기도 하다. 다르게 표현하면 대학 생활을 폭넓게 두루두루 하지만 정작 입사서류에는 꼭 필요한 것만 찾고 골라서 기재한 사람을 알아본다는 것이다.

| 부모님이 보여줘야 할 삶의 태도…선택의 생활화

필자가 주로 하던 것들이다. 지금도 틈나는 대로 같이 한다. 평소에 많이 하면 자녀들의 직장생활 적응에도 도움을 준다. 아래의 예시들은 그 자체만으로도 큰 취업경쟁력이 되는 것이지만 '선택과 결정'의 연습에 주목하기 바란다.

① 크고 작은 집안일 의논에 참여시킨다

가장 기본이 되는 것이다. 집안에서 본인의 생각을 말하는 기회를 자주 만들어 준다. 부모님의 생각과 일치 혹은 다름을 설명하게 한다. 부모님의 판단에 필수적인 사항이 있으면 차분히 설득시키는 기회를 만들어 준다.

집을 구입 혹은 전세를 얻고 이사를 하는 일, 가구나 가전제품을 구입하는 일, 집안의 행사로 백화점이나 시장을 보는 일 등도 해당된다. 자녀들은 싫어할 것이다. 적당한 횟수를 합의하여 진행한다.

② 가족과의 여행, 외식 등은 자녀들이 계획 자체를 수립하게 한다

조금 더 적극적이다. 같이 가는 여행을 주기적으로 한다. 조건을 정해두고 자녀들이 전체 일정과 비용 등을 감안하는 계획을 세우게 한다. 그러면서 자녀들이 좋아할 만한 것, 부모님이 희망하는 내용 등을 알려주고 반영하도록 한다. 계획을 토대로 2-3회 논의하고 토론하며 생각을 말하는 기회를 준다.

③ 부모님이 자연스러운 대화를 나누는 모습이 중요하다

가장 어려울 것이라고 생각된다. 부모님 세대가 되는 50대는 토론하고 의논하는 경험이 별로 없다. 권위적이고 일방적인 환경 속에서 살아왔기 때문에 취약한 것이다. 그 모습이 자녀들에게도 그대로 비쳐있는 경우도 많다. 이제 100세 시대를 살기위해서는 나보다 30년 차이나는 세대와도 대화를 잘 해야 한다. 자녀 입장에서 연습기회로도 훌륭할 것이다.

④ 지급하는 용돈, 본인이 버는 알바 등의 돈으로 사용하는 용처를 설명하게 한다

숫자 개념을 자주 말하는 대화면 더 좋다. 위에 언급한 몇 가지가 있으나, 이젠 본인이 직접 책임을 지는 용돈과 알바로 버는 돈의 쓰임새를 말하게 하는 기회를 갖는 것이다. 그 과정에서 자녀들의 생각이 다르다고 윽박지르거나 고치려는 시도는 좋질 못하다. 계획을 말하게 하고 해당기간 이후에 실제 사용과의 차이 등을 정리해서 말하게 하는 것만으로도 충분하다.

취업의 정석 나를 마케팅하다

질책과 거절의 연습은
가정에서 부모만이

첫 직장에 입사한 지 불과 몇 달 만에 부장께 들었던 질책이다. 담당자를 찾아 해당 자료를 가지고 갔더니,

"너 같은 게 어떻게 여길 들어왔어?"라며 결재판을 홱 던져버리는 것이 아닌가? 자칫 얼굴에 맞을 뻔하기도 했었다. 엄청난 모욕감이 들었다. 내 잘못도 아닌 상황이었다.

이 일로 큰 갈등을 겪었다. 두 갈래 길이 있었다.

한바탕 받아버리고 관두는 길과 그냥 숙이는 길이었다. 나름대로 자부심을 가지고 입사했던 직장이었다. 불과 입사 2~3개월 전에는 군대에서 130여 명의 부하를 거느리던 중대장이었다. 인사장교 업무도 8개월 정도했던 터였다. 39개월의 군생활로 큰 자부심을 가지고 시작한 직장생활에 이런 낭패를 당했으니 웬만하면 걷어치우고 싶었다.

그러나 일단 숙였다. "알았습니다. 죄송합니다."라고 하며 결재판을 주섬주섬 주어들고 인사하고 나왔다. 밖에서 듣고 있던 과장께서 나한테 미안하다며 사과를 한다. 워낙 서슬이 시퍼런 상황이라 본인이 끼어들지 못했다는 것이었다.

그 이후, 속으로 두고두고 씹었다. '두고 봐라.', '내가 아니면 이 회사 일 안 돌아가게 만들겠다.'고 이를 악물고 다짐했다. 그 각오로 10년간을 지냈다.

무려 35년 전의 일이다. 지금의 취준생들 아빠인 필자들 또래가 직장 생활할 때의 사건이다. 가끔씩 보는 일이었다. 독을 품고 일하는 계기가 되었다.

딸이 면접에서 떨어졌다. 한 번 야단을 쳤다

벌써 몇 해가 지났다. 딸이 졸업을 앞두고 취업문을 두드리며 면접보고 다닐 때이다. 어느 날엔가 면접에서 떨어졌다고 하며 눈물을 보였다.

'이때다' 싶어 의도된 염장질(?)을 했다.

"아니 면접 떨어진 것 가지고 눈물을 짜? 직장 생활하겠다는 놈이?"

갑자기 쳐다보며 어안이 벙벙한지 문을 쾅 닫고 본인 방으로 들어가는 것이다. 그리고 우는 소리가 바깥까지 들렸다. 그래서 밖에서 더 크게 소리쳤다. "야, 이 바보야! 아빠가 그렇게 가르쳤냐!"

잠시 후에 방에서 나오더니만 "아빠가 딸의 슬픔에 위로는 못 해줄지언정 불난 집에 기름을 붓는 법이 어딨냐"며 쏘아 붙였다.

뜨끔했지만 속으로는 '성공이다'라고 외쳤다. 가혹하지만 별 수가 없었다. 부녀지간의 등돌림도 예견이 되었지만 험한 세상에 다리가 되려는 의도였다. 몇 일 동안 말도 걸지 않았다. 그냥 아물기만 기다렸고 3일 정도 지나니 안정이 되었다.

그 이후에도 몇 번 불합격의 고배를 마시더니 2-3군데에서 합격 통지가 오고 졸업 전에 취업하는 기쁨을 맞보게 되었다. 이제는 추억 속의 이야기이다.

| 사회, 조직의 출발은 '거절, 질책'으로 시작된다

직장생활의 천당과 지옥은 상사가 만드는 것이 아니라 내가 만드는 것이다.

처음부터 잘할 수가 없다. 잘 못하는 일이라도 하나하나 가르쳐 줄 때 어떤 마음으로 소화를 해내느냐는 것이다.

'한 수 배웠다. 그렇게 하면 되는구나. 재미있다'고 생각하면 천당이다.

반면 나한테만 유난히 그러는 것 같고 나만 미워한다고 생각하면 지옥이 되는 것이다.

질책 소화능력, 거절 이해능력은 직장 생활 초반 3년 정도에 결정적인 변수가 된다.

그래서 반드시 면접장에서 한 번 점검을 한다. 오래 다닐 수 있을지를 판단하는 기준이 되기도 한다. 그 도구가 '압박면접'이라는 것이다. 듣기에 따라서는 약간 억지스러울지 모르겠다. 고질적으로 이상한 상사의 문제는 별도로 하자.

질책과 야단은 예방주사를 맞아야 한다. 특히 집에서 해주길 권한다. 사회 활동이나 학교에서 어느 누구도 싫은 소리를 하질 않는다. 자연스럽게 내가 하는 것이 옳은 줄 알고 조금만 거슬리는 소리를 들어도 참지 못한다. 이러한 태도는 조기 퇴사, 폭음이나 과다 흡연, 폭력적인 언사, 주변 행패, 심지어는 범죄적 행위로 악화될 여지도 있는 것이다.

그 출발점이 제대로 접하지 못했던 질책과 거절이 확대된 것이다.

| 가정에서 훈련 : '약속'을 기반으로 하는 것이 좋다

그렇다고 질책, 거절 훈련을 무턱대고 할 수는 없다. 부모입장에서 근거 없는 '꼰대' 모습으로 보이게 된다. 그렇다고 자녀들이(취준생이) 다 잘 알 것이라고 생각해도 안 된다.

사회, 조직, 인간관계에서 인정받는 방법의 시작과 끝은 '약속'을 제대로 이행하는 것에서 출발한다. 약속을 정하고 그 결과를 챙기고 질책, 거절하며 '왜'를 말해주는 모티브를 만들자는 것이다. 약속을 지키는 것을 신뢰라고 하며, 그 결과를 책임감이라고 한다. 약속을 완성하기 위해 집중할 때 성실함이 생기며, 집중력을 기반으로 한다. 그런 사람을 열정적인 사람이라고 한다. 기업에서 원하는 인재상의 키워드가 다 들어있다.

'약속, 신뢰, 책임감, 성실성, 집중력, 열정적…'

약속 지키는 것 하나만으로 모두에게 환영 받는 사람이 된다. 지금의 취준생, 대학생들은 집안에서 부모님들이 물렁하게 봐주니 세상의 원리가 그런 줄로 착각을 하고 있다. 매일매일 강단에서 느끼고 있다. 강의시간, 과제물, 수업시간의 태도 등도 모두 약속을 기반으로 한다.

그 약속을 지키는 훈련에 병행하여 질책과 거절의 훈련을 진행하자.

첫째는 사회적 약속이다.

학교내외 활동 모두를 말한다. 학생의 기본이 되는 강의시간 약속, 친구와의 약속, 동아리 활동, 학과활동 등 모두가 해당된다. 특히, 기업 활동과 조금이라도 가까운 알바, 친구와 약속, 여행, 종교 활동 등 모두가 해당된다. 요즘 대학가는 학생들을 돕기 위해 다양한 교육 프로그램을 개설해 두고 신청을 받고 나면 절반 이상이 펑크를 낸다고 한다. 본인이 한 약속을 통째로 씹어 먹는다는 것이다. 이런 행동이 반복되면 무조건 취업은 안 된다고 봐야 한다.

둘째는 가족들과의 약속이다.

작은 것 하나라도 집안 식구들과 약속하려 진행하자. 자기 방 청소, 집안의 공용 공간 관리(신발장, 거실 정리, 화장실 청소, 화분 물주기, 고양이나 강아지 챙기기 등), 할아버지, 할머니께 1달에 한 번 전화드리기 등만 되어도 충분하다. 중요한 것은 1주일 후, 혹은 1달 후에 그 결과를 스스로 피드백(반성, 점검)하여 가족에게 말하게 하고 대화로 상대해 주는 것이다.

셋째는 본인과의 약속이다.

취업 목표설정과 관련한 활동에 관한 것이면 충분하다. 일주일 단위로 토요일, 일요일 저녁까지 다음 주 1주일 동안 무엇을 할지 써서 냉장고나 거울 앞에 붙여두자. 그리고 주말이 되면 진행 정도를 하나하나 물어 보는 것만으로도 충분하다. 취업준비에 큰 효과가 있을 것이다.

이런 활동들을 진작부터 잘 하고 있더라도, 그런대로 더 높은 목표를 설정해 주어야 한다. 의도적으로 도전하는 과제를 주며 합의하도록 하자. 월 1~2권씩 책을 읽었다면 주 1권으로 올려보자. 엄마 일을 잘 도와주면 형이나 동생 일도 돕도록 약속해 보자.

사랑하는 자녀들에게 힘든 과제를 주는 것이 안쓰러울 것이다. 미래를 위해 조금 모질게 마음먹자. 이 글을 읽는 당사자가 취준생이라면 가족들에게 부탁하자. 뻔하게 알아도 싫은 소리는 기분이 나쁘니 훈련이 된다.

취업준비에 핑계가 되는
4대 착시증후군

"아빠! 한 학기 쉬면 안 돼?"

"휴학하겠다는 말인가?"

졸업하고 4년이 지났고 지금은 어엿하게 직장생활을 잘하고 있는 작은딸 이야기이다. 5년여 전 대학 3학년 때 공부에 지치고 취업에 대한 다른 준비가 필요한 듯 질문을 해왔다. 몇 번의 토론 끝에 그냥 8학기 스트레이트로 다니게 되었고, 졸업을 앞둔 12월에 취업이 되었다.

최근에 물어보았다. "휴학 안 하길 잘 했지?" 머쓱한 표정을 지으며 제 힘으로 돈 벌고, 눈치 보지 않으니 좋았다고 한다.

당시 해주었던 말이다. "완벽함으로 취업하는 것이 아니다. 대학이라는 곳은 직업과 삶을 대하며 일을 하는 기본을 배우는 곳이다. 다양한 활동으로 가능성을 보며 찾아가는 것이다. 완벽한 준비라는 명분으로 허송세월 보내지 않도록 해라."

지금의 취준생도 비슷한 고민과 막연한 두려움으로 시간을 보내는 듯하다. 취업 과정의 실체를 잘 모르고 단순히 '입시(入試)'준비하듯 한다. 시험만 잘 치면 되리라는 막연한 생각에 잡혀있다. 그 이유는 인류 문명 최고 수준의 '정보채널', 실시간으로 접하는 미디어 정보 때문이다.

좀 더 정확하게 말하면, 그 채널을 타고 오는 정보생산·제공자의 무식(無識)한 수많은 말과 글이 문제다. 많이 아는 것이 병이 되었다. 이 두려움을 만드는 맹신증(盲信症) 5가지를 짚어본다.

1. [경쟁률 착시증] 제대로 준비도 안 된 지원자는 제외해야 한다

정부 자료에서 출발한 언론보도가 매일 쏟아진다. 통계 중에 논리상 유리한 숫자만을 내민다. 특히 임시직 성격을 가진 통계치도 취업 자릿수도 문제이다.

취업의 정석 나를 마케팅하다

두 가지의 숫자를 떨쳐야 한다. 국가 차원의 경쟁률과 지원하는 회사 차원의 경쟁률 통계이다.

첫째, 국가전체 차원의 통계로 보이는 경쟁률이다. 청년취업을 보는 숫자의 나열도 다양하다. '청년 미취업인원', '경제인구 대비 미취업인원', '대졸자 대비 미취업인원' 등 다양한 숫자에 대비한 가용한 일자리 숫자 정보를 보다보면 엄두가 나질 않는다. 취준생 모두의 문제인 듯 보인다.

경기순환에 따라 수만 개의 일자리가 줄었다고도 한다. 절망하게 만드는 통계들이다.

둘째는 거대그룹사 혹은 대기업의 경쟁률이 절망하게 만든다. 수십 대 일, 수백 대 일이라고 경쟁하듯 보도가 된다.

이런 숫자에 연연해하지 말자. 제대로 준비한 사람만 대상자, 경쟁자로 분석하여야 한다. 그냥 졸업하고 아무 생각 없는 사람, 취업 의지가 없는 사람은 경쟁대상에서 제외해야 한다. 물론 그 취업의 의지와 준비를 측정하기는 쉽지는 않지만…

필자의 경험으로 국가전체로는 절반정도, 대기업지원자의 1/3 정도는 통계에서 제외해도 된다. 말이 취준생이지 너무나 한심한 경우가 많기 때문이다. 실제 대기업 입사지원서의 1/3은 2~3초 만에 날려버릴 수준이다. 기본 요건도 안 되기 때문이다. 면접에서 입실도 하기 전에 1/3은 제외시키고 싶다. 그러면 취준생 절반이 의미 없는 숫자이다.

그리고 전체 숫자와는 무관하게 해마다 수십만 명, 좋아하는 대기업에도 수만 명은 합격하여 입사를 한다.

2. [스펙 핑계증] 스펙이 문제라며 발뺌하며 허송세월을 보낸다

스펙이 좋은 경우는 1/2정도밖에 되질 않는다.

영어 등 외국어와 출신학교, 학점 등에 해당하는 말이다. 취업은 개인성적과 조직관계역량의 조합으로 이루어진다. 군이 면접을 보는 이유는 성적 좋은 사람 중에 인간성이 안 좋은 이는 가려내어서 버리고, 학교나 성적은 좋지 않지만 문제해결 능력이 뛰어나고 조직에 적극적이며 충성심이 높은 사람을 찾아내고자 하는 것이다. 공부 성적, 개인 스펙이 좋은 사람들이 인간관계가 부족한 경우가 많다.

실제 몇 년간 통계상으로 나타난 대기업의 합격자 토익 평균 800점 수준이다. 800점 이상이 절반, 800점 미만이 절반이란 뜻이다. 학점 3.7정도로 나오는 통계도 그런 관점으로 보자. 그런데 그 통계를 가지고 토익 800점 이상, 학점 3.7이상이어야만 된다고 해석하며 보도를 한다.

평균이하 점수를 가진 사람이 절반이고 평균점수 이상이자 만점에 가까울 정도 점수를 가진 경우도 탈락자가 많다는 것도 잘 모를 것이다.

3. [언론보도 오류증] 기업을 잘 모르는 기자나 데스크의 전형적 무식의 소치이다. SKY보도 오류증이라고 할 수 있다

자주 보는 기사들을 재구성해 본다. 'SKY대학 출신이며 토익 930점이다. 그런데도 30여 곳 이상의 회사에 입사지원을 했는데 한 군데도 서류합격 통지도 못 받았다. 엄청난 취업난을 실감한다'는 식이다. 기업의 인재선발 방법을 너무 모르고 나오는 언론 기사들이다.

그런 기사를 쓰는 것은 언론사 취업이 시험에 의존하는 경우가 많기 때문이며 SKY출신이 집중되는 이유이기도 하다. 하는 일의 상당부분이 과거정보 등이 기억과 자료를 기반으로 한다. 지원경쟁이 심하니 반드시 시험의 관문을 치르게 된다. 결정적인 것은 혼자만 잘 하면 되는 직업이며 태도적인 측면이 조금 모자라도 된다.

그런 기준의 직업에 종사하고 세상을 보고 있으며 기업의 다른 측면을 말해도 잘 모르는 것을 필자는 많이 경험했다. 일부 성적과 취업률과는 직접 연계지을 수 없는데 언론이라는 위치만으로 그냥 세상에 쓰레기를 쏟아내고 있다.

4. [헬조선 비난증] 일부 부조리를 전반적 상황으로 착각, 사회 전체를 부정적인 시각으로 보며 본질을 놓치는 것이다

'입사채용 부정, 특혜, 가진 자만의 리그가 만연하여 대한민국 전반을 부정적으로 보는 시각과 비난으로 대다수 기업의 올바른 경영'을 잘못 보는 것이다.

최근에 보도되었고 자주 언급이 되는 부의 세습, 권력의 대물림으로 인하여 노력이 빛을 보기 어렵다고 보는 현상들이다. 특정 계층의 채용부정, 특혜성 범죄행위 등으로 '헬조선'같은 종류의 사회부정적 생각이 취준생의 머리에 자리 잡는 경우이다.

실제로는 지극히 미미한 부분이다. 그러니 묵묵히 제대로 된 본 모습을 보고 희망으로 취업준비를 해야 한다. 잘못된 행위에 눈감자는 뜻은 아니다. 정확한 문제의식으로 어디든 제대로 취업하고 일해서 회사와 사회에 기여할 문제의식을 가져야 한다. 특히, 이런 현상에 대한 면접 질문 등도 자주 한다. 바른 문제의식이 중요하다.

약간 다른 이야기이지만 사회에 대한 부정적 인식을 이유로, 제대로 봉급 받고 적당하게 일하려는 자세도 문제가 된다. 틈나면 한눈파는 것도 같은 이치이다. 입사할 때 오래 다니겠다고 약속하고 입사하고선 힘들다고 관두는 것도 범죄행위 수준이다. 상호 약속을 어기는 것이다.

5. [꼰대 치부증] 모든 어른이나 선배들을 '꼰대'라고 치부하는 경우이다. 거리를 두고 피하겠다는 심리를 깔고 있다

전형적으로 잘못된 형태의 '꼰대'와 소통하라는 뜻이 아니다. 좋은 '어른, 멘토'는 찾아야 하며 가까이하여야 한다는 뜻이다. 실제로 그런 분들이 더 많다. 취업역량 중에 관계역량, 특히 상하간의 소통은 전문지식보다 더 중요하다. 기업에서 자료와, 데이터화하지 못한 암묵지(暗默知) 때문이다. 이 암묵지에 대한 접근성이 클수록 전문가로 성장하는 토양이 된다.

지식 활용도가 많아지며 회사 외부적으로 영업이나 마케팅을 잘할 가능성이 높아진다. 거래성사나 외부협력관계 등의 최고 의사결정은 어른들이 성사시키는 경우로 성공경험이 많은 '꼰대'일 확률이 높다.

| 마무리하며…

기본적인 것은 마음과 태도이다. 위의 다섯 가지 현상들은 면접 질문의 소재가 되기도 한다. 기업에서 일하는 사람의 직업 정신, 기업가 정신의 기초이다.

기업가, 직장인은 문제 해결하는 자리이다. 극단적으로 부정적인 것은 머리에서 지워라. 그러면서 매사를 긍정적인 측면을 보며 준비하고 스스로 성장하여야 한다.

삶에서 제일 중요한 유산 - 『최고의 유산』이라는 책

면접관의 질문이다.

"살면서, 인생에서 제일 중요한 것이 무엇이라 생각합니까?"

누구나 살면서 한 번 정도는 짚어볼 만한 주제이다. 이런 정도의 질문에 나름대로 생각이 있어 구성하여 답을 해내면 남다르게 보인다. 그러나 오로지 학교 공부에만 의존하고 있는 현실에서 쉽질 않다.

그래도 부모님은 자녀들과 혹은 가족들과 한번 대화를 나눌 주제이다.

성장해서 학업을 마치고 취업하여 가정을 꾸리는 것은 하늘이 준 최고의 선물이다. 부모의 경험을 근거로 자녀들이 조심하고 중요하게 생각할 것을 남겨주는 것, 즉 유산(遺産)이 중요하다고 생각한다.

| 직장인들의 답변

간혹 직장인 강의 때도 이런 질문을 던져본다. 비교적 많이 나오는 답이 '돈'

이다. 모든 것의 출발점이라고도 한다. 그래서 "얼마 정도 있으면 행복하겠습니까?"라고 질문하면 "많이요"라고 답하는 경우가 대부분이다.

'돈' 다음은? 하고 질문도 해 보면 건강, 가족, 친구, 시간, 취미 등이 나온다. 그 다음에 나의 삶의 목표, 목적에 대한 질문으로 이어가면 그때야 고민하는 모습이 역력하다.

| 짐 스토빌의 '최고의 유산'

지난 2001년에 미국의 '짐 스토빌'이 쓴 『최고의 유산 상속받기』란 책을 보고 큰 충격을 받은 적이 있다. 후대에 남겨 주고 싶은 소중한 가치요소를 우화형식으로 풀어나간 책이다. 원제는 'The Ultimate Gift'이다.

저자는 시각 장애인으로 투자전문가, 올림픽 국가대표 역도선수, 기업가 등으로 활발하게 활동하며 국제적으로 많은 명망을 받으며 국제 인도주의 상도 받은 바 있는 분이다.

마침 오늘 그 책 내용으로 만든 영화도 구해서 보았다.

내용을 간략하게 정리하면,

석유회사와 대목장을 소유하고 있는 대부호가 본인의 사망이후에 손자에게 생전에 촬영해 둔 비디오 유서를 통해 간접적인 방법으로 '최고의 유산' 상속을 시작한다. 매달 1개씩 12개의 미션(mission)을 내어준다. 손자인 주인공은 그 과제를 풀어가면서 보통 사람들이라면 누구나 겪었을 다양한 상황과 여러 계층의 사람들을 접하며 소중한 삶의 지혜를 배워간다. 그것은 바로 일과 돈, 친구, 배움, 고난, 가족, 웃음, 꿈, 나눔, 감사, 하루, 사랑이라는 12가지의 주제이다.

할아버지 덕분에 평생 자신밖에 모르고 24년간 돈을 펑펑 쓰며 살아온 망나니 손자에게 여유와 재치, 남다른 방법으로 인생의 소중한 가치를 가르치는 것이다.

부모님과 자녀가 같이 꼭 읽어보기를 권한다.

12가지 요소를 책에 정리된 함축한 문구들로 그대로 옮겨본다.

01. **일**(work) – 자기 일을 사랑하는 사람은 일을 해도 그것이 노동이 되지 않는다.

02. **돈**(money) – 돈은 단지 도구일 뿐이다. 선을 위한 도구이든지, 악을 위한 도구이든지, 아니면 아무 데도 쓰이지 않고 누워있는 도구이든지.

03. **친구**(friends) – 진짜 부자는 돈이 많은 사람이 아니라 친구가 많은 사람이다.

04. **배움**(learning) – 배움이란 목적지를 바꾸면서 평생 계속하는 여행과 같다.

05. **고난**(problems) – 고난은 현명한 판단력이 있다면 피할 수 있다. 하지만, 현명한 판단력은 고난을 경험해 봐야 생긴다.

06. **가족**(family) – 어떤 사람들은 화목한 가족들 사이에 태어나지만, 어떤 사람들은 그 가족을 스스로 만들거나 찾아내야 한다. 만일 가족의 한 명이 되고 싶다면, 사랑이라는, 돈으로는 따질 수 없는 회비를 내야 한다.

07. **웃음**(laughter) – 웃음은 영혼을 치유하는 좋은 약이다. 지금 우리 세상은 이 약이 더 많이 필요하다.

08. **꿈**(dreams) – 꿈이 있는 사람은 미래에 대한 믿음만 있다면 뭐든 할 수 있다.

09. **나눔**(giving) – 삶에서 더 큰 기쁨을 누리고 싶다면, 당신 자신을 남에게 베풀라

10. **감사**(gratitude) – 뭔가 더 갖고 싶을 때는 이미 자신이 가지고 있는 것에 대해 생각해봐야 한다. 그렇게 하면 자신이 얼마나 많은 것을 갖고 있는지 느끼게 될 것이다.

11. **하루**(day) – 인생에서 절정은 하루다. 바로 당신이 살고 있는 오늘!

12. **사랑**(love) – 사랑은 돈으로 살 수 없는 보물이다. 사랑이라는 보물을 얻기 위해선 사랑을 나눠줘야 한다.

가슴 벅차게 읽은 이야기들이다. 약간 각색한 영화를 보면서도 마음이 남다르다.

그러면서 스쳐 지나가는 생각이 있다.

지금 필자와 같이 60세 정점에 서 있는 '베이비 부머'들은 무슨 생각을 할까? 무엇을 자녀들에게 나눠주었을까?

치열했던 삶을 살며 성장해 왔던 우리는 미국이라는 상황과 사뭇 다르다. 특히 이 글의 주인공은 '억만장자'이다. 무난히 해내면 큰돈이 주어진다는 암시를 한다. 우리 한국인은 아마 이런 조건이 예상이 된다면 죽기살기로 할 것이다.

| 해외로 나갈 청년들에게도 인문학적 사고 훈련용으로

재작년부터 '글로벌청년사업가양성과정'에 참가한 연수생들에 1주에 위의 12개 주제 중 1개의 주제를 주고 나름대로의 정의와 생각을 300자 이내로 정리하여 제출하게도 하였다. 다양한 답을 써냈다. 성장에 그리고 해외 취업, 생활에 얼마나 도움이 되었는지를 검증할 방법은 없었다. 잠시라도 생각하는 계기가 되었다고 판단된다. 힘이 된다면 서로의 생각을 엿볼 수 있는 시스템을 만들어 '생각의 힘'을 키워주고 싶다.

| 한국적 상황 나의 남다른 유산이 있을까?

지난 며칠, 몇 주 동안 이 글을 생각하며 지금 나는 내 딸들이나 사위에게 무엇이라고 할 것인가? 위의 12개 추가로 혹은 더 큰 가치의 요소가 있다면? 하

취업의 정석 나를 마케팅하다

고 생각한다. 와이프와도 상의해 봤다. 평소에 필자가 강조해 오던 것들은 끈기, 판단, 신뢰, 절제, 실행, 부지런함(근면) 등이다. 그러면서 위의 12개와의 MECE(Mutully Exclusive, Collectively Exaustive : 상호 보완적이며 빠짐없이 모이는)법칙에 맞는 것들을 한번 챙겨보았다.

모두가 12가지의 키워드에 포함 혹은 연결되어 있다는 생각을 했다.

그런데 문득 드는 생각이 있었다.

첫째, '일'에서 시작하고 '사랑'에서 끝을 맺는다. 앞부분에 대개가 '동사'들이다.

둘째, 책을 읽으면 알겠지만, 일반인의 모습들은 우리와 똑같다는 것이다. 인간의 욕망으로 뭉쳐진 군상(群像)들이다.

자녀들을 평균의 삶에 밀어 넣지 말자. 최고의 인생을 살도록 만들어 주자. 최고의 유산을 나눠주자는 취지로 생각하며 살게 하기를 권한다. 이 기회에 필자도 딸들과 같이 한번 생각해 보려고 한다.

수강생들의 소감

국립**대학교 이**의 수강 소감

1. 기대하던 대학 강의의 모습이다.

국영수 중심의 수능공부가 아닌 사회생활에서 적용 가능하고 나의 능력과 가치를 높일 수 있는 방법을 배울 수 있어 좋다고 생각합니다.

2. 쉽게 배울 수 있는 분야가 아니다.

교수님이 말씀하신 것처럼 한국대학생들이 쉽게 접하고 익힐 수 있는 분야가 아니기에 매 시간 소중하고 더 집중해서 배우게 되는 것 같습니다.

3. 관심 있는 분야이기 때문에 더 와닿는 것 같다.

아동학, 심리학에 관심 있는 학생으로서 인간집단 속에서 대화상황을 포함한 표정, 말투, 제스처까지 주의 깊게 보는 것을 좋아합니다. 강의 중 제가 캐치했던 부분을 교수님이 강조하시면 뿌듯하고 캐치하지 못했던 부분을 교수님께서 알려주실 때 배워간다는 느낌이 좋습니다.

취업의 정석 나를 마케팅하다

**사이버대학교 한 학기 수업 소감

권 * *

적절한 시기에 좋은 강의를 만나 자기소개서를 잘 완성하였고, 면접을 통과해 최종 합격하여 신체검사만 앞두고 있습니다.

이 * *

긴 글 읽어주셔서 감사하고, 많은 학생들의 지원서를 읽고 채점하시는데 노고가 많으십니다. 교수님과 같은 분들이 계시기에 많은 청년들이 일자리를 얻는데 힘을 얻을 수 있는 것이겠지요. 그럼 이만 줄이도록 하겠습니다. 감사합니다.

신 * *

원래 공무원을 생각하다가 교수님 강의를 듣고 꿈을 바꿨어요. 아무리 조건이 좋아도 좋아하는 일을 하는 게 맞다고 생각이 들었어요!

강 * *

교수님의 강의가 너무 유익합니다. 교수님의 강의를 듣고 자기소개서를 작성하였는데, 지원한 곳들이 모두 1차 서류 합격하였습니다.

참고 자료, 참고 문헌

2장

· 책 '마쓰시다 고노스케 – 오사카의 장사꾼을 경영의 신으로' (2019년, 21세기 북스) 송희영 저
· 중앙일보 2018년 4월 25일 보도 '커지는 대한항공 '갑질' 의혹... 이명희 추정 음성.동영상 보니'
· 중앙일보 2019년 1월 25일 보도 '면접장 들어오라. 모스부호 알아채 합격한 면접자'(이상원)
 – 미국의 주차빌딩전문업체 '팀하스'의 하형록 회장이 쓴 책 'W31'에서 인용
· 블로그 '담덕의 경영학 https://mbanote2.tistory.com/' 3C 모델과 3C 분석에서 인용

3장

· 책 '니체의 생각 – 프레드리히 니체 잠언집' (2017년, 힘찬북) 세계명작일기 모임 지음
· 책 '몰입, FLOW – 미치도록 행복한 나를 만난다' (2005년, 한울림) 미하이 칙센트미하이 지음,
 최인수 옮김
· 조선일보 2018년 12월 22일 보도 '군 스펙, 취업 때 먹히지 말입니다'

4장

· 미국 드라마 'MARCO POLO' (넷플릭스 제공) 2016년
· 논어 '위정편(爲政篇) 13' '知好樂, 知之者 不如好之者 好之者 不如樂之者(지지자 불여호지자,
 호지자불여락지자)
· 조선일보 2007년 8월 24일 보도 'IQ130 사람들이 모였는데 조직 전체 수준이 60이라면
 – 지식경영이론가 피터 셍게 MIT교수 인터뷰'
· 블로그 '인터비즈 https://m.blog.naver.com/ 링겔민효과'에서 인용
· EBS, 다큐 프라임 인간의 두 얼굴, 2009년 방송.. '관계를 맺고 싶어한다_사람은_
 그 사람들속에 포함되려는 강력한 동기가 있다'

5장

· 네이버 블로그 '배달유머 https://blog.naver.com/lch6688/유머와 상식 그리고 인문학
· 이코노믹리뷰 2001년 9월호 '사상 최악의 취업대란! 좁은문 통과하기'
· 매경이코노미 2004년 11월호 '캠퍼스 우울한 11월, 어차피 안 열릴 취업문, 두드릴 힘조차 없어요'
· 한국경제신문 2015년 4월 1일 보도 '오바마표 시리얼'이 종잣돈 된 에어비앤비
· 책 좋은 기업을 넘어... 위대한 기업으로(GOOD TO GREAT) 짐 콜린스 2001 (김영사 출판)

6장

· 한국경제[신문 2018년 2월 21일 보도 '2030시선으로 본 중소기업… "OOO해서 다니기 힘들어요"
· 중소기업연구원 출간 KOSBI 중소기업 포커스 기업규모별 임금 격차 국제 비교 및 시사점
· 네이버 블로그 여러 가지 통계 https://blog.naver.com/ 우리회사 연봉테이블은?
  오픈 샐러리 재인용
· 동아일보 2004년 9월 5일 보도, 퇴출 날벼락' 그후 6년전 퇴출 동화은행 229명 '삶의 질' /
  2017년 11월 4일 재보도 '외환위기 20년 아물지 않은 상처

7장

· 책 '발가락이 닮았다. 김동인 저, 북트럭, 2017년 출판 (한국대표 단편소설집)
· 홍명보 어린이 축구교실 자료
· 영화 '건축학개론' (2012년 개봉, 이용주 감독) 명필름 제작

9장

· 동아일보, 2015년 3월 20일, '구직자 울리는 중복합격자들'
· 홈페이지, 아이디어 고릴라 http://www.ideagorilla.com/진짜 인재를 찾아내는 하이네켄 면접
  (2015년1월26일)

10장

· 책 '간단 명쾌한 NLP' (가토세류 지음, 정지영 옮김, 2011년) 시그마북스 출판
· 네이버 블로그 'Volante의 좋은 세상 만들기 https://m.blog.naver.com/ 메라비언의 법칙
· 페르미 추정 : 나무위키

11장

· 홈페이지 NCS국가직무능력표준,NCS블라인드채용 https://www.ncs.go.kr

12장

· 한국 드라마 '미생' 2014년 tvN방영

전반

· 책, 2020 취업,창업학개론 이영우 지음(대건인쇄출판사)
· 책, 4차산업혁명시대 청년글로벌 진출 Advance Guide (2021년)
· 책, 인사팀장의 비하인드 스토리 (박창욱 저, 출판사 행복에너지, 2021년)

후문 _취업의 정석, 나를 마케팅하다

"취업 관련 서적이 흘러넘칩니다. 서점이나 인터넷 서점에서 한번 보세요"

책을 낸다고 하니 주변에서 말리면서 하는 말이다. 실제 서점을 찾아보니 어지러울 정도였다. 대학교 취업지원실을 방문해 보면 더 놀라웠다. "요즘 누가 종이책을 사 보느냐? 4학년 때 잠시 필요한 정보들이고 요즘은 전자책이 대세인데… 그리고, 유투브 동영상도 흘러넘친다"라는 말도 들렸다.

그런데도 교단 강의 시간이나 멘토링 시간이나 심지어 내 딸내미에게 힌트를 줄 때도 너무 기본적인 것을 모른다는 생각이 들었다. 심지어는 대기업의 인사 부장들도 자기 이력서 작성부터 헤매고 있었다. 오죽했으면 "인사부장이 뭘 알어?"라고 했던 어느 선배 말에 부끄러워 얼굴을 못 들 지경이었다.

솔직히, 인사업무를 15년이나 하고 나서 강단에 섰을 때 기억은 더 처참하다. 무엇을 가르쳐야 할지? 어떻게 좀 더 쉽게 가르칠지? 입사 후에도 일 잘한다는 평가를 받을 수 있을지? 심리학, 메타인지, NLP(Neuro-Linguistic Programming), 뇌과학, 커뮤니케이션을 닥치는 대로 공부했다. 대학원 전공도 인사조직에서 마케팅으로 바꾸었다. 잘 팔리는 '사람'은 어떤 사람인지를 묻는 물음으로…

그렇게 공부한 내용을 토대로 실전에 적용한 경험들을 3년여에 걸쳐 꾸준히 칼럼으로 썼다. 정리하니 무려 책으로 800페이지 분량이 되었다. 판형을 늘려서라도 진행하며 '내 인생을 정리한다'는 마음을 먹었다. 실제로 강의로 인생의 반을 꾸렸다. 그중 절반이 취업관련 강의였다. 그런데, 한 번에 2시간이면 끝나는 강의로는 발전이 없다는 것에 한숨이 나왔다. 16주 교과목을 맡으면서부터 재미있고, 의미있고, 끝장을 보도록 체계적인 내용 구성이 가능했다.

이 책의 글은 어림잡아도 대학 졸업 이후 40년간 40만 명 정도의 사람을 평가하여 선발하고, 가르치고, 성과를 추적한 데이터를 반영한 것이다. 직장을 관두고 나와 첫 해인 2006년에 대학 20여 곳에서 강의와 멘토링을 시작했다. 2010년부터는 매년 100여 개 대학에서 강의를 하고 있었다. 그 이후에도 현재까지 진행한 강의나 지도 경력은 다음과 같다.

| 학생 대상 프로그램

- **겸임교수** – 성신여대(3강좌), 명지대(2강좌), 서울여대(1강좌), 순천향대(1강좌), 경희대(1강좌), 경남대(1강좌), 한국열린사이버대학교(2강좌)
  ** 16주간 교과목 수업에서 다양한 방법으로 진행하며 성장하고 취업하는 과정을 지켜보고 보완하며 최종적인 성과 확인
- **취업 멘토링** – 이화여대, 숙명여대, 성균관대, 안동대, 경남대 등
- **해외 취업** – 대우세계경영연구회의 글로벌청년사업가(GYBM)양성과정 선발, 강의
- **취업 캠프** – 1박2일, 2박3일 진행, 4년제, 2년제 대학에 매년 20여 대학교
- **일반 특강** – 4년제 대학(매년 100여 개 대학), 2년제 대학(매년 20여 개 대학)

- **기타** – 한 학년 전 학과를 대상으로 하는 진로교육 진행(프로젝트), 게임으로 배우는 취업과 인생 성공(게이미피케이션)

| 대학 교수, 교직원, 학부모 대상의 강의

- **4년제** – 충남대, 경상대, 전남대, 안동대, 인제대, 한북대, 성신여대 등
- **2/3/4년제** – 충남도립대, 부산동주대, 경남정보대, 광주서강전문대, 수원여자대학

| 기업 교육

다양한 주제로 다양한 계층의 직장인들의 경쟁력을 확인하며 선발·채용과 관련한 이슈를 점검

- **주제 및 내용**

  인문학 : 고난과 역경, 선택과 결정, 앎과 삶, 역사와 미래, 집단지성과 통섭, 창의성, 지식과 지혜, 역사에서 배우는 위기극복

  기업 경영 : 감성경영, 변화와 혁신, 성과관리, 리더십, 조직활성화, 창의력, 인간관계, 커뮤니케이션, 전략기획과 문서작성, 지식경영, 개인과 조직의 가치 극대화

- **기업의 인재 선발 체계** (인재상 설정 - 서류 - 면접) **구축 워크샵 진행**

숨가쁘게 살아오며 치열하게 공부하고 연구하며 가르치고 지켜보며 가능성

취업의 정석 나를 마케팅하다

많은 청년들의 앞에서, 때로는 뒤에서 도와주는 방법을 총집결한 것이다.

　같이 글을 집필해 주신 이영우 선생님의 학교 행정과 과목 개설 및 개별 지도에 관한 내용을 합하면 더 큰 도전과 성과를 말할 수도 있지만 양해를 구하고 필자가 직접 접한 성과를 중심으로 후기를 올리며 행정이나 시스템에서 이루어진 일은 다음으로 미루기로 한다.

　이 모든 시도와 성과를 장식하는 마지막은 내가 키운 딸내미 두 명의 결과로서, 이는 이 책을 내도록 확신을 심어준 출발이자 끝이다. 4년제 대학을 무난히 졸업하면서 어학연수 한 번 다녀온 적이 없었으나, 이 책에 제시된 수많은 방법들을 적용하였다. 그리고, 틈나는 대로 와인 한 잔과 함께 나눴던 고민과 해법 제시로 졸업 이전에 무난히 취업에 성공하였다. 대학원 등 더 깊은 공부는 일을 하며 필요를 느낄 때 하자고 합의도 하였다.
　이 책을 읽는 모든 분이 그런 삶으로 이어지길 바란다.

2022년 9월 1일
지은이 박창욱이 정리하다

박 창 욱

현재: 사단법인 대우세계경영연구회 사무총장 전무 (겸, 한국지식가교 대표)

인사, 취업, 글로벌 취업, 창업과 관련한 다양한 경험과 깊은 공부, 그리고 실제 현장에 적용한 결과를 3년, 5년 이후 확인이 가능한 피드백이 강점이다.

'드라마 미생(未生)의 주인공을 직접 채용, 교육, 인사관리, 일 잘하게 만든 실제 인물'이라고 스스로를 지칭한다. 드라마의 배경인 원인터내셔널, 실제로는 서울역 앞에 있는 '대우무역(현재, 포스코인터내셔널)'에서 15년간 근무를 했다.

인재를 선발하는 채용 업무의 전체 과정에 밝았다. 그래서 행정기획부터 제도화하고 한국 기업 전반에 채택되게 만든 것이 많다. 입사지원서와 자기소개서, 블라인드 채용, 그룹 토론 면접 등도 인사과장 시절에 만들었다.

'세상의 변화에 따라 남다른 방식의 접근으로 아이디어 내는 것'을 좋아한다.

청년이나 기업 인재 활용의 안타까움에 새로운 제도를 시작하거나 활성화시켰다. 채용박람회, 인턴사원제 등이 그것이다. 지금은 별세하신 김우중 회장님의 뜻으로 시작한 '글로벌청년사업가(GYBM)양성과정'을 실무 지휘하는 것도 그런 취지이다. 한국산업인력공단의 해외취업 프로그램 K-MOVE 최고의 프로그램이자 집행기관에 혼신의 힘을 다하고 있다.

그리고, '인사, 교육업무와 제도권 교육의 최고의 행운아'라고 스스로 정의내리고 있다. 인사업무를 하며, 기업과 직장인 교육을 하며 해외 인재를 키워 취업시킨 이후의 성장을 점검하는 FEEDBACK 기회를 접하기에 제대로 된 인사업무를 할 수 있는 위치라는 것이고, 아무나 가지는 것이 아니기 때문이다.

'교육계의 고객은 사회와 기업이다.'라는 철학으로 일하고 있다. 쓰임새 있는 사람으로 키워야한다는 소신이기에 학생들과는 가끔 대립각을 세울 때가 있다. 고객이 아니기 때문이다.

마지막으로, 스타일과 방식이 상당히 다른 두 딸을 이 책 내용대로 멘토링하여 취업, 결혼, 출산으로 이어갔다. 이제는 인생 3모작을 잘 엮어 평생생애 설계 교육, 성과관리 코칭영역에 기여하는 것을 비전으로 삼고 있다.

그동안 살아온 길

서울대학교 사범대학에서 '교육'을 공부했으나, 제도권 교육을 그만두고 '기업'에서 '일'을 하며 다양한 직업을 경험했다. 단순히 사람을 안다는 것의 한계를 실감하고 연세대학교 경영대학원에서 '마케팅'을 전공하였다. '다른 사람에게 가치 있는 사람'으로 자리매김하도록 스스로 노력하며 청년들에게 전수하려고 한다.

서울의 중학교에서 교사로 재직하며 가르치고 배우는 경험을 했다. 육군 장교 복무 때는 엄격한 '군대의 인사관리와 리더십'을 경험하고 그 여세로 대우그룹의 종합상사인 대우무역에서 인사관리, 경영기획업무를 하며 '미생'을 '완생'으로 변화시키는 일을 하였다. 아동 내의를 만드는 중소기업 섬유패션업체인 지비스타일에서 일과 사람에 균형성장에 관심을 가졌다.

교육사업으로 '한국지식가교'를 창업하고 본격적으로 취업교육과 기업교육, 시장상인교육도 진행했었다. 대학생 진로취업지도를 교육하는 겸임교수, 특강, 멘토로 매년 100여 개 대학에서 학생과 교수를 대상으로 강의 중에 있다. 명지대, 성신여대, 경희대, 순천향대의 겸임교수를 역임, 지금은 경남대학교, 한국열린사이버대학교에서 '취업전략, 해외취업'을 주제로 고정 강의 중이다. 대기업, 중견기업, 중소기업, 공기업, 지자체 등에서 리더십, 성과관리, 변화관리 등에 대해 직장인, 임원, CEO들에게 특강을 하고 있다.

최근에는 전직 대우맨들의 '사단법인 대우세계경영연구회'에서 사무총장 일을 하며 해외(동남아)진출 인재를 매년 200명씩 키워내는 '글로벌청년사업가(GYBM) 양성과정'의 실무를 진두지휘하고 있다. 10년을 넘겼다.

그리고 여러 가지 칼럼으로 생각을 정리하여 공유하고 있다.

• 활창칼의 자기경영 (이코노믹 리뷰 : 격주 게재)
• 텐퍼취미 [10퍼센트에 들어 취업과 미래를] (뉴스앤잡 : 격주 게재)
• 박창욱이 전하는 글로벌성장통 (글로벌이코노믹 : 격주 게재)

이 영 우

현재 : 대구가톨릭대학교 글로벌취업지원팀장

대학에서 청년들의 미래를 개척하는 [취업] [산학관] [창업] [글로벌 진출] 사업기획과 추진 직무에 21년간의 많은 기간을 보내고 「교육기관 기반 청년 일자리 전문가」 수련 중이며, 일자리사업 분석과 환경 구축, 구직지원에 필요한 총체적 과정설계 기획가이다.

다양한 전공자들의 취업지도에 필요한 기업구조와 메커니즘(mechanism)을 이해하고자 중소기업청(현, 중소벤처기업부) 정보화지원단 참여를 시작으로, 이공계 여학생들을 위한 대구/경북 IT여성기업인협회, 과학기술인지원센터 대학생 취업 지원과 자격준비 취준생들을 위한 한국생산성본부 (KPC) 교육자문을 거쳐, 각 부문별 취, 창업 희망 청년들의 정착지원과 미래를 열어 주었다.

대학생들과 20여년 함께한 길

대학교 취업기관(단체)에서 2002년부터 8년간 「대구/경북지역대학교 취업담당관협의회」 사무국장, 회장, 「전국대학교 취업실과장협의회」 감사 등을 역임하며 광역권 노동관서 청년실업 해소와 대학생 중소기업 취업장려 정책 자문.

우리 청년들을 위한 일자리창출 주요 박람회 개최는 2003년부터 10여년간 「대구/경북 취업정보박람회」를 최초 기획하여, 성공적 운영, 「대구/경북 취업박람회, 중소기업 취업박람회」 각 개최, 2012년부터 연차 개최한 「산학연(창업)박람회」 는 제조업과 서비스업의 가치창출에 관한 다양한 정보 지원과정을 통하여 대구/경북권역 경제발전과 더불어, 대학생 창업시장 진입의 새 장을 펼쳤다.

산학전담부서에서는 기업지원사업 추진, 수익창출 사례 발굴, 기업친화형 현장학습제도 개선과정을 기반으로, 4차산업혁명시대 대학생들이 필요한 정보활용 기술에 관해 탐색하고, 이에 부합한 대학생 취,창업 지원 컨텐츠 개발에 집중.

경북대 대학원 경영학과(MBA), 대구대 대학원 정보관리학(IM) 학업과정 이론으로 "입사의 필수 요건인 취업정보 운용기법과 실무중심 교육훈련 과정" 도입, 취업 준비생들의 취업경쟁력 강화 및 목표 설정에 따른 전략적 방향성을 제시하였다.

대학생 진로개척과 생애지도를 위한 진로적성상담사, 직업교육지도사, 취업지도사, 창업지도사, 컨텐츠 법리해석관련 저작권관리사 등의 자격과 취,창업 시장환경 변화 대응을 위한, 중소벤처기업부 기술개발사업(SMTECH) 창업분야 평가위원과 노동관서 산하기관 및 대경권역 지자체 사업심의 지원 활동 중이다.

재직기관인 대구가톨릭대 보임이력은 취업지원팀장, 산학기획팀장을 거치며 교육부, 경상북도, 대구광역시로부터 각 실적포상, 2006년 아일랜드 파견사업 시범운영을 시작으로 글로벌 진출지원 기반을 구축하고, 2014년부터 국제학생팀장, 글로벌인재양성사업단 팀장에 이어, 글로벌지원부서 팀장 직무 수행 중이다.

취업특화 전략으로 청년층 국내 및 해외진출 사업(주요 파견국 : 일본, 홍콩, 중국, 필리핀, 베트남 외 글로벌아시아권역과 미국, 멕시코 등 북중미 일부국가) 파견 성과로 「교육부, 고용노동부, 대구/경북권역 지자체 단체장, 한국대학신문 등으로부터 각 실적포상, 해외취업 부서 포상은 대통령 표창」 이력이 있으며, 이는 국내·외 취업준비 비교과 과정을 충실하게 이행해 준 우리 학생들과 과정 자문역인 교원들 덕분이다.

나는 대학을 마치고 사회로 진출하는 우리 청년들의 진출 경로를 지켜보며, 기성세대가 만든 다양한 전공자들의 「채용 프레임(frame)」을 많이 수정해야 한다고 생각하는 사람이며, 대한민국 청년들! 삶의 질적 향상을 위한 [취업자 진입 환경의 전방위적 개선과 정착] 을 위해 부단히 노력할 것이다.

취업을 준비하는 지금 이 순간에도 인생이 담겨 있다!

도서출판 행복에너지 대표이사
권선복

취업이 너무나 어렵다는 시대, 청년들이 직장 구하느라 연애할 시간도 없다는 오늘날입니다.

너무나 안타깝고 애석한 일이지만 세상의 모든 면에는 음과 양이 있는 법, 비록 힘들고 고통스러운 '헬조선'으로 느껴질 지라도 지금 대한민국이 전 세계적으로 떠오르는 슈퍼루키임을 부인할 수는 없을 것입니다. 수많은 땀과 눈물이 모여 우리나라는 누구도 얕보지 못할 강대국이 되어가고 있습니다.

이처럼 취업 역시, 힘들고 어렵고 까다로운 과정이지만 그것을 준비하는 우리들은 더욱 강해집니다. 똑똑해지고 맷집이 생깁니다. 하루가 다르게 훌륭한 인재가 되어가고 있습니다.

피할 수 없으면 즐기라는 말이 있습니다. 어차피 던져진 어려운 삶! 이 안에서 한번 제대로 붙어 자신이 원하는 삶을 사는 화끈한 청년들이 되면 어떨까요?

그런 의미에서 한숨만 나오는 취업과정을 구체적으로 해부하여 '취업'의 핵심과 '취업 성공'에 관한 모든 것을 다룬 본서는 취업을 준비하는 취준생 여러분께 정말로 필요한 강력한 친구이자 멘토가 될 수 있을 것입니다.

본서에는 기존 취업에 대한 고정관념을 깨트리고, 특히 면접 시 받는 까다로운 질문의 핵심과 그 질문을 하는 이유, 무엇을 보고자 하는지, 어떠한 대답이 면접관의 눈을 사로잡을 수 있을지 등에 대하여 꼼꼼하게 통찰력 있는 명쾌한 해설이 가득 차 있습니다.

단순히 '이건 이렇게, 저건 저렇게' 하라는 식의 앵무새 같은 모범답안을 가르쳐 주는 것이 아닙니다. 취업, 그리고 취업을 넘어서 직장생활을 하면서도 가슴에 새기고 있어야 할 금과옥조 같은 훌륭한 철학이 담겨 있습니다.

저자를 만나 자주 듣는 말이 있습니다. "어렵기는 하지만 취업 안 되는 것이 이해가 안 된다. 어떤 경우이든 틈새는 있다. 그걸 찾아 내 것으로 찌르는 것이다. 경제규모가 커진 만큼 기회가 많다. 개인 소득이 높아지면 세분화된 영역이 발달하는데 안타깝게도 40년 전의 방식으로 취업 준비를 하니 해결이 안 되고 입사하고도 방황하는 것이다."

저자님은 그 안타까움을 책으로 만들었습니다. 그러다 보니 방대해졌으나 쉽게 읽히게 쓰여 있습니다.

부모님이나 가족들이 취업 시 도와줄 수 있는 내용도 구성되어 있습니다. 확 눈에 들어오니 꼭 권해 봅니다.

책값이 비싼 듯하여 미안하다고 말씀하시며 '가치 있는 것은 비싸다'는 것부터 배워야 한다는 소신으로 책을 발간하신다 하셨습니다.

이 책을 통하여 취준생 여러분들은 면접관의 마음으로 들어가 그의 입장에서 취업을 바라보게 됩니다. '인재'를 평가하는 기준이 무엇인지, 한눈에 알아볼 수 있을 것입니다. 취준생 여러분들이 막막한 취준 과정에 있어 부디 꿈을 포기하거나 자격지심에 시달리지 않고, 본서를 통해서 자기 안에 숨겨진 보물을 찾아 당당한 사회의 일원이 되어 행복한 삶을 살 수 있기를 진심으로 응원하겠습니다.

할 수 있습니다. 여러분이 이 삶의 주인공입니다!

덥고도 활력이 넘치는 여름날은 끝나가고 있지만, 모든 독자분들의 화끈한 열정은 영원히 샘솟기를 바라며 기쁜 마음으로 본서를 내놓습니다.

부디 바라는 바 모두 순탄히 이루어지기를 바랍니다. 감사합니다.

MEMO

MEMO

'행복에너지'의 해피 대한민국 프로젝트!

〈모교 책 보내기 운동〉〈군부대 책 보내기 운동〉

한 권의 책은 한 사람의 인생을 바꾸는 힘을 가지고 있습니다. 한 사람의 인생이 바뀌면 한 나라의 국운이 바뀝니다. 그럼에도 불구하고 많은 학교의 도서관이 가난하며 나라를 지키는 군인들은 사회와 단절되어 자기계발을 하기 어렵습니다. 저희 행복에너지에서는 베스트셀러와 각종 기관에서 우수도서로 선정된 도서를 중심으로 〈모교 책 보내기 운동〉과 〈군부대 책 보내기 운동〉을 펼치고 있습니다. 책을 제공해 주시면 수요기관에서 감사장과 함께 기부금 영수증을 받을 수 있어 좋은 일에 따르는 적절한 세액 공제의 혜택도 뒤따르게 됩니다. 대한민국의 미래, 젊은이들에게 좋은 책을 보내주십시오. 독자 여러분의 자랑스러운 모교와 군부대에 보내진 한 권의 책은 더 크게 성장할 대한민국의 발판이 될 것입니다.

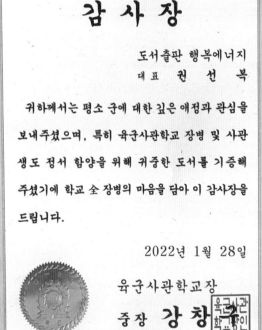